!

[美] 约翰·D·卡尔（John D. Carl）著

刘仲翔　吴 军　译

# 社会问题

SOCIAL PROBLEMS

关注身边的 了解当下的

中国人民大学出版社

·北京·

# 出 版 说 明

　　为了满足广大读者阅读生动活泼、原汁原味的国外教材的愿望，中国人民大学出版社引进了培生出版公司的"THINK"系列丛书。本套丛书涵括多门学科的入门书，时尚而饶有趣味，从生活入手，将经典理论和前沿知识娓娓道来，让读者在生活中学习，在学习中更加了解生活。

　　本套丛书的最大特点就是其杂志化的编排，丛书中的每一本书都设计了形式多样的栏目，让读者在阅读的同时巩固和扩展知识；每一章还设有关键词、小结以及理论回顾，帮助读者更好地吸收所学内容；各式各样的图片点缀文中，读来轻松而愉悦。

　　本系列图书还专门设有学习网站（英文），帮助读者更深入地学习和理解相关知识。网站内容丰富，有每章小结、音视频文件、每章测验，还有可自由下载的学习文件。读者可根据自己的兴趣和学习进度，在网上寻找相关内容（网址：http://thethinkspot.com）。同时，原书配有详尽的参考文献，感兴趣的读者可以登录中国人民大学出版社网站（www.crup.com.cn）浏览下载。

　　这里有最前沿的知识，这里有最时尚的编排——相信本套丛书丰富有趣的内容、灵活美观的版式，能让读者尽享"悦读"体验。

# 译者的话

　　如果我们将世界上所有的社会问题列一份清单，那么这份清单肯定会有成千上万页。在这种情况下，与其说我们的社会存在什么问题，倒不如直接说，我们的社会还有哪些部分是完好的？这听起来相当讽刺，不过，事实确实如此。放眼当下社会，暴力犯罪司空见惯，成千上万的人失去工作或无家可归，未成年人怀孕、卖淫嫖娼屡禁不止，药物滥用严重以及毒品泛滥成灾，许多家庭流离失所或在贫困中挣扎，种族歧视依然存在……当我们环顾四周时，就如英国政治家戴维·卡梅伦（David Cameron）所论断的那样："社会是破碎的。"

　　这是作者开篇的一段话，当然，我们做了一些加工整理。我们暂且承认这样一种论断，但我们更关心的是，怎么正确认识这些由于转型而出现的社会问题，同时，我们又该如何应对或解决这些社会问题并最终构建一个美丽和谐的社会。为了这样的目标，我们开始思索，正如先哲们一样，秉持着"我思故我在"（I think，therefore I am）的精神气质，开启了社会问题议题的"大门"。

## 本书的内容与结构

　　本书一共20章，内容全且丰富，涵盖贫穷、种族、性别、教育、科技、媒体、色情、战争、性犯罪、家庭婚姻、人口增长、环境污染、恐怖主义以及城市化和全球化引起的各种社会问题。为了能够让读者准确、深刻地把握这么庞杂的内容，作者在第1章对社会问题的研究进行了讨论，比如，什么是社会问题？社会学家是如何利用理论范式去形塑自己的思考的？再比如，在理解社会问题的过程中，社会政策和研究扮演着怎样的角色？开篇对这些问题的探讨，为读者从总体上把握这本书提供了理论性的框架。

　　第1章对社会问题总体上的理论性介绍，为随后认识具体的社会问题做了铺陈。在第2章中，作者探讨了贫困和财富的不平等问题，比如，什么是不平等？不平等如何影响人们的态度和行为？社会学家如何看待不平等问题？在该章最后部分，作者重点分析了解决经济不平等问题的社会政策。接着，作者把不平等问题从经济方面拓展到种族和移民问题上来。在第3章中，作者以质疑的口吻开始："种族和族群的不平等是一个社会问题吗？"带着这样的问题，他展开了对美国种族不平等、歧视和移民等议题的讨论。

　　接着，就如第2章和第3章那样，作者对美国社会中遇到的问题逐一进行讨论和分析，每个章节主要围绕着一个具体的问题展开，具体如下：

　　第4章　性别
　　第5章　老龄化：老年社会问题
　　第6章　媒体与技术
　　第7章　政治与经济

正如前边所讲的那样，本书几乎囊括了美国所有的社会问题，从微观层面的个体性行为、贫穷和犯罪，到中观层面的种族、媒体与科技，再到宏观层面的环境污染、战争以及城市化与全球化。作者似乎试图倾尽所有的"能耐"来向读者展示当代美国所面临的问题，这样的努力，可以通过每个章节的编排窥见一斑。

我们以第11章为例，作者为了揭示美国人的性行为现象，围绕着这个主题，从三个方面发问：美国人如何看待性与性行为、不同的社会学范式如何看待性行为以及社会如何应对性别差异。一开始抛出问题的好处在于，读者在错综复杂的问题中很容易理清头绪，使其阅读事半功倍。然而，仅仅由问题开始，还不足够。作者在每章开始提供了一个生动而真实的案例，有时候这些案例充满了争议，以案例的争议来引发读者兴趣。比如第11章中，托马斯·毕提作为变性人生育儿女，法律上对其父母角色是否认可？为了寻找答案，读者就有必要对美国的性与性行为有全面的认识。这也是读者阅读该章的重要意义。

在案例之后，作者切入主题，即美国人如何看待性别与性行为。接着，作者进入"思考社会问题"的版块，比如不同社会学范式如何理解性行为。在这里，作者主要从冲突论、符号互动论以及功能论的角度来阐释对该社会问题的理解。作者不仅呈现社会问题，分析社会问题，而且还提供解决社会问题的办法。在每章最后部分，作者往往将具有争议的社会问题或观点进行正反两方观点的梳理，把支持方和反对方的观点都摆在读者面前，供读者参考。另外，每章都以"从课堂到社会"的版块收尾，这便告诉读者，这些社会问题不是从课本上得来的理论教条，而是具有很强的实践取向。

## 本书的重点与特色

总体上来讲，本书的重点内容或议题可以概括为三个方面：其一是微观的个体行为（性、性别与性行为）；其二是中观层面的家庭与社区（婚姻、种族、移民以及犯罪等）；其三是宏观层面的国家与社会（城市化、全球化、环境污染、战争与恐怖主义等）。作者力图向读者呈现美国社会转型面临的诸多问题，其涉及内容多，涵盖面广。正因为内容庞杂，涉及面广，我们建议可以从以上三个层次进行把握。

纵览全书，我们觉得，作者在"构筑"本书特色方面下了很多功夫，具体概括为以下三个方面：第一是采用问题导入的方式开始。在每章的开始，作者总会给读者抛出三个问题，比如，如何看待某个具体的社会问题？专业的社会学家如何理解这个社会问题？如何应对或解决这个社会问题？这种"带着问题去阅读"的程式，能够帮助读者在思考中去阅读，在阅读中去思考。第二是每章辅以生动且真实的案例介绍。生动的案例不仅能够引出相关的社会问题，而且还能激发读者的兴致，本书的作者在这方面做得非常成功。从第2章到第20章中，作者每章都给出了一个比较真实且充满争议的案例，以便启发读者的思考，激发读者兴趣。第三是从实际社会问题到理论层面的思考。作者在分析具体的社会问题时，做到了深入浅出，从简单易懂的具体问题上升到有一定深度的理论层面。作者不仅仅在呈现社会问题，而且还告诉读者如何从理论层面、从专家视角去理解社会问题。

**阅读群体与建议**

本书是一本不错的社会问题入门教材，因为它涵盖了几乎所有的社会问题议题。不仅如此，在每章中，作者除了运用真实案例和大量数据客观呈现这些议题外，还从专业人士或社会专家的角度去分析、理解这些问题，从理论层面给读者更多的机会、更多的选择去把握这些社会问题，比如，运用符号互动论、冲突论和功能论的视角来分析社会问题。

当然，这本书也可以作为研究美国社会问题的参考材料，因为书中提供了大量的有关美国社会问题的数据和案例。通读本书，读者会发现，作者几乎在每章中都通过大量的调查数据、鲜活的案例以及丰富的图片等资料，真实且客观地展现了美国当前所面临的诸多社会问题。

本书适合对社会问题议题感兴趣的所有人群，既包括专业人士，比如，社会学、社会工作、社会保障、公共管理以及人口学等专业的学生和教师，也包括专门从事社会问题研究的科研院所人员和政府相关从业者等。对于书中的一些"过激"观点和敏感话题，这些专业人士，也许较为容易接受，或至少不会觉得奇怪。不过，一些刚刚入门，或者第一次接触社会问题议题的非专业人士，也许在阅读过程中，会发现书中的一些现象或看法比较荒诞或难以接受，比如，书中涉及的卖淫嫖娼、变性人生育、同性恋婚姻等议题。我们建议这些读者抱着宽容的心去看待这些现象，至少在了解全貌之前，不要过于武断地下结论。

我们还有一个建议，或者是顾虑。在读者通读全书之后，也许会有"美国怎么这么多社会问题"或"美国社会怎么了"等悲哀或消极的感受。在这里我们有必要指出，也建议读者，不要有这样的看法。现实社会中的美国，并不像书中所展现的那样悲观和消极。由于本书重点介绍美国的社会问题，所以，作者把所有的问题"聚集"在一起，可能让读者产生一种错觉，认为美国社会太"乱"了。其实，美国社会并不全是这样。到底是怎么样的呢？我想读者可以通过其他的途径了解一个完全、客观、真实的美国。作为一本讨论美国社会问题的教科书，这本书写得非常出色。希望读者阅读本书时，不要产生对美国社会的消极感受，希望读者阅读后，对美国社会有一个全面的、客观的认知。

最后，非常感谢中国人民大学出版社的瞿江虹和汤慧芸编辑。在她们的帮助下，我们才能够较为顺利地完成这次翻译任务。本书的前十章由《新华文摘》的编辑刘仲翔博士完成，后十章由北京市委党校社会学教研部的吴军博士完成。

译者
2014 年 1 月于北京

# 致　谢

虽然本书作者署的是我的名字，然而很明显单凭我个人不可能完成本书。在这里，我要感谢很多给我提供支持和帮助的人。

我这个人很幸运，在本书的写作过程中，至始至终都有很多朋友和家人给我提供工作和感情上的支持。我首先要感谢我的妻子凯文（Keven），正是她的付出才使我有大把时间用来完成这个项目。我的孩子萨拉（Sara）和卡洛琳（Caroline）也因为我的写作，牺牲了跟他们父亲一起玩的大好时光。你们都是最棒的！同时也要感谢我的父亲和姐妹在很多方面给我提供的一贯支持。

我有很多朋友，他们的爱和支持使得我的生活充实很多。很多时候，他们都会问起我书的进展情况，在当时，这正是我最需要的鼓励。对我而言，这样的善意提醒确实是一种祝福。谢谢你们！

项目开展期间，我在美国罗斯州立学院（Rose State College）和俄克拉何马大学（University of Oklahoma）的很多同事给了我极大的支持。谢谢你们！我尤其要感谢罗斯州立学院的布里顿（Britton）主席和管理层在教学目标和随后的学术研究中所提供的支持，感谢你们的英明领导和大力支持。

参与本书编辑工作的是一个庞大的专家团队，我在这里可能会挂一漏万。然而，尤其需要感谢培生集团（Pearson）的朋友们，他们分别是：迪克森·穆斯怀特（Dickson Musslewhite）、卡伦·汉森（Karen Hanson）、麦基·巴比利（Maggie Barbieri）以及南希·罗伯茨（Nancy Roberts）。感谢 Words&Numbers 公司的劳伦·皮卡里奇（Lauren Pecarich）、克里斯滕·因特科夫（Kristen Intlekofer）、亚当·诺尔（Adam Noll）、萨利姆·帕金斯（Salimah Perkins）、山农·麦卡锡（Shannon McCarthy）、马特·加德纳（Matt Gardner）和鲁兹·阿兰达（Luz Aranda）。他们在成书的过程中都发挥了重要作用，我非常感谢他们的帮助。可能大家还不知道，本书的每一章节都经过了全方位的编辑审查。感谢编辑审查委员会的每位成员，他们确保了本书资料的正确性和时效性。尤其要感谢费里斯州立大学（Ferris State University）的理查德·巴尔（Richard Ball）、田纳西州立大学（Tennessee State University）的德布拉·布里斯-积臣（Deborah Burris-Kitchen）、纽约州立大学新帕尔兹分校（State University of New York at New Paltz）的多纳·查费（Donna Chaffee）、切斯努特山学院（Chestnut Hill College）的南希·德塞萨利（Sister Nancy Decesare）博士、德尔加多社区学院（Delgado Community College）的安娜·豪尔（Anna Hall）、科罗拉多大学博尔得分校（University of Colorado at Boulder）的布莱恩·霍金斯（Brian Hawkins）、中央华盛顿大学（Central Washington University）的朱迪斯·亨尼斯（Judith Hennessy）、密苏里大学堪萨斯城分校（UMKC）的安·玛丽·希基（Ann Marie Hickey）、博伊西州立大学（Boise State University）的金伯利·乔内克（Kimberly Johanek）、纽约州立大学达奇斯分校（State University of New York at Dutchess）的彼得·菲普斯（Peter Phipps）、多米尼加学院（Dominican College）的博尼·拉布（Bonni Raab）、佛罗里达州立大学

（Florida State University）的安内特·奇韦布（Annette Schwabe）、亚利桑那大学（University of Arizona）的凯利·史密斯（Kelly Smith）、柯克伍德社区学院（Kirkwood Community College）的布鲁克·斯塔拉－科勒（Brooke Strahn-Koller）、哈特内尔学院（Hartnell College）的埃里克·斯特雷（Eric Strayer）、约翰逊县社区学院（Johnson County Community College）的琳达·惠特曼（Linda Whitman）。

最后，感谢那些抓住机会参与"思考社会学"（THINK Sociology）这一项目的学生和老师，这一项目的开展促成了本书的出版。我希望本书能够有助于学生更加清晰地思考社会问题，有助于老师教学。我们的学生都是未来的希望之所在，对社会学的思考将会使他们的明天更加辉煌。

约翰·D·卡尔博士

2

# 简 明 目 录

01

**研究社会问题　2**

02

**不平等：贫困与财富　20**

# 05

## 老龄化：老年社会问题 68

# 06

## 媒体与技术 80

明德书系·THINK

# 社会问题!

## THINK SOCIAL PROBLEMS

研究社会问题

1. 什么是社会问题？
2. 社会学家如何运用理论范式来思考问题？
3. 研究和社会政策在理解社会问题的过程中扮演什么角色？

# 如果

让我们给当今世界的社会问题列份清单，那么大多数人都能写出好多页。我们这个社会究竟出什么问题了？暴力犯罪充斥着媒体，大量的人口失业，少女怀孕和毒品泛滥等问题似乎也在不断加剧。环顾全球，贫穷使大量的家庭处于饥饿的边缘，种族灭绝威胁着数百万人的生命。当你正视我们身边的不幸和暴力的时候，一定会相信英国政治家戴维·卡梅伦的判断：社会是破碎的。

然而，也不是每个人都同意这一判断。批评卡梅伦的人指出，他的观点并不是什么新东西，尽管人们经常把过去看成"美好的过去"，但声称社会已经破碎的说法可以追溯到公元前1世纪。罗马诗人尤维纳利斯（Juvenal）哀叹人类道德沦丧，大街上充斥着小偷偷窃、男人嫁娶男人，女人被允许跨出传统女性的角色范围。他这样解释自己的职业："当你面对这样一个破碎的社会时，你很难不去写讽刺作品。"

没人能否认，从问题频发那时候起，人类取得了长足的进步，尤其是在科学和医药领域。人类的预期寿命比以往任何时候都长，而且还在不断延长。我们在宽容和尊重人类方面取得了重要进步，不论其种族、性别、宗教。青霉素和小儿麻痹症疫苗等医学上的突破使我们的生命更加安全了，互联网等即时通信工具的发展使我们紧密地生活在全球社区之中。难道那些"美好的过去"真的没有想象中的那么好？

尤维纳利斯时代的社会没有破碎，现代社会也没有破碎。戴维·卡梅伦对当下社会问题的判断应该是没有问题的，只是他没有考虑到更加广泛的社会背景。贫困是怎么产生的？为什么国与国之间会发生战争？要避免这些问题，首先要做的就是找出问题的根源。一个盗窃汽车的小偷是不道德的，还是说他需要钱付医药费？一个性越轨的人到底是精神有问题，还是说纯粹为了展示自己的个性？当然，这些都是当下世界的社会问题，然而社会本身并不位列其中。

**卡梅伦是英国的保守派政治家，他经常把社会问题看成是社会正在走向破碎的一个标志。对于政治家来说，他们经常会把家庭破裂、谋杀、社会动荡等社会问题拿出来讨论。**

在英国，保守党政府下台已经超过十年了，因此讨论社会不稳定问题显示了一个强烈的信号，"虽然不是我们导致的问题，但是我们能够修复它"。这样的观点在美国现在也经常能够被听到。政治领导人敏于逃避谴责和推卸责任。腐败和道德滑坡问题更是火上浇油，让更多的人感到这将毁灭我们的社会。贫困、犯罪和毒品滥用等问题导致了很多争议，但是这些问题难道真的比 100 年前还严重？

什么因素使得一个问题变成社会问题呢？当我在大学读书的时候，对我来说，一个社会问题就是周五晚上没有约会。对一个社会学家来说，一个**社会问题**就是对某人生活状态产生负面影响的事件。通常，社会问题会引起广泛的讨论和争议。我们如何理解社会问题呢？我们能够不受政治意识形态的干扰而客观地考虑这个问题吗？这些都是本章试图回答的主要问题。

当然，破碎的社会的观点对于那些经常看电视的人来说不是什么新东西。但是我们能信任媒体和政治领袖对这些问题的看法吗？本书从社会学的角度来考察社会问题。同任何其他科学一样，社会学也是彻底的、有条理的、讲逻辑的。美国社会学会把**社会学**定义为"研究社会生活、社会变迁和人类行为的社会根源和结果的学科"。

# 主题：什么是社会问题？

**社会问题：** 是指对社会成员生活状态产生负面影响的问题。
**社会学：** 指的是研究社会生活，社会变迁和人类行为的社会根源和结果的学科。
**社会学想象力：** 是一种能力，它不着眼于成败得失的个人因素，而是全盘考虑社会因素对结果的影响。
**宏观：** 指的是一种看问题的宏大视角。
**微观：** 指的是一种小范围的描述。

## 社会学想象力

我们经常看到这样的新闻报道：最近发生的金融危机是大萧条以来最严重的一次全球性衰退。新闻报道的头条充斥着房地产崩溃、信用危机和银行危机以及三大汽车制造商破产这一类的事情。你或者你认识的朋友可能直接受到了经济下滑的影响而失业或破产。那么当前经济的衰退，还会导致其他什么样的社会问题呢？

假设你看到这样一种情况：当你在十字路口停下时，发现一个人拿着一个指示牌，此外还拿着一个空的咖啡壶，走向一辆辆停在路边的汽车车窗。他看上去非常疲惫，但身体还是比较强壮，完全可以去就业。凭你的第一印象，你能否立刻判定他之所以出现这种情形完全是因为吸毒或是懒惰？

美国著名社会学家赖特·米尔斯（C.Wright Mills，1916—1962）指出，人们必须了解个人的处境受到多种多样的因素的影响。为此，我们必须发挥**社会学想象力**——不把个人因素看成是成败得失的关键，而是充分考虑社会对个人的巨大影响。米尔斯认为，这种**宏观**的视角有助于我们理解历史和社会结构对人们的影响。米尔斯注意到，人们往往仅仅根据自己的看法去考察社会问题，从表面价值对行动作出解释，这是一个**微观**的视角。仅仅从微观的视角考虑问题不利于对世界形成清晰的认识，而且会对人们认识事物产生负面的影响。

我们不能总往最坏的情况去想，而是应该运用我们的社会学想象力，这样我们就会考虑到，这个人出现在那儿可能有很多原因。也许他真的就是一个吸毒者或者懒汉。当然他很有可能是新近失业的人。也许他是全球化的受害者，他的前雇主为了雇佣更加廉价的海外劳动力而选择了裁员。甚至他还可能是个精神病患者，因此没法找工作。难道我们真的以为仅仅通过看到此人在马路边上的这一举动就能够了解他？正如米尔斯所言，社会学的目标就是突破人们自己的观念而形成一种社会学想象力。由于没有把我们对社会的认识同个体联系起来，我们就会面临着错误地谴责和错误地解释事情的风险。在日常生活中，我们经常犯这样的错误以致形成所谓的"常识"，但是社会学研究不等于生活"常识"。

我们经常宣称是基于自己的判断来推定事情起因的。图中行走的妇女正发挥社会学想象力还是在践行自己的个人信仰？

# 社会问题的核心要素

## 客观环境

**客观环境**指的是能够毫无偏见观察到的社会的方方面面。例如，有记载的英国暴力犯罪的数量，美国某一特定区域中人们生活的环境，或者是由于最近的经济危机而导致某家大汽车制造商裁员的数量等。所有这些都是可以用数据来衡量的，而且一般来说也是没有争议的。例如，根据美国劳动统计局（U.S. Bureau of Labor Statistics）公布的数据，自从2007年12月经济衰退开始，美国已经有570万人失业。从下表中，我们不难看出2007年和2008年失业率的不同。

### 2007年和2008年美国的失业率

| 男（16岁及以上） | | 女（16岁及以上） | |
| --- | --- | --- | --- |
| 2007 | 2008 | 2007 | 2008 |
| 4.7% | 6.1% | 4.5% | 5.4% |

资料来源：Data from the U.S. Bureau of Labor Statistics, Labor Force Statistics from the Current Population Survey, CPS Table 24, "Unemployed persons by marital status, race, Hispanic or Latino ethnicity, age, and sex."

总体而言，从失业人数增加的情况来看，男性比女性稍多。截至2009年4月，男女失业率之和达到了8.9%，前一个月是8.5%，2008全年失业率为5%。

失业的客观后果是什么？根据健康服务协会的一项调查，在失业和个人的健康之间有着某种联系。调查结果表明，失业人员跟他们那些一直上班的同事相比，其身体状况更差，而且更加沮丧。该研究还发现，越是在职业生涯的后期失业，其对一个人的健康的负面影响就越大。

**客观环境**：指的是能够毫无偏见观察到的社会的方方面面。
**主观性**：是指做判断的时候基于个人感觉和观念而不是外在事实。

## 主观考虑

大多数学生学习社会学都是带着主观考虑的。在这些学生20来岁的时候，社会保障资源的耗费对他们来说真是个问题吗？正如我的一个学生所说："如果它对我没影响，那它就不是什么社会问题。"这就是**主观性**的一个很好的例子，判断是基于人们的感觉和观念，而不是外部事实。在我的课堂上，当学生需要依靠自己的个人经验的时候，主观性就出现了。每个学期，都有学生发现，他们身边有同学的母亲一边享受着政府提供的福利，花着纳税人的钱，一边又驾着自己的新凯迪拉克凯雷德四处兜风。这往往会导致学生得出错误的结论，以为所有享受福利的人都是"搭便车"的人。这真的可能吗？

我们可以运用社会学想象力这个工具来突破我们的主观性或"经历"（biography）的局限，来考察一下包括客观事实和历史背景在内的大环境。这并不意味着主观的东西就不重要，仅仅表明这种主观性必须与客观实在之间保持一种平衡。正如赖特·米尔斯所言。"发挥社会学想象力，帮助人们弄明白世界上到底发生了什么事情，从个人经历与历史互动的角度了解自身作为社会一个微观节点正在发生什么。"

# 社会问题的构成要素

什么被看作社会问题，什么不被看作社会问题往往随着时间的变化会有很大差异。当你考虑这个变化过程的时候，你将看到社会问题在所有社会中都普遍存在，而且它们往往是该社会在处理某种特定社会情境的时候所带来的潜在后果。例如，人们应该对自身负责的观念导致在住房、就业和人们生活其他方面问题上政府的有限参与。这就会导致大量人口失业，无家可归，或者住在很差的房子中。这些问题是社会造成的吗？也许是社会造成的，然而有一件事情能肯定，那就是这些问题会对所有人都产生了社会后果。例如，不管我们是否关心一个涉及范围更大的

## 受全球经济衰退影响的五种文化价值

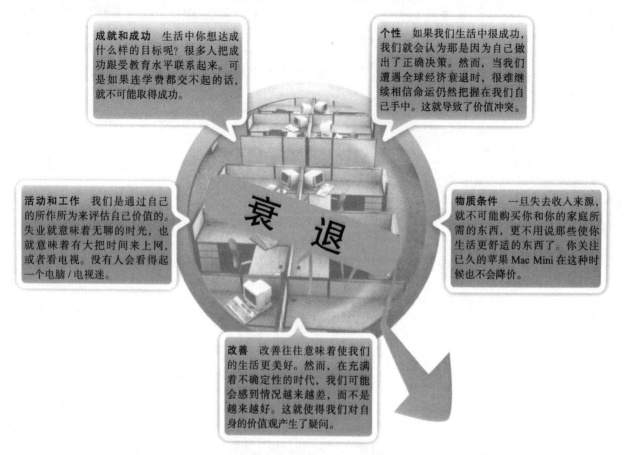

**成就和成功** 生活中你想达成什么样的目标呢？很多人把成功跟受教育水平联系起来。可是如果连学费都交不起的话，就不可能取得成功。

**个性** 如果我们生活中很成功，我们就会认为那是因为自己做出了正确决策。然而，当我们遭遇全球经济衰退时，很难继续相信命运仍然把握在我们自己手中。这就导致了价值冲突。

**活动和工作** 我们是通过自己的所作所为来评估自己价值的。失业就意味着无聊的时光，也就意味着有大把时间来上网，或者看电视。没有人会看得起一个电脑／电视迷。

**物质条件** 一旦失去收入来源，就不可能购买你和你的家庭所需的东西，更不用说那些使你生活更舒适的东西了。你关注已久的苹果 Mac Mini 在这种时候也不会降价。

**改善** 改善往往意味着使我们的生活更美好。然而，在充满着不确定性的时代，我们可能会感到情况越来越差，而不是越来越好。这就使得我们对自身的价值观产生了疑问。

**价值观**：是社会非物质文化的一部分，它代表着文化标准，通过这种标准，人们来确定什么好，什么坏，什么对，什么错。

社会服务项目，你将不得不面对这一决定带来的后果，或者是在大街上碰到更多的乞讨者，或者为这个大项目承担更高的税负。

当然，不会每个人都认为这样的事情是社会问题。在我多年的教学经历中，我发现学生渴望把直接影响他们自身的问题归到社会问题中，而对那些没有直接影响他们生活的问题却不那么重视。把某件事情认定为社会问题本身就是一个问题，我们必须解决这个问题。

同时，我们在定义社会问题时还受到其他一些因素的影响，下面我们来仔细讨论一下这些因素。

## 历史

社会问题的定义会随着时间的变化而变化。过去被认为是重大的问题到今天往往就不那么重要了。例如，在历史上的某一时刻，美国社会关注的一个问题就是盗马贼，很显然，它现在已经不再是什么问题了。我们今天碰到的很多问题也同样会像"盗马贼"一样。例如，高油价和对石油短缺的恐惧在 50 年后可能会觉得可笑，因为那时候电动和磁动汽车可能已经普及开来了。

当然，历史往往由掌权的人书写，这会影响我们对过去的一些问题的看法。我们受到的教育告诉我们，"1492 年，哥伦布（Columbus）开始了航海"，并且发现了新大陆。然而，按照政治学家霍华德·津恩（Howard Zinn）的说法，没有教科书会记录下由此带来的对 250 000 原住民的折磨、奴役，并且大约一半的原住民被谋杀的事实。在当时，哥伦布以及随之而来的欧洲征服者很可能感觉他们正在做的事情是正当的。然而，时至今日，人们对谋杀、奴役、宗教皈依的看法肯定会和当时完全不一样。

## 文化价值

如同历史一样，价值观念也会定义社会问题。**价值观**是社会非物质文化的组成部分，它为人们定义好、坏、对、错提供了标准。正如我们前面所说，美国当前最大的社会问题就是失业问题。然而，为什么我们会这么认为呢？按照著名的美国社会学家小威廉姆斯（Robin Murphy Williams Jr.）的说法，美国人秉持着一些主要的价值标准。在上页图中，我们能够看到五种主要的价值观，以及它们是如何跟当前的经济危机联系起来的。

社会往往会根据其自身的文化价值来定义社会问题。例如，在一些不重视妇女教育的国家里，女孩变成文盲看上去并不是什么社会问题。然而在美国，这会让人震惊。这一切都是价值观使然。

## 普适文化

**普适文化**是指所有社会中都普遍存在的社会生活的方方面面。所有社会都有出生、死亡、犯罪、战争以及一系列其他的事情。作为对这些问题的反应，社会创造出习惯来应对它们。例如，回想一下你参加过或者在电视上看到的婚礼，大多数都类似，跟你看到过的其他婚礼没什么区别：漂亮的衣服、大量的食物、前来恭贺的朋友和家人。也许服装的颜色或者宣誓的语言各异，然而，世界各地的人们仍然在做同样的事情：两个人如何远离自己的童年，步入全新的成年生活。婚礼使这样一个重大步骤正式化，而且也很有趣。

从这个角度来看，社会问题也具有文化普适性。换句话说，每个社会都存在社会问题，然而各地处理社会

> **普适文化**：指社会生活中对所有社会都适用的那些东西。
> **自觉**：是指某一个人或某一群人让某个问题引起社会关注的能力。
> **社会运动**：是指由非政府组织开展的支持或反对某一社会变迁的活动。
> **斗争**：针对社会上某一特定的权威而展开的有组织的、不懈的努力。

问题的方式千差万别。例如，我在墨西哥的时候，每年11月2日亡灵节的时候朋友们要举办盛大的仪式。他们解释说，那是墨西哥传统节日，用来纪念死去的亲人。在美国，很多人把阵亡将士纪念日作为向离世的士兵和亲人致敬的时刻。这两种文化都尊重死去的人，只是纪念的日期和采取的仪式各不相同。

## 自觉

社会问题的最后一个要素是自觉。**自觉**指的是个人或群体让某一问题引起公众关注的能力，这往往需要经过多年的斗争之后才能做到。例如，争取美国妇女选举权的斗争持续了150年，妇女才最终获得投票权。

自觉会引导人们开始**社会运动**，就是支持或反对社会变迁的活动。这些社会运动最初的时候往往就是由非政府组织推动的草根运动。例如，由于领导人物想努力增强人们对种族歧视的自觉，才开始在南方教堂里开展民权运动。

20世纪美国社会学家查尔斯·蒂利（Charles Tilly）总结出了所有社会运动的三个共同构成要素。社会运动的第一个构成要素是**斗争**，针对社会上某一特定的权威而展开的有组织的、不懈的努力。例如，海湾战争爆发的时候，和平抗议者在华盛顿组织游行，希望施加负面的公众反应以便早日结束战争。这些斗争往往针对某一特定的事项展开。最近，在我家乡开展的路边回收运动很成功。人们投票赞成提高税率，以便减少运往垃圾填埋场的废品数量，并且开始在马路边设置垃圾回收箱。

### 社会运动的四个阶段

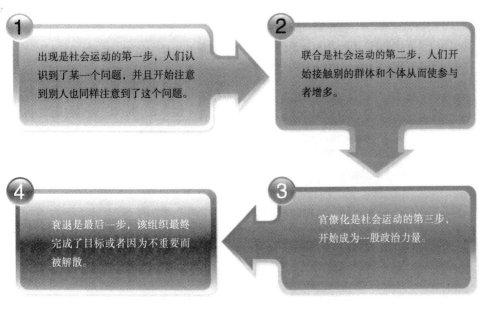

1　出现是社会运动的第一步，人们认识到了某一个问题，并且开始注意到别人也同样注意到了这个问题。

2　联合是社会运动的第二步，人们开始接触别的群体和个体从而使参与者增多。

4　衰退是最后一步，该组织最终完成了目标或者因为不重要而被解散。

3　官僚化是社会运动的第三步，开始成为一股政治力量。

查尔斯·蒂利注意到社会运动经过四个阶段：出现、联合、官僚化、衰退。他同时还指出所有运动都包括了斗争、表演和WUNC。

**表演**：是社会运动的第二个构成要素。
**WUNC**：指的是社会运动成员所显示出的四大特征：价值、统一、规模以及奉献。

社会运动的第二个构成要素是**表演**。按照蒂利的说法，这一步就需要开展一些活动以便增强运动的兴趣和参与度。反战运动参与者可能会请愿、抗议、游行以显示他们的主张。考虑到实际情况，往往会使用不同的策略。我家附近的回收者常常用发邮件和挨户挨户访问的办法来推动他们的工作。由于这些努力，他们的斗争开展得很成功。

社会运动的第三个构成要素包括参与其中的个人的四个特征：**价值、统一、规模**以及**奉献**（WUNC）。社会运动必须被大众接受为有价值的行动。在我家乡，垃圾回收被视为有价值的行动，而拼车则不是。统一指的是所有参与运动的人必须对他们想要争取的东西达成一致意见，也就是信息必须聚焦。同时，运动还必须有足够的人参与进来，从而避免被人看作一个"小团体"。最后，社会运动成员对社会变迁要倾情奉献。如果具有了以上四个要素，社会运动成功的可能性就会很大。每一场社会运动一般来讲会经过几个常规的阶段：出现、联合、官僚化、衰退。

# 社会问题思考：
# 社会学家如何运用理论范式来思考问题？

**范式**：是科学家用来研究世界的理论框架。
**功能论**：是一种把社会看成是一个由相互联系的各部分组成的系统的理论框架。

## 三种主要社会学范式

我们界定社会问题本来就是一件很复杂的事情，再加上全球化和媒体的发展，社会问题也不再仅仅限于某一机构或某一地域。正因为如此，社会学家们必须认真研究某个问题，以便看清它的全貌。因此，我们如何研究社会问题呢？从历史来看，社会学家们要么运用宏观范式，要么运用微观范式。所谓**范式**，就是科学家用来研究世界的理论框架。我们在本书中主要关注三种范式：功能论、冲突论以及符号互动论。来自不同学派的社会学家研究类似的问题，但是他们得出结论的方法不一样。让我们进一步研究一下这些范式。

## 功能论

**功能论**是一种把社会看成是一个由相互联系的各部

△ 奥古斯特·孔德（1798—1857）创造了社会学这个概念，提出了功能论的基本原则。

分组成的系统的理论框架。因为功能论着眼于整个社会系统而不是个体，它被认为是社会学研究的一种宏观方法。如果社会结构的某一组成部分出了问题，其他部分将会自动地介入，帮助系统重新取得平衡。以自动HVAC〔取暖（heating）、通风（ventilating）、空调（air-conditioning）〕系统为例，有些仓库储藏的商品必须保持一定的温度和湿度，如果外部的温度和湿度升高或者降低，仓库中的温度和湿度也会发生变化。如果装了 HVAC 系统，它就可以让仓库维持恒定的温度和湿度。社会结构运行的方法也一样。如果出现了问题，社会就会自觉行动起来，以抵消这一问题。功能论把社会看成是相对安全的——社会发生的任何事情都是为了维持自身的稳定。

功能论者认为把社会作为一个整体来理解的最好办法就是认识到社会系统（例如，家庭、教育和经济）之间的相互联系。每一个社会系统无论看上去多么不起眼，都有自己的作用，因为所有事物都是相互联系的，会产生蝴蝶效应。例如，当经济不景气的时候，它不仅仅影响到你的钱包。公司裁员，员工失业，家庭挨饿，孩子在学校里也表现不好。因为社会的平衡依赖于每一个组成部分，功能论者认为所有社会结构都必须认同价值观和规则。这些价值观和规则创造了社会的规范和法律，从而调整着不同机构之间的关系。

让我们看看历史上几位著名的功能论者及其思想：

- 赫伯特·斯宾塞（Herbert Spencer，1820—1903）：社会是一个有机体，其中有些部分更容易适应社会动力机制，因此能够更好地适应环境的变化。
- 爱弥尔·涂尔干（Emile Durkheim，1858—1917）：社会整合和社会控制把社会团结在一起。人们把自己看成是一个整体，这种观念有助于他们置身于其社会结构的规则和法律的边界之内。
- 塔尔科特·帕森斯（Talcott Parsons，1902—1979）：社会是一个庞大的、相互联系的系统，每一个人对于维持系统的功能都有帮助，如果某一个人出现了问题，社会整体就会受到影响。
- 罗伯特·默顿（Robert Merton，1910—2003）：每一个社会行动都具有显功能（带来可以预期结果的因素）和潜功能（导致不可预期或想象不到的结果的因素）。

## 冲突论

**冲突论**是一种把社会视为处于有限资源的持续冲突中的理论框架。与功能论类似，这一理论同样运用了宏观的方法，因为它关注的是各个群体为争夺权力而进行的互动。例如，冲突论者会探讨为什么富人和穷人之间的鸿沟会影响到各自群体的教育、卫生和生活条件。富人有钱住更好的房子，可以跟地位相似的人做邻居。因此，这些房屋的价值提升了，而最初住在那里的穷人被迫迁到别的地方。那些能生活在更昂贵的地方的人毫无疑问也可以为孩子选更好的学校，因此也增加了他们后代成功的可能性。冲突论者认为，一旦不平等开始定型，那些身处顶层的人就不太可能去推动社会变迁。因为，精英们制定的规则和制度肯定对他们自己有利，这些规则和制度不是为那些比他们位置低的个体和群体制定的。这些标准同样使得富人和掌权的人占据更好的位置。

冲突论可以用来分析很多制度，而不仅仅是社会阶级。冲突论者把他们的原则用于分析年龄、性别、种族、宗教等方面，任何存在不同等级的社会设置都可以被视

> **冲突论**：是一种把社会视为处于有限资源的持续冲突中的理论框架。
> **符号互动论**：是一种理论框架，它关注人们之间的个体行动如何影响他们的行为，这些行为又如何影响社会。

为社会问题。不妨看看下面这几位冲突论者采用这种理论范式的不同路径：

- 哈丽雅特·马蒂诺（Harriet Martineau，1802—1876）：社会行动往往跟社会所传递的价值很不一样。例如，尽管美国一直吹嘘自己的民主，可是1920年以前都只有男人才有投票权。
- 卡尔·马克思（Karl Marx，1818—1883）：资本主义带来了富人和穷人之间的冲突。对于财富的追求导致社会的堕落，最终会破坏社会。经济权力不能掌握在少数精英的手中，而应该掌握在全体人民的手中。
- 杜波依斯（W.E.B. Du Bois，1868—1963）：社会平等不可能导致社会系统的腐败，过去强烈地影响着现在。例如，在对非洲裔美国人和其他弱势群体的歧视方面，过去和现在之间有很大关系。
- 约翰·贝拉米·福斯特（John Bellamy Foster，1953—现在）：社会动荡是权力和财富分配不平等的结果。正因为如此，资本主义不可持续，如果社会想要延续，那么，那种追求短期利益而不顾远期后果的做法必须停止。

## 符号互动论

**符号互动论**作为一种理论框架，它关注人们之间的互动如何影响他们的行为，以及这些行为又如何影响社

符号互动论者对人们对文化符号的反应很感兴趣。你认为尼日利亚人对毛泽东和乔治·华盛顿的图像会作何反应呢？

性别不平等理论：关注性别模式，这种性别模式限制了妇女获取工作、教育和其他社会需求的机会。
性别压迫理论：指的是一种情境，在这种情境中，男人故意通过歧视和运用权力的办法来维持对女人的控制。
结构压迫理论：该理论认为，女人受压迫植根于资本主义之中，父权制让女人处于社会的边缘。

会。与功能论和冲突论不同的是，符号互动论这种范式是一种微观的研究方法，因为它针对的是个体而不是群体和制度。符号互动论者分析社会互动如何影响、创造和维持人类关系。他们分析诸如肢体语言、词语、手势和图像等符号如何影响沟通。人类根据这些符号的含义进行互动。

你最初是如何学会你的名字的？很早的时候，你父母叫你什么，而你学着对此作出什么反应。如果现在有人叫你另外一个名字，你很可能连头都不会抬一下。为什么？因为在你的脑海中，你用这个符号帮助自己形成一种自我感。正是这种认同贯穿于你的整个生活，用它与人互动，从而创造了一个社会世界。

我们同样需要学习社会情境下符号背后的意义。例如，中国革命领袖毛泽东的照片对你来说可能没有多大意义甚至一点意义都没有，乔治·华盛顿的照片可能给你带来自由和反抗的想法。尽管这两个人都是革命领袖，但是你的文化情境影响了你对照片的看法。

下面介绍几位符号互动论者及其思想

- 乔治·赫伯特·米德（George Herbert Mead，1863—1931）：社会由符号组成，这些符号告诉我们如何理解世界。我们运用这些符号来发展自我意识或认同。然后，我们把这种认同带入世界，跟其他的认同一道创造社会。
- 赫伯特·布鲁默（Herbert Blumer，1900—1987）：个体行为依赖于我们通过经验和互动早已创造出来的意义。我们运用一个阐述程序来处理和选择这些意义。
- 欧文·戈夫曼（Erving Goffman，1922—1982）：社会互动是社会的基石。个体需要一系列的行动和互动来不断地选择自己的行为。
- 霍华德·贝克尔（Howard Becker，1928—现在）：社会互动导致一种自我实现的预言，它限制了个人的成果。我们给社会上其他人贴标签，然后，被贴标签的个体感觉到他们必须展示出那些"标签"。

## 社会学家问什么类型的问题？

理解这三种范式是比较复杂的事情，尤其把这三种范式运用到处理复杂社会问题上的时候。不妨利用下页的表格来帮助你记住每一个理论背后的基本观点。社会学家的提问为我们了解他们的思想流派提供了线索。

## 三种范式——它们是如何相互关联的？

一般而言，微观分析和宏观分析之间的界限是比较模糊的。我所知道的大多数社会学家照搬马克斯·韦伯的做法。韦伯是一位著名的社会学家，在很多时候，不好把他归为这三种类型中的任何一种。像冲突论者一样，韦伯认为社会阶级是影响我们生活的最重要因素之一，阶级之间权力的差异往往决定了一个社会中谁能成功、谁不能成功。然而，韦伯还采用一种功能论的方法，他认为一个社会要最有效地运行就得像一个官僚机构：一个领导管理一个由小组织构成的群体。这些小组织有着相同的目标。与此同时，韦伯还把符号互动论纳入自己的理论体系中，他认识到价值影响人们的目标和行为。韦伯认识到社会学家对个人偏见并没有天然的免疫力，他督促自己的同事们把自身的个人价值与他们所从事的工作区分开来。

跟韦伯一样，现代社会学家为了更好地分析现在的社会问题，他们往往交替地扮演着功能论者、冲突论者和符号互动论者的角色。几乎没有社会学家是纯粹主义派，你知道这些理论是如何相互关联的吗？

## 正在出现的范式

现在出现了一些与以上三种主要范式不一样的其他范式。让我们来看看一些更为现代的社会学理论方法。

### 女性主义理论

女性主义理论是一种以女性为中心的跨学科的研究策略，它试图解释女性是如何适应社会的。女性主义者经常询问这样的问题："为什么社会以这样的方式运行？""我们能不能改变社会，使它变成对所有人都公平的一个地方呢？"女性主义者同样感兴趣的是，种族、族群、阶级和年龄如何与性别相互影响从而决定了每个个体不同的人生境遇。女性主义理论主要有三种：

- **性别不平等理论**：妇女在社会世界的经历与男人的经历是不平等的。这些理论关注性别模式，这种性别模式限制了妇女工作、教育机会的获取和其他社会需求的满足。

- **性别压迫理论**：男人故意通过歧视和运用权力的办法来维持对女人的控制，这就导致了压迫。
- **结构压迫理论**：女人受压迫植根于资本主义之中，父权制让女人处于社会世界的边缘。

## 交换理论

交换论者认为我们的社会经历是由一系列的代价和回报组成的。人们天生会追求自身回报的最大化和代价的最小化，这就产生了社会行动。交换理论往往对微观层面思考问题的人有吸引力，这些人往往考虑这样的问题：为什么我们挑选特定的人做配偶而不是别人？如果你正跟某个人约会，而你所付出的努力使这种关系显得代价比回报高，你就很有可能会结束这种关系。但是交换理论同样也具有宏观视野。例如，你认为一个国家把所有的制造业工作让其他能够提供更廉价劳动力的国家来干符合该国的最大利益吗？在计算交换价值时，我们不能仅仅考虑短期回报（即时回报），而要考虑长期的潜在代价（例如，当货物运输出问题时整个经济会崩溃）。

## 环境理论

环境理论是社会学最新出现的范式。这一理论把社会思想和生态原则结合起来，分析环境政策如何影响社会，以及人们对环境的态度如何随时间的变化而变化。例如，某个特定的地域能住多少人？这个数据被称为承载能力。我们在考虑承载能力的生态限制时往往不考虑人的因素。对于环境社会学家来说，人类不过是与其他生物分享同一个生态空间的生物之一而已。群体如何适应这些限制呢？如果他们不能适应，那么他们还能继续生存吗？这类问题是环境理论的核心。

### 三种范式的核心问题

| 分析策略 | 功能论 | 冲突论 | 符号互动论 |
|---|---|---|---|
| | 宏观 | 宏观 | 微观 |
| 核心问题 | 1. 社会的成分是什么？<br>2. 这些成分如何相互联系？<br>3. 是什么因素在保持社会的平衡？<br>4. 一个事件的预期结果和非预期结果是什么？ | 1. 社会中财富、权力、机会和资源是如何分配的？<br>2. 个体和群体如何保持他们的财富和权力？<br>3. 什么群体在社会上蓬勃发展？为什么？ | 1. 个体在社会结构的建构过程中发挥了什么作用？<br>2. 社会交往通过什么方式影响人类关系？<br>3. 个体会根据环境的不同选择自己的行为吗？如果是，则原因何在？ |

# 找寻社会问题的解决办法：
# 研究和社会政策在理解社会问题的过程中扮演什么角色？

## 研究方法

社会学不仅仅是一种思想流派或者生活哲学。它还是一种科学，试图发现事实并揭示人们与其置身其中的社会世界之间的联系。社会学家准确理解和解决社会问题的唯一途径就是学习和开展科学研究。然而，与其他科学一样，社会学也有自己的限度。它能够给我们研究社会世界提供工具，但为了避免得出错误的结论，必须准确理解这些工具。

这一节中我们将给读者介绍社会学研究方方面面的问题。**研究方法**是社会学家在研究中以及在探讨某一特

> **研究方法**：是指社会学家用来对某一问题展开研究和进行总结的科学程序。

定问题的过程中所采用的科学程序。当戴维·卡梅伦假定社会已经破碎的时候，他是否像社会学家那样思考问题呢？"破碎"意味着什么呢？你如何衡量一个社会的"破碎"呢？如果社会"修理好了"则会是什么样呢？"修理"社会意味着什么呢？每个人都可以评论社会，但是要解决社会问题需要花很大力气。首先需要理解社会学家使用的专业术语和研究方法。

## 社会研究的六大步骤

| 1 选择研究主题 | 2 进行文献回顾 | 3 形成研究假设 | 4 收集数据 |
|---|---|---|---|
| 通过确定你需要回答什么问题来选择你想研究什么。你可能会选择一个你认为迫切需要关注的社会问题，或者根据过去所做过的研究选择研究的主题。 | 文献回顾指收集相关的学术文章和信息。你当然不需要剽窃别人的文章，但是能通过分析现有的文章了解别人的观点，从而给自己的研究提供一些思路。 | 研究假设就是设想变量之间是如何联系的（你可以把它看成是学术猜想）。通过研究假设，你可以建立起自己的理论，对所研究的事件进行全面而系统的解释，并且在此基础上进行预测。在你用专业术语对研究对象进行量化以后，你就对变量进行了操作化。 | 研究设计就是用来收集信息的方法。为了使研究设计可靠，必须每次使用相同的方法来测量你的变量。如果你的研究是有效的，那么你确实是在测量你想要测量的东西，而不是被不相关的变量所误导。社会学研究主要有三种类型。比较研究使用不同来源的数据并且对它们进行 |

资料来源：Earl Babbie, *The Practice of Social Research, 8th edition* (Belmont, CA: Wadsworth Publishing Company, 1998).

**客观性**：指的是排除个人偏见或成见进行研究的能力。
**自变量**：指的是在实验中能够有意控制的因素。
**因变量**：指的是控制的结果。

## 客观性

对社会学家而言，**客观性**是一种不让个人的偏见或成见影响研究的能力。马克斯·韦伯首先提出了客观性问题，他指出，为了客观地研究问题，社会学家必须把自己所有个人的价值观和先入之见放到一边。对于大多数人而言，个体经验和政治立场是最难克服的两个主要偏见。如果你儿子就驻扎在巴格达，你还能客观分析伊拉克战争吗？如果你的孩子被某个恋童癖者骚扰了，你还能公正地研究恋童癖问题吗？客观性很难做到，但是对社会学研究来说却很关键。

因此，我们怎么看待客观性问题呢？按照韦伯的说法，想得出正确的结论，唯一的办法就是使自己彻底远离主观。如果你能成功地做到这一点，那你就能够做到理解（*verstehen*），即从行动者自己的观点来理解行动。

## 变量

在你学会了客观地看待社会问题以后，下一步要做的就是确定这些问题的变量。变量就是我们想知道的一些简单的事情。例如，假设我们想知道拥有大学学位是否有助于找工作，然而，我们同时还想知道该问题的结论是否还取决于学位、种族或性别，那么它们每一个都是变量。

社会学研究中主要有两种变量：自变量和因变量。**自变量**指的是在实验中能够有意控制的因素，而**因变量**是控制的结果。因此，因变量取决于自变量。在前面所举的例子中，拥有大学学位就是自变量，而职业状况则是因变量，因为我们相信就业状况取决于受教育水平。当然，这样一个研究确实很简单。然而，教师和工程师是否

由坎贝尔·布朗主持的电视节目"没有偏见，没有牛气"在很多固执起见的新闻评论节目（例如"每日秀"栏目和"欧莱利因素"）中越来越流行，它号称是CNN推出的超越党派的新闻节目。然而具有讽刺意味的是，这档节目从一个很详细的新闻要览开始，这些新闻完全是根据布朗的观点和其他评论员的观点挑选出来的。既然如此，那么进行完全客观的新闻报道可能吗？

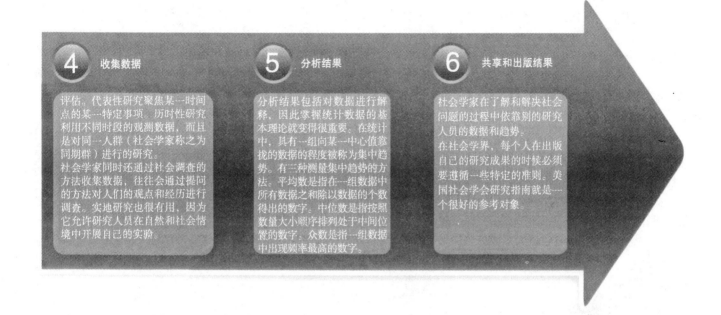

**4** 收集数据

评估。代表性研究聚焦某一时间点的某一特定事项。历时性研究利用不同时段的观测数据，而且是对同一人群（社会学家称之为同期群）进行的研究。

社会学家同时还通过社会调查的方法收集数据，往往会通过提问的方法对人们的观点和经历进行调查。实地研究也很有用，因为它允许研究人员在自然和社会情境中开展自己的实验。

**5** 分析结果

分析结果包括对数据进行解释，因此掌握统计数据的基本理论就变得很重要。在统计中，具有一组向某一中心值靠拢的数据的程度被称为集中趋势。有三种测量集中趋势的方法。平均数是指在一组数据中所有数据之和除以数据的个数得出的数字。中位数是指按照数量大小顺序排列处于中间位置的数字。众数是指一组数据中出现频率最高的数字。

**6** 共享和出版结果

社会学家在了解和解决社会问题的过程中依赖别的研究人员的数据和趋势。

在社会学界，每个人在出版自己的研究成果的时候必须要遵循一些特定的准则。美国社会学会研究指南就是一个很好的参考对象。

和社会工作者和艺术史专家具有相同的失业率呢？恐怕不是。

为了确定大学学位对一个人的职业状况具有何种影响（如果有影响的话），你必须控制其他变量，因为这些变量可能会影响结果导致错误的结论。**控制变量**是指为了准确检验自变量而被控制为恒量的因素。当你在对比拥有大学学位的人的失业率和不拥有大学学位的人的失业率的时候，必须使其他因素如种族、性别是一样的。简而言之，控制变量考虑了其他一些可能影响结果的因素。

## 原因和相关

在研究过程中，最容易让人产生错误理解的概念也许就是原因和相关之间的关系。一般来讲，我们常常宣布发现了某种因果关系，而事实上这种因果关系并不存在。我们经常碰到有人说"某人让我发疯"，而实际上是你自己选择了发怒。在社会学研究中，一种因果关系意味着某个条件或变量直接导致了某一特定结果。这样的发现在社会学中很少，甚至有人认为这种关系根本不可能存在。为什么这么说呢？我们接下来讨论这个问题。

## 因果关系

**因果关系**指的是原因和结果之间的关系。例如，H1N1 病毒——猪流感的一种亚型——导致了类似感冒的

> **控制变量：**是指为了准确检验自变量而被控制为恒量的因素。
> **因果关系：**指的是原因和结果之间的关系。
> **相关关系：**指的是一种迹象，即某一因素可能与另一因素有关联。

症状。因此，如果患了猪流感，你就肯定是感染了这种病毒。然而，跟带有猪流感病毒的人接触未必就一定会生病。为什么？就像跟患有普通感冒的病人接触未必就意味着你一定会生同样的病。病毒致病，然而与带有这种病毒的某人接触并不致病。当然，如果你跟患这种流感的人接触，你自己也有可能会患这种流感，跟患者接触与生病之间是相关的。

## 相关关系

与因果关系不同，**相关关系**是一种迹象，它表明一种因素可能与另一种因素有关联。那么，在社会学研究中，这又意味着什么呢？相关关系告诉我们，我们正在研究的变量之间在某些方面是相互联系的。在社会学研究中，我们往往会发现大量的相关关系，而几乎没有因果关系。例如，我们可以说，那些拥有大学学位的人同那些没有那么高学历的人相比，更有可能找到工作。在这个例子中，在教育和就业率之间存在一种相关关系。然而，这并不意味着拥有大学学位就能自动找到工作（尤其是在美国现在这种经济状况下）。我们还必须同时考虑年龄、种族、地域等一些其他因素。

相关关系有三种类型：正相关、负相关和虚假相关。

> **正相关**：指的是两个变量按照相同的方向变化。
> **负相关**：指的是变量按照相反方向变化。
> **虚假相关**：当两个变量看似相互联系而实际上却有不同的原因的时候出现。

**1** **正相关**包含了两个按同方向变化的变量。换言之，变量必须是同时增加或者同时减少。例如，如果一个家庭不履行抵押债务，那么它将失去自己所抵押的房屋。尽管这两个变量都有负面的影响，但它们显示的是一种正相关关系，因为二者是按照相同方向变化的。

**2** **负相关**是变量按照相反方向变化时出现的。如果一个社区让更多的宠物绝育或使宠物无性化，那么该社区会发现更少的宠物在大街上流浪。这种情况会出现积极的结果，但是它显示的是一种负相关关系，因为变量之间按照相反方向变化。

**3** **虚假相关**，也就是说这种相关关系不是真实的或可靠的。当两个变量看似相互联系，而实际上却有不同的原因的时候，就会发生虚假相关。例如，一般来讲夏季的暴力犯罪的数量会增加，冰激凌的消费量也会增加。是不是意味着冰激凌导致了暴力呢？当然不是。原因应该是温暖的气候、白天变长或者其他因素。在你学习本门课程的过程中，要注意避免出现虚假相关。

## 解释性表格

在你评估统计数据的时候很可能会碰到很多的表格。这种信息很有用，因为它意味着已经有人花时间收集和整理了对你有用的信息，你所需要做的就是对它进行解释。如果你此前已经有处理科学表格的经验，我在这里给你提供一些如何更快更准确解释数据的小窍门。请你花点时间浏览一下下面几个步骤。

**1** 阅读表格并且搞清楚为什么别人要制作这样的表格——这些信息想要告诉你什么呢？在下表中，研究者想传达的是不同年龄群体使用互联网的情况。那么它还告诉你一些什么别的东西呢？

**2** 注意次级标题，它们往往为分析表格的内容提供一些必要的新信息。在下表中，副标题阐明的是不同年龄群体的互联网使用者参与下列在线活动的比例。

**3** 阅读表格底部的信息。在这里你能够找到原始资料的来源以及作者想让你理解的其他信息。在下表中，你不难发现参加调查的总人数（N）是 1 553 人，这项研究是 2008 年早期公布的。资料来源的信息同时还告诉我们可以上哪儿去找到原始数据。

## 伦理关怀

社会学研究尤其是在研究社会问题时，往往都是研究社会最坏的一面。你也许会沮丧地发现没有多少社会学家花时间去研究那些富裕、健康、幸福的夫妇的饮食趋势。在社会学中，我们需要研究社会上存在的最坏的问题，以便能够解决它们。有时候，我们的研究涉及卖淫、吸毒等敏感问题。社会学家必须合乎道德地并且巧妙地处理这些问题。**伦理**是指导人的行为的价值体系或原则。美国社会学会为所有社会学家开展社会学研究确立了五条基本原则。

研究者必须是能胜任专业工作的，把他们的研究限定在此前研究过的领域之内。出于所有的社会学家的职

### 不同年龄群参与云计算活动
——不同年龄群的互联网使用者参加下列在线活动的比例（%）

| | 18 ~ 29 | 30 ~ 49 | 50 ~ 64 | 65+ |
|---|---|---|---|---|
| 利用 Hotmail、Gmail 或 Yahoo 邮件进行网络邮件服务 | 77 | 58 | 44 | 27 |
| 存储个人照片 | 50 | 34 | 26 | 19 |
| 利用 Google Documents 或者 Adobe Photoshop Express 等在线应用程序 | 39 | 28 | 25 | 19 |
| 存储个人的录像 | 14 | 6 | 5 | 2 |
| 通过付费的方式在线存储计算机文件 | 9 | 4 | 5 | 3 |
| 把硬盘备份到一个在线网点 | 7 | 5 | 5 | 4 |
| 至少参与上述活动中的一种 | 87 | 71 | 59 | 46 |
| 至少参与上述活动中的两种 | 59 | 39 | 31 | 21 |

N=1 553，误差范围是 ±3%。

资料来源：Pew Internet & American Life Project April-May 2008 Survey.

业操守和科学责任，他们绝不能掺杂自己的个人信仰和观念。他们必须诚实，不能强迫研究对象讲他们想听到的东西。同样，科学家应该尊重人们的权利、尊严和差异，歧视对于任何类型的研究都是有害的，而且也违背了社会学最基本的原则。最后，研究者对人类承担社会责任，社会学家必须牢记他们所做的工作会影响人类的现实生活。

　　为什么要有那么多的原则呢？因为研究对象在被研究的过程中不能对自身的安全有丝毫的担心，如果研究对象担心自身的安全，那么很快将不会再有人愿意参与社会学研究了。

## 定量和定性方法

　　社会学家的研究分为两种类型，这两种类型与功能论、冲突论和符号互动论没有必然联系，并没有明确的规定来确定每一种理论必须使用的研究方法，但是社会学家发现，每一个研究框架使用数据的方法不太一样。定量数据和定性数据是出现这些差异的根源。

### 定量方法

　　**定量数据**是指建立在数量基础上、用于宏观分析的数据。医生常常让患者用 1 ~ 10 的尺度来描述自己的疼痛程度。患者的回答就是这种类型数据很好的例子。另一种定量数据是研究数量，例如，因家庭暴力被逮捕的人的数量。定量分析方法包括参与观察法、个案研究和民族志。

### 定性方法

　　**定性数据**包括研究者获得的访谈、图片、照片和其他任何一种非数字形式的资料。这样的数据适用于微观分析。一个很好的例证就是内容分析，在这种研究中，社会学家分析报纸、图书和结构式访谈资料中的常用词汇和主题。定性分析方法包括横截面研究、比较研究和历时性研究以及调查和实验。

## 三角检验法

　　前面我们提到过理论交叉的问题。我们知道，社会学家常常通过从三大主要理论范式那里借鉴思路来形成自己的研究框架。同样，社会学家在收集数据的时候也

> **伦理：** 是指导人的行为的价值体系或原则。
> **定量数据：** 指建立在数量基础上、用于宏观分析的数据。
> **定性数据：** 指的是包括语言、图画、图片以及其他类型的非数字形式的资料。
> **三角检验法：** 指的是运用多种方法研究某个现象的过程。
> **社会政策：** 是指就社会而言为了解决社会问题而采取的有意尝试。

常常同时运用定性和定量的方法，以便从不同角度对某一议题和事件进行更全面的描述。**三角检验法**指的是运用多种方法研究同一现象的过程。例如，如果你想研究高中生课外活动的影响问题，那么首先你得掌握参加课外活动和不参加课外活动的学生的数量这一类的定量数据。然后，你会开展一些定性研究，以便了解这些学生课余时间都在做什么事情，以及参加这些活动或者不参加这些活动对他们的教育和成绩有什么影响。该方法主要考虑到如果你通过一种数据得不到你想要的资料，那么其他类型的数据可以填补空缺。

## 社会政策与统计

### 社会政策

　　**社会政策**是指就社会而言为了解决社会问题而采取的有意尝试。例如，失业保险就是一项旨在帮助失业人员直到他们重新找到工作的社会政策。在经济困难时期，这样的政策让很多人不至于流离失所。

### 公众参与

　　在我的教学过程中，学生们常常问到同一个问题——"我们能做什么？"在本书中，我们在每一章的社会政策部分分析这样的问题。在做研究和了解国情的时候，一件很简单的事情就是与美国人口普查署的人口调查保持一致。人口普查非常重要，因为它能追踪美国社区变化的数据，而这样的数据对社会政策努力想解决的问题有帮助。例如，某项普查表明某一地区的老年人的数量自上次调查以来增加了一倍，或者五岁以下的孩子的数量显著减少。计划委员会就会利用这一信息相应地分配资源，例如，修建新的退休社区来取代托儿所或小学。当然首先要保证你所在的社区能够公平享有政府的财政资助，而且也取决于你所在地区在国会中的代表权。

## 田野研究的类型

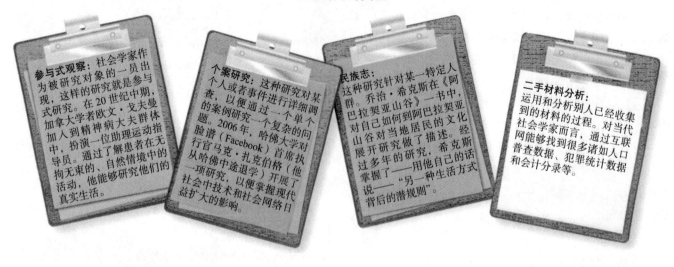

**参与式观察：** 社会学家作为被研究对象的一员出现，这样的研究就是参与式研究。在 20 世纪中期，加拿大学者欧文·戈夫曼加入到精神病大夫群体中，扮演一位助理心理运动指导员。通过了解患者在无拘无束的、自然情境中的活动，他能够研究他们的真实生活。

**个案研究：** 这种研究对某个人或者事件进行详细调查，以便通过对一个单个的案例研究一个复杂的问题。2006 年，哈佛大学对脸谱（Facebook）首席执行官马克·扎克伯格（他从哈佛中途退学）开展了一项研究，以便掌握现代社会中技术和社会网络日益扩大的影响。

**民族志：** 这种研究针对某一特定人群，乔治·希克斯在《阿巴拉契亚山谷》一书中，对自己如何到阿巴拉契亚山谷对当地居民的文化展开研究做了描述。经过多年的研究，希克斯掌握了——用他自己的话说——"另一种生活方式背后的潜规则"。

**二手材料分析：** 运用和分析别人已经收集到的材料的过程。对当代社会学家而言，通过互联网能够找到很多诸如人口普查数据、犯罪统计数据和会计分录等。

人口普查署对 2010 年的人口普查做了很大的改进。为确保 2010 年人口社会经济地位数据的准确性，每个家庭将收到一份简短的表格，填写住户人口数量。对于这些家庭只需询问最基本的人口统计信息。但是另一个相关调查——美国社区调查可以获得更加详细的社会经济数据，每年调查一次，而不是每十年一次。根据样本轮换的原则，如果只有很少的人参与这样的调查，那么每五年中一个家庭最多会参加一次这样的调查。与人口普查署类似，美国社区调查也很重要，因为它能为政府决定在哪些地区投入卫生、教育、交通和地区改造资源提供参考。为什么美国人口普查署要做出这样的改变呢？主要是为了节约成本。人口抽样调查耗资巨大，而且也很难开展，但是，如果人口抽样调查能够准确开展的话，那么所花的代价与所得到的好处相比还是很值得的。对于普通民众而言，支持公共政策研究的一个方式就是当抽到你的时候，你能如实填写表格。

## 统计

社会政策往往会引发激烈的讨论。争论的每一方似乎都有统计数据支持他们的观点。可是所有的统计数据是否都一样有用呢？看看以下几点提示有助于你判断统计数据的价值。

（1）注意标题。报纸和广播电视为了销量和收听收视率会采取一切可能的手段。有时候它们为了丰富一些简单的报道会提供一些不准确的信息。例如，"眼睛从架子上掉了下来"、"受到闪电影响的人类面临给蓄电池充电的问题"、"缺少头脑影响到研究"都是出现在正式出版物中的标题。它们都挺稀奇古怪，你如果仅仅从字面上去理解而不是深入研究的话，就会受到很大的误导。

（2）仔细检查术语的定义。在一些研究中，如果对它的术语可以做出多种解释，你就必须提高警惕。例如，两个研究者对"两个人种间的"（biracial）这样一个术语没有做出一致的解释。巴拉克·奥巴马的母亲是一位祖籍英国的白人妇女，而他的父亲是来自肯尼亚的黑人，然而他被认为是第一位被选为总统的非洲裔美国人。当然，他确实体现了两个人种间的这样一种特征，然而也有人会质疑该术语的准确性。

（3）弄清楚资料来源。弄清楚谁与你所参与的研究有利害关系，这一点非常重要。为项目研究提供资助的机构往往会受到研究结果的影响。烟草企业资助和出版了很多"不同意"吸烟会产生不良影响的研究，这一点儿也不让人感到意外。

（4）提防选择性原因。要确保从数据中所得出的结论确实能够归因于所罗列的原因。把我们的讨论建立在自变量和因变量之上，研究者是否把所有可能适用的解释都考虑到了呢？

（5）当心隐秘的动机。政治家和决策者有时间表和目的，要警惕那些看似事实的统计数据和论断，那些有幕后动机的人可能会控制或调整数据，以便使自身受益。

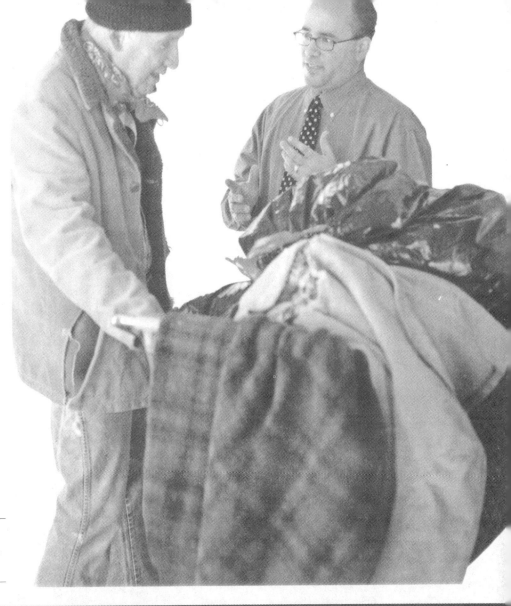

>>> 社会学家只能通过研究、调查和实验的方法收集数据。有时候，理解社会的最佳途径就是在实践中去研究它。

# 从课堂到社会→贫困

阿隆是纽约城国王学院大学二年级学生，他在高中时候读书非常刻苦，从而获得了好几份奖学金，使他能够有机会接受更高级别的教育。自他懂事以来，他家里一直很贫穷，他常常想，为什么没有一个人能够做点什么来帮助他们。童年的记忆仍然时常出现在他的脑海中，因此他选择贫困作为他的社会问题课的期终作业题目就一点儿也不奇怪了。当他与老师在上班时间见面的时候，老师问他毕业后打算从事什么工作，阿隆回答

道："解决贫困问题。没有人真正关心贫困，而且很明显也没有人为解决贫困问题而采取措施。"

**教授给阿隆提供了一份杰弗里·萨克斯（Jeffrey Sachs）写的《贫困的终结》的复印件，并且建议阿隆从研究每个人的观念入手。** 经过一个月的时间，阿隆调查了当地人对穷人的态度。让他感到意外的是，他所调查的大多数学生在贫困的根源和本质问题上的认识基本一致，而且对如何解决贫困问题也持有很多类似的

想法。宣称他之前提的"没人关注"就像宣称"社会破碎"一样，并没有说清事情的原委。阿隆在他的论文中写道："**贫困并不是个体导致的事件，而是很多相互独立的个体行动者集体决定的结果，然而，贫困对于深陷其中的个体而言确实影响很大。如果社会想要解决这样的社会问题，那么必须首先深入研究不平等问题。**"在返回来的论文中，教授指出阿隆具备了冲突论者的条件。阿隆回答说，"**权为民所用**"。

# 理论沉思

有时候，是金融危机提醒消费者要负责任地花钱，但是功能论者相信社会会自己矫正自己的错误。社会还有什么其他途径来恢复平衡呢？

## 功能论

对功能论者来说，社会不可能"破碎"。系统之所以能不断发展，归功于一些需求必须得到满足，而社会的结构会保持社会的平衡。房贷危机影响了很多地方的金融稳定，然而人们和有关机构会进行改革来抵消这种波动。例如，经过多年的大手大脚举债消费，现在的消费者开始采取一些储蓄的措施。社会问题是系统出现功能紊乱的结果，然而，这些功能紊乱并不意味着社会出现了戴维·卡梅伦所说的"破碎"。对功能论者来说，要维护社会的稳定就必须不断对它进行修补。

## 冲突论

现代冲突论者关注社会问题，他们往往关注不平等如何影响人们的生活以及社会的不同结构。如果有人像戴维·卡梅伦一样认为社会已经破碎了，那么冲突论者可能会认为是社会上那些最有钱和最有权的人导致了社会的破碎，而且这些人通过某种途径还从这些问题中获益。简而言之，这些社会问题是那些掌权者利用自己的统治地位使自身受益导致的，而忽略了因此给别人带来的苦痛。

**社会破碎了吗？**

## 符号互动论

符号互动论者可能会问："'破碎'是什么意思？"对它的定义会因你的社会地位不同而不同。你如果是穷人，你关注的问题之一很可能就是有足够的食物养活家人。你如果是富人和当权者，则肯定不会考虑如何解决下一顿饭的问题。在我们对社会问题进行定义和处理社会问题之前，我们必须首先承认社会问题是存在的。其次才是寻找新的视角观察这种状况，以避免同样的问题在将来出现。

冲突论认为，存在着一种针对财富和权力的持续不断的斗争，正是财富和权力导致了不平等。房贷危机如何助推了美国社会的阶级歧视呢？

为了让每个人就社会是否出现了破碎的局面达成一致意见，我们将不能不对社会是什么达成一个共识。我们每个人都持有相同的观点吗？

# 不平等：贫困与财富

# 这是

宾夕法尼亚州的又一个星期六早上，瑞克（Rick）和仙达·贝利（Sheyda Belli）梦想着能快速致富。在这样一个基础不牢固的经济形势中，与很多家庭一样，贝利一家也在花一些钱买彩票。

38 岁的仙达·贝利说："我把它看成是一次出击、一次机会、一丝希望，人们说我在浪费钱财，为什么不把它存起来，可是你要知道，每天都有人中彩票。"

每周六早晨，为了不失去中奖的机会，他们勒紧裤腰带过日子，甚至连往日常去的炸面包卷店也不去了。

仙达笑着说："每星期得花 40 美元的样子，我们把一切能省的都省了，但是仍然不能放弃买彩票。"

开车去海狸谷大厦（Beaver Valley Mall）是这个家庭的老规矩，他们的三个孩子，2 岁的夏延（Cheyenne）、4 岁的亚历山大（Alexander）、6 岁的安布尔（Amber）在那里开一次小火车，2 美元一张票。

拿着剩下的钱，这对夫妇就走向报摊那边，那儿在叫卖一些幻想：在名为"Cash 5"那儿有机会获得 64 万美元，"强力球"（Powerball）的奖金则高达 5 200 万美元。

这两种彩票仙达都买，而且还要买一张刮刮乐，如果刮出奖就是 24 美元。刮刮乐不过给人提供一种马上就能知道结果的满足感，其他什么也没有。

获得大奖的可能性是微乎其微的，962 958 个参加"Cash 5"的人中只有一个能获得最高奖，在"强力球"中获奖的可能性甚至更小（小于 1.46 亿分之一）……

耶鲁大学心理学家艾米丽·海斯利（Emily Haisley）说，研究表明买彩票能够抵消掉因贫困和经济困难而产生的消极感。她说："购买彩票能够暂时让他们远离消极感，使他们满怀中大奖的希望。"

贝利一家每周花在彩票上的钱达到 100 美元，每年大约有 5 200 美元。考虑到瑞克最近失业，每年收入大约损失一半即只有 67 000 美元，这笔钱显然是一个很大的数目。

瑞克说："买彩票确实有用，我买了一张 10 美元的彩票，结果中了 100 美元……"

每个周末，全家人聚到一起看结果。10 月末的一个周末，"Cash 5"没有全军覆没。仙达说："我认为即使没赚钱，我起码也收回了成本。"当晚的更晚些时候要公布强力球的结果，这给他们提供了最后一丝可能性，然而他们最终没有中奖。

仙达说："好吧，我们下次需要运气更好一点才行。"

虽然这又是一次失望，然而对于贝利一家而言，希望永远存在。

仙达解释道："有时候，其他事情越来越糟，购买彩票成了你生活的全部。当你情绪低落的时候，唯一的办法就是赶快崛起。因此，这就是我们的希望所在。"

在贝利家，艰难的时光远不敌甜蜜的梦想。

——美国有 30 多个州销售彩票。乐透广告遍布全国："快来试试手气吧！"

实际上，彩票已经成为一种自愿税，往往被用于帮助政府履行一些重要职能，如教育。然而，彩票并不必然为那些项目增加资助。尽管美国有些州明确规定把彩票收入投到教育一类的项目中，但其他一些州把彩票收入投到一个公共基金中，让立法机关在认为必要时动用该基金。

谁在买政府彩票呢？经常参加博彩的人是买彩票的主力军。男性比女性更可能参加博彩，25 岁到 65 岁的成年人最有可能参加博彩。教育层次的高低似乎也同样影响参加博彩的可能性，受教育层次越高，参加博彩的可能性越小。

人们购买彩票的花费有多大呢？在年收入 1 万美元到 6 万美元之间的家庭中，用于购买彩票的支出基本相同，然而，在年收入超过 6 万美元的家庭中，年收入越高，参加博彩的比例越低。尤其是当前美国经济正处在衰退时期，政府劝诱老百姓购买彩票而使他们赌掉自己的钱应不应该呢？对那些失望的人群征税难道真是一个为政府服务提供资助的好办法？或者说，有没有其他途径资助主要社会项目，而不至于给穷人和工人阶级增加负担？

在我们考察美国收入不平等问题的过程中，会碰到一些基本的问题。有多少不平等？我们是否生活在遍地都是"机会"的地方？如果有机会的话，我们能做什么以便保证每个人有相同的机会？

# 主题：什么是不平等，它会对人们产生什么影响？

**社会分层**：是指根据客观标准对人们以及他们的报酬进行排队，标准通常包括财富、权力以及声望。
**收入**：是指通过工作或者投资的方法获得的钱。
**财富**：是指包括收入在内的全部的个人物质财产。
**中位数**：是指从最小值到最大值依次排列的一组数字里处于中间位置的数字。

## 什么是经济不平等？

### 社会分层

人类有一种对事物进行分类或者排序的倾向。无论是某一周的"排名前十位"歌曲还是抚养孩子"五大最好的城市"，当人们知道他们所选择的城市、歌曲或者书籍被同龄人排在很靠前的位置的时候，他们会觉得这是一种很高的奖赏。社会学家在研究人的过程中，采取了同样的程序，他们运用基于客观标准的**社会分层**对个体进行排列，这些客观标准往往包括财富、权力和声望。社会分层自然而然会导致不平等，有些人是"富人"而有些人则是"穷人"，这种不平等导致了很多社会冲突，从而带来了更大的社会问题。

每个社会在对人群进行排列或分层的时候都有自己的一套办法，但是分层的水平可能差异非常大。在某些社会中，政治权力可能被用于对人们进行区分。例如，在古巴，共产党员往往有很优惠的房子，也能上更好的学校，然而持不同政见的人往往会陷入贫困。财富和收入也是社会用于把人们划分成不同社会阶级的手段。在美国，一个人拥有的财富越多，别人越重视他。其他国家或地区运用家庭血缘和地位对人们进行区分，在这些国家或地区中，享有特权的职位往往只对那些被认为是贵族的家庭开放。例如，你如果是迪拜皇室成员，就肯定能生活得很好，也就是说你会拥有很好的卫生服务，开新潮的轿车，穿最漂亮的服装，吃精选的食物等等。

在美国，往往会根据人们所拥有的财富或收入的多少，或者同时运用这两个标准对他们进行划分。**收入**是通过工作或者投资获得的钱，它可能是你每个月所获得的薪金，也可能是你从股票市场上所获得的红利。**财富**指的是你所拥有的包括收入在内的全部物质财产。如果你把所拥有的汽车、电器、衣服统统拿到网上用一个比较公道的市场价出售，你完全可以筹到一笔相当可观的钱，比你每个月的薪酬还多。下面我们继续探讨美国的财富和收入分配问题。

### 收入分配

也许你已经注意到，在美国，工作是收入的主要来源。当前，很多家庭经历了痛苦的家庭经济状况转换的过程。失业前，一个中产阶级家庭可能在郊区拥有面积很大、很舒适的家，一旦失业，就只能在很差的地段租一间只能摆下一张床的公寓房间。美国挣工资的人也可以进行排列，从努力工作却挣得很少的工人到挣六七位数薪水的具有很大权力的业务主管。

右图是比较直观的美国收入分配情况图。如果把整个美国的收入分成五个组，每组的家庭人数一样，那么最穷的五分之三的上班族家庭最有可能参与政府组织的博彩业。然而，这组人（大约占美国总人口的 60%）的收入占全国收入的比例不到 27%，最富有的五分之一的人口获得的收入超过总收入的一半。

**美国收入的分配**

最低的 1/5，3.4%（$0+）

最高的 1/5，49.7%（$100 000+）

第二个 1/5，8.7%（$20 300+）　中间的 1/5，14.8%（$39 100+）　第四个 1/5，23.4%（$62 000+）

资料来源: Data from Carmen DeNavas-Walt, Bernadette D. Proctor, and Jessica C. Smith, U.S. Census Bureau, Current Population Reports, P60-235, Income, Poverty, and Health Insurance Coverage in the United States: 2007, U.S. Government Printing Office, Washington, DC, 2008; U.S. Census Bureau, Current Population Survey, Annual Social and Economic Supplement, Table HINC-05: Percent Distribution of Households, by Selected Characteristics Within Income Quintile and Top 5 Percent in 2007.

如果对一个国家的收入平均分配的话，那么每组人应该获得 20% 的收入，可是事实并非如此。如果以上数据代表了从你喜欢的面包店买回的馅饼，你最喜欢得到哪一块呢？

尽管收入比例很有说服力，但如果跟具体收入结合起来，可能会让人更容易理解组与组之间的差异程度。看看上述数据，把什么收入水平的人划入收入最低的 20% 一组？最穷的五分之一的人每年所挣得的收入还不到 20 300 美元，这就意味着每五个美国家庭中有一个家庭的收入比这个收入低。可是与此同时，如果你每年的家庭收入超过 100 000 美元，那么你的家庭处在全国最富的五分之一之列。如果考虑到人口中最富的 5% 的情况的话，收入水平的差距就会更大，这部分家庭年收入超过 177 000 美元。

另一个重要的方法就是收入**中位数**。记住，把所有人的收入从最低到最高进行排列，处于中间位置的那个点就是中位数。2007 年，美国家庭收入的中位数是 50 233 美元，换言之，有一半的美国家庭挣的钱少于这一数字。

美国的收入不平等在不断扩大，下图提供了美国 55 年的年收入数据。看看这个图，你会注意到，美国最穷的五分之一人口每年所挣的收入占总收入的比例越来越少。1975 年，这一比例达到最大值，为 5.6%，此后他们所占的份额稳步下降。与此同时，最富的五分之一人口的年收入份额自 1975 年以来一直在上升。

富人和穷人之间的收入差距是否在拉大呢？数据显示确实如此。随着时间的变化，美国最富有的五分之一的人所挣的收入在总收入中的比重越来越大。下页左上图显示的就是过去 30 年收入的变化情况。在这期间，90% 的底层的美国人口的税前年收入确实下降了 0.1%，与此同时，最富有 10% 的人的收入增加了。此外，最富的 5% 到 10% 的这一组人收入增长了近 30%，那些处于高

**收入的变迁**

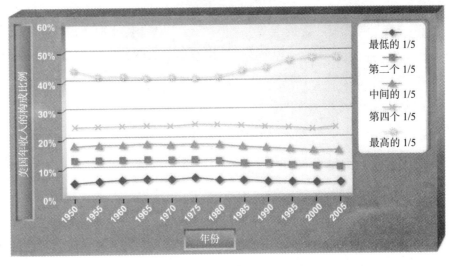

最低的 1/5
第二个 1/5
中间的 1/5
第四个 1/5
最高的 1/5

美国年收入的构成比例

年份

资料来源: DeNavas-Walt, 2006, U.S. Census Bureau.

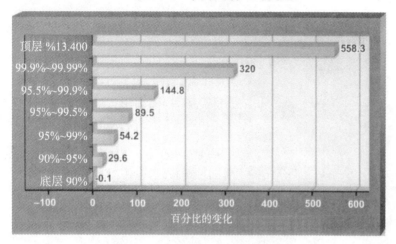

## 1970年至2000年美国收入的变迁

顶层 %13.400 ——— 558.3
99.9%~99.99% ——— 320
95.5%~99.9% ——— 144.8
95%~99.5% ——— 89.5
95%~99% ——— 54.2
90%~95% ——— 29.6
底层 90% ——— -0.1

百分比的变化

资料来源:Data from David Cay Johnson, *Perfectly Legal: The Covert Campaign to Rig Our Tax System to Benefit the Super Rich and Cheat Everybody Else* (New York: Penguin Group Inc., 2003).

收入组 95% 到 99% 之间的家庭收入增加更多，增幅超过54%。全美国收入最高的 13 400 个家庭收入获利最大，30年间，这一组家庭的收入增加了 558.3% 以上。这就意味着，如果一个家庭的年收入在 1970 年是 500 万美元的话，那么到 2000 年，其家庭收入会增加到 2 791.5 万美元。

2008 年美国总统大选期间，民主党候选人巴拉克·奥巴马与共和党候选人约翰·麦凯恩常常就政府应该在解决收入不平等问题上扮演什么角色展开争论。两人都认为富人应该把更多的收入用于纳税，但是他们在具体的比例上并没有达成一致意见。然而，有一点是可

对于大多数美国人来说，拥有自己的汽车和住房就是向实现自己的美国梦迈出了一大步。

以确定的，那就是，如果政府要运转下去，就必须从某个地方得到钱。

著名社会学家马克斯·韦伯认为，当我们对人群进行分层的时候，应该以他们的财产、权力和声望为基础。换句话说，你在社会中的排位不会因为收入暂时上升或下降而出现大的变动。最终的排位取决于积累的财富、声望的级别以及拥有干自己想干的事情的权力的大小。

## 财富

财富包括收入和资产，由股票、债券、不动产、现金以及许多其他项目构成。看看下一页的饼状图，你最初可能会认为它展示了一个相对公平的分配状况。然而，仔细一看，你会发现每一部分所代表的人数是不一样的。令人吃惊的是，美国最富的 1% 的人拥有的财产比整个人口中财富较少的 90% 的人的财产之和还多。

为了更好地说明这个问题，我这里举一个以前在课堂上经常讲到的例子。假设我有 100 个学生，一起来玩分可可软糖的游戏。我把 34 块糖果给 1 个人，把 37 块糖果给接下来的 9 个人（平均大约每人 4 块），29 块糖果让剩下的 90 人去分，这就意味着每人只能分到三分之一块。通过这种办法，我们能够很容易看出不平等来。结果到了最后，1 个同学拥有了很大一部分财富（在本案例中，是 34 块可可软糖），而 90% 的同学每人只能拥有三分之一块可可软糖。

## 权力

收入和财富往往能够带来权力或者使人接近权力。有很多种讨论权力的方法，首先，我们可以把权力定义为社会中的一种强迫性因素，它操纵人们去做那些他们本不想做的事情。根据这种思路，**权力**（power）就是让人做那些你想让他做的事情的能力，而不用你直接让他那么去做。然而，有时候，别人不会按照你的意思去做，除非你强迫他们那么做。例如，如果一位教授的课程太难，学生们想要通过考试的唯一办法就是帮助老师做研究，实际上老师就是在运用强制。与此同时，**暴力**（force）也是一种典型的权力，当你违背别人的意愿让别人干他们所不想干的事情的时候，你实际上在运用暴力。独裁者常常使用暴力或者威胁会使用暴力来让人们遵守秩序。

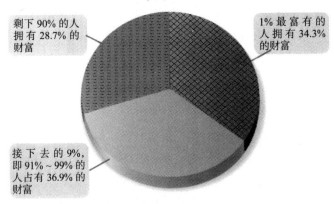

**2004年财富的比例**

剩下90%的人拥有28.7%的财富

1%最富有的人拥有34.3%的财富

接下去的9%，即91%～99%的人占有36.9%的财富

资料来源：Data from Lawrence Mishel, Jared Bernstein, and Sylvia Allegretto, *State of working America 2006/2007* (Ithaca, New York: Cornell University Press, 2006).

**劝导性权力**（persuasive power）意味着你运用直接或间接的办法得到你所想得到的东西。人们如果相信事情对他们自己最有利，就会更容易跟进。奥普拉·温弗瑞（Oprah Winfrey）凭借具有劝说观众的能力，被认为是美国当今媒体中最有权力的女性，被她选入读书俱乐部的著作，往往都能一步登天，杀入《纽约时报》畅销书单。

要想改变人们长期以来对某件事情的看法是非常困难的。例如，大多数学生认为美国的社会阶层结构很公平，这就使得本章的内容很难被他们接受。这是因为，

**权力：**是实现自己的意愿和把自己的意愿强加给别人的能力。
**暴力：**是权力的一种，指强迫别人干违背他们自身意愿的事情。
**劝导性权力：**指运用直接或间接手段得到自己想得到的东西。
**声望：**是跟人们的地位和社会身份相联系的受尊重的水平。

你如果相信每个人都有均等的成功机会，就会被说服不用改变现有体制。

**声望**

声望指的是跟我们的身份和社会地位相联系的受尊重的水平。你一定已经注意到，不同的工作具有不同的声望。人们往往喜欢对职业从0到100进行打分，0分最低。医生和律师可能是你尊重的职业，它们位于队列的前列，分值分别是86分和75分，而门卫仅仅为22分。一般来说，一份工作挣的越少，其所带来的声望就越低。一个收入很低的工人不仅要拼命挣钱，他同时还得努力赢得尊重。

一份有声望的工作带来的好处不仅仅体现在收入方面。例如，你可能会倾向于听取成功的机长的职业建议而不大可能听取薪水很低的加油站员工的建议，尽管后者值得你去尊重。自然而然，你不会寄希望于一个靠别人加油谋生的人能就如何谋划一个成功的职业生涯提出什么伟大建议。职业声望因工作而异，它反映的是社会最尊重什

**职业声望排名**

| 职业 | 声望分值 | 职业 | 声望分值 |
|------|---------|------|---------|
| 医生 | 86 | 家庭主妇 | 51 |
| 律师 | 75 | 超市经理 | 48 |
| 大学教授 | 74 | 秘书 | 46 |
| 航空公司飞行员 | 73 | 保险代理人 | 46 |
| 工程师 | 71 | 银行柜员 | 43 |
| 医疗技师 | 68 | 家庭主夫 | 36 |
| 牧师 | 67 | 装配线工人 | 35 |
| 注册护士 | 66 | 管家 | 34 |
| 会计 | 65 | 饭店厨师 | 34 |
| 小学教师 | 64 | 售货员 | 31 |
| 警察 | 61 | 清洁工 | 28 |
| 记者 | 60 | 酒吧招待 | 25 |
| 农场主 | 53 | 看门人 | 22 |
| 消防员 | 53 | 加油站职员 | 21 |
| 社会工作者 | 52 | 杂货铺装袋工 | 18 |
| 电工 | 51 | 街头毒品贩子 | 13 |

资料来源：Data from Keiko Nakao and Judith Treas, "Updating Occupational Prestige and Socioeconomic Scales: How the New Measures Measure Up." *Sociological Methodology*, 1994. 24: 1–72.

么样的工作。

很少有家长愿意自己的孩子成为烤汉堡的人，他们更希望孩子成为工程师，因为工程师在社会上的职业声望要高得多。财富、权力和声望一起构成了分层和阶级体系，被用于分析美国的人口特征。

# 不平等如何影响人们的生活？

## 美国的阶级

扪心自问一下，你把自己归入什么阶级？当被问到自己属于社会阶级序列的哪一个阶级时，大多数人会声称自己是中产阶级的一分子。然而，这种判断准确吗？

社会学家对于社会上到底有多少个阶级以及不同阶级之间的界限是什么这两个问题，有各自不同的看法。例如，卡尔·马克思认为存在两个阶级，即无产阶级和资产阶级；而其他人如韦伯，认为社会上存在更多的阶级。然而，不管你认为社会上存在多少个阶级，你处于社会阶级体系中的位置越低，就越有可能面临更多的社会问题。本章中，我们将分析一下美国社会中的五大社会阶级：上层阶级、中上层阶级、中产阶级、劳动阶级和下层阶级。

## 上层阶级或精英阶级

上层阶级或精英阶级人口数量很少，他们拥有巨大的财富。美国3亿人口中只有大约300万人被认为是上层阶级。那么他们都是些什么人呢？很多人被认为是"老富翁"（old money），他们的阶级地位来自于财富、权力和声望。还有一些是娱乐明星和职业运动员，这些人的财富

不是通过继承得来的，而是自己挣来的。多姆霍夫（G. William Domhoff）在对上层阶级的研究中发现，成为上层阶级一员的资格可能包括进入著名的预科学校，成为著名社会俱乐部的一员，出生在一个富有或者有权有势的家庭。

## 中上层阶级

中上层阶级包括社会上的高收入群体，这些人受过良好的教育，但不属于最富有的精英阶级的成员。他们往往拥有很高的职业声望，在工作场所中掌握着权力。他们的年收入往往超过10万美元，足够他们过上体面的生活，而且他们还有财产和其他投资。拥有一家公司，从事一门专业性职业，或者有一份地位很高的工作，往往能让一个人步入中上层阶级之列。这一群体大约占美国总人口的15%。

## 中产阶级

前面讲到，大多数美国人都把自己归入**中产阶级**。你如果不是很富裕，也不是很贫穷，就很有可能会掉到中间的某个位置，不是吗？然而，社会学家对中产阶级有更为复杂的定义。

一般而言，中产阶级有中等收入，其成员既包括收入较低的白领工人（如教师、警察），也包括收入较高的蓝领工人（如饭店经理、工厂工头）。中产阶级工人可能是技术工人（如水暖工），但往往不是体力劳动者。中产阶级成员至少拥有高中文凭，很多拥有商贸学校或大学学历。中产阶级

### 美国的社会阶级

上层阶级／精英阶级

中产阶级

劳动阶级

城市底层

占美国总人口的 34% 左右，他们的年收入在 4 万至 8 万美元之间。在本章开篇的文章中，因为瑞克的失业，贝利一家从中上层阶级降到了中产阶级。然而，他们仍然想着买彩票能撞到大运，使他们起码从收入上步入上层阶级。

## 劳动阶级

**劳动阶级**占美国总人口的 30% 左右，由接受高中或者更低层次教育的人组成。大多数成员从事体力劳动或者办事员一类的工作，如建筑工人和银行出纳。与那些位于更高层级的阶级不一样的是，劳动阶级成员挣的是计时工资而不是薪水。不幸的是，他们很少有机会改善自己的工作，因为他们按小时工作，而且没有接受过正规教育。

## 下层阶级

**下层阶级**是那些真正感受到贫困影响的人。在美国，近 3 700 万人可以被归入下层阶级。即便是他们能够就业，也往往入不敷出。超过三分之二的非洲裔美国人和 60% 的西班牙裔美国人生活稍高于贫困线或者生活在贫困线以下。大约一半的美国儿童生活在贫困中或者接近贫困，此外，还有 10% 左右的成年人也生活在贫困中或者接近贫困。

## 城市底层

那些无家可归者以及常年失业者被划归为**城市底层**。由于确实很贫困，他们往往生活条件很差，与贫困者为伍，生活在高犯罪率、毒品滥用的环境中。有些人比较幸运，能够接受政府的财政援助。这个阶层的人很少有健康保险，往往连高中教育都没有接受过。他们所能找到的工作往往是最低收入的职位，这也使得他们的报酬往往不会高于劳动阶级报酬的下限。尽管城市底层有这么多的劣势，但社会学家威廉·威尔逊（William J. Wilson）发现，正是由于他们缺乏眼界，同时也缺少榜样，城市底层人士很难找到别的生活路径。确实，他们处于劣势，他们家庭残缺，学习很差，住房简陋，但是真正让他们身处劣势的是他们根本不知道别的什么东西。这又使得这种情形不断延续，这一阶层的年轻人没有好榜样引导他们摆脱贫困。这也导致他们一辈子生活在社会问题之中，找不到切实可行的解决办法。

> **上层阶级或者精英阶级：** 是指人数很少却控制着大量财富的社会阶层。
> **中上层阶级：** 是指由收入很高、接受过高等教育但又不是拥有超级财富的精英成员组成的社会阶层。
> **中产阶级：** 是指由那些拥有中等收入的人所组成的社会阶层。
> **劳动阶级：** 往往是指由那些拥有高中学历、受教育程度比较低的人所组成的社会阶层。
> **下层阶级：** 是指生活在贫困之中的社会阶层。
> **城市底层：** 是指生活在不利环境之中的社会阶层，这种环境具有四个特征：贫困、家庭破裂、男性失业、家庭中没有人从事社会地位高的职业。

## 社会阶级的影响

### 邻里

在最近的研究中，社会学家发现人们的行为受到邻里环境的影响。研究结果表明，随着时间的推移，穷人倾向于住到已经有穷人居住的区域中。富人的情形也一样，他们也倾向于同其他富人住同一区域，想想费城的"干线"（Main Line）地区或者曼哈顿的"上东"（Upper East Side）地区，就不难理解这个现象了。有趣的是，改变了阶级地位的人倾向于迁到他们所属的新阶级居住的地方去住（例如，如果贝利一家买彩票真的发财了，他们就会迁到新阶级居住的地方去）。

一个富裕的邻里环境会对孩子的成长产生什么样的影响呢？研究表明，在富裕环境中长大的孩子在学校表现更好一些，他们中青少年怀孕的可能性更小，考试分数也更高一些，与此相反，在落后社区长大的孩子出生体重更轻，健康状况更差，受教育程度也更低。

### 健康

你如果生病了，那么会去看医生吗？研究发现，带着孩子的贫困妇女，她们经常连吃的都不够，这些妇女跟那些富裕妇女相比，患精神抑郁的比例更高，身体健康状况更差。贫困影响到食品的获取，而食品又影响到身体健康和精神健康。穷人往往身体不好，这一点被很多的研究所证实。这一点可能还与缺医少药以及其他环境因素有关。例如，一个生活在连窗户都破了的环境中的孩子可能比生活在中产阶级社区中的孩子患感冒的次数更多。

研究发现，健康和社会经济地位是紧密相连的，社会经济地位更高的人往往健康状况更好，而那些社会经济地位更低的人往往健康状况也更差。而且，健康状况差对其他事情具有直接的、明显的影响。体弱多病的孩子的教育前途就不如那些健康孩子的那么光明。体弱多

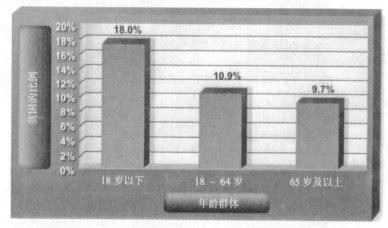

## 2007年按年龄区分的贫困率

资料来源：Data from Carmen DeNavas-Walt, Bernadette D. Proctor, and Jessica C. Smith, U.S. Census Bureau, Current Population Reports, P60-235, Income, Poverty, and Health Insurance Coverage in the United States: 2007, U.S. Government Printing Office, Washington, DC, 2008.

病的孩子长大成人后，跟健康的同龄人相比，其受教育更少，挣的也更少。一个人的健康会影响到他一生的社会分层状况。

### 家庭

有很多因素可以辨别出不同的家庭，但是最重要的一个因素是社会阶级。是不是存在某种收入与家庭构成直接相关的可预测模型呢？

美国人口普查署发现家庭模式与贫困率之间有关联。例如，女性户主的家庭贫困率比全国家庭贫困率高出近3倍。女性户主的家庭贫困率同样比男性户主单亲家庭的贫困率高。因此，家庭构成是影响孩子是否生活在贫困之中的一个主要因素。20世纪70年代以来，18岁以下孩子的贫困率比其他年龄段的人的贫困率都要高。实际上，2007年，儿童贫困率占整个贫困人口的36%，尽管儿童在整个人口中只占25%。近年来，美国联邦政府试图通过控制未婚先孕的比率和强调孩子在双亲家庭中成长的重要性强力干预此事。然而，家庭构成方面的差异与妇女婚外生育比率的提高之间有直接关联吗？

在2006年的一篇文章中，莫莉·马丁（Molly A. Martin）讨论了家庭结构及其对社会不平等的影响。她发现，父母双全的家庭收入水平最高，而女性户主的家庭收入水平最低。她进一步探讨了到底是什么因素导致了女性户主家庭收入水平低？人们对这些家庭是什么感觉呢？一个妇女在三种情况下可能独自抚养孩子：离婚、配偶去世、自愿不结婚。孩子生活在单亲家庭中的最常见的原因就是父母离异。生活在非婚家庭中的孩子，不

仅贫困率更高，而且还得忍受更多的社会污名。寡妇家庭在所有单亲母亲家庭中的社会地位声誉是最高的，而那些离婚妇女家庭处于中间位置。马丁注意到美国的非婚生育情况正在增加，这成为美国儿童贫困的一个重要原因。

### 教育

在美国，每个孩子无论家庭出生和阶级如何，都能够享受12年义务教育。然而，不是所有的教育机会都一样。乔纳森·科佐尔（Jonathan Kozol）对公立学校开展一项为期两年的研究，他发现，他所访问过的城市社区的学校常常缺乏基本教学设备。有时候，化学实验室甚至缺烧杯和试管，学生们不得不共用教材。而郊区的学校却有充足的教学设备和师资力量。

造成这些巨大差异的原因是什么呢？科佐尔发现原因就在于教育体系的结构。因为地方税收负担学校，所以在税收更高的地方教育能够得到更多的财政支持。生活在城市贫困地区的孩子需要更多的帮助而实际上得到的帮助更少。因此，他的结论是在美国并不存在教育平等。然而，由于贫困地区的人口得不到接受高等教育的机会，大多数居民都很难战胜贫困。

### 社会流动

如果我们中间谁运气足够好可以赢得百万大博彩或者在合适的时机买对了合适的股票，那么他可以迅速升入上层阶级。然而，在经济不景气的时候，我们可能很容易被解雇，从而陷入贫困。这两个都是社会流动的例子，**社会流动**描述的是改变社会阶级的能力。如果你们玩过梯子滑道游戏，你就会知道选手可以通过爬梯子上到顶部，或者通过滑道滑到底部，这完全取决于他们所摇中的数字。社会流动跟玩这个游戏的道理是一样的。按照社会学家的研究，社会流动有不同的模式。

**水平流动**指的是在同一社会地位内的流动。例如，一位律师助理从城市一端的某个律师事务所到城市另一端的另一个律师事务所谋职，她所经历的就是水平流动。在这个例子中，该律师助理挣的钱一样多，从事的工作也一样，她不过是在另一个地方找了另一家公司而已。**垂直流动**指的是从一个社会地位流动到另一个社会地位。例如，如果该律师助理完成了法学学业，通过了律师资格考试，成为一名律师，那么她经历的就是垂直流动，因为随着她通过律师资格考试，她已经进入到更高的社

# 什么是社会流动？

社会流动可以是聪明投资的结果，也可以是失业的结果。你认为这种变化的可能性会对下层阶级产生什么影响？对上层阶级又会产生什么影响？

难道生活就如梯子滑道游戏？只要存在社会流动，我们的生活往往就有变好或变坏的机会。

会地位。

**代内流动**指的是一个人变换了自己的社会地位，尤其是工作方面的变动。一个雇员通过努力工作从收发员升到了高级管理层，那么他就经历了代内流动。

**代际流动**指的是家庭成员的社会地位经过几代发生了变化。我们的很多亲戚很可能移民美国成为社会地位较低的阶层，他们根本想象不到你们能够受到哪种水平的教育。如果你希望有一天能过上比父辈更好的生活，你实际上也是在期待着向上的代际流动。

**结构性流动**指的是很多人的社会地位同时发生了变化。无论你是社会底层还是社会上层的成员，往往会有机会因为发生了某件事情而彻底改变自己的社会地位。想想最近发生的经济萧条，就很容易理解了。大批工人失业，就业市场上的竞争也比以前激烈得多，导致了很多人的社会地位发生了变动。工龄很长的员工和刚就业的学生都发现挣钱很难，而那些拖家带口的人发现这种

| 社会流动： | 指改变社会阶级地位的能力。 |
| 水平流动： | 指在同一个社会地位内的流动。 |
| 垂直流动： | 指在不同社会地位之间的流动。 |
| 代内流动： | 指一个人变换了自己的社会地位，尤其指在工作方面。 |
| 代际流动： | 指不同代的家庭成员从一个社会阶级转变到另一个社会阶级。 |
| 结构性流动： | 指影响到很多人的社会流动。 |
| 交换性流动： | 这一概念表明，在美国每一个社会阶级都由相对固定的人组成。 |

变化同样影响到整个家庭。

**交换性流动**这一概念表明，在美国每个社会阶级都包含了一个相对固定的群体。当有些家庭流入更高的社会阶级，另一些家庭必然会向下流动。前文中，我们看到的收入变动数据支持了社会分层水平变动很小这一结论。然而，该数据并没有告诉我们，向上流动的那些人是留在了那个社会地位上，还是与此同时也发生了变化。

社会问题！

过渡性贫困：指当某个人短时间失业而陷入暂时的贫困。
贫困边缘：指一个人缺乏稳定工作时发生的贫困。
剩余贫困：指一种历时性的、传递多代的贫困。
绝对贫困：指缺乏生活资源的严重贫困。
相对贫困：指与别人相比较而言的贫困。

# 社会对此做了什么？

## 贫困的历史

贫困贯穿了整个人类历史。美国流行的贫困观念都来源于欧洲，尤其是英国。对那些需要帮助的人提供福利和照顾的这种观念产生于宗教对不幸者的仁慈和同情思想。

1601 年《伊丽莎白济贫法》是英国历史上第一部处理"福利和贫困"的法律。这部法律出台的背景是什么呢？就是因为教堂没有能力再处理贫困问题了。《伊丽莎白济贫法》试图解决四件事情：把教堂从社会服务提供者角色中分离出来；减少街头的乞讨和犯罪；把社会互助纳入政府的控制之中；对那些有资格得到帮助的人以及他们可以得到多少帮助设定标准。自此以后，英国和美国在扶贫政策上有了很大的变化。这两个国家关于福利的观念是一样的，它们都信奉新教伦理，信奉苦干、节俭和个人主义。

从殖民时代一直到国内战争时期，美国的福利很大程度上都是由地方承担的事情。然而，大量受伤士兵的存在以及移民的不断增加，使得很多地方无法承担起接济穷人的工作，这时候就产生了两种福利观念。第一种就是定居救助之家运动。邻里中心提供教育、社会和文化活动，而定居救助之家提供社会服务和财政支持。定居救助之家建立在三个核心概念之上：社会在不断变化；通过信息和教育，社会阶层之间的差距会缩小；只有让社会工作者融入他们所服务的邻里环境之中才会产生实际效果。

第二种是慈善组织会社。他们认为反贫困过程中建立一种道德信念非常重要，个人对他们所陷入的困境负有责任而且能够摆脱这些困境。

在美国反贫困历史上，最重要的历史事件就是 1929 年的大萧条。整个国家经历了大量的失业，上百万的人从志愿组织那儿寻求帮助，从而彻底压垮了志愿系统。罗斯福新政是美国为摆脱困境而提出的对策。新政为挽救经济提出了一个革命性的、涉及面广的计划。主要举

措是帮助身陷困境的农民、改革有问题的财政和商业工作，从而刺激经济的复苏。此后，美国 1935 年出台了《社会保险法》，进一步缓解了老年人、鳏寡者、失业者和残疾人的贫困问题。

20 世纪 60 年代的伟大社会运动和向贫困宣战运动试图把贫困与新的社会计划的出台联系起来，这些计划包括和平工作队（Peace Corps）、就业工作团（Job Corps）、开端计划（Head Start）和美国志愿服务队（Volunteers in Service to America，VISTA）。此外，还包括一些其他的扩展项目，如医疗救助、医疗扶助、美国老年人法案和食品券法案。

## 美国人如何定义贫困？

我经常问我的学生们："你们是穷人吗？"很多学生都马上回答说："是。"然后他们在上课期间掏出 iPhone 手机跟朋友聊天。那么，穷人意味着什么呢？社会学家通常把贫困分为五种类型。**过渡性贫困**（transitional poverty）是指一种暂时的形态，当某人短时间失去工作的时候，就易出现这种贫困状况。**贫困边缘**（marginal poverty）出现在某人缺乏稳定工作的时候，例如，一个一会儿有工作、一会儿又失业的手工艺者就会陷入贫困边缘。接下来是比较严重的贫困，即**剩余贫困**（residual poverty），这种贫困是一种历时性的，传递多代的贫困。处在剩余贫困之中的家庭将会把这种贫困传递给他们的孩子，这些孩子又传递给他们自己的孩子，然后继续传递下去。处于**绝对贫困**（absolute poverty）之中的人，缺乏维持生活的必要资源。例如，印度奥里萨邦的人生活在绝对贫困之中，他们中很多人都饿死了。**相对贫困**（relative poverty）发生在相互比较的过程之中，当我们同周围的人进行经济地位和物质财富比较的时候，就会出现相对贫困。例如，当你的朋友用的都是最新款的智能手机，而你仍然用的是翻盖手机时，你会体会到相对贫困。你之所以会感到贫困，是因为你把自己同那些比自己拥有更多东西的人相比较，而实际上，你们都不贫困。与此同时，当你居住在一个穷地方，却开着时髦的车的时候，你的邻居也会感受到相对贫困。

美国政府有定义贫困的不同标准。政府利用贫困线作为基准来确定谁需要什么样的帮助。如果你的收入低于贫困线，你就有资格从政府那里得到医疗照顾、食品和就业帮助。如果你的收入高于贫困线，你就不能从政府那里得到救助或者只能那里得到很少的救助。

**美国卫生与公众服务部公布的 2009 年贫困线**

| 家庭人数 | 贫困线 |
|---|---|
| 1 | 10 830 美元 |
| 2 | 14 570 美元 |
| 3 | 18 310 美元 |
| 4 | 22 050 美元 |
| 5 | 25 790 美元 |
| 6 | 29 530 美元 |
| 7 | 33 270 美元 |
| 8 | 37 010 美元 |
| 每增加一位家庭成员，增加 | 3 740 美元 |

资料来源：*Federal Register*, Vol. 74, No. 14, January 23, 2009, pp. 4199-4201, http://aspe.hhs.gov/poverty/09fedreg.shtml.

美国的贫困线可以追溯到 1963—1964 年，当时，社会保障局的研究人员莫利·奥珊斯基（Mollie Orshansky）研究制定了美国官方贫困标准。这一贫困标准根据通货膨胀不断调整，最初把最低食品支出的三倍作为贫困标准。这种计算方式基于一种假定，即人们把支出的三分之一用于食品消费。然而，到底用于食品的支出是多少呢？在美国，如果你生活在贫困线以下，那么你的年收入到底低到什么程度呢？左边表格提供了这一信息。

你能不能找出这一制度所存在的缺陷呢？例如，采用一个全国统一的贫困标准就容易让人误入歧途。在得克萨斯郊区住 2 500 平方英尺的漂亮大房子比在曼哈顿住一个狭窄小公寓花费的钱还要少。由于 48 个州的贫困线是相同的，生活成本因素并没有在其中得到体现。

性别因素也起作用，因为跟男性相比，女性更有可能陷入贫困。即便是在当前，妇女仍然只能挣到干同样工作的男人的四分之三。因此，美国贫困更多地集中在以妇女为户主的家庭中。在第 4 章中，我们将会更详细地讨论贫困女性化的影响。

---

**▶▶▶ 全球视野**

### 全球收入不平等在缩小

格伦·菲尔鲍（Glenn Firebaugh）和布雷恩·戈斯林（Brain Goesling）撰写了一篇《求解全球收入不平等最近缩小的原因》的文章，他们认为，全球不平等正在缩小。历史上，全球不平等很严重，然而，我们知道，这种状况正在改变。全球化跟这种变化紧密相关。"水涨船高"这句谚语看样子是对的。国与国之间的不平等正在缩小，然而，国家内部的不平等却正变得更加严重。在美国，所有富人都从全球化及其所带来的利益中获益，然而，穷人却没有获益。

文章的结论认为，这种情况更多是人口统计学上的分析。印度和中国的工业化意味着全球百分之四十的人口收入都增加了，这相应带来了国际上衡量国家之间的收入不平等方面的巨大变化。这两个国家的绝对规模就是造成这种巨大变化的重要原因。

---

# 社会问题思考：社会学家如何看待不平等？

## 功能论

按照功能论者金斯利·戴维斯（Kingsley Davis）和威尔伯特·摩尔（Wilbert Moore）的观点，任何系统都倾向于保持平衡。因此，为了使社会良性运行，美国的不平等难以避免，甚至还很关键。我们既需要看门人和清洁工，同时也需要外科医生和宇航员。可是看门人为什么比医生收入少那么多呢？

社会上有很多的位置需要人们去填补。技术越是稀缺，或者技能训练时间越长，该位置就越重要。一般而言，为了吸引人们去从事那些工作，它们所提供的报酬就越高。因此，社会上报酬高的职位就是那些对技能要

> **贤能主义**：认为那些在社会上领先的人之所以如此，是因为他们自身的优点。
> **谴责受害者**：指因为社会问题而谴责这些问题的受害者的行为。

求极高的职位。这表明美国是一个**贤能主义**的社会，在这里人们如果有特殊的技能和（或）知识，就可以上升到社会的最高层。贤能主义这一说法表明那些在社会上领先的人之所以能如此，是因为他们有自己的优点。

## 冲突论

冲突论者往往遵从卡尔·马克思的观点，他们注意到之所以出现社会分层，是因为工人阶级（工人）受到资产阶级（资本家）的剥削。这种观念与贤能主义的说法有什么不同呢？社会学家梅尔文·图明（Melvin Tumin）不赞同戴维斯和摩尔的观点，他提出了一套不同的观点。他认为对人们影响最大的是她/他的社会阶级，出生在富裕家庭就意味着打开了通往高素质教育和大学学位（加以必要的训练即可）的大门，而这二者可以让人过上富足的生活。他认识一个三世为医的家庭，难道

他们拥有医生的"基因"，或者他们的孩子被社会化去就读医学院校？图明还质疑了重要职业必须提供高收入以吸引人们就职这种逻辑。其实事实并非如此，为什么幼儿园教师、士兵和消防员等重要职位的收入那么低，那些人是不是还得到了某种别的报酬，比如社会尊重？为什么必须是金钱呢？而且，难道我们对士兵的需要不比职业棒球运动员更重要吗？然而，谁从社会上得到的金钱收入高呢？有些事情并不完全符合贤能主义的说法。图明认为，我们给某些职业高报酬是因为我们被迫如此。我们想观看职业棒球比赛，因此球队竭力引进最好的击球员和投手。我们需要心外医生，但是他们人数很少，所以他们索要高薪水。那些接受正规训练的人太少了。好多人没钱上大学，是不是就意味着他们当不成医生？事实未必如此。

## 符号互动论

符号互动论者往往探寻社会问题背后的含义。社会阶级真的有用吗？环顾大学校园，你能通过服装或手机区分出来自工人阶级家庭的学生和中上阶层家庭的学生

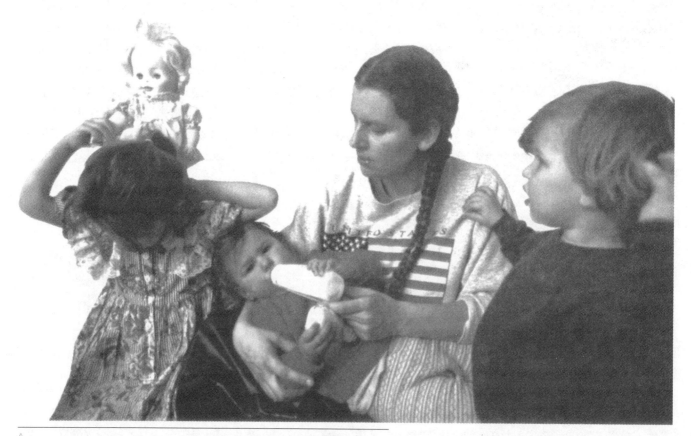

与人们的成见相反，依靠政府提供的福利而生活的家庭过得并不容易。

吗？我的学生中有些来自社会经济地位较高的家庭，他们不必像来自工人阶级家庭的学生那样在经济紧张的情况下做艰难的决定。很多学生会问我这样的问题："我真的需要这本书吗？"问这样的问题的学生通常来自工人阶级家庭，他们往往尽最大努力追求学业上的成功。

威廉·赖安（William Ryan）认为，在人们思考不平等的时候，他们往往把处于底层的人们看成是问题的根源，或者是根源之一。他把这种观念称为**谴责受害者**。简而言之，就是为社会问题而谴责这些问题的受害者。因此，你在考虑贫困问题时，很容易对深受贫困之害的人提出种种假设。他们之所以贫困，或许是因为早年辍学，或许是因为他们把钱浪费在买彩票上了，或许是因为他们吸毒或者有酒精依赖。谴责受害者机制的一个组成部分就是，把这些问题说成是他们之所以陷入贫困的原因。持这种观点的学生常常说："他们如果停止喝酒，就可以保住工作。"似乎戒酒就如同关灯一样容易。而且，我们知道任何一个社会问题的原因都不像说的那么简单，它很复杂，但这并不能改掉我们谴责受害者的习惯。赖安认为，这种做法忽略了社会的结构问题，比如缺少好的工作、收入低、先前存在的不平等。社会学家威廉·威尔逊认为，正是谴责受害者的思想阻止了我们认真考察那些导致不平等的社会结构问题。当然，确实有很多穷人做了错误的决定，但是断定所有的穷人都那样是不公平的。

凯伦·塞科姆（Karen Seccombe）在她的著作《你认为我开的是卡迪拉克？》（*So You Think I Drive a Cadillac?*）一书中调查了女性福利接受者身上所带的社会污名，她发现这些人甚至也自我谴责。在她所采访的妇女当中，有很多人就因为享受福利所带来的不好感觉而拒绝了福利。

# 找寻社会问题的解决办法：社会政策如何处理经济不平等？

## 福利体制

正如前面所提到的，社会上给那些享受社会福利的人贴上了严厉的标签。我的一个学生曾经说："我必须工作，而他们则开着悍马，依靠政府过活。"很多人把福利等同于在家里无所事事、依靠纳税人的钱生活。另外一些人认为，处于贫困线以下的妇女靠多生孩子获取更多的救济金。然而，很少有人考虑最近的福利体制改革以及改革对社会底层的影响。

直到 1996 年，美国福利体制一直是作为一个权利项目来运作的。什么叫权利项目，比如一个窃贼三更半夜闯进你家，当你报警时，他们应该过来帮助你，不管你是谁，不管你住在什么地方，也不管你此前报过多少次警。然而，1996 年比尔·克林顿（Bill Clinton）总统颁布了福利改革法案（Personal Responsibility and Work Opportunity Reconciliation Act），该法案包括一个贫困家庭临时救助（Temporary Assistance to Needy Families，TANF）项目，从而彻底改变了福利体制。

让我们再看看窃贼闯入你家并且你报警的情况，如果这一次你被告知你已经用完了两次求助警察的权利，从现在起，你只能靠你自己了。这就是现在福利体系的

> **补缺型福利**：指当一个人或者家庭没有足够的东西养活自己时享受到的一次临时性救助。
> **制度型福利**：是预防贫困的"第一防线"，没有时间限制，也不会因此而被贴上社会污名。

现状。通过贫困家庭临时救助项目，一个人总共只能享受 5 年的政府救助，而且每次最长为 2 年。抛开其他不说，这起码就意味着该家庭的孩子在整个孩提时代并不能一直接受救助。

这种限制避免了"搭便车"者长期依靠福利体制为生，对吗？最新的数据显示，三分之二的享受有子女家庭补助计划（Aid to Families with Dependent Children，TANF 项目之前所实施的项目）的人享受该福利从来不超过 2 年，只有不到 15% 的人长期享受该福利项目。在贫困家庭临时救助项目实施之前，似乎大多数人就已经遵守了该项规定。然而，现在并没有证据表明这不到 15% 的人确实就是急需救助的人。

贫困家庭临时救助项目背后的推动力就是强调对穷人的就业培训，意思是说，更高的受教育水平和更多的技能会转化为报酬更高的工作岗位。然而，由于贫困家庭临时救助项目每次最长只延续 2 年，接受长期的训练比如

链接

## 还有什么因素可能会影响社会不平等？

在第 6 章中我们会看到，收入不平等在媒体上是看不到的。我们看到的只是富有的明星们生活在奢华的公寓中，他们拥有价值几百万的游艇。电视上演员们的生活方式如果用他们所扮演角色在现实生活中所挣的收入则是根本负担不起的。媒体把美国的生活刻画成很容易的、毫不费力的。

在接下来的几章中，我们将讨论性别和种族问题。你将会看到，一直以来，研究成果告诉我们，妇女和某些少数群体如黑人和拉丁裔美国人的总收入比白人男性同事低。在第 5 章中，我们将讨论老龄化以及一个令

人吃惊的事实，那就是儿童和青少年是贫困人口的主体。

>>> 热播剧《宋飞正传》中克雷默从来没有干过正儿八经的工作，但却可以享受奢华的生活。电视剧中的人物往往过着一种现实生活中不可能支撑的生活。

取得大学学位根本不可能。数据显示，从福利到就业的转变过程中所找到的工作往往不足以养家糊口。整个夏天都清扫爆米花或者每小时挣 7.25 美元送餐费看上去就够让人恼火的，你能想象接下去干一辈子吗？大约有 79% 的拿最低工资的工人不超过 25 岁。

事实上有两种哲学主导着美国的福利体制，我们可以称之为剩余说和制度说。到目前为止我们讨论的是前者。**补缺型福利**（residual welfare）是给那些已经就业但收入不足以养活自己的人提供的帮助。如我们所看到的，这种帮助是临时的，只能在紧急情况下享受，提供的越少越好。贫困家庭临时救助就是这种福利。

另外，**制度型福利**（institutional welfare）是反贫困的重要组成部分。这种福利救助建立在一种预防理念的基础之上，也不会设置什么时间限制。与补缺型福利不一样的是，它不会附带什么社会污名，原因就在于用于救助的钱由政府提供，所有的公民都接受了某种形式的

### 收入所得税率：穷人按什么比例缴税？富人按什么比例缴税？

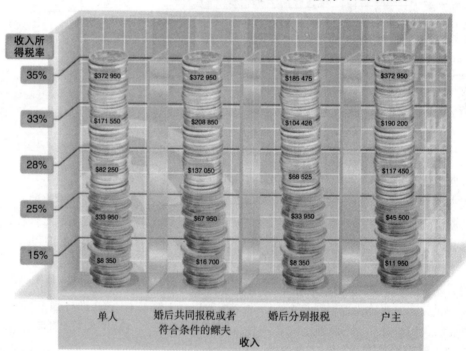

资料来源："2009 Federal Income Tax Rates And Tax Brackets, Official IRS Tax Schedule." http://www.moolanomy.com/1772/2009-federal-income-tax-brackets-official-irs-tax-rates/ Accessed July 28, 2009.

政府帮助，就跟享受到一次税收减免一样，不会让人感到尴尬。例如，就读公立学校就享受到了制度型福利。在我询问学生"谁在享受福利"时，只有少数人举手。随后我告诉他们，由于他们上的是公立大学，他们的学费由纳税人所提供，所以实际上他们都享受了这种形式

|  | 艾登 | 雷切尔 | 斯蒂芬 |
|---|---|---|---|
| 月收入 | 1 000 美元 | 5 000 美元 | 10 000 美元 |
| 每加仑汽油价格 | 4 美元 | 4 美元 | 4 美元 |
| 每月加油 | 40 加仑 | 40 加仑 | 40 加仑 |
| 7% 的营业税 | 11.20 美元 | 11.20 美元 | 11.20 美元 |
| 占每月收入的比例 | 1.12% | 0.224% | 0.112% |

的制度型福利。听完之后，他们明白了福利与自己的生活息息相关。

> 累进税：指人们挣得越多缴税越多的税收制度。
> 累退税：指对所有人征收同样的税，然而结果却造成了穷人比富人缴纳了更多的税。

## 税收

纳税并不是一种惩罚，尽管有时人们会有这种感觉。人们需要为道路、公园、学校、消防员甚至国防缴税，这些都是社会良性运行所必不可少的。

美国有两种不同的税收形式：**累进税**（progressive taxation）和**累退税**（regressive taxation）。一般情况下，美国推行的是一种累进税制。人们挣的越多，缴税就越高。尽管你的老板比你挣的多，可是他们交的收入所得税比你多得多。

累退税从技术上而言对每个人征收同样的税，然而，

# 从课堂到社会→一夜暴富

在本章的导言中，我们提到，购买彩票往往能够减轻贫困的感觉，尽管这种感觉非常短暂。然而，尽管购买彩票有中大奖的希望，但它也让很多人深陷债务之中，根据伊娃所在的妇女联谊会的服务请求，她在闹市区的一个人类服务办公室做志愿者，在那儿她亲眼目睹了这种行为。

"**有一个星期，有一个跟我年龄相仿的女孩跟两个男孩一道前来了解开奖情况。有一天，她来到我的服务窗口，我问及她的两个可爱的弟弟。她很奇怪地看着我，告诉我他们是她的儿子。**"

"从那时候起，我更深入地了解了亚莉克希亚。慢慢地，她把自己的生活告诉我：母亲在她很小的时候就去世了，男朋友在她怀上第二个儿子的时候离开了她，她的父亲靠从事夜班保安工作来养活这一家子。在我

13 岁的时候，我的父母离异了，然而这一切跟亚莉克希亚比起来，根本不算什么。"

"有一天晚上在我回家的时候，我走进一家 711 便利店买了一瓶苏打水。我在排队的时候发现亚莉克希亚跟几个朋友排在我前面。**她手中拿着一把彩票。我为此感到非常惊讶。那最少得花 100 美元，然而据我所知她花每一分钱都得精打细算。**"

"亚莉克希亚转过身来，她发现了我。她很惊讶，却高兴地跟我打了个招呼。我问她怎么买得起那么多彩票。"

"亚莉克希亚眼睁睁看着我说，'朋友，不入虎穴，焉得虎子！'我儿子很可能就有一位百万富翁的母亲了。"

"**她走之后，我一个人走路回家，彩票机构那些没头没脑的广告语不时出现在我脑海里。不入虎穴，焉**

**得虎子！我想到一旦她有一点钱就会去买彩票。而这些钱看上去就是打了水漂。**"

"**最后，我把自己与亚莉克希亚进行了换位思考。**我想象自己每天生活在贫困之中，每天看着电视上的明星，渴望自己能够像明星一样生活。通过购买彩票，有一点点机会让自己逃离现实过上美好的生活。彩票给亚莉克希亚这样的人一丝希望，在对结果充满了短暂的向往方面，它模糊了富人与穷人之间的界线。"

"我见过亚莉克希亚几次，后来就见不着她了。我四处打听，有人说她被父亲赶出家门之后跟前男友生活在一起，还有人说在街上见过她。我不知道后来她到底怎么样了，但是每当我看到某个人拿着一个金属罐子驮着背在人行道上走时，我就会情不自禁却很悲哀地想起一句话：'不入虎穴，焉得虎子！'"

这实际上意味着穷人比富人的缴税比例要高。如果你跟富人朋友一道去购物，那么你们都需要为所购买的牛仔裤缴纳7%的营业税。累退税看上去似乎更公平，因为每个人缴税都一样，然而，让我们结合上表看看下面这个例子：

艾登所支付的钱占月收入的比重是斯蒂芬的10倍。尽管这三个人每个月支付的税收是一样的，然而这对艾登的影响要大得多。一般来讲，对必需品所征收的营业税是累退的。

你也许会认为除了强制性的合理税负，不会有人想缴税，更别提自愿缴税了。然而，像强力球和百万大博彩（Mega Millions）这样的彩票游戏确实是自愿缴税的。只有一部分钱最终落到赢家手里，其他钱则跟常规税收一样，都被用于资助教育、保护自然资源、支持州政府上。

那些不参与彩票游戏的人实际上享受了税收减免。由于存在参与彩票游戏的频率下降相当于收入提高这种趋势，低收入阶级同样也受到影响。

对那些收入主要来自红利和资本利得的人来说，他们也同样正享受着税收减免。大公司往往善待那些持有它们公司股票的人，在当前股市不景气的情况下尤其如此。也正因为这样，大股东会常常得到以现金、财产、更多的股票等形式的红利，从而规避了税法。那些依靠资本利得生活的人，通过比购进时更高的价位卖出商品（通常是股票）来挣钱。税法只要求这些人卖出股票时缴税，而拥有股票时并不需要缴税。因为资本利得税时高时低，大多数投资者选择在税率低的时候卖出，从而保证了他们获得尽可能高的收益。

## ▶▶▶ 赞同还是反对

## 累进税

累进税对富人的征税比穷人要高。美国应不应该继续实施这种税制呢？

**赞同**

- 累进税更"公平"，让财富少的人缴纳更少的税。
- 这种安排缩小了富人与穷人之间的差距。
- 这种制度安排促进了政治稳定，因为国家大部分钱并没有集中到少数富人的手中。
- 即便是实行了当前的累进税制度，富人所缴纳的税仍然只相当于美国中产阶级的一半。还需要继续推行更加严格的累进税制度。

**反对**

- 复杂的税收制度会导致复杂的官僚政治。
- 大多数人（中产阶层和社会底层）会继续支持对少数人（上层阶级）征更高的税。这被称为"向富人多征税"。
- 尽管国会通过了这些高税率制度，但它同时也给富人提供了一些例外和减免等避税手段，让高税率失效。
- 从经济角度看，累进税是无效的，因为它挫伤了上层阶级工作和投资的积极性，从而降低了社会生产力。
- 有些研究发现，这些税收对收入分配并没有帮助，因为富人和穷人之间的差距跟以往一样大。

◀◀◀ 沃伦·巴菲特（Warren Buffett）是当今世界上第二富裕的人，但他是最支持累进税制的人。2007年，巴菲特来到了华盛顿，游说国会不要取消对富人的一系列税收，包括55%的遗产税。巴菲特说："我认为那些被社会所赞誉把更多收入回馈给社会的人，与那些努力工作以便实现收支相抵的人一样都没有错。"

# 理论沉思

J. K. 罗琳在成功推出《哈利·波特》（*Harry Potter*）系列之前，是一位享受福利的单亲母亲。什么因素导致她取得成功呢？

## 功能论

功能论认为分层是自然而然的事情，也是社会所必须经历的一个过程。正如古谚所云："是金子总会发光的。"因此，有人认为经济起点并不重要，认为那些在社会上处于领先的人之所以能够如此，是因为他们所做出的决策以及他们所拥有的技能。在功能论者看来，你最初所从属的阶级对于你的余生而言并不产生持续的影响。

## 冲突论

冲突论关注那些有钱有势的人与无钱无势的人之间的冲突。对于像图明之类的理论家而言，那些出生时很穷的人很可能永远如此。富裕的人会尽一切努力保持富裕，他们的财富会传递给下一代。富裕家庭能够供孩子上音乐课，请家教，让孩子进大公司实习工作，所有这一切都有助于孩子最终的成功。

## 符号互动论

一个人越是富有，他（或她）就越发现不了社会阶级的不良影响。然而，对于那些生活艰辛的人来说，贫穷是很可耻的。社会上往往看不惯接受政府帮助的人，那些有资格享受住房救济或福利的人甚至连同龄人都看不起他们。不幸的是，出生于贫困家庭的孩子自我期望比来自中产阶级或上层阶级家庭的孩子低。穷人的孩子长大不仅不能"成为明星"，而且他们往往步入像父辈一样的人生轨迹。

为什么社会上存在不同的社会阶级？

乔治·H·W·布什和乔治·W·布什（小布什）都当过美国总统。小布什的家庭教育如何引导他做出这样的职业选择？

乞讨食物和钱财在我们社会为人所看不起。你认为图中的男子是在什么样的环境中长大的呢？

种族与移民

# 奥巴马

在跟记者见面的时候,很随意地谈到想给他的女儿们找一只合适的小狗。

不过,正是巴拉克·奥巴马第一次作为候任总统参加新闻发布会的时候即席用的三个词,提醒了每一个人,他的施政(不可避免地包括他的国家)将会彻底不一样。

"像我一样的杂交品种。"

现在,绝大多数人都知道奥巴马的母亲是白人,而他的父亲是黑人,这也使得他成为美国历史上首位非洲裔美国总统。不过当听到他自己的描述时还是有些让人吃惊,也能说明一些问题,尤其是他很随意地用到这个词"杂交品种"。

它所传递的信息很明确,那就是,在现在这位总统面前可以很轻松地讨论种族问题,这个问题很复杂,对很多人来说还不能轻松地公开谈论它。而且,他讲这个话的时候,离美国的白人成为少数族裔的时间为期不远了。

奥巴马在做上述表述的时候也透露出一条信息,那就是在这样一个过渡时期,他的思维中首先需要解决的一个问题是:当他们入主白宫的时候,他和他的妻子米歇尔将要给他们的女儿们找一条什么样的小狗。

因为10岁的玛莉亚有过敏症,所以总统家想找一条低过敏的狗。但是奥巴马说,他们也想从动物避难所领养一只小狗,这就很难找到一种不会加重他女儿过敏症状的品种。

奥巴马微笑着说:"很显然,动物避难所里的很多狗都是像我一样的杂交品种,因此,我认为,我们能否平衡好这两件事情,对奥巴马家来说是一件很紧迫的事情。"

在选举后的第一次新闻发布会上,这位两个月后即将成为总统的人很随意地把自己描述为杂交品种,就跟他曾经取笑自己的跳投一样。

如果他对自己在首次新闻发布会上的如此表述不放在心上的话,那么是否意味着在今后的四年里,这个国家很可能会从白宫、从一位黑人那里听到更多关于种族的声音,比以前任何时候都多?

当然这并不意味着他主政以后会对这个问题进行改革。在他的竞选过程中,几乎没有这种迹象,竞选中他所涉及的问题都是对全体美国人有吸引力的话题,如经济问题。

不过这确实明显透露出当时的候任总统不会把种族问题看成是最好回避或者是只能用很严肃的口吻讨论的问题。对奥巴马而言,种族的所有含义长时间以来已经成为他生活的一部分,而且他可以很轻松地谈论种族话题。

**奥普拉·温弗瑞的出名就在于她善于让访谈对象一旦端坐在她的黄色皮沙发上就能吐出他们的心声。因此当泰格·伍兹（Tiger Woods）1997年向奥普拉坦陈自己是"白黑印亚太"（Cablinasian）时，就不会让人感到奇怪了。**

泰格·伍兹使用这些语言，就像奥巴马一样，引发了人们对种族问题的大讨论。伍兹对自己被认为是非洲裔美国人感觉很沮丧，从而杜撰了"白黑印亚太"这个词来定义自己高加索人、黑人、美洲印第安人和亚洲人血统。尽管大多数人会说泰格·伍兹是黑人，但伍兹告诉我们绝对不能用肤色来定义一个人的种族。

如果种族与肤色没有太大关系的话，那么什么是种族呢？在《种族神话：为什么我们自称在美国存在种族》（The Race Myth：Why We Pretend Race Exists in America）一书中，进化论生物学家约瑟夫·格雷夫斯（Joseph L. Graves）运用科学证明了人与人之间生物学上的差异是微不足道的。因此，种族只不过是一种社会建构而已，而不是生物学意义上的东西。大多数基因上的差别发生在单

一的种族之内，而不是种族之间。例如，两个中国人之间的基因差别与一个中国人与一个肯尼亚人之间的基因差别一样大。

事实上，移民和通婚等因素使得种族概念更加复杂，人们很难被严格地划到一个种族类别中。巴拉克·奥巴马总统随意地称动物避难所里的狗为"像我一样的杂交品种"，这就是一个很好的例证，说明人们越来越拒绝把他们自己的认同限制在社会上的种族概念之内。那么，为什么一个父亲是黑人、母亲是白人的人，被选为美国历史上首任黑人总统呢？

# 主题：种族和族群不平等是社会问题吗？

**种族**：是基于某种身体特征对人们进行的区分。
**族群**：是对具有相同文化、语言和祖先遗产的人进行的区分。

## 种族和族群

种族概念本身是不是一个社会问题？或者说，绝大多数人对种族的反应是不是一个问题？总体而言，本章主要关注的是后一个问题。

为了理解基于种族和族群的不平等，我们必须首先对这两个词进行定义。一般而言，**种族**是基于某种身体特征对人们进行的区分。通常，我们根据某种外表特征对人进行分类，例如皮肤的颜色或头发的构造。美国人口普查署列出了六种不同的种族类别。当你填写人口普查表的时候，你会碰到六个选择项：白人、黑人或非洲裔美国人、美洲印第安人或阿拉斯加本地人、亚裔美国人、夏威夷本地人或太平洋岛民，还有其他种族。美国人口普查署没有把西班牙裔或拉丁裔美国人单列为种族，但将之作为族群。那些具有西班牙和拉丁背景的人可以自己选择前述种族的一种，或者填"其他种族"。像奥巴马总统之类的人必须选择一个种族，或者"两种或更多种族"。他们会选择什么种族呢？他们选择什么种族很重要吗？

**族群**与种族不同，因为族群把一个人的文化与他或者她的自我认同联系起来。通常，族群包含共同的语言、祖先和地域。族群包含着一种归属感。例如，我自己从族群上讲是德国人、波西米亚人、瑞典人。然而，我跟这些族群都没有很强的关系。例如，如果开始讲三种语言中的一种，或者开始参加祭祖活动，我就可能宣布自己属于那些族群。从这种意义上讲，族群既是客观的，也是主观的。说它客观，是因为你会有具体的事实证明你的家庭是从哪儿来的（如德国、瑞典），说它主观，是

**2007年美国的种族构成**

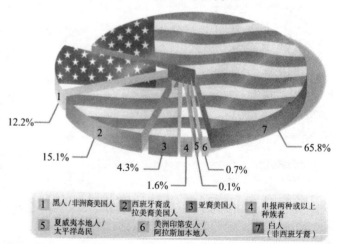

1  12.2%
2  15.1%
4.3%
1.6%
0.7%
0.1%
7  65.8%

1 黑人/非洲裔美国人　　2 西班牙裔或拉美裔美国人　　3 亚裔美国人　　4 申报两种或以上种族者
5 夏威夷本地人/太平洋岛民　　6 美洲印第安人/阿拉斯加本地人　　7 白人（非西班牙裔）

因为你可以选择自己是否正式成为那些族群的一员。

伴随着移民、人口增长、通婚，人们不再那么严格地根据身体的特征去确定别人的身份了。既然如此，社会学关于种族的问题不仅仅关注外观上的差异，而且还开始针对社会如何解释种族和族群差异问题，以及这样的解释如何回过头来又影响到个人机会的获取。

> **主要群体**：是数量上代表社会的多数，而且在手中握有显著的权力和优势的群体。
> **少数群体**：是比主要群体人口更少、权力更小的群体。
> **种族主义**：是一种偏见，认为一个种族比另一个种族优越，因此后者不值得被公正对待。
> **种族灭绝**：试图基于种族或族群的原因，摧毁或根除该种族或族群。

## 主要群体和少数群体

不同的种族和族群群体还可以进一步划分为主要群体或少数群体。例如，2007 年，白人占美国总人口的 65.8%，这就使得他们成为美国的**主要群体**，不仅仅是数量上代表社会的多数，而且在手中握有显著的权力和优势。**少数群体**指的是那些跟主要群体相比权力更小的群体，少

数群体与主要群体相比，往往会受到不公正对待，这就使得少数群体形成一种受歧视的集体意识。

在移民这种模式的帮助下，少数群体在美国总人口中的代表性正在提高，在未来的 40 年中，西班牙裔美国人和亚裔美国人的人数预计将会翻一番，而白人在总人口中的比重将会下降 19 个百分点。

### 种族主义

你认为美国人口统计所体现出来的这些变化最终会导致更多的种族主义还是更少的种族主义呢？**种族主义**是一种偏见，认

<<< 仇恨团体由白人至上主义者、新纳粹分子以及其他那些鼓吹对移民、男同性恋者和其他少数群体实施仇恨的人组成。

---

### ▶▶▶ 全球视野

## 美国的种族灭绝

种族主义的一个极端例子就是**种族灭绝**，试图基于种族或族群的原因，摧毁或根除该种族或族群。从 1915 年开始，奥斯曼人开始把他们的王国扩展到现在的土耳其，为了控制局面，杀死了超过百万的亚美尼亚人。直到现在，土耳其政府还矢口否认这一场种族灭绝。很多亚美尼亚活动家多年以来一直抗议土耳其政府的这种抵赖。

在 2008 年美国大选过程中，

很有希望当选的巴拉克·奥巴马得到了来自亚美尼亚裔美国人的支持，因为他保证官方承认那次种族灭绝。但是，在 4 月 24 号亚美尼亚退伍军人节过后，美国官方仍然没有承认这场种族灭绝的时候，很多抗议者感到很不安。尽管奥巴马总统发表了一份声明，谈到了亚美尼亚人的大灾难（meds yeghem），但他没有用"种族灭绝"这个词，因为这个词会导致土耳其政府的抗议。

尽管有些抗议者对政府没有官方承认种族灭绝这一事实表示了不满，然而其他抗议者对总统就大屠杀做了

△ 一些美国人在欧盟总部外面游行示威，敦促土耳其政府承认1915年的种族灭绝。

一个公开声明表示满意，在声明中，总统悼念了死难者，称他们遭遇了巨大的灾难。

> **仇恨团体：** 基于种族和其他因素的差异对别人表现出敌意或者实施暴力。
> **偏见：** 往往指的是对某一类人整体上很严厉的看法，这种看法是负面的。
> **刻板印象：** 指基于一些错误的假设简单化对待某个群体，形成一些极端的观念。

为一个种族的成员比另一个种族的成员优越，因此后者不值得被公正对待。通常，种族主义会导致种族歧视，除了歧视之外，种族主义同样还包含着群体内部的特权、权力和压迫。按照格雷夫斯的观点，美国的种族主义有三个基本假设：第一，种族是存在的；第二，每个种族都具有明显的基因差异；第三，种族不平等是由于基因方面差异造成的。格雷夫斯进一步概括了美国主流的种族主义者的五个核心观点：

（1）不同人种中存在生物学意义上的种族。

（2）种族具有基因差异，这也决定了他们的天分。

（3）种族具有基因决定的差异，由此产生出独特的疾病，从而导致他们死亡率的差别。

（4）种族具有基因决定的性欲和人口再生产能力。

（5）因基因差别，种族也决定了在运动能力和音乐能力上的差异。

在美国，种族主义长期以来被用于替某些不正确的做法进行辩解，如美国本地人对非洲裔美国人和劳工移民的虐待。19世纪早期，美国政府就开始强制南方的彻罗基（Cherokee）、契卡索（Chickasaw）、乔克托（Choctaw）、克里克（Creek）和塞米诺（Seminole）部落移到今天的俄克拉何马州，这件事情现在被称为血泪之旅（Trail of Tears），导致了成千上万人死亡。与此同时，非裔美国人在农奴制度、私刑、种族隔离和吉姆·克劳（Jim Crow）法案下，受到常年的歧视，同时很多中国和墨西哥移民作为劳工来到美国，他们也受到了虐待和歧视。尽管19世纪后期的中国铁路劳工和20世纪40年代墨西哥季节性农业工人（braceros）作为一种廉价的劳动力最初受到了欢迎，但是主要群体最终还是把他们看成是一种不受欢迎的竞争对手。

当然，这种极端种族主义在现在消失得也不是那么彻底的。2008年总统大选期间出现的一些人明目张胆的种族主义行径就是一个例证。奥巴马的竞选志愿者和其他支持者有时候会碰到种族主义的诋毁或当他们正在进行拉票活动的时候吃了闭门羹。在印第安纳州预选的前一天晚上，奥巴马设在文森斯（Vincennes）的竞选总部受到人为破坏。**仇恨团体**（hate groups）或者组织基于种族和其他因素的差异对别人表现出敌意或者实施暴力，并使得这类行为持续下去。2008年，美国全国共有926个活跃的仇恨团体。

## 偏见还是歧视

少数群体常常会受到来自主要群体的偏见的影响。**偏见**往往指的是对某一类人整体上很严厉的看法，这种看法是负面的。这些偏见往往通过**刻板印象**（stereotype）实施：基于一些错误的假设简单化对待某个群体，形成一些极端的观念。这些观念或态度，如果不加以改正，就会导致歧视。

在2006年的一部电影《光荣之路》（Glory Road）中，我们能够看到一个偏见如何导致歧视的很好例证，这部电影讲述的是第一支首发球员全部是黑人的NCAA（全国大学生体育协会）篮球队的真实故事。在电影中，基于对黑人总体上的负面印象而产生的偏见最终导致了对黑人球员的虐待。黑人球员因为他们的肤色而被人揍，受到裁判的不公正判罚，被球迷纠缠和嘲笑。你能看到这部电影讲述的其实就是基于简单化的刻板印象带来的偏见和歧视。

## 美国的制度性歧视

有时候，个人的偏见会被带入社会的结构之中，而且往往不会被那些不持此类观点的人所察觉。一旦出现这种状况，最终就会出现支持种族和族群不平等的社会制度。这种制度性歧视表面上对所有人一视同仁，可实际上维持了主要群体的优势。

从历史来看，美国的制度性歧视得到20世纪早期到中期的吉姆·克劳法案的证实。该法案要求为黑人和白人建立"分开而平等"的设施，这就导致在教育和住房等事项上出现制度性差异。尽管这些设施是分开的，但却不是平等的。吉姆·克劳法案虽然已经终结，然而，制度性歧视却持续到今天。例如，你将在下面的表格中看到，少数群体与白人主要群体相比陷入贫困的可能性更大。这可能跟穷人的孩子上不起好学校这一事实有关。也许是因为美国经济的变迁把很多劳动岗位转移给了海外低技能的工人了，很多留下来的工作也在离更贫穷的少数群体居住地很远的郊区。与此同时，很多城市缺乏足够的公共交通把人送去工作，你就不难明白为什么过去的30年中少数群体的经济状况一再恶化。高贫困率导致更多的贫困人口和越来越多的少数群体生活在环境恶劣的地区，这就出现了环境种族主义（environmental racism）。环境种族主义最新的一个例证就出现在路易斯安那州的诺科镇。在卡特里娜飓风和丽塔飓风给当地带来毁灭性破坏之前，诺科镇地区的穷人、黑人居民就在跟当地一个壳牌化工厂（Shell Chemical plant）就其所带来的环境危害进行抗争。这些居民的健康受到损害，他们甚至想搬离自己的家园。

## 偏见和歧视的根源

如果种族纯粹是一项社会建构的话，那么歧视又是怎么发生的呢？约翰·多拉德（John Dollard）认为，挫折导致了偏见和歧视。在一种我们觉得自己很无力的情况下，我们倾向于**寻找替罪羊**（scapegoat），或者不公正地指责另外一个群体就是造成我们所面临问题的原因。因为贫困或失业而谴责一个人口不多的种族或族群并不会增加你的工资，但却可以使你避免因为自己的处境而受到谴责。

一般而言，研究成果支持偏见是习得的这一观念，然而，如果偏见是一种习得行为，那么它也可以是天生的。

## 少数群体的成功

当然，有很多少数群体，尽管受到了偏见和歧视但也取得了成功。在《同化黑人：一个白人社区中的黑人家庭》（*Assimilation Blues*: *Black Families in a White Community*）一书中，贝弗莉·塔特姆（Beverly Tatum）进行了调查研究，分析了在一个白人社区中，黑人和中产阶级意味着什么。她发现，总体而言，黑人中产阶级家庭的父母对搬进白人社区的决定还是比较满意的。搬迁的最常见理由就是在这样一个社区中公立中学的教学水平较高。当然，这些更好的学校，同样也使孩子和家长们受到更多公开的种族歧视。

除了种族歧视，这些家庭总体上对搬入白人社区的决定还是挺满意的，但同时他们会感觉到自己游离于所属种族之外，因为往往还有其他家庭成员住在原来的地方，他们并没有在经济上取得同样的成功。在很多地方，该家庭都经历了杜波依斯（W.E.B. DuBois）所说的**双重感知**（double consciousness）。他们必须同时生活在一个黑人世界和一个白人世界中，而且要能够把这两个世界区分开。

埃利斯·科尔斯（Ellis Cose）在采访非洲裔美国人

的时候发现了相同的问题，写成了《特权阶级的边界》（*The Rage of the Privileged Class*）一书。科尔斯讨论了下面几个问题，这些问题即便是最成功的非洲裔美国人都必须面对：

1 无法融入。有一个未经检验的假设认为，白人仅仅因为他们是白人，所以很容易融入社会，而非洲裔美国人和其他少数群体成员无法融入社会。

2 得不到尊重。非洲裔美国职业人士必须不断证明自己值得尊重。

3 预期很低。雇主的低预期常常使得非洲裔美国人没有成长空间。

4 苍白的赞许。诸如"要是多一些像你这样的黑人就好了"一样的恭维话会让非洲裔美国职业人士很生气。这样的论断往往意味着很多黑人缺乏智慧，跟不上白人的步伐。

5 认同困境。职业上的成功可能是以非洲裔美国人认同的丧失为代价的。他们即便是进行适度冒险的尝试也会被认为是不合时宜的，因此，隔断同自己种族之间的联系往往会导致同一公司其他黑人给自己贴上汤姆大叔的标签，然而，他们的成就能够给他们带来足够多的快乐，以平衡不被看作"黑人"的痛苦。

6 自我审查和沉默。很多黑人发现，当出现一些敏感问题的时候，最好的做法就是保持沉默。他们头脑中有一个很痛苦的认识，那就是"白人不希望你发怒"。

7 集体内疚。当那些遵纪守法的黑人感到他们自己对黑人犯罪负有责任的时候，他们此时就出现了集体内疚。科尔斯注意到，白人几乎不需要为白人犯罪提供什么说法，然而大多数黑人却会为那些"干了坏事的黑人"背上内疚的思想包袱。

8 排除在俱乐部之外。尽管很多非洲裔美国人尽最大努力去获得良好的教育，改掉自己的口音，穿着很入时，可是他们仍然会发现很多私人会所（无论是实际情况还是象征性的感觉）还是不会对他们开放。

这些条件综合作用的结果就是造成了一条种族的鸿沟，科尔斯认为这条鸿沟"只要美国的黑人和白人过着本质上完全不同的生活，就永远不可能被彻底消除"。

> **贫困的循环**：指的是一种世代的障碍，使穷人无法跻身中上层阶级的行列。
> **自愿移民**：指的是人们自愿从一个社会迁移到另一个社会。
> **非自愿移民**：指的是人们被迫从一个社会迁移到另一个社会。

## 美国的种族分层

我们生活在一个号称平等的自由社会，然而种族群体之间仍然存在明显的差别。这种种族差别很容易体现在贫困线、收入和教育等方面。看看下面表格中的数字，就不难看出这一点。

数据清晰地显示，少数群体往往在贫困统计中占有很大的比重，尤其是非洲裔美国人、美洲印第安人和西班牙裔或拉美裔美国人。之所以出现这种情况，部分原因在于**贫困的循环**（cycle of poverty），如果父母是穷人的话，他们的子女就很难跻身中产阶级队伍。

这就使得生活在贫困线以下的人口最多的三个少数群体，其平均收入也是最低的。一项最新研究发现，尽管黑人和白人家庭的收入都提高了，但它们提高的速度是不一样的。有一项研究对比了父母的收入和30年后他们的成年子女的收入，该研究发现，三分之二的白人子女比父母挣的更多，而只有三分之一的黑人子女比他们的父母挣的更多。

教育是决定收入高低的最重要的因素之一，由于没有接受正规的教育，人们被迫接受低工资的工作，从而使贫困的循环持续下去。相比而言，那些拥有高学历的人能挣到更多的钱。那么到底谁拥有高学历呢？数据显示，增加收入的一个重要方法也就是接受更多的教育也可以按照种族进行分层。在美洲印第安人和西班牙裔美国人中只有很少一部分拥有学士学位，然而，白人和亚

### 根据贫困、收入和教育获得呈现的种族分层

| 种族／族群 | 生活在贫困线以下的比例 | 家庭平均收入（美元） | 获得本科及以上学位的比例 |
| --- | --- | --- | --- |
| 黑人或非洲裔美国人 | 24.7% | 34 001 | 17.3% |
| 美洲印第安人和阿拉斯加本地人 | 25.3% | 35 343 | 12.7% |
| 亚裔美国人 | 10.6% | 66 935 | 49.4% |
| 夏威夷本地人和其他太平洋岛民 | 15.7% | 55 273 | 14.7% |
| 西班牙裔或拉美裔美国人 | 20.7% | 40 766 | 12.6% |
| 白人 | 9% | 55 096 | 30.4% |

资料来源：U.S. Census Bureau, 2007 American Community Survey.

**2006年按种族／族群划分的博士学位获得情况**

28.4%
0.4%
5.8%
3.4%
5.6%
56.4%

1 白人　2 黑人　3 西班牙裔美国人　4 亚裔美国人或太平洋岛民　5 美洲印第安人或阿拉斯加本地人　6 非美国居民

裔美国人拥有高等学位的人的比例高很多。

基于这些数据，少数群体在2003年美国大学和学院教员中只占到15%这一点就不足为奇了。实际上，在我任教的学院中，当我们招聘新教授的时候，常常会发现没有少数群体的人提出申请。为什么会这样呢？因为正如数据所揭示的那样，美国少数群体中只有很小比重的人拥有博士学位。

## 移民

正如我们前面讨论的，种族之间的冲突跟历史本身一样古老。但种族冲突是怎么开始的呢？移民是造成种族和族群关系紧张的因素之一。**自愿移民**指的是人们自愿从一个社会迁移到另一个社会。人们之所以选择迁移，是因为他们想过上更好的生活或者获得更多的自由。非

资料来源：Data from Table 289, "Degrees Earned by Level and Race/Ethnicity: 1990 to 2006," U.S. Census Bureau, The 2009 Statistical Abstract.

自愿移民指的是人们被迫从一个社会迁移到另一个社会。在美国历史上，上百万人的非洲人被当成奴隶贩卖到美国，以及美洲印第安人被迫住进保留地就是非自愿移民的例证。

## 谁迁移，为什么迁移？

人们迁移有不同的原因，大约可以划分为以下几类：

- **劳动力移民**，是为了寻找工作而进行的迁移，这种劳动力移民既可以是合法的，也可以是无正式文件规定的。通常，尽管劳动力移民对经济提供了明显的支持，但仍然被作为一个问题拿出来讨论。
- **职业移民**，如医生和工程师，他们具有美国所需要的技能和职业。职业移民的一个缺点就是"人才流失"，贫穷国家的最好的、最聪明的人离开了他们的国家来到美国生活。
- **实业移民**，是为了追求他们自己的事业而进行的迁移。例如，跟族群食品或者文化有关的小公司在纽约的唐人街等地区非常普遍。
- **难民**，指的是为了寻找安全和自由而迁移的人。20世纪80年代以来，美国给那些害怕在本国受到政治迫害或身体伤害的人提供避难。

## 移民是一个社会问题吗？

在一个移民社会，移民真的是一个社会问题吗？移民在美国已经好几百年了，移民问题也不是一个新问题。根据美国人口普查署的资料，2007年，美国人口中出生在别的国家的人口为3 810万人。然而，每一次大的移民潮中，新移民都会受到社会主要群体的强烈抵制。19世纪晚期发生的对很多中国劳工的虐待以及最终把他们驱逐出境就是一个例证。尽管中国劳工最初作为一种修筑西部铁路的廉价劳动力而受到欢迎，但他们也成为反移民情绪攻击的靶子，受到了来自治安维持会的暴力攻击，最终被驱逐出城市或者驱逐出美国国境。

在美国，反移民情绪很明显，现在有很多反移民群体很活跃。这些有组织的反移民群体包括公开的种族主义者群体，如欧美统一和权利组织（European-American

美国第一次大规模国内自愿移民发生在1910年至1940年，当时南部黑人开始迁移至中西部和北部城市寻找非农就业机会。数百万人离开南部，定居到芝加哥、底特律和纽约等城市，这被称为"民族大迁移"（the Great Migration）。

种族中心主义：指一种基于自己的文化去思考和定义另一种文化的做法。
族群聚集区：指持同样文化的人生活在同一区域，维护自己与主要群体的文化差异。

Unity and Rights Organization, EURO）。欧美统一和权利组织的成员认为，"来自第三世界的大量移民将会最终摧毁美国的个性和遗产，从而使欧美人口处于危险境地"。与此同时，又存在很多更加温和的群体，例如，数字美国（Numbers USA），这个组织的目标是，"设定一个合理的移民水平……为了全体美国国民，保护和促进美国独特的民主实践，包括新近移民，无论他们自己的族群是什么"。移民往往成为冲突的根源之一，现在对非法移民的大讨论只是一个例证。在接下去的内容里，我们将探讨人们如何与那些跟他们自己分属不同种族的人打交道。

作为歧视的结果，少数群体往往在族群聚集区抱团居住。这些地方让移民更容易融入新的社会，而不用放弃他们的文化价值或改变原来的习惯。

## 种族中心主义

反移民的情绪往往通过种族中心的思维得到证明。**种族中心主义**是一种基于自己的文化去思考和定义另一种文化的做法。大多数人在某种程度上都是种族中心主义者。我们用自己的观点去观察世界，往往会更加负面地看待跟我们不一样的群体。

## 族群聚集区

单一种族或者族群往往面临歧视，这也促使其成员形成一种团结感，某种意义上说，"局外人"的身份把他们联系起来。少数群体倾向于住在**族群聚集区**（来自相似文化的人生活在一起的地方），他们这样做有三个主要原因：（1）由于他们与主要群体不一样，他们经常受到歧视；（2）相同的价值观使得他们比较容易相处；（3）他们的社会资本增加了成功的机会。

这就意味着一个钱很少、资源很少、对新的文化认识也很有限的人，来到一个新的国家会通过生活在一个聚集区来增加他们成功的机会。在美国往往都是这样，新移民喜欢同来自同一国家的人生活在一起。例如，我的先祖来自欧洲，生活在由他们国家移民过来人所组成的农业社区。

当然，如果归属于主要群体的话，就不会那么受歧视。然而，现在很多被看成是"白人"的群体最初也受到歧视。意大利人、德国人、波兰人和俄罗斯人曾经在某一个时间段也受到过歧视。作为对此的反应，这些人常常放弃他们的族群文化遗产，因为他们的外貌使得他们能够更加容易地融入主流文化之中去。

## 美国移民史

• 17世纪到18世纪早期
对那些自由的白人男性而言并不存在明显的移民限制。大多数移民来自于不列颠群岛，英格兰人、苏格兰人、威尔士人以及来自阿尔斯特的爱尔兰人移入不同的殖民地和地区。此外，还有一些移民来自法国、荷兰和其他地方。

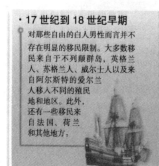

• 1820年至1880年
大约有1 500万移民进入美国，其中很多人在美国的中西部从事农业生产。通常，他们来自于北欧和爱尔兰。

• 1880年至1920年
在这期间，美国出现最大规模的一次人口迁移，大多数移民来自南欧、俄罗斯和波兰。这些移民大多数在城里找到了工作。

• 20世纪60年代至今
在这期间，出现了来自古巴、越南和俄罗斯人的移民。来自拉丁美洲的移民这一时期也上升了，包括拥有合法证件的移民和非法移民。

资料来源:Data from Hasia Diner, "Immigration and U.S. History," America.gov, February 13, 2008, http://www.america.gov/st/diversity-english/2008/February/20080307112004ebyessedo0.1716272.html, Accessed April 28, 2009; Alejandro Portes and Ruben G. Rumbaut, Immigrant America (Berkeley, CA: University of California Press, 1996); United States. Department of Homeland Security. Yearbook of Immigration Statistics: 2007. Washington, D.C.: U.S. Department of Homeland Security, Office of Immigration Statistics, 2008.

# 社会问题思考：
# 为什么美国仍然存在种族和族群不平等？

**与肤色无关的种族主义**：是一种观念，认为社会上仍然存在更加微妙的种族主义。

前述数据已经显示社会上仍然存在种族和族群的差异，可是为什么在声称重视平等的美国还存在这些差异呢？不同社会学理论对我们社会中为什么存在种族和族群不平等做出了不同的解释。

## 符号互动论：与肤色无关的种族主义

符号互动论者强调符号和语言在社会建构中的重要性。在美国，尽管公开的种族主义言论已经不被社会所接受，但是**与肤色无关的种族主义**仍然是当下美国社会的一部分，这种种族主义仍然以一种更加微妙的方式存在。

正如在本章开篇所讨论的，巴拉克·奥巴马当选美国总统已经拆除了一些种族主义的障碍，但不是全部。公开的种族主义者言论已经不再被接受。正如奥巴马的"像我一样的杂交品种"的言论所暗示的，他把自己看成是双种族的，仅仅是美国大熔炉中的一分子。那么，是不是我们真正舍弃了种族主义呢？

毫无疑问美国的很多少数族裔仍然处于很不利的地位。他们更加贫穷，受教育水平更低，预期寿命更短，上的都是受资助水平低的学校，面临文化同化的问题，一般来讲，他们都相信警察和其他社会制度增加了他们的劣势。然而，尽管存在这样的事实，但很多人宣称这样的结果与种族主义无关。波尼拉-席尔瓦（Eduardo Bonilla-Silva）认为，当白人找一堆的理由来为自己的社会地位开脱并且保持种族隔离的时候，就出现了与肤色无关的种族主义。例如，白人可能会开种族主义玩笑，但是在他开玩笑之前，他们会先说，"我有好多黑人好朋友"，或者把这种行为定义为"种族主义的但是很有趣的"。大选之前，我收到一封邮件，邮件中有一张编辑过的照片，讲的是如果奥巴马赢得大选，则空军一号将会变成什么样子。发件人写道："是有些种族主义的成分，但却很滑稽。"我看到这架飞机图片的时候非常震惊，因为这架飞机外面画上了西瓜和炸鸡。当受到质问的时候，

发件人显得很愤怒，他说自己不是个种族主义者，"只是开了个玩笑而已"。与肤色无关的种族主义为我们的种族主义倾向开脱，把我们伪装成没有种族歧视的样子。与肤色无关的种族主义必须具备四个关键的因素：

**1** 白人倾向于用平等、个人主义和选择等理念来解释为什么种族群体处于劣势。换句话说，人们之所以陷入贫困，是因为他们做了错误的选择，而不是因为某种历史或文化联系，这给种族主义提供了论据。

**2** 白人常常用文化的刻板印象来为种族不平等提供证据。很多人仅仅靠着刻板印象来解释种族不平等，而不是去探讨问题的根源。

**3** 白人往往有这样一个错误观念，认为种族隔离是一种个人选择。这也就意味着，种族群体选择"自己的方式"是一件很自然的事情。这种态度往往使白人不能理解制度性种族主义在"被隔离"的种族群体中所扮演的复杂角色。

**4** 最后，美国的很多白人简单地认为种族主义不过是过去的事情，从而否认它仍然对当前少数族裔的生活具有任何影响。这样的思维为现有的行事方式进行了辩护，从而使主要群体逃避了改善现状的责任。

尽管美国的穷人和少数群体是很明显的结构性问题，但很多人认为那不过是"他们的问题"。这种观点可以被看成是自由放任的种族主义，这种观点认为黑人应该对他们自己的问题负责，因此，他们不再值得政府的帮助和支持。当然，我们都能理解人们的所有决定都是在一定的社会环境中做出的。是恶劣的环境影响了这些决定，还是这样的决定让一个人置身于这样的环境中呢？

## 功能论：文化与结构的互动

社会学家威廉·威尔逊认为，在美国公开的种族主义已经减少了，尽管各种形式的制度性种族主义仍然影响着美国穷人和少数群体生活中的教育、就业、卫生等方面。换句话说，任何人都不能忽视结构性种族主义的现实，而且正是从这样的结构中产生出一种文化，导致个体做出一些糟糕的选择，导致了一些不良的后果。你如果考察一下贫困、内城的贫民区和种族隔离的地区，

就会发现，这样的地区不仅仅是由种族和贫困造成的，同时还是由这些生活在贫困之中并且饱受种族歧视之苦的人的反应所造成的。威尔逊认为，内城贫困区的青年人会形成一种价值观，而这种价值观不利于他们争取成功。

伊利亚·安德森（Elijah Anderson）在《街角符号：内城贫民区的面子、暴力与道德生活》（*Code of the Street: Decency, Violence and the Moral Life of the Inner City*）一书中把这种现象概括为"街角符号"。威尔逊赞同安德森的观点，即内城贫困区的青年人往往会接受这种符号，这种符号替代了能够取得成功的正确亲近社会的路径，即关注下面这些事项：看上去很强壮、有"正确的"外表、用"正确的"方式谈吐。威尔逊认为内城贫民区的青年人经常会培养出一种对当局、警察和教育的负面态度。安德森在这一点上持相同的看法。结果就是，这些态度明显妨碍了一个人融入更大的文化。

按照威尔逊的观点，这其中有一个交互的过程。贫困、犯罪和失业的社会结构创造了"街角符号"文化，而这种文化又支撑了早已存在的刻板印象，把贫困放在了首位。贫困的少数群体因为自身的原因给他们带来了伤害，因为他们对贫困所作出的反应恰恰给主要群体认为贫困的原因在于个体自身这种观点提供了佐证。他们的行为甚至能够证明自由放任的种族主义之类的观点，这种观点忽略了种族关系中的结构要素，仅仅谴责黑人等少数群体的困难处境。例如，有些人可能会这么说："既然奥巴马都能做，为什么你们不能做呢？"然而，人们必须注意到内城贫民区的少数族裔之所以出现，完全是因为社会政策不支持他们的学校、工作、住房所导致的。

按照威尔逊的观点，种族主义植根于社会结构之中，要消除种族主义则必须改变这些社会结构。然而，这种变化不会短时间内发生，因为文化和街角符号现在对贫

∧ 罗西·奥唐纳（Rosie O'Donnell）和艾尔顿·约翰（Elton John）都质疑过《美国偶像》这一流行的观众调查秀（viewer-voting
∧ show）的公平性，这一时非常引人关注。你怎么看这个问题？观众调查秀存在种族歧视吗？如果真是那样，又该如何避免呢？

困起着实际展示的作用。选举一个黑人总统远不能战胜这种负面的刻板印象，变迁的过程一定是很缓慢的。

## 冲突论

尽管种族主义不像以往那样公开化了，但这并不意味着它已经被根除了。在很多社会领域中，从商业到政治再到娱乐，种族偏见相当普遍。流行的观众调查秀《美国偶像》（American Idol）就是一个例证。多年来，一直有一种观点认为调查者和秀场本身就是种族主义的。2004 年，艾尔顿·约翰（Elton John）在詹尼弗·哈德森（Jennifer Hudson）以及其他两位黑人女性选手参加节目时接到电话投票最低、位列最后三名之后，猛烈地抨击了这个节目。尽管她得到了现场评委的好评，哈德森还是被投票者淘汰出竞争队伍。哈德森认为："我不知道它基于什么理由，但我认为它不明智。"然而，节目制作方和其他人否认了种族主义的指控，他们援引了此前的获胜者来支持他们的观点，因为此前有两位非洲裔美国人和一位混血儿获得了胜利。

杜波依斯认为，非洲裔美国人经常会面对一个想剥削他们的主要群体。为了生存下来，他们养成了一种双重意识，学会了在两个世界之间做区分：一个白的世界和另一个黑的世界，结果使得少数群体有时候也有意无意地接受了主要群体的种族主义观点。例如，在一项关于人们对陌生人的反应的调查中，研究者发现白人更加害怕陌生的黑人而不是陌生的白人。然而，如果陌生人是一位年轻的男性黑人，那么黑人也跟白人一样害怕这位陌生人。正是由于这种双重意识，参加研究的黑人接纳了主要群体常有的恐惧感，接受了这样一种观念，即年轻的男性黑人是一种威胁。

杜布瓦的经典理论同样被用于研究其他少数群体，包括西班牙裔和妇女。一般而言，社会学家发现主要群体的人员对种族问题并没有考虑太多，但是正如一位学生所言："当你是少数群体的成员时，种族往往就是一个问题。"

# 找寻社会问题的解决办法：<br>社会如何处理种族和族群不平等？

种族和族群不平等是由于与肤色无关的种族主义，还是制度性歧视，还是诸多因素综合作用的结果呢？事实上美国一直存在着种族和族群不平等。社会可以运用什么社会政策来应对和最终改变这种形式的不平等呢？

## 社会问题和种族隔离

受到歧视的人往往会因为住房、工作和社会环境等因素与主要群体区分开来。这种强化了的区分如果卷入了种族或族群等因素的时候就被称为**种族隔离**。尽管 20 世纪 60 年代以及此前的"分开但平等"的设施已经不再是合法的了，但非官方的隔离等问题至今仍然存在。

在一项住房隔离研究中，梅西（Massey）和丹顿（Denton）发现，不同收入层次的黑人经受过相同的来自白人的隔离。他们发现，种族隔离与包括个人选择在内的很多因素有关。有时候，少数群体愿意生活在他们自己的群体集聚的地区，然而，他们的研究也发现白人倾

> **种族隔离**：是优势群体因为种族或族群等原因而实施的强制分离。

向于让他们自己的邻居都是白人。这就解释了"白人迁徙"现象，这是一种居住模式，当很多白人发现黑人或其他肤色的人迁到社区来住时，他们会选择搬离现在的居住地。

为了防止基于歧视的住房隔离现象，美国住房和城市发展部组建了公平住房和平等机会办公室（Office of Fair Housing and Equal Opportunity, FHEO），该办公室的任务是："通过法律手段禁止基于种族、肤色、宗教、性别、出身国、失能和家庭地位的住房歧视，为居住在美国的所有居民创造平等的居住机会。"

## 移民控制和移民问题

19 世纪之前美国很难控制移民，任何人都可以来美

> 多元文化主义：是一种观念，它承认社会中不同文化的内在价值。
> 文化同化：指少数群体接受主流文化模式的过程。
> 快速同化：指一个少数群体为了一种新文化而彻底放弃它原来的文化。

国，尤其是自由的男性白人。然而，1882 年通过的排华法案开启了移民限制的新阶段。

美国当前面临的一个问题是非法移民。美国海关与边界保护局（Customs and Border Protection, CBP）的任务就是保护美国同加拿大、墨西哥之间边界以及其他海岸地区。CBP 援引一个法案雇用了空军、海军舰队和陆军来保护美国边境口岸。当然，CBP 同时也对国际游客安全通过美国海关负责。2008 年，CBP 接纳了超过 4 亿人进入美国。对移民来说最好的办法是什么呢？

## 多元文化主义和文化同化

对种族和族群冲突的一个可能的解决办法就是提倡**多元文化主义**，它承认社会中不同文化的内在价值。多元文化主义的支持者认为移民应该保留其原初的文化，如语言、信仰与传统、宗教等，同时也要融入他们新的文化之中去。然而，多元文化主义的反对者担心这种做法会让这些群体融入不到主流文化之中去。

**文化同化**指的是少数群体接受主流文化模式的过程。文化同化可以是自愿的，也可能是社会政策强制的结果，"只说英语"法案就是这样一项政策。在最近几年，有好几个州采用了这项法案，有的法案要求把英语宣布为本

州的官方语言，有的限制政府服务使用英语以外的其他语言。

当一个少数群体为了一种新文化而彻底放弃它原来的文化时就发生了快速同化。美国政府为了**快速同化**而采用的一种办法就是让美国土著居民的孩子离开他们的父母，让他们上寄宿学校以便教他们"白人行事的方式"。然而，很多美国土著学生离开寄宿学校后，既没有准备好生活在主流文化中，也没有准备好生活在自己的文化中。

"只说英语"法案的支持者们认为该法案有助于文化同化。然而，美国民权联盟（the American Civil Liberties Union）认为，这部法律由于限制多语种项目或者切断对多语种项目的资助从而对移民造成了伤害，因为这些多语种项目是一些美国居民必不可少的，例如卫生服务、投票帮助以及驾照考试等。

---

链接

## 种族主义和移民

正如你在本章中所见的，种族主义和移民紧密联系在一起。新移民常常被当成社会问题的替罪羊，即便他们只是做了上百万人以前做过的事情而已，那就是迁入一个新的国家寻找机会。

本书的第 2 章讨论了贫困和低报酬工作方面的社会不平等。正如你在该章所学到的，生活在贫困线以下的少数群体的比例要比主要群体高得多。少数群

体的平均收入也是最低的。这给美国社会的种族分层提供了一个例证。而且，第 2 章中我们讨论过的福利改革限制了非法移民获得任何政府提供的帮助的能力。

第 18 章表明随着全球人口的持续增长，国际层面上种族主义与移民相互交织在一起。现在，大多数美国的移民来自中美洲和亚洲，尤其是印度、巴基

斯坦和中国。这些地方全部是人口迅速增长的地区，在这些地方就业往往比较困难。正如你在这一章中所学到的，移民群体融入新社会的一个途径就是形成族群聚居地。在这些聚居地中，移民希望避免来自主要群体的歧视，从而更加容易地融入新文化之中，从而有更好的机会帮助他们在新国度中获得成功。

## 美国移民法的历史

### 排华法案（1882）

- 10 年内禁止华人劳工进入美国。
- 拒绝中国移民加入美国籍。

### 移民法案（1891）

- 拒绝接纳患过某些疾病、犯过罪、一夫多妻的人以及其他人。
- 允许驱逐非法移民出境。

### 移民法案（1924）

- 建立一个来源国配额制度，限制每年移入美国的移民数量。

### 移民和国籍法案修正案（1965）

- 废除来源国配额制度。
- 建立发放签证的先到先得的原则，同时给予美国公民的亲属以及有特殊职业技能的移民优先权。

### 移民控制和改革法案（1986）

- 加强边界控制。
- 禁止雇主雇用没有得到合法授权在美国工作的非法移民。

### 移民法案（1990）

- 增加移民总数。
- 授权首席检察官给予某些特定的非法移民暂时受保护地位。

### 武装力量移民法案（1991）

- 给予在美国武装部队中服役 12 年以上的非美国公民特殊地位。

### 个人责任与工作计划折中法案（1996）

- 限制合法移民获取公共援助，如食品券和补充收入保险。
- 禁止非法移民享有绝大多数联邦、州和当地的公共利益。

### 非法移民改革和移民责任法案（1996）

- 加强边境巡逻。
- 采取措施迁移罪犯和其他可以驱逐出境的人。
- 对合法移民和非法移民寻找公共利益的时候设置更多限制，例如考取驾照、享受社会保险、获取联邦公共利益和高等教育援助。

资料来源：Data from "Immigration Legal History," U.S. Citizenship and Immigration Services, U.S. Department of Homeland Security, http://www.uscis.gov/portal/site/uscis/menuitem.eb1d4c2a3e5b9ac89243c6a7543f6d1a/?vgnextoid=dc60e1df53b2f010VgnVCM1000000ecd190aRCRD&vgnextchannel=dc60e1df53b2f010VgnVCM1000000ecd190aRCRD, Accessed May 12, 2009.

## ▶▶▶ 赞同还是反对

### "只说英语"法案

处理文化同化的社会政策，例如所谓的"只说英语"法案，引起了支持者和反对者两方面的强烈反应，每一方的观点是什么呢？

**赞同**

- 一种官方的语言可以让国家统一，让每个人具有一种共同点。
- 一种官方语言能给新移民提供一种同化的刺激。
- 新移民会同化得更快，因为他们被迫学习英语。
- "只说英语"法案潜在地降低了成本，因为官方文件将不再需要用多种语言打印。
- 随着移民潮的到来，这样的法律能够确保国家的历史和语言不受损害。
- 这样的法律甚至没有必要，因为即便不出台这部法律，为了工作、购物和交流，人们也必须学习英语。

**反对**

- "只说英语"法案是反移民的，因为这部法律让移民更难取得驾照，更难找到工作等。
- 害怕英语丧失国家语言的地位是没有根据的，美国人口普查署的预测表明，到 2050 年，大约 24% 的美国人口将是拉丁裔（最大的移民群体）。即便所有这些人都只讲西班牙语，仍然有大约四分之三的美国人讲英语。
- 这些法律会让不讲英语的儿童的受教育机会变得更小。

**多向分层同化**：指的是这样一种观点，认为融入一个新环境和在经济、社会上取得成功的途径不止一条。

事实上，大多数移民群体经历的是**多向分层同化**，这就意味着融入一个新环境和在经济、社会上取得成功的途径不止一个。传统观念认为移民越快从文化上融入美国（也就是说，放弃他们自己国家的文化），就会越快地成功同化。亚历桑德罗·波茨（Alejandro Portes）认为事实未必如此。他认为移民所接触的文化要素尤其重要。

也就是说，成功的同化取决于接触新文化的恰当（right）部分，而不是新文化的任何部分。例如，贫困的移民同化内城贫民居住区的文化并不意味着他们会成功同化。然而，如果贫困的移民接触的是贫困文化，但又同母国文化保持紧密联系，例如通过族群聚居区建立起来的联系，那么其成功的机会会更大。这种联系使移民远离有害的文化，这也是同化的一种途径。通过这种途径，移民可以积累社会和经济成功所需的社会资本，而不放弃传统文化。

# 从课堂到社会→反移民立法

1994 年，加利福尼亚州通过了 187 提案，旨在对非法移民的公共服务进行限制。该提案一旦生效，将使非法移民得不到公共教育、卫生、食品券以及其他形式的援助。尽管这个法律几天之后就被禁止实施，并最后被一位联邦法官宣布作废，但是自此以后有好几个州在法案中增加了类似的条款限制非法移民获取公共援助。

尼科尔（Nicole）在她家乡一所初中教书的时候，直接看到了这些影响。尼科尔学了几年西班牙语，很乐意把这项技能用于班级测试中。

**"我教的学校并没有那么多样化，只有一个二年级的小男孩母语是西班牙语**，他的名字叫何塞。他非常勤奋。大多数二年级学生注意力集中时间很短，但何塞注意力很集中，非常好学。"

"有一天，何塞来到学校，对老师说他的胃不舒服。老师带他去医务室，但是，因为他没有感冒或其他症状，医务人员也无能为力。何塞最后说他感觉好一些了，是不是可以回教室？这样的事情每隔几天发生一次，何塞不像以前那么爱学习了。"

**"之后，老师从学校把何塞带回来的时候，跟他妈妈说起了这件事情。**当老师跟他妈妈说到他的担心时，何塞的妈妈显得很担忧，她平静地解释说她不能带何塞去看医生，因为这会带来被驱逐出境的风险。过去，当她的孩子病了或者受伤了，她会带他去急诊室。尽管这需要等很长时间，但是她只能这样做，因为她没有健康保险。但是现在由于州里通过了新法律，她连那儿也不敢去了。她的邻居告诉她新法律要求所有医生向当局报告非法移民。"

**"我不知道该法的细节，所以当天晚上回家研究了一下。我发**现新的法律确实限制了非法移民获取某些健康利益，但不是全部。在我读过的一些文章中，州健康官员表达了他们的担忧，他们担心非法移民由于担心被告发会放弃所有的健康权益，甚至他们子女的健康权益。"

"接下来，我和老师一道同何塞的妈妈又谈了一次，我们想向她解释新的法律并不适用于急救护理。她看上去不太相信。何塞不再抱怨他的胃了，似乎又回到了正常状态，因此老师也不去关注这件事情了。但是我担心何塞下一次再生病了怎么办。"

**"这部法律似乎不鼓励非法移民入境，而且很可能达到了这样的效果。**但是，不管有意还是无意，这部法律毫无疑问已经损害了一些已经入境的非法移民尤其是儿童的利益。难道这些孩子因为他们和父母非法移居到这里就要受到惩罚？"

# 理论沉思

当移民迁入一个族群的居住地时，他们强化了自己内群体的联系，同时也增加了他们成功地融入新国家的机会。自愿的种族隔离对少数群体和主要群体都有用吗？为什么？

## 功能论

种族主义支撑着内群体这种偏见，这就使得那些认为与自己相似的群体容易紧密团结起来。这些群体团结的能力把大家联合起来。在这种意义上，自我种族隔离对移民和少数群体有帮助。当然，这种自我种族隔离也有潜在的后果。当社会限制了少数群体的机会的时候，自我种族隔离就会具有功能障碍，从而意识不到改善社会的力量。

## 冲突论

冲突论关注社会中种族和族群的分割，认为这些分割与社会阶级是联系在一起的。按照冲突主义者的说法，种族主义者有意识地创造出一个自愿的"下层阶级"，以便为精英提供廉价的劳动力。冲突主义者基于教育、收入、贫困和机会进行种族分层，他们把少数群体所经历的不平等看成是有权有势的主要群体把种族和族群少数群体置于从属位置的途径。例如，美国的企业主可能愿意雇用秘密入境的移民劳工，因为这些人可以接受更低的工资。低工资、受教育程度低、缺少公共援助等因素使得很多移民处于不利的位置，结果也使得雇主能找到源源不断的廉价劳动力。

**社会理论如何看待种族主义的影响？**

## 符号互动论

符号互动主义者关注人们日常生活的微观互动，来考察他们到底是支持还是反对某种事情。例如，考虑到100年前的种族主义言论和现在的状况，很多年以前，老师可以也愿意在课堂上发布种族主义的言论，但是现在如果有老师那么做的话，他就很可能会受到谴责，甚至丢掉自己的工作。到底发生了什么变化呢？随着时间的变化，社会对种族主义言论的容忍度大大下降了。符号互动主义者认为，通过改变可以接受的条件，我们可以改变现状。或许我们可以从根本上消除种族主义言论。

按照冲突论，那些当权者往往运用手中的权力去统治别人。那么主要群体如何通过把少数群体置于从属地位获得好处呢？

**符号互动论者**认为正在消失的种族主义论调让世界变得更加平等。在过去上百年的时间里，我们正在努力迈向一个更加平等的社会。那么，这种进步在多大程度上可以归功于种族主义言论不再被社会所接受呢？

性　　别

1. 社会如何处理社会性别问题?
2. 性别理论如何与社会问题联系起来?
3. 为防止家庭暴力应制定什么社会政策呢?

个令人震惊的广告中女星凯拉·奈特利（Keira Knightley）呼吁公众关注家庭暴力问题，该广告创意因为太暴力招致了批评。

有人认为该广告太写实而突破了一定的底线，但是家庭暴力的受害者把它看成是对很多受害者所受伤害的真实写照。

在该广告中凯拉·奈特利在上了一整天班以后回到家。一个吃醋的男朋友在家里等她，见到她就愤怒地问："跟你的男上司过得很愉快吧？"

于是他开始打她，然后广告显示了一个场景，周围一个人都没有。而那个男朋友继续殴打她，踢她的肚子。

这种写实性描写让很多批评者反胃，例如广告经理杰瑞·费米纳（Jerry Della Femina）。他说："难道在他踢人时不能只显示他的脸吗？不行，做得太过了，我质疑这样的拍摄手法。"

"很多广告人拍这样的公益广告，因为他们认为，'嘿，我将因此赢得荣誉'。这是一部小电影。人们会认为它很难看，很暴力，而且很可怕，我不认为它能够对任何人有帮助。"

这就是问题的核心所在。广告会有助于家庭暴力受害者获得帮助吗，还是会迫使其离开？

根据全美反家庭暴力联盟的数据，这个国家中有四分之一的妇女以及九分之一的男人在生命中的某个时间点会遭受到家庭暴力。

美国广播公司（ABC）新闻记者把该广告拿给一位曾经遭遇家庭暴力的人看，我们答应对她的姓名保密。她告诉我们说："我认为该广告拍得很好，我们有责任看公益广告，被它触动，采取一些行动来制止家庭暴力。"

比·汉森（Bea Hanson）是安全地平线（Safe Horizon）的员工，该组织是美国反家庭暴力服务的最大组织，他认为广告反映了现实。汉森说："这在很多妇女生活中确实存在。"

目的能不能证明手段的合理性呢？她认为，尽管这样的广告很难看，但是它们能带来好处。汉森说："我们过去利用受到家庭暴力的妇女的形象去发动广告战，给我们打电话的人数持续上升，由此我知道，广告产生了影响。"

**你如果把电视频道转到网络视频，看看《终极格斗》（The Ultimate Fighter）的片段，就会看到两个男人在互相踢、拳击、扭打一个小时。**

你如果把频道调到VH1，看一段《狂爱摇滚》（Rock of Love）的片段，就很可能看到两个妇女在抓、拉、扯彼此的头发，这一切都是为了证明她们喜欢摇滚明星布雷特·米歇尔斯（Bret Michaels）。大多数人会看这些电影，因为这种类型的暴力比较有娱乐性。但是，如果同样的踢、拳击、拉扯头发出现在一则公益广告中，提醒人们注意家庭暴力，观众绝不会感到娱乐，而是感到愤怒。

因此，为什么当暴力出现在真实的秀场中时大家感到娱乐，而暴力一旦出现在公开的公益广告中时，就会被认为是过于写实呢？有可能是因为电视上看到的打斗看上去似乎是两厢情愿的，没有明显的受害者。但是如果参与者不是同一性别，那么情况会怎么样呢？观众在看一个男人和女人打架时仍然会感觉快乐吗？尤其是当大多数拳头落在女人身上时。当性别成为暴力行为中的一个因素时，我们对暴力行为的感受发生了变化，实际上，一旦考虑到性别因素，我们对很多场景的感觉都会发生变化。

# 主题：社会如何处理社会性别问题？

**性别**：指的是与男性或女性有关的行为、文化和心理特征。
**性**：指的是男性和女性的生理构造，尤其是指她们（他们）的生殖器官和身体构造。

## 核心概念

### 性别和性的区别

在我们填写调查问卷、表格或申请时，你可能会被要求填"性别"或"性"一栏。这种情况下，这两个概念实际上询问的是同一件事情，即你是男性还是女性。然而，在社会学中，性别和性有两种完全不同的含义。**性别**是与男性或女性有关的行为、文化和心理特征。出生以后，每个个体立刻会被赋予这样的特征。例如，家长常常会给女孩穿紫色衣服，而给男孩穿蓝色衣服。**性**跟男性和女性的身体构造有关，尤其指她们（他们）的生殖器官和身体构造。

人们很难发现男孩和女孩的显著差异，尤其是刚出生的婴儿。除了明显的生理差异，女婴对紧张性刺激的反应不那么积极，而且在婴儿期的死亡率也没有那么高。男孩在出生时体长要长一些，稍微强壮一点。随着不断长大，男孩与女孩的其他区别出现了。在一岁到两岁之间，大多数孩子会显示出与同性伙伴玩以及喜欢基于性别的不同而选择不同玩具的偏好。除此之外，年轻的男孩和女孩之间的相似点比不同之处要多得多。

只有到了儿童早期，两种性别之间的差距才会越来越大。尽管在智力上没有区别，但女孩更倾向于能说会道。而男孩更富侵略性、更加独立，女孩更加顺从、更富同情心。作为一个刚学步的孩子，男孩和女孩都会打、咬、发脾气，但女孩往往比男孩更早停止这些行为。有些研究表明，社会化是原因之一，在美国，这些行为如果发生在"女性"身上会被认为不太合适，如果在社会化过程中出现这些行为，她们就会得到更少的鼓励，所以女孩比男孩更早停止这些行为。

学习性别角色的过程贯穿整个儿童阶段，一直到青少年阶段。看看孩子们收到的礼物，男孩子得到的是模型士兵和BB枪（BB guns），而女孩收到的是毛绒玩具和化妆盒。当女孩忍让和顺从权威时，她们会受到鼓励，随着她们长大，父母会把她们看得更紧。这也给了男孩更多的不受管制的空闲时间，使他们能够参与一些冒险的、刺激的活动，这也可能导致男性的犯罪率更高。

### 性别构建和认同

"妈妈先生"这一概念成为好莱坞多年的主题，从《奶爸别动队》（Daddy Daycare）到电视秀节目Daddio，这种丈夫当家庭主妇的构思遵循着相同的模式：一个男人待在家里照顾家庭和孩子，妻子去工作，男人不太擅长做家务，最终把事情弄得一团糟，由此带来喜剧娱乐效果。作为曾经的"妈妈先生"，我发现这样的特征对男人来说是有损人格的，尽管他们往往很有趣。为什么男人在家庭主妇位置上变成一个如鱼离水的故事呢？男人难道不能像女人一样照顾好子女和做好家务吗？

关于某一性别的行为"正常"或"不正常"这样的观念不是建立在生理特征基础之上的，它是社会行为的产物。儿童时期是发展和理解这些标准的最初阶段，孩子们遵循文化价值，试图满足人们对他们的性别期待。这样他们就形成了性别认同。孩子们一旦掌握了"正确的"行为，就更可能跟同龄人合群，被他们的父母和其他权威形象所接受。

社会学家韦斯特和齐默尔曼（West and Zimmerman）认为，"按性别行事"与"具有性别"之间有差别。一个孩子"具有"一种性别并不意味着他或她就会在生理上被迫按照那种性别"行事"。"按性别行事"意味着使自己的行为符合某种同性别相关的标准（如，男孩可能会跟朋友打架，因为他认为打架是男孩应该做的事情）。"具有性别"指的仅仅就是一个人是男性或女性。所有的人都具有一种性别，但是我们怎么表现出这种性别就是"按照性别行事"？当一个小女孩抹上她母亲的化妆品时，或者当一个小男孩拿起父亲的工具时，他们（她们）正在学习如何按性别行事。

这种建构是固定不变的，不能按照性别模式行事的孩子会受到排斥。回想一下你的孩提时代，你认识的女孩中有没有喜欢体育胜过假扮游戏的？也许有男孩穿紫

> **性别认同**：是我们对自己是男性还是女性的认知。
> **父权制**：是一种社会制度，在这种社会制度中，男人掌握着绝大多数权力，并且对女人和儿童施展权力。

色衣服，玩洋娃娃，但很可能那个孩子会从他或她的同龄人那里得到负面的反馈。对性别的研究往往包括了对按照性别行事的社会期待如何影响不同社会成员的讨论。在第 11 章，我们将更详细地讨论性角色问题。

## 父权制

"等你父亲回家，看他怎么收拾你。"即便你没有说过这句话，你也一定知道这句话的含义。那就是，一旦家庭中超级权威形象父亲回到家，将会采取某种严厉的惩罚措施（处罚犯错的孩子）。多少年以来，这种威胁一直给孩子们带来恐惧。实际上，这也是 20 世纪 70 年代一个播出过两年的电视卡通频道的名字。但是，这句话也意味着母亲对孩子行为的影响比父亲要小很多，而且也强化了一个长期以来的刻板印象：父亲是家庭中的主导。

在父权制社会，这样的家庭类型很常见，**父权制**社会中男人掌握着绝大多数权力，对妇女和儿童施展权力。在一个父权制社会中，男人把持着政府、商业、宗教和教育等公共机构。即便有些妇女看上去比男人的影响力

---

### ▶▶▶ 全球视野

## 妇女割礼

在世界上一些父权制最严重的社会中，妇女受制于强大的男性压力，以至于形成根深蒂固的文化和宗教习俗。妇女割礼（female genital mutilation, FGM）就是其中之一。这一仪式包括了改变或移走女性生殖器官的一部分，目的仅仅是为了让妇女在性方面更"纯洁"。由于没有了正常的感觉神经，妇女被认为更可能在结婚之前保持处女之身，而且结婚之后也不太可能出现不贞。在这种极端的情形下，有些妇女割礼甚至保证女性不会发生性行为，除非结婚后进行第二次手术，才能接触生殖器官。

接受割礼的女性不仅面临感染或失血造成的死亡危险，而且还可能承受很多长期的医疗后果，如周期性的泌尿系统感染、不孕，并且会增加生育并发症的风险。割礼在西非、东非和东北非最为普遍，在亚洲部分地区和中东以及欧洲和北美的某些移民地区也有。全球大约有一亿到一亿四千万女孩进行了割礼并且现在带着这种伤痛生活。有关正确性行为的文化传统维持了这种割礼，使新出生的女孩不得不承受这种痛苦和危险的手术。尽管妇女割礼植根于文化传统之中，但世界卫生组织（WHO）把它视为"对人权的侵犯"，同时也是"歧视妇女的一种极端形式"。世界卫生组织和联合国以及志愿者一道，致力于在全球制止这种广泛传播的性别不平等现象。

◀◀◀ 全美模特大赛让观众有机会把一张漂亮的脸蛋跟妇女割礼的残忍后果联系起来，参赛选手法蒂玛·塞德（Fatima Siad）吐露自己小时候在家乡索马里的摩加迪沙接受过割礼。她的经历引起了现场观众的共鸣，从而也让这一残忍的传统暴露在成千上万的年轻电视观众面前。

> **母权制：** 是一种社会制度，在这种社会制度中，女人是主要的权威，对男人行使权力。
> **性别歧视：** 是一种观念，认为一种性别比另一种性别优越。
> **性别角色：** 是社会对男性和女性如何思考、如何行动的期待。
> **女权主义：** 是建立在两性政治、社会和经济平等基础之上的哲学思想，尤其强调妇女应该享有男人一样的权利。

更大，然而世界上并不存在纯粹的**母权制**。在多数文化中，其社会制度有很明显的男性统治的痕迹，相比之下妇女总体而言掌握的权力更少。

## 性别歧视

这些制度类型往往导致了**性别歧视**，认为一种性别比另一种性别优越。在一个父权制社会中，妇女往往被认为是弱者，她们在体力或智力技能方面无法跟男人相比。在 2009 年年初，阿富汗颁布的一部新法律成为媒体关注的焦点，就是因为该法律所显示出的极端父权主义偏见。这部法律要求妇女在离开房屋之前征得丈夫的同意，并且要每四天满足一次丈夫的性要求，除非她们病得很厉害。

即便在给予妇女与男人同样民事权利的社会中，仍然会对妇女设定不同的标准。收入不平等就是一个例子。尽管美国妇女为了自己的权利展开了多年的斗争，但她们仍然比男人挣得少。一个拥有学士学位的男人年收入平均为 54 000 美元，而同等条件的女人只能挣到 35 000 美元，如果拥有博士学位，则男人能挣 90 000 美元，而女人只能挣 61 000 美元。

## 洛丽塔效应

2009 年 8 月，时尚杂志《ELLE》刊登了一组有争议的图片，迪士尼流行明星麦莉·赛勒斯（Miley Cyrus）位列其中。图片中这位 16 岁的明星满足地穿着紧身衣和长筒靴，仰面朝天地躺在地上，把自己的胸部展示在照相机的镜头前，性感地出现在杂志封面上。家长和青年保护组织对此非常愤怒，他们认为这组照片太下流，认为《ELLE》杂志对一个十几岁的明星公开地进行性描绘。

吉吉·杜罕博士（Dr. M. Gigi Durham）在她的著作《洛丽塔效应：媒体对年轻女孩的性展示以及我们能对此做些什么》（*The Lolita Effect: The Media Sexualization of Young Girls and What We Can Do About It*）中讨论了这个事例。按照杜罕的观点，社会对性和性行为有五个常见的错误观点，它们分别是：

（1）女孩不能挑选男孩，只有男孩挑选女孩，而且只挑选性感的女孩。

（2）只存在一种性感，那就是拥有纤细而又有曲线的身体，而且最好是高加索人。

（3）女孩需要努力去追求那种性感。

（4）女孩越年轻，就越性感（只要她不是未发育好的）。

（5）性暴力是性感的。

这些错误观点被很多易受影响的女孩认为是正确的，导致她们认为迷人是女性最重要的特性。洛丽塔效应会降低女孩的自信，导致其自杀行为，并且会无意识地促发性暴力。杜罕认为，性行为是生活中一个正常的、健康的组成部分。然而，她指出，媒体所展示的选择性的、定义很狭窄的性行为对年轻的女孩和男孩而言最终都是不健康的。

## 性别角色

你是否发现自己曾经使用过"女警官"或"男护士"这样的字眼呢？现在，在执法部门已经有很多女性，在中等卫生保健领域已经有大量的男性，但是有些职业仍然带有很强的性别含义。这些联系根源于**性别角色**，即社会对男性和女性应该如何思考和行动的期待。男人被认为是强壮的和专制的（如警察、政治家、商人），而女人则被认为是可培养的和能容忍的（如护士、社会工作者、家庭主妇）。尽管我们发现随着时间的变化，这些角色的边界有所松动（研究表明，女孩之间的社会性攻击行为最近有所上升），社会仍然把性别角色加在孩子的身上。例如，玩具制造商仍然把时髦娃娃的市场定位在女孩身上，而把模型士兵的市场定位在男孩身上，家长们也按照这种思路给孩子购买玩具。尽管这种趋势看似没有什么害处，但玩具是在儿童期给人灌输性别角色的例证。

### 文化如何影响性别角色

人类学家玛格丽特·米德（Margaret Mead）1935 年进行了一项广为争论的研究。她的研究关注新几内亚的三个当地部落：阿拉佩什人（Arapesh）、蒙杜古马人（Mundgumor）、德昌布利人（Tchambuli）。阿拉佩什人部落的男人和女人的行为方式按照我们的标准看就是娘娘腔。蒙杜古马人部落的男人和女人攻击性很强、很暴力，往往带有很强的男子汉气概。德昌布利人部落中男人接受在家带孩子的角色，女人承担起养家的责任。然而这项研究招来了很多批评，很多人指责米德修正了研究结论以便得到她想看到的结果——性别是被文化构建起来的。

另外一些研究发现，在大多数社会中，传统性别角色有一定程度的变化。1937 年，人类学家乔治·默多克（George Murdock）研究了 200 多个社会，他发现妇女承担种地和建筑任务的社会与男人承担这种任务的社会几乎一样多。尽管不是所有文化都分享同样的传统，但默多克的发现表明男人和女人在角色分工上具有明显的跨文化的相似性。

# 性别差异的历史

## 植根于宗教中

纵观全球，性别差异和分层往往能从宗教中找到根源。回想一下，早期的基督教徒谴责夏娃造人，因为按照故事的情节，她引诱亚当吃智慧之树上的果实。随着时间的迁移，基督教把这种观念转移到社会上，哲学家和神学家常常因为男人的问题指责女人。例如，在 15 世纪的时候，女人被认为是因为她们柔弱所以容易变成巫婆。在历史上大多数时期，妇女被认为比男人低一等，因为她们被认为能够引诱男人远离上帝。环顾全球，性别不平等来自于宗教信仰并且有助于宗教信仰。

## 出现在早期的殖民地

性别差异出现在美洲的殖民化过程中。尽管妇女在新社会中扮演着重要角色（实际上，直到组建家庭之前，早期的侨民很不稳定），但她们仍然被看成是二等公民，不能拥有财产，也不能继承土地。然而，殖民化对妇女权利来说是一个小小进步，因为在那里生存和发展壮大需要所有人齐心协力，妇女和男人一道耕种土地，在美国建立定居点的过程中成为伙伴。

## 女权运动的影响

女权主义是一种建立在两性政治、社会和经济平等基础之上的哲学，尤其强调女人有权享有与男人一样的机会。这一术语常常用来描述与性别差异有关的社会运动和社会理论体系。女权主义运动的第一座里程碑是玛丽·沃斯通克拉夫特（Mary Wollstonecraft）1972 年出版的著作《为妇女权利辩护》（*A Vindication of the Rights of Woman*）。她的宣言，是最早出现的女权主义思想的例子之一，它呼吁给妇女受教育的权利。沃斯通克拉夫特的著作激发了其他女权主义思想，此后，女权主义思想出现了三波明显的浪潮。

1 第一个浪潮是苏珊·安东尼和伊丽莎白·斯坦顿（Susan B. Anthony and Elizabeth Cady Stanton）等早期女权主义者提出的进步思想。这个时期的妇女追求法律上的平等。他们的努力导致了第十九修正案（关于妇女的投票权）的通过，1920 年正式生效。

2 第二个浪潮开始于 20 世纪 60 年代，伴随着

>>> 研究一下不同的宗教会让我们明白性别不平等不仅是一个古老的传统，而且是一个很普遍的现象。

### 妇女在宗教中的历史

**犹太教**
妇女首要的角色是作为妻子和持家者。不鼓励妇女接受高等教育和从事宗教研究，因为这些活动会对她们的"义务"产生影响。严格限制妇女参加犹太教活动，允许男人主宰公众生活。

**印度教**
早期印度妇女被认为与最低阶层的男人地位相同，妇女被灌输一种她们在社会上唯一被接受的角色就是"好妻子"的观念。由此产生出一种纯洁的概念，即妇女在丈夫火葬时自愿自焚殉葬。尽管自焚殉葬者在精神上受到推崇，然而很多殉葬者并非完全出于自愿。

**佛教**
尽管佛教教义倡导性别平等，但在妇女死后，她们也会被当成纯洁生活的敌人。《大藏经》中描述的完美妻子就是顺从丈夫、本性温顺的形象。有些教派认为性别的产生基于因缘，积极的因缘化身为男人，而消极的因缘化身为女人。

**基督教**
在基督教教义中，夏娃被认为对人类的堕落以及原罪的产生负有责任。与此同时，基督是男性，门徒们也是男性。由于基督教妇女"邪恶的"本质，她们不管在教堂还是在社区生活中都低人一等。《圣经》中彼得说过：妻子……服从丈夫——就像萨拉服从亚伯拉罕，并且称他为她的主人一样。

**伊斯兰教**
在伊斯兰教中，妇女被认为在信仰中是平等的，但是在本性上属于从属地位。正如《古兰经》所言，妇女具有服从等光荣的权利，但是她们的男人拥有的权利比她们高。妇女具有继承和离婚的权利，然而，女性性行为被严格禁止。传统的面纱和其他女性覆盖物大约出现于中世纪，用于保护女人不被男人接触，以及让男人免受性欲的诱惑。

资料来源：Sen, Mala. *Death by fire: sati, dowry, death, and female infanticide in modern India*. London: Weidenfeld & Nicolsen, Ltd., 2001; de Silva, Swarna, "The Place of Women in Buddhism: A Talk given to the Midlands Buddhist Society (UK) on Sanghamittâ Day 1988," June 1994, http://www.enabling.org/ia/vipassana/Archive/D/DeSilva/WomenInBuddhism/womenInBuddhismSwarnaDeSilva.html#chap3; (1 Peter 3:1 New International Version); (Sura 2:228) (Qur'an 2:228).

**收入差距：** 指的是不同人群在收入方面的差异。

妇女解放运动而产生，以贝蒂·弗里丹（Betty Friedan）等女权主义理论家为代表。她在其著作《女性迷思》（*The Feminine Mystique*）提出，妇女可以而且应该走出家门追求个人的成功。这个阶段同时还引领了其他一些有争议的话题，如妇女生育权和家庭暴力问题。

**3** 第三个浪潮开始于 20 世纪 90 年代早期，范围扩大到保护少数群体和贫困妇女的权利。女权运动的领导人如金斯顿（Maxine Hong Kingston）、安扎尔朵（Gloria Anzaldua）、胡克斯（bell hooks, née Gloria Jean Watkins）、洛德（Audre Lorde）是第三个浪潮的代表人物。她们唤起了人们关注种族、资本主义和性别如何影响全球妇女的生活。

## 性别起作用吗？

### 教育

这是一个几十年的战略：在大学里，一个小伙子报名参加妇女的学习课程，目的是增加其约会的机会，因为他知道课堂里女孩的数量会远远超过男孩。这是一个好主意，但在今天的教育环境下往往没有必要，因为女大学生的数量不断增长，小伙子会发现在大多数课程中女孩的数量都会超过男孩，不仅仅是那些被冠以妇女或女权主义名称的课程。下表中，你会发现，52% 的大学毕业生是女人。在硕士学位层次上，女人也比男人要多，而且在上学的早期辍学的也少。

在沉默的一代甚至婴儿潮时期出生的妇女看到这些统计数字会很惊讶。60 年前，高等教育试图摆脱为男人所垄断的传统局面。但即便女性考入了大学，也会发现她们受的教育与男同学受的教育差别很大。她们被鼓励进入更加"适合女性的"领域，如教育、护理或者艺术。男性被鼓励学习更多的科学和以逻辑为基础的课程。现在，这样的思路依然存在，男人获得了大多数科学和工程的学位。

如果妇女所受到的教育比以前好，那么为什么妇女的薪水仍然明显少于男人的薪水呢？人口普查的数据表明，男人和女人之间的**收入差距**实际上随着受教育水平的提高而扩大。是不是女人所受到的教育没有男人的有价值呢？

### 工作

男人与女人在工作上的收入差距很大。目前，男同

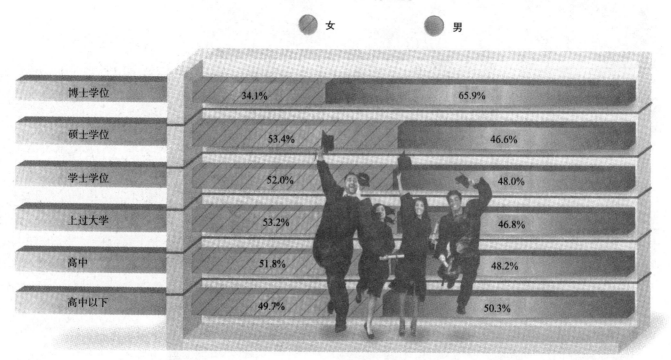

**按性别区分的教育成就**

● 女　　　● 男

| | 女 | 男 |
| --- | --- | --- |
| 博士学位 | 34.1% | 65.9% |
| 硕士学位 | 53.4% | 46.6% |
| 学士学位 | 52.0% | 48.0% |
| 上过大学 | 53.2% | 46.8% |
| 高中 | 51.8% | 48.2% |
| 高中以下 | 49.7% | 50.3% |

资料来源：U.S. Census Bureau, "Educational Attainment in the United States: 2008," http://www.census.gov/population/www/socdemo/education/cps2008.html.

## 政治中的女性史

玛莎·华盛顿（Martha Washington）在她丈夫 1789 年当选美国总统入主白宫至 1797 年期间，是美国的第一夫人。

玛丽·沃斯通克拉夫特 1792 年撰写了《为妇女权利辩护》一书。

维多利亚·伍德胡尔（Victoria Woodhull）1872 年成为第一个竞选总统的女性，她为妇女平等权而努力。

珍妮特·兰金（Jeannette Rankin, R-MT）1917 年成为美国众议院首位女性议员。

里根总统 1981 年提名桑德拉·奥康纳（Sandra Day O'Connor）为首位女性最高法院大法官，她作为大法官一直干到 2006 年退休。

杰拉尔丁·费拉罗 1984 年成为首位获得主要政党副总统提名的女性。

希拉里·克林顿参议员与现任总统巴拉克·奥巴马一道竞争民主党总统候选人提名，女性第一次真正有机会成为总统。

萨拉·佩林州长在 2008 年总统大选中，与约翰·麦凯恩参议员搭档竞选美国副总统，然而，妇女又一次在入主白宫的机会面前落后了。

资料来源："Milestones in Politics for American Women" February 13, 2008, http://uspolitics.about.com/od/usgovernment/a/women_milestone.htm, Accessed June 18, 2009.

也许你从选举结果中想象不到，妇女在登记选民中占到 56%，这使得她们具有重要的人口统计价值，必须加以关注。然而，那么多的妇女参加投票，为什么提供给她们的政治职位那么少呢？

事每挣 1 美元，女同事只能挣 0.77 美元。这就意味着，如果一个会计公司的男项目经理每年挣 75 000 美元，同一区域同一职位的女性员工每年只能挣 57 750 美元。目前，16 岁及以上的妇女中就业的占 58.6%，这就导致她们损失了很多的报酬。这一差距不仅仅是一个财政负担，还扼制了妇女职业晋升的道路，降低了她们努力的价值。不过，她们对工作所做的选择确实影响了她们所得到的报酬。很多妇女选择有弹性的职位而不是高薪的职位，避免没完没了地加班和商务旅行，因为她们需要履行在家照顾孩子和老人的义务。她们同样可能因为休产假或者照顾孩子而中断自己的工作。2007 年，康奈尔大学的社会学家们开展了一项研究，研究人员发现做了母亲的妇女在工作中常常受到处罚。工作中的母亲被雇主认为不那么能干，给她们开出的报酬也往往比同等条件下没有孩子的妇女低。然而，男人不会因为做了父亲而面临同样的处境。

### 政治

女明星格伦·克洛斯（Glenn Close）在电影《空军一号》（Air Force One）中扮演了美国副总统，吉娜·戴维斯（Geena Davis）在电视连续剧《统帅》（Commander in Chief）中出演总统，但是我们在现实生活中从没来见到哪个女人当上了美国的总统或副总统。最近，我们向这一目标迈进了一步。2008 年的总统大选在很多方面都有开创性，不仅选出了第一个非洲裔美国总统，差一点就产生了美国历史上第一个女总统或副总统。尽管希拉里·克林顿（Hillary Clinton）在民主党提名中输给了巴拉克·奥巴马，但在政治上迈出了一大步，她成为第一位合格的女候选人。而且像杰拉尔丁·费拉罗（Geraldine Ferraro）和沃尔特·蒙代尔（Walter Mondale）作为合作伙伴参加 1984 年大选一样，萨拉·佩林（Sarah Palin）同样也有机会成为副总统。

在行政部门之外，这样的差异同样存在。目前，在参议员的组成上，100 位参议员中只有 17 位是女人；在众议院中，女人所占比重也仅为 17%。这样的统计数字可能归根于一种迷信，认为女人天生对政治不感兴趣。然而，投票记录表明这种说法站不住脚。此外，还有一种观点认为女人的生活结构（也就是说，她对家庭的责任）不适合让其担任艰辛的政治职务。这种印象假定男政治家不需要对家庭承担相同的责任。为什么有些人认为佩林州长不适合从政，是因为她需要照顾孩子；而奥巴马总统却既可以做父亲又能当总统呢？不幸的是，妇女在政治上也要跟教育机构、社会环境和工作场所一样面临双重标准。

### 健康

男人与女人的不平等显示，做一个男人在社会上具有优势。然而，女人也有一个主要的优势，那就是预期寿命更长。平均而言，女人的预期寿命要比男人长7年。这是什么原因造成的呢？是更健康的生活方式、更安全的工作还是某种生理上的优势呢？答案可能有很多。事实上，从35岁开始，女人在人数上超过男人，而且随着年龄的增长，这种差距在不断拉大。在大多数国家，老年女性数量大大超过了老年男性，造成了老年人的健康和经济社会问题，尤其是妇女问题。虽然预期寿命比男人长，但妇女往往遭受更多的健康方面的损害。在美国，心脏病成为妇女的第一大杀手，原因可能不完全是身体方面的。根据美国心脏协会临床心理分会的一项研究，女性患者在患心脏病的时候没有得到男性患者一样的积极治疗。造成这一现象的部分原因是一种错误观念，即认为妇女不像男人一样易患心脏病。同时，女性患心脏病的时候，其症状往往看上去没有男性那么严重，这就导致了很多女性由于没有得到正确的治疗而死亡。

# 社会问题思考：
# 性别理论如何与社会问题联系起来？

## 女权主义理论

女权主义理论探讨性别如何影响男人和女人的实践（experience）和机会。女权主义者想达到如下目标：（1）争取在学校和工作场所得到更大的平等；（2）要求男人和女人具有同等的机会；（3）创造一个不以性别作为权利、机会和收入区分标准的社会；（4）消除性暴力。

尽管女权主义的核心思想是所有人的平等，但是就追求平等的特定目标或方法来说，又可以区分成不同类型的女权主义。我们将关注两种主要群体：激进女权主义和自由主义女权主义。

自由主义女权主义倾向于不偏离女权主义关注的焦点即权利平等，认为男女应该同工同酬，妇女有权参政，应该给妇女与男人同等的受教育机会和就业机会，不让妇女受到家庭暴力的侵害。自由主义女权主义最关心的问题是如何对待妇女的问题。

激进女权主义者很激进，虽然与自由主义女权主义秉持一样的核心观念，但是增加一些新的思想。他们找出了所有社会中男女的区分，把男人看作社会主导者。激进女权主义者谴责了根深蒂固的父权制，认为它是社会上包括阶级压迫和种族压迫在内的一切压迫的根源。这种观点使激进女权主义者相信必须采取激进的行动。有人认为妇女应当拒绝承担婚姻和培育孩子等传统责任；有人认为妇女不能参与资本主义，因为资本主义的结构有利于男人。就目前来看，自由主义女权主义者比激进女权主义者要多得多。

# 找寻社会问题的解决办法：
# 为防止家庭暴力应制定什么社会政策呢？

## 防止家庭暴力

当压迫导致身体、情绪、性或者心理伤害时，那么这种压迫就成了虐待。2000年全美司法学会和疾病预防与控制中心联合开展了一项调查，调查发现大量的此类犯罪都没有报案。一般而言，妇女受到其亲密伙伴的侵犯时，只有五分之一的强奸、四分之一的身体暴力以及二分之一的尾随跟踪被报告出来。不幸的是，有些受害者对家庭暴力了解不多，不知道如何获得帮助。

受害者应该知道，虐待事关权力和控制，可以有多种表现形式。有些施虐者用恐吓去伤害他们的受害者，这可能不是身体上的伤害，但是通过语言暗示，如果受害者不遵循施虐者的命令，有些不好的事情就会降临到受害者身上，至于施虐者是否真如他们所说的那样做并不重要，威胁本身就是虐待。如果这其中涉及儿童，他们就可能会在斗争中成为人质。虐待有时候是直接针对儿童的伤害，有时候儿童本身会成为传递威胁的工具。虐待也可以根本不需直接接触就可以发生，可以通过简单地孤立受害者让她感到不安全和孤单。当然，任何身体上的攻击都会被视为虐待，无论身体上的互动是闹着玩的还是伤害性的，它如果是多余的，就是虐待。

为了帮助受害者，社会提供了一些资源，但是受害者往往过于害怕或者羞于站出来，或者不知道他们所经历的是非法的和不当的而没有利用这些资源。为了顺应社会对这些犯罪越来越高的关注，犯罪者受到更长的刑罚。而且，执法部门和社区组织发起了反对性侵害和家庭暴力的运动。为受虐妇女提供的避难所给受害者提供了一个安全的恢复场所，避难所提供的咨询服务帮助受害者重拾因虐待受到伤害的自尊，治疗因虐待带来的其他心理创伤。给受到虐待影响的男人、女人和家庭提供帮助非常重要，因为这些伤害影响深远。

# 《教育法修正案第九篇》

1972 年，美国国会通过了《帕齐·明克教育机会均等法》( Patsy T. Mink Equal Opportunity in Education Act )，一般称之为《教育法修正案第九篇》。这是一个革命性的文件，《教育法修正案第九篇》禁止基于性别原因排斥任

> **《教育法修正案第九篇》**：指1972年颁布的教育修正案，禁止一切因为性别原因而排斥任何人参与教育项目的做法。

何人参与教育项目的行为。该法律导致的最大成果也是最有争议的一点就是资助女性参加课外活动尤其是体育活动。

在 1972 年之前，很少有女孩参加体育活动，部分原因在于很少有为她们组织的体育项目。我妻子是 20 世纪 70 年代上的学，她说她所就读的学校只让女生参与田径运动。当前，情况完全不同了，《教育法修正案第九篇》通过以后的几十年中，女运动员的数量猛增。

尽管妇女参加体育运动越来越多，但平等的目标仍然没有达到。尽管跟 40 年前相比，女孩的机会要多得多了，但她们仍然在学校中难以获得同等的体育项目资助。尽管大学校园中女人在数量上已经超过了男人，但是她们仅能获得 45% 的一等奖学金（ Division I scholarship ），平均而言，这只占到奖学金总额的 32%。为什么？因为，尽管《教育法修正案第九篇》要求对男性和女性一律平等对待，但是它不要求学校给男运动员和女运动员提供相同数额的资金。很多学校在体育方面投钱的时候非常谨慎，因此公众很少对此感兴趣。给女运动队的每一分钱都要从男运动队中分出去。对于这个问题的争论，我们将在"赞成还是反对"环节进行更加深入的讨论。

---

**链接**

## 性别主义、歧视和性别角色

本书第 11 章讨论性，它是性别角色的一个因素。我们的性观念由社会习俗和性别期待所决定。例如，社会对于男孩炫耀他们的爱情战利品的行为表示接受，他们通过展示性自信能够得到同伴们的羡慕，然而如果一个女孩吹嘘自己的性伙伴，则会被认为是乱交。一般而言，妇女被认为不应该对性行为具有控制和权力。这种双重标准被媒体所强化，尤其是被音乐工业所强化。例如尼克诺（Necro）的歌曲《谁是老爸》（"Who's Ya Daddy?"），它使得把妇女

当成性对象的行为看起来很酷、很男人。

总体而言，妇女在她们生活的不同方面经历了压迫和歧视。对少数族裔妇女而言，她们所受到的压迫和歧视就更加复杂，因为她们被认为是有色人种，会受到各种挑战，正如你在第 3 章中所学到的，非洲裔美国妇女被称为"世上的骡子"，因为她们要承担社会加在她们身上的种种压力。其他少数族裔妇女因为她们的性别和种族，在克服设置在她们面前的障碍时，也面临着类似的困难。

妇女们正在通过斗争去突破晋升的限制。她们在商业、政治和教育机构方面获得的职位更高了，但是很多顶级职位仍然被男人所把持。在美国公司中很少有女性首席执行官，而且到目前为止仍然没有出现过女总统。事实上，妇女被限制在某种成功水平上，而且更为糟糕的是，她们干同样的事情只能挣到男人的 77% 的报酬。这种收入不平等我们在第 2 章中讨论过，它对单亲母亲的消极影响尤其大，因为她们是家庭的唯一收入来源。

## 妇女体育参与的变迁

自从《教育法修正案第九篇》通过以来，女性参与高中体育运动的人数增加了 900 个百分点。

1972 年以来，女性参加大学体育运动的人数增加了 5 倍。

高中女运动员人数的比例达到了 41%。

美国全国大学女运动员人数的比例达到 42%。

资料来源：NWLC: National Women's Law Center, "Title IX and Women's Athletic Opportunity: A Nation's Promise Yet to be Fulfilled," July 2008, http://www.nwlc.org/pdf/Nation's%20Promise%20July%202008.pdf; NWLC: National Women's Law Center, "The Battle for Gender Equality in Athletics in Elementary and Secondary Schools," June 2008, http://www.nwlc.org/pdf/Battle%20final.pdf.

《帕齐·明克教育机会均等法》也被称作《教育法修正案第九篇》，它给女性提供参加学校体育活动所需要的基金。女运动员的未来会怎样呢？

## ▶▶▶ 赞同还是反对

# 《教育法修正案第九篇》

在大学体育中，女人往往跟女人比赛，男人往往跟男人比赛。然而一旦涉及大学基金分配的时候，有时候男人与女人不得不相互竞争，以便获得同等的份额。那么每一方都有什么理由呢？

**赞同**

- 更多的资助对女运动员来说意味着更多的机会，这会增加女人上大学的机会。而且，从事大学运动的女人比不从事运动的女人更容易留在学校和取得更好的成绩。
- 平等的资助意味着平等的权利。女大学生运动员占一等大学生运动队人数的42%；因此，财政支持也应该与她们所占的比例相称。
- 《教育法修正案第九篇》促使更多女性参与到体育运动之中。更多的体育参与被证明能减少某些健康风险，而且参加体育运动的女性自尊程度更高。

**反对**

- 《教育法修正案第九篇》从男人的运动中把钱分走了，而那些男人运动是人们愿意看的。
- 女性体育运动应该遵循男性体育运动一样的准则，而且要实现自给自足。
- 同样的机会和同样的资助并不意味着同一件事情。女性体育运动与男性体育运动具有同样的资金资助机会，只是她们达不到自己的目标。

◀◀◀ 在《教育法修正案第九篇》之前，女性体育运动得不到与男性体育运动同等的资助。同等资助意味着同等权利吗？

# 从课堂到社会→为受虐者提供志愿服务

蕾妮（Renee）对她研究生社会学课程的一个项目感兴趣，决定在当地一个家庭暴力受害妇女避难所开展志愿工作。尽管志愿工作是她硕士学位的一部分，但蕾妮还是受到这门课程的影响。走进这个避难所，看到那些受到虐待的妇女们，使她回想起前夫带给她的痛苦回忆。

"**我19岁那年，跟一个我当时认为我爱的人结了婚……他很迷人，但是脾气不好。我忍受了他三年的虐待，但是后来他开始虐待我们的女儿，我受够了，我和女儿搬进了一个妇女避难所。**"

对蕾妮来说，避难所是一个改变人生的经历。她在那儿的咨询师同她一道分析了为什么她可以同一个虐待她的丈夫生活那么长时间。"我的咨询师让我正视一个事实，那就是我应该受到更好的对待，她让我认识到我自卑的根源以及提高自尊的途径。"

在做志愿工作时，蕾妮负责接听受虐妇女打来的电话，负责准备食物，负责填写有关入住避难所人员的表格。她还需要花时间同妇女们聊天、分享自己的个人经历。对她来说这是最有益的部分。

"**我与避难所中的一些妇女建立了密切联系，我真的希望同她们分享我的家庭受虐经历，我如何从中走出来的经历可以对她们有所帮助……如果我能让某位妇女产生一些触动，让她知道她应该受到更好的对待，我就心满意足了。**"

# 理论沉思

性别角色是固定的，但往往能够互补。这有助于男人和女人的生活还是不利于二者的生活呢？

按照冲突理论，那些掌权的人往往利用手中的权力去统治别人。即便在今天的世界里，大部分社会权力仍然掌握在男人手中。男人们把妇女置于从属地位能获得什么好处呢？

### 功能论

功能论者把社会看成是由很多部分共同作用的系统，它们构成了一个整体。在研究性别的时候，功能主义者研究了不同性别角色如何互补，使得社会平稳运行。如果母亲洗完碗，父亲补好墙，家里就能弄得井井有条。孩子们看着父母干活，从小就能从父母身上学到这样的角色分工。女孩往往被期待着在家里帮母亲干一些家务活，而男孩子首先要像父亲那样出去工作。

### 女权
### 主义理论

跟男性相比，女性受到不同的对待，因为总体而言，人们认为女人在体力、智力和情绪上都比较弱。这就给那些认为妇女不能从事某些工作或取得某种成就的理论提供了借口。同时，妇女还受到一种"晋升极限"的影响，使得她们不能升到最高的职位，而且无论能力和受教育水平如何，都得承受巨大的收入差距。

与性别有关的社会问题是什么？

### 冲突论

冲突论者对不同群体之间的权力斗争尤其是经济权力斗争感兴趣。总体而言，妇女比她们的男同事更穷，这种趋势被人概括为"贫困的女性化"。这是当前工作歧视和收入歧视的结果。最早注意到这种压迫的是弗里德里希·恩格斯（Friedrich Engels），他认为妇女确实是首先受到压迫的对象。

### 符号互动论

符号互动论注重日常生活的微观互动，以及这些微观互动如何影响我们看事情的方式。我们会把某些任务定义为"男人的"或者"女人的"工作吗？我正在准备家庭晚餐——这难道会让我比男人低一等吗？在今天的社会中，我们对性别角色定义远没有500年前那么固定，那么到底什么变了呢？随着时间的迁移，社会对家庭劳动的观念发生了变化。这种变化如何影响时下男人和女人的生活呢？

英德拉·努伊（Indra Nooyi）是百事（PepsiCo）公司的首席执行官（CEO），百事公司是全球500强企业之一。即便如此，在该公司的管理团队中除她之外只有两位女性。妇女如何才能打破这种无形的晋升限制呢？

我们如何给男人和女人下定义决定了他们如何在社会上行事。如果一个男人宅在家里而他的妻子外出工作，那么意味着什么呢？

老龄化：老年社会问题

# 随着

成百万的劳动力步入传统退休年龄，他们在60岁以后还在工作，美国人正在改革退休策略。

尽管平均退休年龄仍然是63岁，但是这一标准可能很快成为历史——随着婴儿潮时期出生的人临近退休却没有足够的积蓄，这种趋势有望提速。

……梅利莎·福多尔（Melissa Fodor）是一位退休的旅行代理商，她兼职做老年看护工作，这份工作"使我免于负债"，但要让她在68岁的时候挣到足够养老的钱看起来几乎不可能。

尽管工作让人满意，但她说："为了挣钱，我牺牲了绝大多数时间。因为，如果不拼命挣钱，万一我的健康和身体出现问题，那么我该怎么办呢？"

福多尔说："工作也是为了尊严。"但是她除了工作没别的选择，否则她就没法养活自己。

越来越多的证据表明，随着人们预期寿命变得越来越长，他们工作的年头也越来越长。根据劳动统计局（Bureau of Labor Statistics）的数据，2006年，有29%的人65岁以后还在工作，而在1985年，只有18%。2010年，有将近600万劳动者年龄超过65岁。按照劳动统计局的说法，在今后的十年中，55岁以上劳动者的数量的增幅预计将会超过整个劳动力增幅的5倍以上。经济增长放缓，股市疲软，挤压了退休金的空间，这些因素也是造成上述现象的原因。美国退休人员协会（AARP）2011年4月份组织的一项调查发现，27%的劳动者年龄在45岁及以上，55岁到64岁之间的劳动者中有32%的人说，由于经济衰退，他们推迟了计划退休的日期……

……由于"9·11"事件的发生，旅游市场缩水，福多尔也结束了30多年的旅行代理商工作，但是60多岁了，她一直没有停止工作。最初，她在一家家装店（home improvement store）卖了7年的画。现在，她每周做17小时的护工，花10至15小时遛狗和做宠物保姆。

福多尔已经离婚，没有孩子，她说她将不得不"永远"工作才能维持生计，因为社会保险不足以维持生活。照顾老年人是她所喜欢的工作，每小时挣9美元，遛狗挣的更少。再加上物价上涨，她的公寓房租还欠2万美元，她今年已经停止买肉、啤酒和贵一些的蔬菜和奶酪了，同时，她在其他方面也是精打细算。福多尔说："幸好我的健康状况不错，但是我也有些担忧，因为到68岁的时候，我不太可能摆脱经济上的窘境。"她只是怨自己没有多攒点钱。

比自己的困境更让福多尔操心的是所有那些60多岁、70多岁甚至80多岁仍然不得不在美国劳氏公司工作的老人们。

在失去工程师和科学家的工作之后，他们现在为了生存还在超市中摆弄货架。但是当有退休的同事们进来时他们就躲起来，因为他们不想让自己认识的、来自乡村俱乐部和高收入工作的人看到他们。

当人们不得不拼命工作而别无选择时，换句话说，没有了尊严。"这不仅仅是权利的问题，我看到这种现象很痛心，他们中有些人还要养活自己的孙子，"福多尔说。

> 我喜欢做大学教授，原因之一就是这是个可以做很长时间的职业。而且好消息是，人们活得越来越长了，享受到的卫生条件也比以前好了。

如果我自己保重，我就可以在此后多年一直教我的书。从1982年到1999年，长期失能的老年人的比例从26%下降到20%以下。人们患肺病和心脏病、关节炎等慢性疾病的年龄跟原来相比延后了大约10到25年，甚至出现老年痴呆的时间点也开始推后了。这意味着退休人员有时间享受老年的自由生活。他们可以旅行或培养一些新的业余爱好。有些人想坐下来，在吊床上休息一下，喝点柠檬汁。无论他们选择如何支配自己的时间，他们工作已经非常努力，有权享受自己的黄金岁月。

不幸的是，对于很多退休人员来说实际情况并非如此。老年人所面临的问题多种多样，收入不稳定往往是问题的根源所在。很多老年人不得不回到工作岗位，或者继续工作下去，这比他们计划退休的时间要延后很多。他们仅仅是因为靠退休金和保险收入无法养活自己。家庭责任同样也给老年人制造了障碍，有些祖父母又一次扮演起家长的角色。当你不得不在家里照顾孙子以便让他的父母可以去干第二职业时，你就没有时间去佛罗里达礁群进行一次高尔夫旅游了。根据美国人口普查署公布的数据，2000年有240万祖父母是孙辈的主要照顾者。祖父母同晚辈住在一起的人数也在增加。总而言之，现在的老年人跟原来的老年人相比要克服的困难更多了。

# 主题：谁是老龄群体，在我们的文化中年龄歧视意味着什么？

**年龄歧视：**是指仅仅基于年龄而产生的偏见和歧视。

## 人口统计资料

老龄群体规模的不断增大影响我们社会的方方面面，对家庭、卫生保健提供者和决策者提出了挑战，以满足老年人的需求。那么，美国老龄群体由哪些人组成呢？

美国人口普查署把65岁及以上的人定义为老年人。2000年，这一部分人口占全美人口的12%。正如你在第1章中所学到的，美国每十年开展一次人口普查，那么2010年人口普查时，数据会发生什么样的变化呢？让我们来看一组由人口普查署提供的有趣的展望：

- 到21世纪中期，全国人口加速老化，而且在种族和族群方面更加多样化。
- 到2030年，当所有婴儿潮（大约从1946年到1964年）时期出生的孩子年龄超过65岁，差不多每五个美国居民中就有一个老人。这个年龄群体到2050年将增至8 850万，跟2008年（3 870万）比增加一倍以上。
- 2008年至2050年，85岁以上年龄人口将增加近三倍，从540万增加到1 900万。

为什么会发生这么大的变化呢？一个最明显的理由就是跟以前相比人们活得越来越长了。在1900年，美国男女平均预期寿命为47岁，到2005年，已经超过了77岁。能活更长时间这一预期对人有什么影响呢？从历史上看，人们在更年轻的时候干一些重大事情，例如，托马斯·杰斐逊（Thomas Jefferson）在他33岁时写出了《独立宣言》，拿破仑·波拿巴在30岁的时候领导了一场政变从而当上了法国的领袖。现在，在一个人晚年的时候做出一些重要决定和改变一点也不让人感到奇怪。例如，我的一个学生55岁的时候回到大学，她说："我还有20年的时间可以工作，我想成为一位教师。"

当社会学家讨论老年人时，他们往往把这个群体划分为不同类型：年轻的老年人（the "young old"）和年老的老年人（the "old old"）。年轻的老年人是指65岁到75岁的老人。这个群体往往比较健康，组成一个活跃的老年人群体。作为一个群体，年轻的老年人跟年老的老年人相比面临的社会问题更少。年老的老年人指那些75岁以上的老人。尽管这个群体中有些人仍然很活跃，但其他人会面临严重的健康问题。此外，还有一些人想要维持日常生活和独立生活都很难。年老的老年人往往遇到更多问题，需要更多社会支持。

那么，预期寿命越来越长和老年人口越来越多这样的问题对社会产生了何种影响呢？你能预见我们将面临什么样的社会问题吗?

# 年龄歧视

对于社会上各种各样的"主义"(isms): 资本主义、共产主义、无神主义等, 我们都多少了解一些。"主义"代表一整套信仰体系, 往往包含一些陈规。我们将讨论下一个我们即将面临的大"主义": 年龄歧视。**年龄歧视**是仅仅基于年龄而产生的偏见和歧视, 它很可能变得越来越普遍, 部分原因在于老年人数量的增长。如果老年劳动者因为他们老了就被严格地解聘, 他们就是年龄歧视的受害者。如果你相信"老年人不能驾车"之类的陈规, 你实际上也是年龄歧视的践行者。然而, 随着美国老年人口的日渐增加, 我们不能想当然地对待他们以及忽视他们在社会中的位置。

大卫·瑟特纳(David Certner)是美国退休人员协会的法律政策主管, 他认为: "人们更加健康, 他们寿命更长了, 有更多的经济理由留在工作中。从雇主的角度讲, 他们更加需要有经验的(年老的)工人。"因此, 经验与年龄歧视相冲突吗? 也许不冲突, 因为美国是一个很看

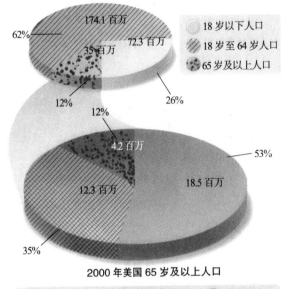

**美国的老龄人口**
2000 年美国总人口的年龄分布图

- 18 岁以下人口
- 18 岁至 64 岁人口
- 65 岁及以上人口

62% — 174.1 百万
35 百万
72.3 百万
12%
12%
26%
4.2 百万
53%
12.3 百万
18.5 百万
35%

**2000 年美国 65 岁及以上人口**

- 65 岁至 74 岁
- 75 岁至 84 岁
- 85 岁及以上

资料来源: Julie Meyer, "Age: 2000," *Census 2000 Brief*, U.S. Census Bureau, http://www.census.gov/prod/2001pubs/c2kbr01-12.pdf, Accessed June 20, 2009; Yvonne J. Gist and Lisa I. Hetzel, "We the People: Aging in the United States," Economics and Statistics Administration, U.S. Census Bureau, Census 2000 Special Reports, Issued December 2004.

---

## ▶▶▶ 全球视野

### 全球预期寿命

在美国, 我们大多数人都相信自己毫无疑问会活到 70 多岁、80 多岁。通常来讲, 我们相信医疗卫生的进步使得我们的预期寿命延长了。然而, 研究表明, 很大程度上这不过是个神话。实际上, 研究表明, 从 1900 年到 1970 年, 对于预期寿命的增长医学科学进步只贡献了 3% 的力量。如果医学科学不是寿命延长的原因, 那么什么才是真正的原因呢? 托马斯·麦克科恩(Thomas McKeown)认为, 预期寿命的增长主要原因有两个: 首先, 生活标准的改善给人们提供了更好的住房和食品; 其次, 卫生条件的改善减少了疾病的流行。尽管疫苗

和其他医疗手术可能对此有些帮助, 但寿命延长的主要原因还是跟其他因素有关。

因此, 如果我们环视全球, 就会发现由于非工业化国家没有做到这两点改善, 预期寿命仍然很低。在全球 28 个国家中, 人们只有不到 50% 的机会活到 60 岁, 70 个国家的人口有 50% ~ 80% 的机会活到 60 岁。当你听到美国人均预期寿命在全球众多国家中排在第 147 位时, 你可能很惊讶。换言之, 有不少国家的人们跟美国人相比更可能活过 60 岁。冰岛、中

国、瑞典和日本的人均预期寿命最长, 而津巴布韦、赞比亚和莱索托的人均预期寿命最短。从历史角度看, 要谴责贫困和艾滋病。但是最新数据表明, 津巴布韦及其邻国的艾滋病流行有轻微下降。当前, 预期寿命短的一个主要原因是由于经济危机, 它使本来就很低的生活水平更低了。这种让人失望的数据可能改变你对变老意味着什么的看法——它也许不算是一个烦恼, 而是一个优势。

◀◀◀ 很多人谴责罗伯特·穆加贝(Robert Mugabe)的好战行为和政策导致津巴布韦社会经济不振和人口预期寿命低, 穆加贝是津巴布韦的现任总统, 也是津巴布韦非洲民族联盟——爱国阵线的主席。

重年轻价值的国度——每年仅整容手术就得花费数百万美元，这就是个很好的衡量指标。根据美国整形外科医生协会的统计，2008年，在美国55岁及以上的老年人动了300万台以上的整容手术，其中90%以上的手术对象是妇女。那么一个人在希望永葆青春的文化环境中如何变老呢？

### 当前形势对年龄歧视的影响

由于社会迷恋年轻和漂亮，媒体尤其是电视媒体对年龄歧视的传播产生了巨大影响。最近这些年，纪实性电视秀充斥市场，因为这些节目比照本宣科式的节目制作成本要低。也许你随口就可以说出不下十个不同节目，但是试问你自己能记住多少50岁以上参与者的姓名呢？大多数秀场的参与者都是年轻人，即便是年龄大的人参与电视节目，他们也往往都是以驼背或者满脸皱纹的形象出现，头发花白，满脸雀斑。这种形象塑造强化了人们的刻板印象，这种印象导致了年龄歧视，扭曲了人们对变老这个过程的看法。前不久，我带我父亲去看医生，我注意到医生在对待我和我父亲的方式上存在明显的区别。一般而言，护士和医生在询问我父亲的健康时，他们会问我而不是他本人。由于他没有损伤，所以我觉得这一点很奇怪。但是这种细微的年龄歧视很普遍，因为我们往往假定老年人是老糊涂的、病快快的或者是生活不能自理的。社会学家帕尔默（Erdman Palmore）指出，医务工作者往往不自觉地陷入年龄歧视，他们往往把一些症状视为单纯因为变老而产生的问题。

### 年龄歧视的历史

当代的年龄歧视之所以会成为一个社会问题，是因为它本身牵涉社会经济问题。然而对老龄化而言，真正的问题植根于历史之中。《生命历程》（*The Journey of Life*）的作者科尔（Thomas R. Cole）认为，年龄歧视可以追溯到18世纪晚期和19世纪初期。

科尔写道，"对等级权威的反叛和守旧道德的崛起"培育了一种否定老年的观念。只有那些对自己的身体和思想要求特别严格的人才被认为是正直的，因此，老年人越少显示出自己的老态，他（她）就越可能被看作一个好人。

科尔还指出，年龄歧视是19世纪中期健康改革者的产物，他们认为人们天生是健康的，疾病之所以产生，是因为违背了自然法则。按照科尔的说法，这种思想"掩盖了对于老年的真实情况的推脱和敌视的态度"，使很多美国中产阶层人士对于变老产生一种没有尊严和失败的感觉。在1909年到1935年，改革者继续散布老年人是病快快的、贫困的、需要救助才能享受法定权益这种思想。美国中产人士之所以会形成这样一种观念，是因为他们自己害怕变老。老年似乎与贫困、疾病是同义词，是相互传染的，因此变老就成了一种"禁忌"。

## 老龄人口面临什么问题？

随着老龄群体的增加，一系列的问题出现了。我们这里讨论以下几个主要问题。

### 收入与贫困

随着我们变老，就业会变得更加困难，因此通过工作自己养活自己的能力下降，这一点我们丝毫不感到意外。实际上，大约十分之一的老年人生活在贫困之中，比例之所以这么低，主要是因为有社会保障，这一点我们将在随后的章节中进行讨论。收入减少对于老年人来说不是个小问题，2007年，16.1%的老年人收入仅为贫困线的125%，这表明他们的收入仅仅比贫困线高一点点。很明显，年龄分层对于老年人越来越多的社会来说已经成为一个大问题。我们怎么才能对此提供财政支持呢？

### 安全与保障

跟老龄化密切相关的一个问题就是虐待老人。大多数人都听说过虐待儿

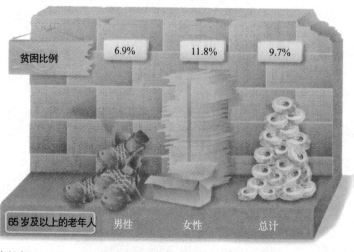

**生活在贫困之中的老年人**

贫困比例  6.9%   11.8%   9.7%

65岁及以上的老年人    男性    女性    总计

资料来源：U.S. Census Bureau, Current Population Survey, March 2000 Internet Release.

童，但是很多人还没有听说过虐待老人，虐待老人有多种形式：

- 身体虐待——故意对老人进行身体伤害。
- 性虐待——同一个不愿意或者没有能力表达意愿的人发生任何性行为。
- 心理虐待——故意进行精神或者情绪上的伤害，例如侮辱、言语攻击、威胁、羞辱或者恫吓。
- 经济虐待——滥用或者盗窃老年人的物质财富或存款。
- 忽视——看护者有意无意地忽视老年人的身体、社会或情感需求。
- 抛弃——遗弃。

护理院：提供给那些身体状况很差的老年人；提供全面护理，包括进食、洗澡、药物管理；由医护人员提供24小时服务；接受医疗救助、医疗救助和私人保险。

辅助生活社区：供那些需要更多护理和行动不便的老人使用；给那些需要帮助才能完成购物、烹饪等日常事务的人提供住处；与护理院和医院一道满足老年人的身体护理需求；偶尔接受一些保险以找补费用。

独立生活社区：为老年人所创设，往往需要入住者为65岁以上；包括一些便利设施，如淋浴房、可以通过轮椅的宽门道；上门清扫垃圾；停车便利；不接受医疗照顾或者私人保险。

生活自理或者与亲戚共同生活，很多老年人能够生活自理或者与亲戚共同生活。这些老年人往往只需要最低水平的护理。

（纵轴标签）高水平的护理　中等水平的护理　低水平的护理　较低水平的护理

**提供给老龄群体的不同水平的机构护理**

我们从来不知道虐待老人的具体数字，因为很多个案都没有被报告。精神损伤是很多受害者没有披露其所受虐待的原因。还有一些受害者依赖施虐者生活，这些施虐者往往是家庭成员。就虐待而言，女人跟男人相比更加容易受到虐待，80岁以上的老人最容易受到忽视。研究还表明，虐待老年人的人最常见的就是家庭成员。

联邦政府并没有规范文件来指导老年虐待方面的立法工作，只有少数州规定了虐待老人的报告程序。然而，你要是怀疑一个看护者或看护机构正在虐待老人，仍然可以采取一些行动。成年人保护服务是一个由州成立的组织，它协助警察来调查、干预、起诉虐待老人的行为。老人虐待热线也承担了相似的职能。老龄管理委员会和美国全国老人虐待中心提供全国的信息和帮助。

## 房屋和居住保护

拥有一处房产是美国梦的一部分，如

>>> 并不是所有的护理院都虐待病人，忽视病人，对病人错误用药，或者不必要地限制病人活动自由。

果当前这种拥有房屋的想法继续下去的话，那么大多数人在他们老了的时候都能住在自己的房屋中。有些人可能选择"缩小面积"，也就是说他们把大房子卖了，搬进小一点的房子，院子也更小。然而，大多数老年人决定住在自己的房子里，这种趋势被称为"就地老龄化"。那些选择住在自己家中的老年人是出于习惯还是为了保持活跃和积极参与社区活动呢？研究成果表明二者兼而有之，而且老年人并不会仅仅因为变老就甘于"被强迫退休"。

当然，我们知道有时候老年人确实在家里不能自己照顾自己。为了解决这一问题，人们想出了其他一些居住办法帮助那些需要更多帮助的老年人，这些老年人能享受到独立生活公寓、生活扶助项目和居家护理之类的居住照顾。

## 秘而不宣的老年照顾

老年照顾的质量千差万别，这往往取决于谁提供照顾的场所。州政府运营一些老年护理中心（非营利设施），而私人保险公司或居民资助了其他一些设施（营利设施）。从历史来看，州政府资助的护理中心提供的照顾不如私人提供的照顾好。1987年，在一些研究曝光了美国各地护理中心存在虐待和忽视其中的居住者事件之后，美国政府通过了护理中心改革法案（Nursing Home Reform Act, NHRA）。打那以后，护理中心的条件得

> 家庭健康照顾：指给那些离不开家但是有改善的可能性的病人的照顾措施。
>
> 临终关怀照顾：指给那些只有6个月甚至更短生命的病人提供的短期照顾。

到了改善。当然，要使护理中心达到理想状态还有很长的路要走。1999年，美国总审计署（General Accounting Office）发布报告称，有25%的护理中心存在质量问题，这些问题对居住者有害，甚至会导致他们死亡。追踪调查表明，有近半数的护理中心并没有下大力气改善它们的照顾水平。

## 老年人的特殊问题

当你生病在家时，你妈妈会照顾你吗？当你妈妈生病或者孤独时，谁会照顾她呢？所有老年人都面临着相似的问题。对于那些无所依靠的老人，我们采取了什么样的措施呢？

## 家庭健康照顾

短期帮助的一种类型就是**家庭健康照顾**，这是一种为不能离开家但是健康状况还有改善可能的患者提供的医疗照顾。例如，一位75岁有活动能力的老人一直独自居住，能自己轻松地做家务，然而一旦她发生了腿部骨折之类的事故，就可能需要人去短期照顾她。手术之后，她需要时间严格按照治疗方案进行恢复。这位老人将会成为家庭健康照顾的理想对象，因为她很可能痊愈，然后恢复自己的日常生活。

## 临终关怀照顾

**临终关怀照顾**也是一种短期的帮助，且只提供给剩下6个月甚至更少生命的人。临终关怀照顾不会采取任何措施去延长生命，也不会草率地结束人的生命。它只是提供一些舒适的手段去帮助那些垂死的人解决一些身体上和情绪上的问题。它可以按照垂死者的意愿在家里或者在专门机构中进行照顾。

我在临终关怀护理中心工作过三年，我反复看到现在的研究似乎习以为常的事情——大多数人在接受临终关怀照顾之前等待了太长的时间。例如，医生建议病人在死之前的6个月接受临终关怀照顾，但是研究发现，大多数病人实际上能够接受这种服务的时间只有两个月甚至更少。导致这种差异的原因可能是消费者的态度、文化障碍、经济条件的限制、地理因素和认知因素。根据一项对3 357位晚期病人临终经验的研究，家庭成员报告有40%的人在死之前非常痛苦，有25%的人在他们死之前经历过中度甚至极度的焦虑和沮丧。该研究发现，在去世之前这些病人中很少有人接受了临终关怀照顾。大多数家庭成员认为临终关怀照顾可以大大减少他们的悲痛，也会大大减少他们所深爱的亲人的痛苦，如果他们早知道有这样一种服务的话。我的亲身经历告诉我，临终关怀照顾是用一种礼貌的办法去安慰病人，让他们尽可能舒适地死去。

# 社会问题思考：
# 对于老龄化过程有什么样的理论解释？

> 隔离理论：认为老年人之间以及老年人与其他社会成员之间交往的减少是不可避免的也是可以接受的。

## 功能论：隔离理论

变老的后果是什么？导致了什么问题出现？功能主义者倾向于把老龄化过程看成是角色的自然更替。**隔离理论**认为老年人之间以及老年人与其他社会成员之间交往的减少是不可避免的也是可以接受的。为了避免干扰社会系统，社会把老年人隔离开来，为年轻人腾出地方，让年轻人来继续扮演他们的角色。隔离理论认为，这种做法使得社会上的其他成员可以不用经常看到老龄、死亡和失能等痛苦的一面。通过把老年人隔离开来，社会可以继续前进。有些理论家认为，这一过程不仅对年轻人来说是值得的，对正处在老龄化过程中的人来说也是值得的，因为它让老年人为生命的终结做好准备，同时也让他们从之前对生活的期待中解脱出来。

对隔离理论的批评意见则认为这一过程未必像我们想象的那样有用。例如，是所有的老年人都愿意退休，还是有些人是被迫退休的？此外，把老年人与社会上其他人隔离开来真是一个好主意吗？社会有没有为丧失老年人的智慧付出代价？

让老年人从事一些家务劳动对他们有利。照顾孙儿孙女，提供临时住所，给年轻人提出建议等可以让老年人感到满足，增加他们的生活满意度。这些活动现在比以前更加普遍了，部分原因在于"三明治一代"的存在，现在的婴儿潮一代发现自己既要照看孩子，又要照顾年老的父母。

行动理论：认为生活满意度取决于通过培养新的兴趣、爱好、角色和关系保持社会参与。
延续理论：认为老年人应该寻找生活中熟悉的领域，随着他们一天天变老，他们会努力维持这些领域，这成为应对变老所带来的各种挑战的一种策略。

## 符号互动论：行动理论

符号互动论者认为，每个人在经历老龄化过程时是不一样的，这取决于环境和个人的关系对他们的影响。例如，一个正在老去的妇女是把自己看作日益充满智慧的人，还是仅仅是一个老人？按照社会学家查尔斯·库利（Charles H. Cooley）的观点，人们通过与其他人的互动培养出一种"自我"的感觉。我们通过观察别人如何对待我，从而得出一种对我们自己的判断。这样一种过程一直持续到我们死亡，因此，社会互动对于老年人来说一样重要。

根据这一思路，成功老龄化是一种"多层面的现象，不仅仅是健康的问题，还包括心理健康、角色整合

以及社会参与等问题"。**行动理论**（activity theory）贯彻了这一思想，它认为生活满意度取决于通过培养新的兴趣、爱好、角色和关系维持社会参与。有的社会学家认为，仍然以某种形式参加工作的老年人是最幸福的，他们所表现出的生活满意度也是最高的。64 岁的退休老人约翰·李（John Lee）签约一家 IT 企业作为技术支持专家，按照他的说法，他从事这项工作并不是因为经济困难，相反，他喜欢那种被需要的感觉，闲暇之余他会花钱去旅游，或去看望自己的孙辈们。

对很多老人而言，变老是一个重要的转变，在这个过程中，他们可能会失去自由、住所、工作、配偶和朋友。这些事件发生在任何人生活中都会导致沮丧和失望，这一点很容易理解。罗伯特·阿奇利（Robert Atchley）认为老年人会努力争取延续他们的生命。这种**延续理论**（continuity theory）认为，老年人会寻找生活中熟悉的领域，随着他们一天天变老，他们会努力维持这些领域。这变成应对老龄挑战的一种策略。如果一位老人能够维持住这种延续，他就会对自己进行定义。

价值观念的延续也许不那么明显，因为它隐藏在老年人的精神生活之中。研究表明，精神因素帮助人们适应和应对老龄所带来的问题。阿奇利发现，保持日常习惯和强大的精神生活会帮助老年人面对老龄所带来的诸多负面因素，包括最终的死亡。

# 找寻社会问题的解决办法：
# 社会如何应对老龄化过程中的特殊问题？

**医疗照顾**：是一个由政府实施的社会保险计划，它为65岁及以上的老人提供健康医疗保险。

## 社会保障

社会保障是政府为退休职工设计的一个社会保险项目。政府强制实施社会保障，美国的劳动力通过收入所得税的形式对社会保障进行资助。总体而言，社会保障是成功的，对美国退休人员很有帮助。然而最近，随着大量职工准备退休，关于该制度缺乏可持续性的问题凸显出来。本章中，我们已经讨论过老年人口持续超快增长的问题。按照社会保障局的说法，如果不对该项制度进行彻底改革，到2037年，社会保障制度将不再能够全额支付退休人员的退休金。因为，它大约只能按照目前标准的76%支付退休金，社会保障局建议民众通过别的途径为养老作准备。

## 医疗照顾

**医疗照顾**是政府为65岁及以上的老人提供的健康保险项目。跟社会保障一样，能不能为未来的老人继续提供健康保险看上去也很成问题。2008年，医疗照顾项目已经开始入不敷出了。社会保障和医疗统筹基金信托董事会（Social Security and Medicare Boards of Trustees）宣布，由于医疗照顾费用的上涨，医疗照顾所面临的问题事实上比社会保障所面临的问题更加严峻。正因为如此，医疗照顾制度的基金将会比社会保障制度的基金更快耗尽。尽管老年人口的增加对这两项制度都产生了影响，但医疗照顾制度还必须同时与不断增加的医疗照顾成本做斗争，这一成本上涨更快。

因此，你可以看到数量庞大的退休人员即将出现，而政府自己对社会保障和医疗照顾制度的测算显示我们无法给他们提供支持。你认为会发生什么事情呢？我们该如何支持我们的老年人呢？如果我们对此无所作为则会产生什么样的社会问题呢？

## 死亡和老去

老龄化问题非常复杂，包含了很多的问题，不全是经济问题。大多数人都希望自己死的时候快速、平静、没有痛苦。然而，事情往往不是这样。

全球讨论的一个焦点问题是医生帮助下的自杀（PAS）和安乐死。在医生帮助下的自杀行为中，晚期病人主动要求医生给自己开一些致命的药物（因此就成为"医生帮助下"的自杀）。安乐死被划分成两种类型：一种是消极的，让一个人去死；还有一种是积极的，做一些事情允许他人自杀。例如，拿走某人维持生命所需要的药物的行为，就是消极的安乐死。当一个医生直接给病人开出致命的药物时，我们可以认为这是一种积极帮助。

### 安乐死

有些欧洲国家，如荷兰和比利时，允许某些形式的安乐死，但其措辞是含糊的、存在问题的。莫里斯·沃

---

**链接**

### 老龄化、贫困与人口增长

社会保障的大幅削减对一些人的影响比另一些人大。正如你在第3章中所学到的，美洲印第安人和西班牙裔美国人平均收入最低，生活在贫困线之下的人口最多。美国人口普查署预测，少数族裔虽然目前只占美国人口的三分之一不到，但2042年将成为人口中的多数，到2050年预计达到总人口的54%。如果社会保障制度保持不变，那么很可能出现最需要社会保障的人得到的帮助却最少的局面。

本书第18章讨论了全球范围内人口增长所带来的社会问题。美国不是唯一一个老龄化人口增长远远快于资源增长的国家。美国人口普查署和国家老龄化研究所公布的一项报告指出，全世界每个月大约增加800 000人。随着全球老龄人口持续增加，对老龄服务的需求也会随之增加。

奇特（Maurice A. M. de Wachter）是马斯特里赫特生物伦理研究所所长，他在一篇文章中指出，尽管在荷兰积极安乐死在技术上是非法的，但医生如果能够满足三个条件那么还是可以受到保护。这三个条件是：

- 自愿：患者的要求必须持续的、有意识的、自愿做出的。在荷兰，"非自愿安乐死"是一个自相矛盾的术语。
- 难以忍受的痛苦：病人的痛苦（包括但不限于身体痛苦）通过其他手段无法得到缓解。医生和病人必须共同认定病人的状况已经没有痊愈或改善的可能性。
- 会诊：主治医生必须跟一位同事就病人的状况以及安乐死请求的真实性和合适性进行会诊。

博斯特－艾勒斯（Borst-Eilers）博士是乌德勒支大学附属医院的前医疗总监，他认为 20 世纪 90 年代每年大约发生 4 000 至 6 000 例安乐死，从 1989 年开始，数量急剧增加，在荷兰所有死亡人数中占到大约 4%。1990 年，马斯特里赫特生物伦理学研究所为来自加拿大、美国和英国的来访者安排了一个会议来研讨安乐死问题。本次会议对很多与会者都很有启发，但同时也引出了进一步的道德审查。

## 尊严死

在我小时候，我家养的狗患上一种治不好的心脏病，兽医说它应该"结束"了。作为孩子，我记得自己很不情愿让它死，但我母亲认为我们那样做是仁慈的。这对

---

## ▶▶▶ 赞同还是反对

### 积极安乐死

死亡仍然是禁忌，与此同时，基于法律以及道德的考虑，在安乐死的问题上产生了激烈的争论。让我们来看看争论双方的一些观点：

**赞同**

- 政府不应该干预病人选择什么时候死以及如何死的权利。
- 安乐死对于处在严重痛苦和精神错乱之中的病人而言是一种善行。
- 用于延长晚期病人生命的医学进步是违背自然规律的，因此安乐死应该是一种可行的选择。
- 让病人死比通过药物和治疗等手段让他们活下来的成本低得多。

**反对**

- 安乐死是谋杀还是自杀，这取决于当时环境。它破坏了精神和宗教的边界，从而导致了很多道德后果。
- 在某些情况下，是家庭和医务人员不得不让病人死亡，而不是病人自己的要求。
- 安乐死违背自然规律。
- 如果安乐死合法化，监管和法律介入的成本将远远超过让病人活着所需要的健康照顾的费用。

▷▷▷ 虽然杰克·科沃基恩（Jack Kevorkian）因为参与多起辅助自杀而被判入狱8年，但他对辅助自杀的观点一点都没有变。安乐死是谋杀还是一种善行，对此你怎么看？

狗来说没有问题，但在美国对人而言积极安乐死仍然是违法的。然而，1997 年俄勒冈州颁布了尊严死亡法案（Death with Dignity Act），该法案规定晚期病人可以在医生的帮助下自杀。根据这一法案，病人可以自己服用由医生开出的致命药物。按照该法规定，医生和病人必须首先向俄勒冈州人类服务部提供全面的信息，该部根据这些数据每年出版一份报告。

根据 2008 年年度报告，有 401 名病人依照该法案得以安乐死。但多数病人年龄在 55 岁到 84 岁之间，白人，受过良好教育，患有某种癌症，并且在家中死亡。在这 401 个死亡病例中，2008 年有 88 个病人死亡，而 1997 年只有 24 例。数字虽然很小，但还是在稳步增长。

2008 年 11 月，华盛顿州通过了一部类似的法律。对于很多居民来说，该法律来得有些晚。然而，即便是现在，也很少有医生愿意遵循该程序。根据华盛顿州健康部公布的数据，截至 2009 年 6 月，该部总共只收到 13 份书面的治疗请求，其中仅仅只有 4 份来自主治医生的死亡通告。

贴在死亡和垂死状态上的污名让社会不堪重负。像尊严死亡法案之类的法律出台过程非常慢。然而，根据 2005 年的一项对美国 1 010 个成年人的民意测验，79% 的受访者赞成出台一部法律，允许"医生遵照非常痛苦的垂死病人要求结束自己生命的意愿"。这种污名正在发生变化吗？

# 从课堂到社会→重返工作岗位

年龄歧视是一个全社会关注的问题，现在由于劳动力市场不景气，这一问题更加突出，使得老年人很难找到工作。那些最终找到工作的人也往往大幅度降低工资要求。梅利莎·福多尔从一位旅行代理商转行遛狗就是一个很好的例证。

**类似福多尔的故事各地都有，杰西卡自己就碰到了这样的事情，她在自己的大学管理办公室中做兼职。**

"这项工作挣的不多，但也轻松。我每天回答同样的问题，而且是我所不懂的事情，但可以很快从办公室的数据库中查找到。这是一份很轻松的工作。"

她与同事相处愉快，那些人中除了弗娜女士之外都是大学生。

"一开始我以为弗娜是个很势利的老年人。只要她不在主管办公室拍马屁，就会待在自己的角落里，或者休息一下。她一天至少得休息 20 次。"

有一天，杰西卡听到一个妇女在女厕所里哭泣。那个妇女居然是弗娜，她讨厌看到别人难过，因此她询问弗娜发生了什么事情。

"结果发现，弗娜根本就不是喜欢在主管办公室拍马屁的人。她对工作有些困惑，但又不好意思请我们帮忙。所以，她直接向主管提出问题，或者走出大楼给自己 20 岁的女儿打电话寻求计算机方面的帮助。"

最初，杰西卡感到困惑，为什么像弗娜这样的老年妇女愿意与一帮大学生一道从事办公室工作，她并没有这方面的工作经验。

弗娜解释说自己原来是附近一所大学的宗教学教授，后来她所在的院系大量裁员，她被解聘了，不得不寻找一份工作。她丈夫病了，10 年前就离开了工作岗位，而且也享受不到全额的退休金。即便有社会保险，老两口生活也很艰难。

"弗娜的处境让我警醒。直到那一刻，我才真正了解到当前的经济形势。我为自己和同事因为长相而贬低一位妇女感到惭愧。像她这样一位足迹布满世界的教授不应该待在办公室里，而且让人为难的是她从没学过如何使用 Excel 等微软办公软件。"

# 理论沉思

按照功能论，社会的任何相互联系的部分都共同发挥作用，从而形成一个整体，随着老年人退休，他们的工作会被年轻人所接替，这就保证了平稳过渡到下一代。这样一种世界观对除退休人员之外的每个人都是最佳选择吗？

## 功能论

功能论者把社会看作一个整体，任何有助于推进"整体"的行动都是合理的，其中包括退休。按照功能论者的观点，退休给下一代人腾出了位置。技术在不断进步，它改变了公司的运作模式。公司发现用看上去要灵活得多的新雇员取代老员工，比让老员工学习和掌握新技术要容易得多。新员工在进入工作角色的过程中很可能已经掌握很多技能，换句话说，适应从手工劳动体系到计算机化体系的转变对于一个 60 岁的老人而言，要比 20 岁的年轻人困难得多。年青一代提供的新思想和创新思维推动着社会向前发展。功能论者对于退休同样也有自己的观点，他们把退休看成是老年人与死亡之间的缓冲区。如果老年人一直待在工作岗位上直至死亡，那么他们的去世将会影响整个工作流程和士气。对功能论者而言，退休是保持单位以最佳效率运转的必要步骤。

## 冲突论

冲突论者认为，那些掌握权力的人常常利用手中的权力谋取利益，剥削那些没有选择的人们。回想一下梅利莎·福多尔的情况，这位退休的旅行代理商，现在是一位护工，还兼职遛狗。在本章开篇中，她讲述了为了维持经济上的稳定目前仍然在美国劳氏公司工作的退休老年人的尴尬境遇。那些支付接近最低工资薪水的公司愿意雇用退休者，因为它们可以支付给这些人低薪水，但可以得到这些人的工作经验，这些人往往长时间从事过一项工作。对于冲突主义者而言，诸如此类的情形潜在地剥削了老年人。这种年龄歧视对老年人不公平，让人绝望。同样，退休使得公司通过雇用年轻的、廉价的劳动力取代有经验的老年人来节省开支。正如福多尔所说的，当人们出于绝望和毫无选择而工作时，就毫无尊严可言了。

### 为什么我们要退休？

## 符号互动论

符号互动论者认为退休者有能力在社会上立足。这取决于退休人员如何与别人互动，他们退休后的生活也可以是充实的、幸福的。对老年人而言，衡量生活满意度的四个核心指标是身体状况、情绪健康、社会支持和控制点（locus of control）。研究发现，身体健康是生活满意的最重要指标。意思是说，退休后应该培养爱好，继续与同龄人交往，从而保持健康和活跃。老年人必须通过重新定义他们的目标、设定新的规范继续生活。对某些人而言，退休也许意味着生命的末日，然而对那些重新定义自己目标的人而言，它照亮了新的道路。

对冲突论者而言，财富和权力是他们关注的两种最重要的东西。公司高管们在工作中会运用年龄歧视取得更大优势吗？

符号互动论者认为社会是流动的，处于不断的变动之中。退休者以什么方式应对这种变化以及对他们的规范进行重新定义呢？

媒体与技术

1. 蓬勃发展的技术如何影响社会?
2. 媒体和技术是如何产生和消除社会问题的?
3. 政府在媒体中扮演什么角色?

# 在为

报纸和广播电台工作了一辈子之后,凯文·克洛泽(Kevin Klose)将面临一项全新的挑战:重新思考技术改变传统媒体背景下新闻业的未来。

克洛泽将会担任马里兰大学菲利普·梅里尔新闻学院的下一任院长,该学院有近600名学生。他已经68岁了,他为《华盛顿邮报》(The Washington Post)报道过从街头犯罪到苏联等很多内容,写过书,管理过美国对外广播业务,领导过美国全国公共广播电台(National Public Radio, NPR),经历了听众大幅增加的十年,募集资金也很成功。

他来学校的时候刚好是新闻学处于快速转型的阶段。新闻正在去中心化,从传统的新闻源转到了千千万万个体手中,他们可以录像或者用移动电话如黑莓发送文件。报纸不断倒闭,因为读者转到网络上去了,很多媒体都大规模缩小版面。

临时主管李·桑顿谈到裁员和报纸倒闭的时候说:"所有人都很恐惧地看着这一切。它还仅仅是个开始,不是吗?它很恐怖。然而申请上我们梅里尔的人越来越多,学生们想上新闻学院。"

克洛泽说,他不知道将来人们会从什么地方看到新闻。他说:"就像早期的广播一样,20世纪20年代和30年代,有非常多让人兴奋的发明和探索……前景现在还不是很明朗,它们正在被发明出来。"

在克洛泽4月中旬到学校上班以后,他踏入了自己所描述的为发现民主社会所需要的独立媒体模式而展开的探索之中。

他认为,正确的、合乎新闻道德的报道应该遵循什么样的标准,这个问题将会永远存在。他说:"对于编辑好的、经得起事实检验的、记录翔实的、可证实的新闻,现在需要,未来也一样需要。"

他利用从事传统报纸新闻所获得的经验,即从1967年至1992年他在《时报》(The Post)工作,同时也利用作为NPR总裁的经历,在这个岗位上,引导了从卡带到数码以及其技术进步的转型过程。为后冷战时代重组了自由欧洲广播。

克洛泽说:"我善于开设转型课。"

**如果你出生在1990年以后，你很可能根本记不起没有计算机的日子。然而，比你老的一代人却搞不懂诸如电子邮件或者网络搜索这样一些基本概念，利用数码技术设备开展工作对你来说很自然，就像走路和呼吸一样平常。**

为什么计算机让上了年纪的人犯难呢？

事实就是，这绝不仅仅是计算机的问题，此前也出现过这样的事情。你父母那辈人也记不起彩色电视之前的时代是什么样子的。你祖父母一辈的人也需要向比他们老的亲戚解释收音机的工作原理。那么到底是什么让我们的社会一遍又一遍地重复着这些模式呢？

对于媒体和技术，社会学家关注两个核心问题：第一，人们如何跟媒体和技术互动？第二，媒体和技术如何影响社会？正如凯文·克洛泽在本章开篇所言，随着互联网的崛起，印刷品的地位开始下降了。这种变化我们应该把它看成是一种进步还是看成一种我们社会正在为了方便而牺牲质量的信号呢？正如我们将在本章中所讨论的，对于这个问题的回答，会因每个人对于世界的文化、政治甚至经济的观点而异。

# 主题：蓬勃发展的技术如何影响社会？

在我很小的时候，我记得自己愿意使用八轨（eight-track）盒式录音带，相比之下不太喜欢采用新式音乐技术的卡带。多年来，我一直钟爱盒式录音带，然而，到了20世纪80年代中期，再没有人销售盒式录音带了。目前，我是我们家唯一没有iPod的人，相反，我听收音机或者CD。我仍然在等待下一个"重大发明"的出现。我相信，不出5年，iPod就会过时，如果我们还想继续听音乐，那么将被迫使用一种新系统。

所有这些技术不停地升级有必要吗？随着时间的流逝，电话机进化为手机（cell phone），手机又进化到iPhone，有时候，出现了新版本，但是似乎并没有改变任何东西。社会上还有没有更多依靠个人创造力的天才发明家呢？

事实就是，技术进步往往倾向于注重对现有的技术进行改进。电影从摄影进化而来，计算机从打

孔卡片阅读器进化而来，手机是电报的远房亲戚。这些进步成为社会的一部分，社会创造出使用技术和使技术规范化以便广泛传播的新途径。这种采纳性或社会的制度化促进了新技术的发展，并允许这些技术不断进步，发展成新媒体。换句话说，一种不能吸引社会的技术是不会有什么好效果的。

**技术与媒体**

技术

媒体

技术 + 媒体

## 什么是技术？

一对钳子是技术吗？一部手机是技术吗？宜家（IKEA）的安装手册是技术吗？这三个问题的答案全都为"是"。**技术**包含了用于推动社会前进的全部程序、发明和手段。

## 技术进步

无论你在考虑为专门用来杀死长得像羊的猛犸而设计的克洛维斯枪（clovis），还是我在敲这个句子时用的电灯，我们都会看到贯穿人类社会始终的技术进步的例子。人类能够

不断地创造新技术帮助自身完成必须完成的任务，这种能力使得人类得以区别于其他动物。简单说，人类运用技术使自己生活得更容易。毫无疑问，新技术不断改善我们的生活，但同时我们应该认识到，这些新技术同样带来了一些社会问题。技术进步本身并不是什么问题，然而，人类在确定如何运用技术以及让什么人去运用时问题就产生了。

在第 1 章中，我们知道社会学家马克斯·韦伯概括出一种理论，认为社会就像一个组织得很好的官僚机构运行着。现在冲突理论家乔治·瑞泽尔（George Ritzer）吸纳了韦伯的观点，他认为美国社会像一个高效运转的企业，这一过程被他称为麦当劳化（McDonaldization）。**麦当劳化**指把著名快餐连锁店麦当劳的高效、可计算、可预测和技术的模式运用到其他商业领域。瑞泽尔特别指出，技术推进了麦当劳化这一过程，因为它有助于企业替换掉劳动工人。他们比机器慢，而且更容易犯错；然而，机器是可预测的，而且是高效的，它们不会疲劳，也不会生病。亨利·福特（Henry Ford）深知这一点，他让自己的生产线机械化。当前，无论是便利店里的自助结账，还是在机场杂货店买东西，我们都采用技术设备来替代人力，减少他们犯错的机会。用机器替代人力可能会提高效率、减少错误，但是，对于那些因此而失去工作的人以及那些认为社会变得越来越没有人性、越来越孤立的人来说，这也是一个很大的社会问题。

## 谁有机会接触技术？

不同国家对技术的运用差异很大，而且即便是生活在同一个国家的人对技术服务的运用也差异很大。例如，你所在的地区能用上网络（FiOS）吗？如果你所在的镇或城市不能提供这种服务，你就会对**数字鸿沟**有直接的认知，这种鸿沟指的是那些能接触某种技术的地区与那些不能接触这种技术的地区之间的差距。一般而言，技术接触的地理位置与相应的社会经济地位之间存在相关性，换句话说，贫穷落后的地区比富裕地区接受技术服务的机会更少。右图是美国商务部 2004 年公布的全美互联网用户的数据，我们来分析一下。

这些数据显示了美国数字鸿沟方面一些惊人的趋势。请注意家庭收入和种族是如何预示互联网使用情况的。家庭收入越高，该家庭使用互联网的可能性就越大。在美国，社会经济地位往往至少有一部分是由种族来决定

**技术**：包括所有推动社会进步的程序、发明和手段。
**麦当劳化**：指把麦当劳的商业模式应用到其他商业领域。
**数字鸿沟**：是指高收入国家和低收入国家之间的差距，它影响了它们各自对当前技术的获取状况。

的，白人和亚裔美国人往往比黑人和西班牙裔美国人拥有更多财富。因此，2003 年白人和亚裔美国人的互联网使用率比黑人和西班牙裔美国人高，也就没有什么奇怪的了。除了社会经济地位，和使用互联网有关的另一个

### 美国互联网用户情况（百分比）

| | 2001 年 9 月 | 2003 年 10 月 |
|---|---|---|
| 总人口 | 55.1 | 58.7 |
| **性别** | | |
| 男性 | 55.2 | 58.2 |
| 女性 | 55 | 59.2 |
| **种族 / 族群** | | |
| 白人 | 61.3 | 65.1 |
| 黑人 | 41.1 | 45.6 |
| 亚裔及太平洋岛民 | 62.5 | 63.1 |
| 西班牙裔 | 33.4 | 37.2 |
| **家庭收入** | | |
| 15 000 美元以下 | 25.9 | 31.2 |
| 15 000～24 999 美元 | 34.4 | 38 |
| 25 000～34 999 美元 | 45.3 | 48.9 |
| 35 000～49 999 美元 | 58.3 | 62.1 |
| 50 000～74 999 美元 | 68.9 | 71.8 |
| 75 000 美元及以上 | 80.4 | 82.9 |
| **受教育程度** | | |
| 高中以下 | 13.7 | 15.5 |
| 高中毕业 | 41.1 | 44.5 |
| 读过大学 | 63.5 | 68.6 |
| 本科 | 82.2 | 84.9 |
| 本科以上 | 85 | 88 |
| **年龄** | | |
| 3～4 岁 | 17.6 | 19.9 |
| 5～9 岁 | 41 | 42 |
| 10～13 岁 | 66.7 | 67.3 |
| 14～17 岁 | 76.4 | 78.8 |
| 18～24 岁 | 66.6 | 70.6 |
| 25～49 岁 | 65 | 68 |
| 50 岁及以上 | 38.3 | 44.8 |

资料来源：By the author, from the U.S. Department of Commerce, "A Nation Online: Entering the Broadband Age," http://www.ntia.doc.gov/reports/anol/nation onlinebroadband04.htm, Accessed August 16, 2009.

因素是教育：2003 年，超过 80% 的大学毕业生使用互联网，而相比之下，那些高中没毕业的人中只有 15.5% 使用互联网。由于在美国大学学位已经成为增加人们挣钱潜力的工具，因此这些数据也印证了财富和技术获得之间紧密联系这一观点。

互联网和其他技术革新使其利用者获得了很大的优势，使人们工作更有效率，与朋友和同事之间联络更畅快，帮助人们发现商机，从世界各地获取资讯。然而，正如前面所言，不是每个人都能利用这些工具。美国的数字鸿沟会让社会不平等存在下去吗，或者甚至加剧了社会不平等呢？如果真是那样的话，那么该怎么做才能保证全美各地的人为了自己的成功都能拥有这些技术手段呢？

财富和技术可及性之间的联系在美国之外的其他国家也很紧密。下图中的可视化信息可以让你了解国际上手机使用的情况。人口大国（如中国和印度）和相对富裕国家（如日本、美国和欧盟国家）的手机用户最多，而小国和穷国的手机用户不多。在西撒哈拉地区，实际上，405 210 人中有手机的不到 1 人。不仅高山大川把各国与其邻国分开，数字鸿沟也同样把国与国区分开来。

## 技术进步如何影响社会？

### 文化堕距

有时候，社会发展跟不上技术变迁。这种技术能力和社会抓住技术进步的意愿之间的距离就是**文化堕距**（cultural lag）。文化堕距不仅仅影响了整个国家和社会

**按手机拥有数量排名的国家**

美国
手机：255 000 000
人口：307 212 123
手机普及率：83%

#4

资料来源：Central Centrral Intelligence Agency, World Factbook, "Country Comparison: Telephone—Mobile Cellular,"
https://www.cia.gov/library/publications/the-world-factbook/rankorder/2151rank.html?countryCode=xx#xx, Accessed August 12, 2009.

的"宏观层面"，而且在微观的层面上，也可以影响每个人。例如，如果你有一个来自马绍尔群岛的同学，则他可能不知道或者不太关心发短信，因为在他的祖国使用手机的不多。很多12年制课程陷入了文化堕距的困境中，因为大量的老师不是在计算机化的世界中长大的，在课堂上不能自如地利用计算机手段。这些老师还将继续体验文化堕距，直到他们掌握这一新的技术。我在开展在线教育时常常看到文化堕距的影响。常常有参加课程的学生给我打电话咨询："我需要懂计算机才能参加本课程吗？"这样的问题对一些人来说显得可笑，怎么可能有不懂计算机的人参加在线课程呢？然而对那些不熟悉在线课程或者不接受在线课程的人来说，这确实成为一个问题。

**文化堕距**：指的是社会成员跟不上技术进步这种状况。

## 技术和文化变迁

技术可能改变文化吗？当然可能啦，看看轮胎和电灯泡技术如何影响文化吧。如果没有这些工具，你就不能晚上驾车去看电影。或者以发明时间不是很长却是影响最大的技术发明之一的电视为例，《娱乐至死》（*Amusing Ourselves to Death: Public Discourse in the Age of Show Business*）一书的作者尼尔·波兹曼（Neil Postman）认为，电视跟报纸和杂志不一样，电视是一种被动的媒介源，训练我们接受那些对复杂问题所采取的简单化处理方案。这就会导致我们减少原创性思维，从长远来看，

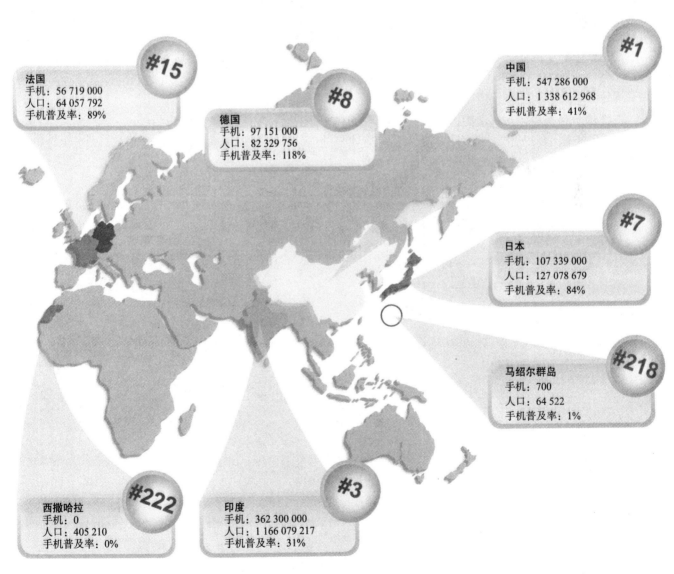

只会给我们带来伤害。

波兹曼指出，技术本质上而且是自行成为文化发展的驱动器。在《技术垄断》（*Technopoly*）一书中，波兹曼指出，技术的特征就是让人们生活得更加容易，而且与其说是服务文化，不如说它越来越推动文化进步。当你上课时手机响了，你能不去查看或者回复短信吗？我的课堂上有位同学做不到，除非反复警告她不要发短信，否则她会继续。她似乎就像巴甫洛夫条件反射实验中的一条狗，一听到电话的蜂鸣声就会分泌唾液。

当然，技术是有用的，不过运用技术是有成本的。计算机让你更加聪明或者更狡猾了吗？你真的学的更多了吗，或者只不过是学会了更好地利用网络引擎搜索你想知道的东西呢？波兹曼指出，我们对计算机的依赖导致了一种文化真空，它使得我们失去了学习的能力，让我们变成傻瓜。最近，我在便利店买东西，账单是 1.89 美元，我拿出 2 美元来付账，收银员立马在收款机上敲数字。当她打开收款箱时，我发现我口袋里有 4 便士，就把它放在柜台上。收银员看着我说："你想让我用这些钱干啥呢？"停了好长一会儿，我说："找给我 15 美分就好了。"收银员完全习惯于通过收款机进行交易，以至于用大脑计算找钱对他来说变得完全陌生了。

当然，并不是每个人都同意波兹曼的观点。在《文化与技术》（*Culture and Technology*）一书中，安德鲁·墨菲（Andrew Murphie）和约翰·波茨（John Potts）认为社会确实因为技术进步变得更好。确实，我们的文化正在发生着变化，人们坐下来看报纸的时代很可能正在走向终结，但是这并不意味着事情就一定会变得更糟。例如，作者认为电视和互联网让社会变得越来越好，激发了人们的创造性，给无穷无尽的创新提供了机会。

墨菲和波茨把技术看作当前文化相互交织的一部分。

## 技术所带来的问题

虽然我们大多数人都在享受着计算机、手机、汽车以及其他最新科技产品所带来的好处，但是这些方便的工具同样有一些缺点。当你在加油站刷卡加油时，生活变得更加方便，但同样也方便了犯罪分子侵入系统窃取你的信用卡信息。根据联邦贸易委员会提供的信息，身份盗窃不断上升。2005 年，3.7% 的美国人碰到过身份盗窃，大多数都是计算机诈骗和信用卡诈骗。

隐私泄露问题也很严重。我们的家人和朋友经常上社交网站如推特（Twitter）和脸谱（Facebook），但是这些网站会不会有问题呢？未来的老板们会不会浏览你的个人空间，看是否能从那儿得到一些关于你的信息？很多人在社交网站上泄露了个人隐私，这些隐私可能给自己带来与朋友、雇主之间的问题，甚至是法律问题。

你有没有用过谷歌地图（google maps）的街景（street view）技术浏览你家、你宿舍或公寓大楼的照片呢？你有没有为任何一位拥有电脑的人都能有你家的照片这件事情而烦恼呢？很多人质疑网络上关于公民个体的信息太多了。谷歌为街景技术辩护，认为它所提供的

技术不仅仅是给年轻人准备的，很多老年人也欢迎数字化时代以及它所带来的可能性。你认为年纪大了有助于学习新技术还是会阻碍新技术的学习过程？

图片跟每位司机驾车在任何街道上拍到的照片没有区别。谷歌随时随地向全球发布这些照片，到底是纯粹在提供一项公共服务，还是在随时侵犯人们的隐私呢？一旦涉及技术、安全和信息自由的问题，人们就很难在对与错之间作区分。

## 技术和地球村

尽管技术进步会带来一些潜在的危险，但是它能够促进全球人们之间的联系，把我们组成一个全球社会。2003 年，彼得·杜德斯（Peter Dodds）和他在哥伦比亚大学的同事们进行了一项实验，以检验互联网是不是让全球的陌生人联系更为方便。杜德斯在一个网络宣教中心向 6 万多人发邮件，最后确定了 18 个陌生人。他惊奇地发现，跟 1967 年斯坦利·米尔格兰姆（Stanley Milgram）通过寄信的手段进行的研究没有区别，陌生人的联系既没有变得更容易，其速度也没有变得更快。这两项研究都表明，我们确实是生活在一个**地球村**，由于通信技术的进步，地球变得更小了，然而，我们所处的这样一个便捷的世界并没有比米尔格兰姆的世界小多少。技术的快速进步真的改变了我们的生活吗？也许它并没有快速地影响球村的大小，但是它可能改变了我们对地球村的看法。无论我们是在国内与不同地域的朋友视频聊天，还是通过博客和网络交流美国、伊朗、中国或苏丹的新闻事件的进展，技术都可以让我们感觉到彼此之间的距离比以前更近了。

# 媒体与技术

你下午上完课驾车回家，漫无目的地在各电台频道之间来回调换。在你回到公寓以后，打开电视机来点儿背景音乐，浏览一本也许已经是上一周演讲时就看过的书。过了一会儿，你坐下来，打开 MSN，一边看着"每日秀"的回播，一边等着室友下班回家。总而言之，这就是再平常不过的一天，然而这一天中用到了很多不同种类的媒体，这些是我们储存和接受信息的渠道。

## 媒体的分类

我们可能没有注意到，媒体在我们的生活中扮演了重要角色。不管你在地铁里看报纸还是晨跑的时候听播客，你都可以设想一下媒体在你生活中的位置。时下，**媒体**是采用日新月异的技术最庞大也是最有影响力的群

体，所以理解什么是媒体以及媒体如何影响社会就显得非常重要。目前，媒体可以被分为 4 个类别：印刷品、电视、广播和互联网。

## 印刷品

印刷品包括报纸、杂志和图书。6 个多世纪以来，全球的印刷品一直处在上升阶段，现在也许要走上下降的道路。正如你在本章开篇中看到的，报纸和其他有形的媒体形式前景堪忧。然而，印刷品的下降并不意味着作家停止写作或者狗仔队不再拍照。新发明的产品如亚马逊电子阅览器 Kindle 的流行表明我们的社会仍然很重视纸质的东西，只是这种文字的东西可能不必都印在纸上而已。

## 电视和广播

电视和广播也在不断发展以满足社会不断变化的要求。例如，在伊拉克战争期间，很多的电视剧如《急诊室的故事》（*ER*）和《发展受阻》（*Arrested Development*）纷纷把当时的战争纳入它们的剧情中。20 世纪上半叶以来，广播发生了翻天覆地的变化，填补了电视和其他媒体覆盖不到的空间。时下，广播成为一种可移动的媒体，既可装在小汽车中，也能装在计算机中，甚至可以装在闹钟里。收音对话两用机的流行鼓励听众组织自己的团体讨论各种各样的问题，从体育到政治再到宗教都可以。

请记住，在美国除了少数几家公共财政资助的电视台和广播电台之外，广播和电视都是由广告商出资兴办的。因为大多数广告商都需要数量庞大的观众，这些媒体常常被指责为了追求排名而牺牲节目内容。换句话说，它们弄一些耸人听闻的新闻以维持观众和听众的数量。

## 互联网

互联网和其他电子媒体在全球发展得很快。互联网使得全球交流更加快捷，无论是商务还是个人事务都变得更加容易。对于互联网而言，真正有意思的是，它不像其他媒体，对于任何一个想向别人表达自己观点的人来说，很容易就能接触到互联网。2009 年夏季伊朗大选开始后，互联网成为抗议者获得消息的重要来源。政府控制的电视台和广播电台被审查，然而互联网还是允许抗议者进行联系和组织示威游行的。

每一种媒体都有能力直接把信息传递给我们，人们也往往利用媒体向大众通报一些社会问题。从本书第 1 章中我们知道社会运动都是从人们的主张以及让人们关

## ▶▶▶ 全球视野

# 古鲁帕

电视对社会能产生什么影响呢？巴西的城镇古鲁帕社区1982年首次出现了电视，这为研究这个问题提供了一个独特的机会。古鲁帕位于巴西东北部雨林地区，与外部世界隔离，没有道路可以通往那儿，空中交通也很不方便。要去这个城镇，首要的交通手段是坐船，因为古鲁帕就坐落在亚马逊河的下游。大多数古鲁帕居民生活在茅草房中，没有通电，也没有自来水。有钱的社区精英能住上木头房子和砖房子，他们能用12小时的自来水，用6小时的电。

当电视首次出现在古鲁帕的时候，只有该镇富裕的居民才能买得起。然而，社区的居民都强烈感觉到这些买了电视的人应该把电视机放在紧靠街道的地方，以便让那些买不起电视的人也能看电视。这样的安排对古鲁帕的富人和穷人都有好处：电视的主人可以很自豪地显示自己的身份地位，而穷人也能透过邻居的窗户接触到大众媒体。尽管这种做法对我们来说似乎是一种隔离，可是对古鲁帕的居民来说，坐在电视机前面的时光就是一种社会时间，不仅仅是跟家人和朋友共度的时间，而且也是跟整个社区共度的时间。

电视技术的引进给古鲁帕社区创立了很多新的规范和规则。尼尔·波兹曼会把这种进步视为正面的还是负面的呢？你怎么看待这个问题？古鲁帕人的生活变得更好了还是更坏了呢？

>>>> 古鲁帕位于巴西帕拉州亚马逊河边，直到电视出现以前，该社区的人们都是在街道上打发他们的时光的。你认为他们的生活是变好了，还是变坏了，还是没有变化？

注这些主张开始的。对于这些运动而言，如果它们不能运用媒体来传播这些信息，那么会出现怎样的后果呢？

## 广告

并不是每一种媒体都是由记者和新闻组织创立的。例如，广告就是由商家和企业制作的。你也许会认为头痛膏或者汽车保险推销让人生厌或者看起来很傻，但是广告可是个大产业。如前所述，广告业的钱支撑着美国媒体，电视、广播甚至互联网中的广告为此买单。我们每天都被成千上万的广告轰炸，它们试图说服我们买东西或者做事情，而且很多这样的尝试还是有效果的。当我走进杂货店时，我不知道该买什么品牌的果汁或咖啡，我往往挑选自己熟悉或者听说过的牌子，这些品牌通常都是通过广告得知的。广告商显然是相信广告会对人们的行为产生影响。他们这种想法到底对不对呢？也许更为重要的是，他们的影响力会不会对媒体提供客观真实信息的能力产生影响呢？

## 媒体影响

从第1章中我们知道，数据有两种形式：定量数据，可以用数字来衡量；定性数据，不能用数据来衡量。尽管花费在广告上的钱是定量数据，然而广告对我们生活的影响只能通过定性的手段进行研究。在广告领域中，社会主要关注的一个问题是广告对儿童和青少年的影响。包括瑞典、挪威、希腊、丹麦和比利时在内的一些国家已经针对这一情况出台了保护儿童的操作指南。这些保护措施还包括严格限制广告销售针对儿童的商品，规定此类广告的播出时间，出台法律禁止做广告。美国规定，在周末播放儿童剧期间每小时最多只能播放12分钟的广告，在周五晚上和周六早上的黄金时段每小时可以播放16分钟的广告。显然，由于作息时间的安排，儿童在黄金时段看的电视最多。在电视和其他广告源上，每天播出3 000则以上的儿童广告，儿童每年会观看超过40 000则广告。每一个陪儿童度周末的人都会知道，这些广告是有影响的。[我还记得有一段时间的心理感受，当时如果我找不到一个"搔痒娃娃"（Tickle Me Elmo），我女儿就会觉得世界末日到了。]

# 媒体偏见

我们班的学生总讨论媒体自由的问题，似乎这就是一个事实。但是别的地方的人也许会认为媒体是保守的。如果你相信报纸、电视台和其他媒体不是以一种不带别的目的、诚实的手段呈现客观事实，那么你实际是在指责**媒体偏见**。很多人把媒体偏见视为社会问题。毕竟，如果你不信任主要信息来源所提供给你的直观事实，那么你几乎不可能知道世界到底是怎么运转的。可是，媒体偏见真的存在吗？

## 媒体偏见研究

2003 年，艾佛兰（William Eveland）和沙（Dhavan Shah）发表了一份研究报告，报告称，偏见仅仅存在于人们的头脑之中，而且它们绝大多数来自于我们周围的人。根据他们的研究，人们的个人网络在其媒体偏见中扮演着重要角色。换句话说，人们的观念受到周围人群的影响。如果你仅仅同观点类似的人分享政治理念，那么很可能对别的群体的人产生偏见。如果你的社会网络是多元化的，你就不太可能对周边的事物产生偏见。

进一步的研究也同样不支持政治媒体偏见的说法。在最近的一项研究中，卡瓦特（Covert）和沃斯波恩（Wasburn）把《国家评论》（*National Review*）和《进步评论》（*Progressive*）这两本党派刊物与《时代》（*Time*）和《新闻周刊》（*Newsweek*）进行比较。研究者发现，在涉及犯罪、贫困、性别和环境一类的重要问题的讨论时，这些刊物并没有什么区别。当然，这些发现不会经常刊登在那些认为存在媒体偏见的刊物上。

媒体偏见，即便是真的存在，往往也不会与政治有什么联系。有时候，媒体热衷于讲一些故事，发布一些误导甚至是错误的信息。加利福尼亚大学的研究人员克里斯托弗·考梅约（Christopher Kollmeyer）发现，最近经济发展处于低谷，报纸在大肆渲染大公司的金融危机，尽管这些公司的财务状况正在好转。按照考梅约的观点，报纸不仅没有客观报道这些公司财务好转的情况，而且也没有报道工薪阶层所面临的真实的经济困难。

按照经济学家丹尼尔·萨特（Daniel Sutter）的观点，好在大公司并不热衷于通过媒体来传播自己的政治观点。萨特认为，与政治无涉的公司能够赢得更多的公共支持，因为它们不具有倾向性。他的研究也印证了我所认识的一位久经商场的企业家的观点，这位企业家常说："不要把你的一亩三分地打上政治烙印，你也许会因此失去客户。"萨特还注意到尽管企业可以控制媒体的财务，但是企业不会拥有绝对的权力。相反，企业和媒体具有共生关系：如果某一媒体很火爆，企业就会从其广告投入中获得最大回报，而报纸、网络、电视台则能从广告商那里赚到更多的钱。

## 媒体与政治

有人认为**社论倾向**（editorial slant）与媒体偏见是一回事，然而二者的区别在于，媒体并不承认偏见，但承认社论倾向。任何观看 MSNBC 电视台"Ed 秀"节目的人都知道主持人是民主党人，同样，每一位观看福克斯（Fox）新闻台"汉尼迪"（Hannity）节目的人也知道主持人是支持共和党观念的。这两档节目都对事件进行评论以支持它们的不同意识形态。

社论倾向的目的就是为自己的观点争取支持。2005 年，杜克曼（Druckman）和帕金（Parkin）研究了纸质媒体对投票者观念的影响。两位研究者关注的焦点是西雅图众议院选举，当地两份主要的报纸各开辟一个栏目刊登文章支持其中的一位候选人。利用选举当天进行的投票后的民调，他们询问投票者是同时读了这两份不同报纸还是只读了其中一份，以及他们把选票投给了谁。结果显示，经常读报的人倾向于支持他们所阅读的报纸所支持的候选人，这也表明社论倾向确实会影响投票者的决定。然而，这种倾向发挥的是一种间接影响。很多因素影响媒体倾向对公众发挥作用，所有这些因素都使得偏见尽可能少地被掺进报道中来。例如，发表社论时的集体特征意味着单个记者往往没有能力在这样的问题上发表自己的观点。受众群体的规模也会影响新闻媒体引导大众的能力，如果某家新闻媒体受众群体小，它就不太可能有太大的影响力。即便是某家新闻媒体的老板有很强的个人信念，这些意识形态的东西也很可能在雇员报道新闻的过程中被稀释掉。我不否认存在媒体偏见，但我确实认为很难证明媒体偏见的存在。

媒体影响不仅仅存在于报纸和电视秀中。在《深度民主，考量公民权利：数字媒体在政治选举战略中的影响》（*Deep Democracy, Think Citizenship: The Impact of Digital Media in Political Campaign Strategy*）一书中，菲利普·霍华德（Philip Howard）注意到在过去的 10 年中，数字技术显著改变了竞选过程。由于互联网无所不及的能力，竞选顾问们能够很容易收集到选民的信息，包括选民登记记录和信用卡消费信息。一种主要的通过匿名方式收集数字化信息的途径是间谍程序或者侵入软件，它们可以在用户不注意的情况下被自动装到计算机上。这些程序会发挥反馈信息的作用，让别人看到你的个人信息和网页浏览信息。这是一种比传统调查方法更快捷、更准确的手段。一旦掌握这方面的信息，竞选者就可以比 20 年前更加有效地组织志愿者和募集资金。同时，他们同样可以利用这些信息更好地预测政治结局，从而确定他们自己的观点。

## 媒体的影响

1948 年，拉扎菲尔德（Lazarfeld）和默顿（Merton）杜撰了"麻醉"（narcotizing）一词来描述电视的影响。他们注意到电视具有迷惑观众的能力，能让他们就像吸了毒一样。如果你的室友在观看一场重要赛事的第四节比赛，那么你是不是需要向他大声叫喊，他才能听得到？在你的姐妹观看《迷失》（*Lost*）的时候，她会同意把车借给你吗？作为一个孩子，向父母要钱的最好时机是不是在他们观看晚间新闻的时候？当我们观看自己感兴趣的节目时，电视明显地具有迷惑功能。

与此同时，大众媒体过剩使我们对信息都麻木了。例如，世上发生的苦难太多了，当你在 6 点钟新闻中看到又一起谋杀时，你真的会注意到吗？也许不会。实际上，你看这则新闻时，很可能是因为在等着看跳舞考拉的节目。波兹曼指出，电视不仅仅让我们对暴力和苦难失去了敏感性，而且也具有一种扮演毫无思想的娱乐机器的潜力，它培养出一个不关注重大事件只关注细枝末节的人群。

# 社会问题思考：
# 媒体和技术是如何产生和消除社会问题的？

## 冲突论和媒体

几年前，爱德华·赫尔曼（Edward S. Herman）和诺姆·乔姆斯基（Noam Chomsky）对美国媒体进行了开创性的分析。在《制造共识》（*Manufacturing Consent*）一书中，他们指出，大众媒体遵循着一种"宣传模式"（propaganda model），它包含着一种政府和特殊利益团体之间的互动。由于所有的全国性媒体主要从政府处获得信息，媒体倾向于为精英群体提供服务，这些人要么把控着政府部门，要么就有能力对政府部门施加影响。赫尔曼和乔姆斯基认为，信息在来到电视、报纸、广播之前必须通过五次重要的过滤，每一次过滤都会影响你最后得到的结果：

1 大众媒体的规模、有限的所有权和盈利动机影响它们的决定。赫尔曼和乔姆斯基的著作出版以来的这段时间，媒体的集中程度确实增加了。现在，只有很少几家大的企业控制着你读什么、看什么和听什么。

2 媒体主要靠广告生存。因此，它们是否有可能讨论广告商所反对的事情呢？赫尔曼和乔姆斯基说："不可能"。

3 媒体信息来源首先是政府和专家，这些人往往与讨论的主题有关。例如，当政治委任官去电视节目中讨论最新的政策问题时，他们往往"推销"（spin）自己的观点，让人觉得他们的思路是最好的。大多数新闻不加批判地采用了这些人的观点，这就导致了报道中出现的偏见。

4 记者如果在自己的报道中独立地批判公司或政府所施加的影响，那么往往会受到来自公司的抨击，会被贴上麻烦制造者和疯子的标签。他们的信息源也会很快枯竭。

**5** 最后，赫尔曼和乔姆斯基认为，媒体把恐惧作为一种控制手段，让批评者闭上他们的嘴巴。在2003年总统乔治·W·布什（George W. Bush）入侵伊拉克之前的几个月里媒体频繁地报道"反恐"，为入侵伊拉造势。媒体会不会回过头来反思一下支持入侵的那些报道呢？

然而，赫尔曼和乔姆斯基也认为，相对而言美国媒体不完全是精英们用来控制那些被动接受信息的底层民众的宣传工具。

## 媒体的女性主义视角

媒体和技术在社会中发挥着重要功能，它们能够影响我们日常生活的方方面面，让我们的生活有时变得更好，有时变得更差。女性主义理论家指出，媒体往往加剧了性别的不平等。因为，妇女在媒体中担任高层职务较少，而且在电视中女性也被刻板化了，所以媒体和技术使得这一社会问题愈加严重。

### 女性比例偏低

女性在新闻节目和谈话节目主持人中的比例偏低。尽管与几十年前的情况相比，时下似乎应该有更多的女性担任让人瞩目的媒体职位，可实际情况确实如此吗？在我看电视时，我注意到大多数有名的脱口秀栏目主持人和新闻主播仍然是男性。从福布斯（Forbes）名人榜（综合收入和媒体知名度排名）来看，戴维·莱特曼（David Letterman）、菲尔·麦格劳博士（Dr. Phil McGraw）、杰·雷诺（Jay Leno）、霍华德·斯特恩（Howard Stern）以及拉什·林堡（Rush Limbaugh）远远排在泰拉·班克斯（Tyra Banks）和艾伦·德杰尼勒斯（Ellen DeGeneres）之前，这两位排在排名榜最后两名。对于媒体是"男人的世界"这一判断而言，一个显著的例外就是奥普拉·温弗瑞，其以收入（每年2.75亿美元）和电视知名度排列榜首。

### 刻板印象

不幸的是，电视媒体往往用一种刻板的办法来刻画男人和女人。在《人人都爱雷蒙德》（*Everybody Love Raymond*）和《听吉姆说》（*According to Jim*）之类的家庭情景剧中，男人往往是家庭中的丑角，而女人被刻画成悍妇。此外，让我们来看看经典游戏《幸运转盘》（*Wheel of Fortune*）中性别角色是如何刻画的：26年来，帕特·赛贾克（Pat Sajak）一直身着职业装担任游戏节目主持人，而瓦娜·怀特（Vanna White）则身着性感的暴露装，大多数时候都不说话。在赛贾克职业高峰时期，他赢得过两次艾美奖（Emmys）和一次人民选择奖（People's Choice Award），然而怀特却一个奖项都没有获得，不过她确实出现在"电视节目最频繁鼓掌者"（Television's Most Frequent Clapper）吉尼斯世界纪录（Guinness Book of World Records）中。毫无疑问，怀特除了会鼓掌和转接话题之外，还有很多其他方面的天赋，然而"幸运转盘"的节目安排并不允许她向世人展示这些天赋。

尽管我们有时候对刻板印象熟视无睹，可是它确实经常出现在媒体上。下一次你在观看"与星共舞"（*Dancing with the Stars*）节目的时候，可以时刻留意服装方面的性别差异。

想象的过时：认为一种东西已经过时，因为一种新模式已经出现。
计划报废：由于加大了技术创新力度从而使技术升级变成了必需。

## 传统的刻画

电视对男女性别角色的刻画本质上具有显著的传统延续性，看看流行的电视节目如《辛普森一家》（The Simpsons）就不难理解这一点。玛姬·辛普森（Marge Simpson）被刻画成传统妻子的角色，尽管有时候会根据特定剧情暂时加以改变，而荷马（Hormer）扮演着上班男人的角色。玛姬首先关注的问题是她的家庭和孩子，围绕她所发生的故事情节往往包括回顾往日的烂漫时光或者与母亲和姐妹在一起。而围绕荷马发生的故事情节往往是他的工作（无论是在核企业还是外部太空）以及他与社区的互动。从《辛普森一家》中显然能够看出，即便进步的电视节目也会落入传统的性别刻画的套路中。《恶搞之家》（Family Guy）和《南方公园》（South Park）坚持了同样的角色二分法。

## 功能论

功能论把媒体看成是一个推广社会价值和规范的工具。在美国，媒体促进了消费，强调现代性，引导人们通过购买最新款、最尖端的产品来改善自己的生活。这种媒体聚集导致了**想象的过时**（perceived obsolescence），即仅仅因为新款式的出现就认为某种东西已经过时。2003 年，我买了一款当时最先进的计算机，我现在仍然在使用它。在技术时代，它就是个古董了，由于我没有扩展内存，也没有升级显卡，所以有时在打开图片或者下载大型文件时会出错。然而我仍然能很好地用它来完成本书的写作。最新技术严格来说往往并非必要，然而，**计划报废**使得升级成为一种必需。难道销售人员在卖给你普通 DVD 的时候，就知道两年前蓝光（blu-ray）在研究过程中，就期望我将来用最新款且毫无疑问也是更好的光盘来替代我的普通 DVD？技术革新会生产出质量更高的产品，同时也会给媒体企业增加额外的收入。

考虑到所有媒体都被少数企业所控制，功能论者怀疑这样的企业能不能真正满足人们对信息的需要。既然信息对现代社会来说如此重要，这一小部分企业就能提供我们需要的多样多样的信息吗？我们如果关注一下不同频道的新闻，就会很快注意到所有的电视台提供的信息都一样，唯一的不同之处就是信息提供者不一样。

# 找寻社会问题的解决办法：政府在媒体中扮演什么角色？

你是不是认为对我们来说掌握不同观点的新闻源很重要呢？你是不是认为既然新闻都是准确的消息，那么媒体被公司所有还是被政府控制就无所谓呢？

## 媒体所有权

1996 年之前，公司需要得到美国联邦通信委员会（Federal Communications Commission, FCC）的许可才能收购媒体。这一规定避免了企业控制国家某一领域的全部媒体。例如，如果维亚康姆集团拥有了当地的广播电台，就不允许它同时再拥有当地的主要电视台。

然而，1996 年的电信法案（Telecommunications Act）改变了这一切。对媒体拥有权的大多数限制都被取消，大公司很快控制了美国的广播、报纸和电视媒体。时至今日，只剩下少数的媒体巨头，我们的主要媒体都为这些公司所把控。例如，沃尔特·迪士尼公司（The Walt Disney Company）拥有一个庞大的广播电视网络，从迪士尼频道（Disney Channel）到美国广播公司（ABC）再到娱乐体育节目电视网（ESPN）。

既然互联网已经成为一种主要的媒体来源，媒体所有权的未来就很难预测。由于没有任何一家公司能够实质上"掌控"（own）互联网，它有可能成为一种民主力量而最终打破垄断。然而，有人认为，如果我们只是等待互联网来打破垄断，结果只能是放任巨头们强化它们

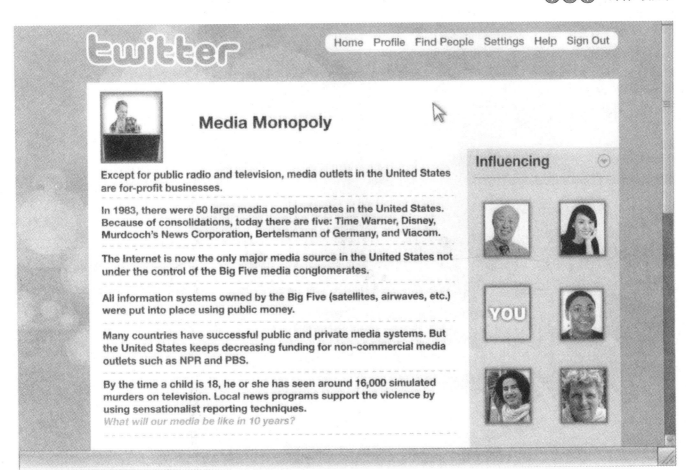

现在，只有少数几家公司拥有美国主要的媒体。
它们被称为五大家，这些企业控制着我们绝大多数听、读和看的内容。

## 链接

# 媒体在政治中的地位

　　在上一次的总统选举中，你毫无疑问已经见识了媒体在政治中的重要地位。在 2004 年，媒体甚至能够成就候选人，也能毁掉候选人。霍华德·迪恩（Howard Dean）竞选民主党提名，他在艾奥瓦州的演讲很失败，在此之前他一直在民意测验中领先，在那次竞选集会上他哭了，媒体因为他的这次情绪爆发把他看成是一个情绪不稳定的人，从而导致很多公众反对他。结果，约翰·克里（John Kerry）获得了提名，尽管很多人认为他过于"陈腐"，根本不可能赢得最后的大选。在 2004 年的大选中，他确实输给了总统乔治·W·布什。我

们将在第 7 章中详细讨论政治，我们要时刻注意媒体（以及大公司）在政治领域中可见的以及不可见的控制力。如果迪恩不是被媒体称为疯子，而是被称赞为具有激情和热忱，那么结果可能会完全不一样。

　　正如我在第 2 章中所提到的，经济不平等的现实在媒体中并没有得到相应的描述。例如，从 2006 年的《真人秀：橘郡主妇》开播开始，真人秀系列节目《家庭主妇》描绘了全美富裕妇女群体的生活。这些主妇生活奢华，很多人从事自己所喜欢的高层次工作，还有一些人把时间花在打扮、购物和参加社交活

动上。显然，这并不是这些妇女的真实生活，就如同这些电视真人秀并不真实一样，因为很少有人像我们在电视秀中看到的那些人那样生活。如果说媒体希望展示美国大多数人的生活，那么这些节目应该反映中产阶级或者工人阶级家庭的情况，这些家庭按小时挣工资，而且所获的收入也是中等水平。这些家庭中成年人可能当电工或销售员，孩子上公立学校，其大学也就上个专科。这些看起来也许不如电视秀中所见的那样振奋人心，然而却能反映我们社会的真实情况。

的控制。这些人认为，真正通向观点多元化的道路就是让政府出面迫使大公司退出，让政府自己来控制媒体。

在这个问题上你怎么看？政府到底应该在多大程度上介入媒体？我们能从政府控制的媒体中得到多元化的观点吗？还是说我们无非是面临不同的偏见而已？下一章讨论政治问题的时候，我们要时刻带上这些问题。

---

### ▶▶▶ 赞同还是反对

## 工作场所的新技术

有些人迫不及待地想使用最新款的新奇玩意，他们发现离开了时髦的技术产品就难以生存下去。也有些人认为新技术是花架子，浪费时间，甚至是一种破坏性的社会力量。把新技术引入工作场所有哪些优点和缺点呢？

**赞同**

- 新技术提高了生产力，减少了公司雇员的数量。
- 生产力的提高能产生更多的利润。
- 新技术改善了人与人之间的交流，减少了社会上的浪费。

**反对**

- 学习新技术需要时间，在掌握必要的技术之前会降低生产力。
- 维持技术的成本要比使用现有雇员完成同样的工作的成本更高。
- 过分关注即时交流让我们与技术拴在一起，导致整个社会迷恋技术进步。

---

# 从课堂到社会→出版自由？

作为新闻专业毕业生和大学校友杂志的特约撰稿人，乔迪喜欢挖掘事实。在她大学一年级时，乔迪被安排给一个杰出校友写一个专访，这位校友独家赞助修建了学校新音乐中心。

"实话实说，我最初对这项任务并没有感到多兴奋。我对该校友进行了电话采访，问了她一些关于大学生活和商业经历的问题……都是一些常规的素材。但同时我也需要从其他的途径得到一些信息。"

乔迪利用互联网对捐赠者的背景及她所创立的公司进行进一步的了解。她所收集到的结果大部分是已经了解了的情况，然而在一个网页上，乔迪发现了一些没曾想到的东西。

"我发现该校友和她的公司在与苏丹政府有生意往来的公司身上投入了数百万美元，间接助推了苏丹的种族屠杀。很多学生认为，有影响力的人物和公司应当从苏丹撤出，他们很关注在达尔富尔所发生的一切。我知道我所发现的情况对我们社会来说关系重大，我想把它写进我的文章中。"

乔迪提交了最后的定稿，文章中包括捐赠者有关经济伦理问题的一段话。然而，当校友杂志的编辑读完乔迪的提纲以后，把乔迪叫进了他的办公室。

**"我们的编辑是好样的，但他告诉我，在与董事会沟通以后，没办法刊登我的文章。因为文章会得罪校友，而她太富有了，那么有影响力，我们得罪不起。**我理解为什么学校不能用我的文章，但是他们对实事求是的报告进行审查的行动还是让我很愤怒。我决定从校友杂志辞职，独立写一些校园文章，以确保学校、社会能够获得事实的真相，而不是那些经过粉饰的东西。"

# 理论沉思

技术帮助我们时刻保持与别人的交流，无论我们身处何地。随时随地地交流是否已经成为社会的一个规范？

大多数美国媒体被少数大公司所控制。你认为这些公司试图传递给美国大众什么样的信息呢？

### 功能论

功能论者把媒体看作社会化的重要工具。这些理论家以即时通（AIM）、推特以及其他社会网络为例，证明媒体在人们的日常生活中扮演了重要的角色。与此同时，功能论者把广告视为媒体传播社会价值观和规范的一种途径。

### 冲突论

冲突论者指出，信息就是权力，因此，控制媒体的公司具有巨大的权力。对冲突论者而言，美国的媒体既不是自由主义的也不是保守主义的，而是受到公司利益驱动的。资金投入带来很多潜在的利益冲突，例如，一家地方电视台如果发现其最大的广告商存在腐败行为，那么会不会播出这样的信息呢？

### 女性主义理论

女性主义理论家认为妇女往往不会受聘到合格的岗位。你也许已经注意到，担任最好的新闻节目和脱口秀节目的男主持人的数量远远超过女主持人。此外，女性主义理论家还认为电视节目把女性置于传统的、屈从者的角色这样一种刻板安排使得这一问题更为严重，使得妇女在社会上难以与男性平起平坐。

**信息的传播如何影响社会？**

### 符号互动论

符号互动论者研究媒体中的符号行为。例如，他们可能会考虑某个广告中的形象所传递出的潜在信息。下一次当你看到一则"喝牛奶了吗？"的广告时，不妨考虑一下这样几个问题：只有名流才喝牛奶吗？当然不是，然而通过把饮料与权力和声望联系起来，加利福尼亚乳品加工协会（California Milk Processor Board）暗示其产品使用者会像名流一样幸福和成功。

2006 年，凯蒂·库里克（Katie Couric）在做了 15 年早间新闻秀"今日"（Today）栏目主持人之后，成为第一位独立主持一档重要晚间新闻栏目的女性。女性主义理论家如何评价库里克呢？

在我们的文化中，牛奶用来象征健康、力量和年轻等特质。在媒体所开展的喝牛奶运动中，这些象征关系是如何得以发展和强化的呢？

# 政治与经济

1. 我们如何通过统治获得我们所需要的东西？
2. 政府与经济是怎样联系起来的？
3. 经济体制如何影响政治体制？

# 奥巴马

总统承认一场严重的经济衰退给上百万的家庭带来了"难以置信的苦痛和困难"，但他说，自己有信心通过自己的政策让经济复苏，帮助国家避免进一步的灾难。

尽管失业率还在上升，但奥巴马强调要有耐心，因为美国政府稳定财政体制、刺激经济发展的政策正在发挥作用。他对自己在危机中期提出的庞大的社会计划的决定作出了强烈的辩护。他说，自己正在为"后泡沫经济增长模型"打基础。

奥巴马在白宫会见经济顾问之后对记者说："我们把经济增长仅仅建立在一个过热的房地产市场和人们消费（最大限度透支信用卡）基础之上的日子一去不复返了。我们需要做的事情就是回到最基础的事情上来，这就意味着把我们的卫生支出费用降低，改善我们的教育体系，以便让我们的孩子们提前做好准备。我们也正在科学和技术方面进行改革，使得我们向清洁能源经济转型。"

奥巴马的表态带有乐观主义色彩，其背景是政府部署了一个更广泛的活动计划来支持经济复苏，以应对美国国家经济委员会（National Economic Council）主任劳伦斯·H·萨默斯（Lawrence H. Summers）昨天所说的经济复苏道路上所充满的"过度恐惧"。在过去

的几周中，奥巴马和其他高级官员频频在华盛顿各种公共场合露面讨论经济问题，听取提问，提振士气。

周一，总统经济顾问委员会（President's Council of Economic Advisers）主席克里斯蒂娜·罗默（Christina Romer）在布鲁金斯学会（the Brookings Institution）对观众说，当前的危机尽管很严峻，但同大萧条相比要"逊色不少"。周四，奥巴马在商业圆桌会议（一个高管协会）上说，事情"并没有我们想象的那样严重"。昨天，在奥巴马会见自己的经济顾问时，萨默斯告诉其他的布鲁金斯学会成员，自己在经济阴霾中看到了复苏的曙光。

萨默斯说："现在判断总统的计划对经济发展发挥了更广泛的影响确实还为时过早，但让人备受鼓舞的是，这些计划开始成形，在节日季节处于不断恶化境地的美国消费者支出已经比较平稳。"

这场战役明天还将继续，因为萨默斯和罗默按计划将出现在周日的脱口秀节目之中。

然而，共和党人注意到，政府只不过是在兜售一种大有希望的感觉而已，因为失业率已经上升到8.1%，从白宫发言人（House Speaker）南希·佩洛西（Nancy Pelosi）到经济顾问都警告说，也许需要出台另一个更大的经济刺激计划。

众议院少数派领导人约翰·博纳（John A. Boehner）的女发言人安东尼娅·费里叶（Antonia Ferrier）说："新出现的乐观主义毫无疑问是一个策略上的转移，为了美国家庭和小企业，我们希望这些应对措施是对的。"

——午餐自带花生酱三明治，署假就"宅在家里"，生日礼物在家里自己做——最近发生的经济危机使得很多人勒紧裤带，尽一切可能节省开支。

们的生活？本章试图对诸如此类的问题进行回答。

为什么有时公众削减开支，而政府却比以前花得更多？其他国家是如何主导经济发展的？经济和政治之间到底是什么关系？它们如何影响到我

## 主题：我们如何通过统治获得我们所需要的东西？

社会设置：是为个人提供与宏观社会进行交流的框架的组织。
经济制度：是社会设置的一种，它帮助社会安排商品和服务的生产、分配和消费。
资本主义：是一种经济制度，在这种制度中，个人和私有企业可以拥有和进行商品生产，对商品自主定价，按照任何合适的方法进行分配。

从历史上来看，政府往往会介入国家的经济，例如，它们会用贵金属铸造硬币、印发纸币，会建立中央银行控制贷款利率。有时候，我会碰到有学生质疑为什么不会出现例外。有一位学生甚至说经济制度和政府制度应该完全分开。我的回答很简单："怎样分开？"政府制定法律以保护经济制度，而经济提供政府和人民延续下去所需要的资源。政府和经济这两大系统一直联系在一起，未来也将联系在一起。

当然，政府和经济之间紧密相连这一特点也成为政治争论的根源。回顾美国最近的经济危机就不难看到这一点。2008 年，甚至在巴拉克·奥巴马当选总统之前，他就被迫公布自己发展经济的计划。过去的这些年，美国次级抵押贷款者、华尔街的经理们以及那些认为自己能生活得更好而不顾自身实力疯狂消费的人们给自己挖了很深的坑。

奥巴马宣誓就职美国总统以后，国会通过了一个 7 890 亿美元的一揽子刺激经济的计划。核心思想就是如果能够提供更多的商品和服务，需求就不太可能萎缩，公司也不太可能裁员。下一页的图给我们提供了一个国家的

政治和经济相互作用的直接例证。

## 经济制度

正如你所看到的，政治和经济对社会秩序会产生相似的作用。本章主要关注政治和经济这两大社会设置，它们给社会上每个个体提供行动框架。在美国，政府是一个由三大部门组成的系统，作为公民，我们对其中两大部门的人有选举权。然而，如果你去英国，政治系统就不一样，你不太可能知道你自己在什么位置上。

世界上有两种基本的经济制度（经济）：资本主义和社会主义。现在几乎不存在纯粹的资本主义经济或者纯粹的社会主义经济，大部分经济制度都是二者的结合体，只是结合的程度各不相同。

在资本主义经济制度中，个人和私营企业能够拥有和进行商品生产，对这些商品自主定价，按照任何合适的办法进行分配。资本主义有三个主要构成要件：财产私有、盈利动机和自由市场竞争。

财产私有允许我们拥有自己的住房、汽车和电视。一般来讲，这是件好事情。我如果努力工作，攒下一些钱，就可能得到很多"财富"，而这些

>>> 美国劳动法是由政府制定的，由于规范薪酬标准、劳动时间和工作条件，保护劳动者的利益，所有的企业，无论是国营还是私营，都必须遵守这些法律。

东西为我所有，直到我去世，传给自己的孩子。这听上去是一个很好的主意，起码理论上是这样。

不幸的是，也正因为如此产生了一些社会问题，首先就是资源问题。有足够多的住房、汽车和电视吗？这些东西的数量能赶上人口增长的速度吗？一般来说前者的增长没有那么快。这就使得只能有部分人拥有物品，从而形成导致不平等的制度。我如果从叔叔那儿继承了遗产，则不需努力就能从这种所有权中获得利益。这样一种制度使得拥有财富或者没有财富的情况会从一代传给下一代。

资本主义的盈利动机帮助人们从贫穷走向富裕。它同样也会给社会带来问题。卖主想卖个最高的价钱，而买主想以最低的价格成交。作为卖主，最好的盈利办法就是**垄断**市场。如果我的社会学教材是唯一一本，那么我可以随意提价。正是这个原因，美国政府有专门的组织来遏制垄断组织的出现，这些组织控制了某种产品的生产和销售。

由于利润是资本主义的根本动机，所以也会出现与雇员有关的问题。往往会出现公司剥削工人的危险，为了维持高利润，公司尽可能少地给工人支付工资。也正是这个原因，政府在 20 世纪 30 年代出台了最低工资制度。即便是在白领工作岗位上，雇主们也尽可能维持能让员工留下来工作的工资水平（而不至于不得不花钱培养新员工）。

**垄断**：是指对市场上某种产品的生产和销售的排他性控制。
**自由市场**：是指一个没有政府控制的经济市场。
**需求弹性**：是指对某种产品的需求随着价格的变动而变化。

资本主义需要一个能创造竞争的**自由市场**。这也使得消费者在保持价格低水平的同时能有更多的商品可供选择。在一个自由市场中，"供求规律"决定一切。如果供过于求，价格就会下降；如果供不应求，价格就会上涨。最近，我在逛商店的时候，惊讶地发现在不同商店商品价格差异很大。有些精品店销售的男式衬衫价格高达 150 美元，然而在折扣店，可以只花 12 美元买到类似的衬衫。这种差异之所以能够出现，是因为在美国运转的是一个自由市场。

有些产品具有非常强的**需求弹性**（elasticity of demand），也就是说对这些产品的需求随着价格的上涨不会发生太多变化。如果你上班需要开车，即便汽油价格涨到 10 美元 1 加仑，你还是不得不买。你可以周末不出远门，可是你上班还是不得不开车。在美国经济中很多的产品如电、医疗保健、处方药品都有很强的价格需求弹性。一般而言，这些产品的价格对其需求影响不大，你如果需要，就会花钱去购买。

如前所述，很少有一种经济制度是纯粹一元的，这也是为什么像美国这样的资本主义经济制度中也往往存在一定程度的政府干预。政府推行最低工资制度和社会保险制度，使得员工的福利不至于受到企业盈亏的影响。政府同时还控制着不可避免的垄断行业以防止价格欺诈。例如，在我生活的地方，只有一家电力公司，因此，政府能够管控电价，以避免公民受到敲诈。

### 经济刺激计划：如何运作以及它会帮助谁

政府支出

增加政府在基础设施项目和产品的投入能够刺激经济发展。

帮助项目或公司生产政府购买的产品。

减息

降低联邦准备金率可以降低企业和个人的贷款成本，广泛刺激经济发展。

有利于可以提供大量贷款的银行和大机构以基本利率或者接近基本利率的水平贷款。

减税

给消费者更高的薪水以刺激消费。

有利于消费者，尤其是那些高收入的消费者。

社会主义：是一种经济制度，在这种经济制度中资源和生产工具为公民集体所有。
民主社会主义：是经济制度的一种，是自由资本主义和政府对经济进行管控的混合体。
融合理论：描述的是资本主义和社会主义融合的一种趋势。

你可能会想起资本主义的第一个也是最强烈的批判者卡尔·马克思的观点，他认为，资本主义经济制度最终会导致对普通人的剥削。为什么呢？少数人把控着社会的经济命脉，使得社会的低层和中层人士受人摆布。在资本主义制度下，"有产者"保持着自己的地位，获得更大的控制权，而"无产者"则不断溃败。当然，美国从19世纪初开始就没有自由资本主义。然而这也不能阻止我的很多学生相信美国是一个纯粹的资本主义国家。当前政府及奥巴马总统致力于扩大卫生保健范围，很多学生抱怨美国正在转变为"社会主义"，事实真是这样吗？对社会主义更为清晰的定义有助于澄清这种争论。

作为资本主义的一种替代选择，马克思提出了**社会主义**经济制度，在这种经济制度中生产资源和生产工具为公民集体所有。在马克思所设想的纯粹的社会主义经济中，政府拥有全部财产，以避免出现任何剥削。这一点很像纯粹的民主，其中政府按照字面理解就是"被人民所控制"，除此之外，经济也为人民所控制。社会主义建立商品和服务的生产和分配理念是为了满足社会的需要，而不是获得利润。

当然，社会主义经济同样会带来社会问题。如果个人得不到利益，那么他们怎么会有动力去创新和革新呢？有人认为，社会主义扼杀了个人，由于人们没有能力创造个人财富，所以他们缺乏改善自己生活的动力。

计划经济的历史似乎印证了这一观点，因为从历史来看，社会主义社会的消费者在商品和服务方面的选择更少。在多数推行马克思所设计的社会主义国家中，往往有一小部分精英群体享受到社会的好处，保持了从他人那儿获取的利益。它们没有解决的一个问题是如何避免那些手握权力的人以权谋私。

一般来讲，在现今世界上几乎不存在纯粹的资本主义和纯粹的社会主义。大多数国家，至少是在西方国家中，存在着一种被称为**民主社会主义**的变种。这种经济制度是自由资本主义和政府对经济进行管控的混合体。"民主社会主义"这一概念在欧洲获得了存在的土壤，它往往与法国、德国、芬兰和西班牙等国家的劳动力流动相联系。这些国家的税率在任何地方都高达工人收入的40%到50%，用于提供公共服务，如健康照顾以及给那些不幸人士提供失业保险。在这种制度体系中，政府在通过财富再分配减少社会不平等方面发挥了积极的作用。

当然，美国政府也是这么做的，但程度要更低一些，美国最高的税率在38%左右。然而，美国政府确实也从一些人手中拿走了一些财富，分给了别人。例如，公立学校得到了社会上每个人的资助，无论你有没有小孩，你都需要为下一代的教育付费。

欧洲人与美国人在政府角色和社会福利方面的看法完全不同。例如，在一项对八个工业化国家的研究中，研究人员发现美国人对政府的财产再分配反对声音最强烈，而挪威人最可能接受政府对财产的再分配。这并不意味着美国人不想帮助那些不幸者，只是他们不信任政府有能力做好这件事情。

随着最近联邦政府接管了房地美（Freddie Mac）和房利美（Fannie Mae）这两大房贷巨头，这两家最大的抵

**资本主义经济制度中财富的循环**

成功的企业
产品增加
更多的工作岗位
更多的收入
销售增加

押公司现在已经是政府资助型企业了。这就是一个鲜活的例子，表明资本主义和社会主义趋于融合，这一观点被称为**融合理论**。这种融合同时包含着全世界范围内的社会主义同资本主义的融合和资本主义同社会主义的融合。在欧洲，民主社会主义正越来越流行，而世界范围内很多其他国家正在告别纯粹的社会主义。

> **公司**：是一种有某些目标的法律实体，典型的就是为老板赢利。它可以交换财产，收回债务，制订法律合同。
> **跨国公司**：它们至少在两个国家运转，并且具有公司内在利益的不仅仅是最初成立该公司的国度。
> **人口统计资料**：是人口的统计特征，如性别和年龄。

## 全球经济

技术改善了我们沟通的能力，也使得经济制度很难保持自给自足。不同洲之间企业的生意来往点一下鼠标就能完成，很多企业在全球不同地方建立了国际卫星办公室（international satellite offices）。公司是一个有特定目标的法律实体，最为典型的目标就是为老板盈利。尽管股权人拥有企业，但雇员负责公司的日常运作，**公司**可以交换财产，收回债务，制定法律合同，并享有自然人大多数的权利和权益。那些组成国际公司的人往往来自好多国家，尤其对于**跨国公司**（也被称为多国公司）而言更是如此，它们至少在两个国家运转，并且具有公司内在利益的不仅仅是最初成立该公司的国度。作为全球经济的一种主导力量，跨国公司取得了丰厚的利润，也拥有国际政治权力。

## 美国经济的趋势

裁员、缩小规模、生产停滞等等，无论用什么名目来反映这种现象，失业慢慢地使得经济变得软弱无力。不幸的是，自 2008 年 9 月开始我们目睹了信用危机所带来的真实后果。仅 2008 年，美国就有 260 万人失业，达到了 60 年来的最大数量，相当于威斯康星州和马里兰州全部的就业岗位。

2009 年 6 月，失业率达到了 9.7%。想想假如你所在的学院有大约 2 000 个学生，就会有 194 个同学被告知打包走人，没有任何的预警。这种情况真有可能发生，因为大学被迫削减开支以渡过难关。我的一位朋友在加利福尼亚州公立学院教书，他告诉我由于经济紧缩，学校今年准备在社会学方面尽可能减少 40%（的支出）。所有的助手都被解雇，全职教职员工被要求增加教学任务以便保住自己的饭碗。这种经济衰退带来的影响随处可以感受到。

经济是易变的——上一年需要的东西可能下一年就不重要了。（以时尚产品为例：卡洛驰还酷不酷？即使它们仍然摆在你的家里，等到你毕业时，就不会在那里了。）经济形势的变化影响社会，有些行业衰退了，而另一些行业壮大了。在 2008 年经济危机中，很多制造业和建筑业工人失业，而卫生保健和社会服务部门的就业率增加了。这会对未来社会产生什么影响呢？

社会同样受劳动者的人口统计资料的影响，所谓**人口统计资料**就是人口的统计特性，如年龄和性别。例如，1980 年，白人在所有劳动力中就业比例是最高的，到了 2006 年，西班牙裔已经超过了白人，西班牙裔的就业比例提高到 68.7%。到 2014 年，白人、黑人和亚裔的劳动参与率预计将会下降，西班牙裔劳动参与率还会进一步提升。为什么会这样呢？难道是因为某些人群年龄普遍增大，使得很多人退休，而退出了劳动力市场？难道是因为移民，进入美国的年轻西班牙裔比例高？也许二者兼而有之，也许二者都不是。

正如我们在第 2 章所讨论的，人们不进入劳动力市场也许不是因为懒惰。有些人是因为生病没法工作，有些人是因为身体失能，有些人是因为退休，有些人就是因为找不到工作。尽管这些人没有参加工作，但不是每个没有参加工作的人都被算作失业。按照美国政府的标

宜家家具最初诞生于瑞典，但很快成为一家跨国公司。现在，宜家在全球 36 个国家开店，从斯洛伐克到阿联酋，每年的销售高达 200 亿欧元。

失业人口：指的是那些没有工作，并且在此前积极寻找工作，当前等待就业的人口。
企业家精神：指的是顺应经济和社会机遇创建新的组织。
企业家：指的是创建、安排和管理一个组织以及承担该组织全部风险的人。
禁止贸易：是一国政府实行的贸易限制。
关税：是对贸易商品征收的税。
北美自由贸易协议：是1994年在美国、墨西哥和加拿大之间建立的农产品自由贸易的协议。

准，**失业人口**指的是积极寻找工作而没有工作，目前等待就业的人口。"积极寻找工作"包括发出求职简历，进行求职登记，甚至请朋友和家庭成员帮忙。那些不被纳入"目前等待"就业的人中包括全日制学生，罢工中的工人以及那些由于生病、休假和个人原因暂时离开其常规工作的人。因此，在你查看美国失业人数的时候，记住这些数据并没有囊括全部未就业的人口。

很多人为私人企业和政府部门工作，但有些人是自雇人口，即他们自己或者同别人合伙开公司。农民是自雇就业者中最常见的一种，然而由于很多家庭农场被收归公司所有，自雇农民正在逐渐消失。在过去的50年中，这是自雇人口减少的主要原因。2003年，只有7.5%的劳动力是自雇者，而1948年自雇者高达18.5%。

尽管农业中的自雇者比例在降低，但人们却没有停止创办新企业。企业家精神在美国仍然很活跃。**企业家精神**（entrepreneurship）指的是顺应经济和社会机遇创建新的组织。**企业家**（entrepreneur）指的是创建、安排和管理一个组织以及承担该组织全部风险的人。唐纳德·特朗普（Donald Trump）是我们这个时代最著名的企业家之一，作为一个现代商业巨子，特朗普白手起家建立起自己的房地产公司，至少有三次申请了破产保护。

△ 1975年，20岁的比尔·盖茨（Bill Gates）与别人合伙创建了一家公司开发微型计算机软件。11年以后，这位大学辍学生、微软公司的CEO成为美国历史上最年轻的亿万富翁。需要注意的是，在共事很多年以后，苹果（Apple）和微软（Microsoft）成为激烈的竞争对手，现在仍然是激烈的竞争对手。这对两家公司来说会产生什么样的影响呢？

每4个美国人中就会有1个人在其人生的某个阶段尝试做企业家。当然，创办自己的公司取决于个人素质，例如动机和个人动力。但是，决定新企业成功的因素是什么呢？有一个古老的谚语描述了商业的三个主要方面："位置，除了位置，还是位置。"也许这是对的，但是研究表明，社会网络和市场竞争水平同样重要。

## 自由贸易和政治目标

在我们讨论跟其他国家的贸易时，政治和经济的关系就非常密切了。国际冲突和国家健康管理需要对交易设置某些限制，这些限制的典型形式就是禁止贸易和征收关税。**禁止贸易**（embargo）是一国政府实行的贸易限制。美国1962年对古巴实行了贸易禁令，该禁令直到今天仍然生效，这也是古巴雪茄在美国是违法商品的原因。

与此同时，**关税**是对贸易商品征收的税。高关税限制了贸易的数量，因为增加的税使得该商品对消费者而言成本太高。政府并不是对所有外贸活动都征收关税，1994年建立了**北美自由贸易协议**（North American Free Trade Agreement, NAFTA），允许美国、墨西哥和加拿大之间的农产品实现自由贸易，关税的取消对这些国家的经济发展起到很大的促进作用。像北美自由贸易协议这样的自由贸易政策使得发达国家和发展中国家都得到了好处，它们使发展中国家有机会以公平的价格销售自己的产品，同时也以一个竞争性的价格给发达国家提供更多的产品选择。当然，这些政策也带来了争议，导致一些其他的社会问题。例如，如果允许公司使用墨西哥的廉价劳动力而不必担心进口关税，那么会带来什么样的后果呢？

如果更多的工业就业机会都放在国外，那么会不会导致美国失业率进一步上升呢？

## 政治制度

自由贸易政策是经济介入政治制度的一个很好例证。经济权力使政府得以团结一致，如果不能对市场发挥一些影响力，政府就不可能制定和执行政策。社会学家马克斯·韦伯认为政治制度是建立在三种权威基础之上的：传统权威、克里斯马式（charismatic）权威以及法理（rational-legal）权威。

在**传统权威**中，社会权力通过对政府模式的普遍尊重而获得。例如，英国国王查尔斯一世和亨利四世因为家庭世袭和君主制传统而获得权力、掌控权力。现代的例子包括沙特阿拉伯，一个传统君主制辅以资政的官员团体。2005年，法赫德（Fahd）国王去世，把王位传给了自己的弟弟阿布杜拉（Abdullah）王储，作为回报，阿布杜拉承诺一旦自己去世就把王位传给另一个弟弟。遵循传统权威的国家往往是由享有类似的世界观的民众所组成，这些人的宗教原则往往也很类似。

纳尔逊·曼德拉（Nelson Mandela）、比尔·克林顿和昂山素季（Aung San Suu Kyi）三人有什么共同点呢？三人都是克里斯马式的领导人。在**克里斯马式权威**中，权力是通过某位领导者非凡的个人特质而获得的。这些领导者鼓舞着自己的追随者，他们往往发起一些影响巨大的运动。在20世纪中期，菲德尔·卡斯特罗（Fidel Castro）发动了古巴革命，他公开反对当时的独裁统治。卡斯特罗之所以能够掌权，很大程度归功于其雄辩的公众演讲技能和克里斯马式的人格。

**法理权威**来自于一个社会官方所尊崇的规则和标准。例如，美国宪法明文规定了公民所享有的一系列权利和

> **传统权威**：是指一些组织，在这些组织中社会权力通过对政府模式的普遍尊重而获得。
> **克里斯马式权威**：是指一种政治组织，在这种组织中，权力是通过某位领导者非凡的个人特质而获得的。
> **法理权威**：是一种制度，在这种制度中权力来自于社会共享的规则和标准。
> **君主制政府**：是一种政治体制，在这种体制下，领导权基于这样的理念：领导者是通过神权或者世袭而产生的。

应遵循的规则。如果一位美国总统宣布自己为国王，就会违背公认的规则，会被社会强烈抵制。然而，如果一位妇女在选举日走进一个投票站，那么大多数人会认为这完全是理性的，完全符合美国的第十九修正案。同样，根据宪法规定美国总统可以做决策，例如可以部署美国部队，但却不能"宣战"。对于任何政府而言，权威和权力都是重要的组成部分，当政府的权威与社会规则发生冲突时，政治领域往往就会出现社会问题。在2009年夏天，伊朗人走上街道，抗议操纵选举结果，因为这违背了国家的法理权威。

领导者权力的大小往往取决于该国的政体。

## 政体

每个国家政府的治理方式是不一样的，目前，存在着三种主要的政体：君主制政府（monarchy）、独裁政府（authoritarianism）以及民主政府（democracy）。

**君主制政府**作为一种政治体系，建立在这样的理念

**自由贸易的好处**

货物进入一个国家　不征收关税，价格保持不变　$19.96　对消费者而言价格有竞争力　为生产厂家带来更多利润

自由贸易促使国家之间商品交易增加。由于不征收关税，消费者能够以竞争市场上的价格买到产品。消费者购买的产品越多，出口这些产品的国家就越能挣到钱。

社会问题！

独裁政府：是一种政治体制，在这种体制下，公民对于国家如何治理没有任何发言权。
独裁者：是一个在政府体系中拥有绝对控制力的人。
寡头政治：是指一群对政府拥有绝对控制的有影响力的人。
极权主义：是指控制着公民生活每一个方面的独裁政府。
民主政府：是由公民所运转的政治体制。

之上：领导人是通过世袭和君权神授选定的。君主制往往以一个家族世代传承权力的方式得以延续。很多古代社会都是这种政府类型，但现今世界上只有少数国家仍然采用纯粹的君主制了。在一些欧洲国家，国王和王后仍然端坐在王座之上，然而其权力却受到了限制，只是作为文化传统的符号为人们所认知。例如，女王伊丽莎白二世仍然被视为权威人物，但是统治英国的却是议会和首相。

独裁政府也是一种政治体制，在这种体制中，公民对于国家的运转几乎没有任何发言权，这种政府鼓励对权威的绝对服从。尽管这些政府可能被一位国王或者王后所领导，然而更多的是被独裁者（一个拥有绝对控制力的人）所控制或者被寡头政治（少数有影响力的人共同控制一个国家）所控制。与你想象的相反，很多独裁政府不是通过运用权力和恐怖来控制政府的。1999年，佩尔韦兹·穆沙拉夫（Pervez Musharraf）将军由于对国家政治体制以及与印度紧张关系的不满，通过和平政变接管了巴基斯坦。在他作为领导人的9年中，穆沙拉夫致力于减轻宗教领域中伊斯兰宗教极端主义的影响，建立一个如他自己所说的更加宽容和民主的巴基斯坦。2006年，他在民众中的声望稳步上升。2008年，穆沙拉夫总统交出权力，还政于民。

当一个独裁政府控制了公民生活的方方面面时，它就变成了极权主义。在这种体制中，政府可以控制人们，从事什么工作，住到什么地方。

民主政府也是一种政治体制，在这种体制中，权力为公民所掌控，公民通过参与和代表的方式（按照希腊语的说法就是"平民的统治"）行使权力。按照定义，纯粹的民主社会允许公民做出每一个决定，但这种政府很难维持下去。你能否想象3亿美国人对政府所做的每一件事情投票的情景吗？如果真的那样，就什么事情也做不了了。

美国政府是一个代议制民主的例证，我们通过每个州的选举选出官员，这些官员被授予权力，替我们做出决定。当然，问题是并不是每个公民都有权利选举领导人。在2008年的总统大选中，只有64%的合格选民参与投票，这是1968年以来的最高水平。

那么，为什么人民要参与投票呢？对这个问题有不同的回答。当我询问我的学生时，答案可能会有："这有什么意义，领导人想干什么就干什么"，"我家没有人参加投票，因此我从来不考虑这件事情"，"我对政治并不关心"，"我只有一个人，我的一票无关紧要"。有投票权的公民不参加投票，这就被称为选民冷漠（voter

政体类型

104

### 少数族裔选民的百分比（与白人选民相比）

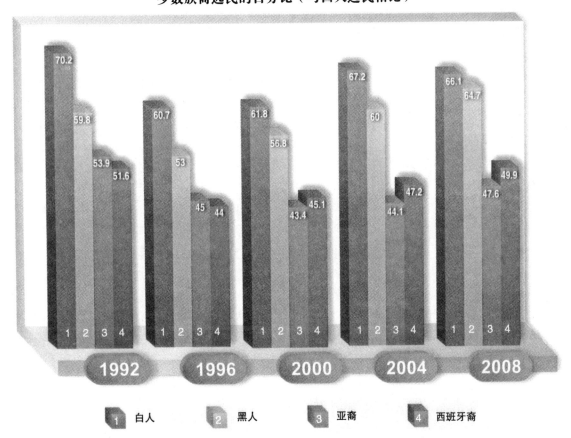

| | 1 白人 | 2 黑人 | 3 亚裔 | 4 西班牙裔 |

资料来源：U.S. Census Bureau, "Voting and Registration Data." Accessed July 29,2008. http://www.census.gov/population/www/socdemo/voting.html

总体而言，在总统选举中，少数族裔投票的比例比白人的比例要低，什么导致了这种投票人数的差异呢？

### ▶▶▶ 全球视野

## 复兴全球经济：对每个人而言都是一项任务

2008 年严重的经济危机发生以后，奥巴马总统不得不参加在伦敦举行的 20 国首脑峰会。全世界重要的领导人都想听听他对经济复苏的计划，然而，奥巴马总统发言中最有争议的部分是美国能做什么而不是它将做什么。奥巴马总统认为美国不能再充当全球增长的单一引擎了。在过去的全球经济衰退中，美国总能够担负起领导者的角色，通过增加支出助推世界经济。然而，这一次，巨额债务已经打破了国家资产负债平衡。奥巴马总统认识到最近的信用危机不单单是由美国机构所引起的，欧洲和亚洲在金融监管上的缺陷同样导致了经济衰退。他认为，经济复苏需要各方共同努力。

尽管这一次美国在全球经济中的领导作用有所下降，但这一点也有积极意义。尽管美国不能继续扮演全世界的财务官，但它也不能不抓住机会帮助全球经济走出泥潭。奥巴马指出："如果世界经济能够复苏，美国也不能成为唯一的引擎。每个人都需要加快步伐。"很多世界经济学家认同这种观点。英格兰银行货币委员会成员威廉·比特（Willem H. Buiter）教授说："我们不能再指望美国作为全球的火车头，这样的日子已经一去不复返了。"现在，英国和日本这样的工业化国家的领袖以及中国、印度、巴西这样正在崛起的力量已经作为伙伴而不是小学生，与美国一道提出解决方案，引导全球走出经济危机。

> **选民冷漠**：是一种有权利参与投票的人不参加投票的现象。
> **民主党**：是美国的一个政党，它主张扩大政府边界，加强对私有部门的监管。
> **共和党**：是美国的一个政党，它主张减少对私有部门的监管，减少政府对社会的干预。

apathy）。在民主体制下，这种冷漠对社会来说会带来真正的问题，因为不是每个人的声音都能被听到。不幸的是，这往往对少数族裔来说影响最大。

从历史来看，少数族裔选民的比例与白人选民相比要低。在 2000 年大选中，61.8% 的合格白人选民参与了投票，而只有 56.8% 的合格黑人选民和 43.4% 亚裔合格选民参与投票。少数族裔参与投票比例较低的原因之一是他们感觉作为人口较少的一群人，自己的观点对政治的影响不如人口多的群体那么大。

无论选民冷漠的原因是什么，最近的选举表明美国公民对政治的兴趣越来越高，参与度也在提高。在 2008 年总统大选中有接近 1.32 亿人参与投票，此前对投票不感兴趣的群体如年轻人和少数族裔的兴趣也重新显现。

选民冷漠可能与整个国家渴望改变不合拍，也与少数族裔在国家政治中扮演了重要角色这种断言不合拍。

## 政党

美国政治主要建立在两党制基础之上，一个是**民主党**（the Democratic Party），另一个是**共和党**（the Republican Party）。此外，还有一些小政党，如绿党（the Green Party）和宪法党（the Constitution Party），但民主党和共和党占据着绝大部分政治版图。这两大党都认为失业、教育不平等以及健康照顾等社会问题确实存在，但二者对这些问题所提出的解决方案却不一样。

尽管政治纲领一年跟一年不一样，但民主党倾向于让政府来解决社会问题，而共和党倾向于让私有部门来解决这些问题。正因为如此，民主党人往往支持扩大政府服务，相反，共和党人则建议政府减少对社会的干预，他们认为如果政府让出领域，个人就可以解决好社会问题。共和党人倾向于关注个人品行，如性道德；而民主党人倾向于谈论社会品行，如对穷人而言平等的缺失。

# 社会问题思考：政府与经济是怎样联系起来的？

> **经济行为主义**：指的是那些不基于理性，而基于什么最容易完成或最常见的角度做出决策的人。

## 功能论

功能论者发现政治体制是自然平衡的。政治学家罗伯特·达尔（Robert Dahl）认为，在民主体制下权力的分配应该足够广泛，让不同的群体去竞争和合作以便达到自己的目标。这两种力量（竞争与合作）引领着群体去调整自己的理想，使社会能够处在一个中间的位置，在两个极端之间保持平衡。

《推敲：改进有关健康、财富和幸福的决定》（*Nudge: Improving Decisions about Health, Wealth, and Happiness*）一书的作者理查德·泰勒（Richard H. Thaler）和卡斯·桑斯坦（Cass R. Sunstein）也持有类似的观点。具体到我们自己的策略来说，我们往往做出了错误的决定。

你如果选择中餐外卖，是因为这比较简单还是因为它比较健康呢？泰勒和桑斯坦指出，在我们的经济中有很多相互竞争的选择，然而人们并不是基于理性做出选择，而是基于怎样做最容易完成或者最常见来做出选择。这种理论被称为**经济行为主义**（economic behaviorism）。就像给朋友推荐色拉而不是外卖一样，只有当我们让人们做正确决定时，社会才能最好地运转。

当代社会学家阿米塔·埃左尼（Amitai Etzioni）发现了社会结构和个人选择之间的相互联系。作为**社群主义**（communitarianism）的奠基人之一，他认为，为了让社会正常运转，必须有一套共享的价值观来指导社会政策。在社群主义者看来，社会由三个部分组成：社区、市场和政府。每个部分都扮演了不同的重要角色，而且这三者又是不断相互作用的。埃左尼同时注意到，社会上很多人不仅把自己看成是个体，而且还看成是社区的一部分。于是，在做出决定时要考虑所有人的最大利益。

## 冲突论

　　大约就在达尔推崇平衡的民主体制的好处的同时，社会学家米尔斯（C. Wright Mills）却推出某种完全不同的东西。米尔斯认为**权力精英**掌控着美国。他们都是哪些人呢？按照米尔斯的观点，权力精英们由高级军官、大公司老总和高级别的政治领袖组成。这群人既控制了美国的经济，同时也控制了美国的政治。

　　现代理论家多姆霍夫持类似观点，他认为，美国被那些拥有最多社会权力的人所掌控。看看公司的董事就不难明白这一点。一种常见的运作模式就是**连锁董事**，让同一个人担任不同公司的董事，从而使不同的公司被一个由少数人组成的精英集团所控制。多姆霍夫指出，这一群人常常在封闭式的俱乐部中与政界领袖们打交道，主导着（至少是强烈影响）美国政府的大政方针。

## 符号互动论

　　符号互动论者关注人们如何对事物进行解释，以及这些解释如何影响我们的行动。在经典游戏《谁想成为百万富翁》（*Who Wants to Be a Millionaire*）中，对于你

**社群主义**：为了社会能够正常运转，必须有共享的价值观以及建立在这些价值观基础之上的社会政策。

**权力精英**：是指一个由高级军官、大公司老总以及高级别的政治领袖所组成的群体，这群人既控制着美国社会的经济，同时也控制着美国的政治。

**连锁董事**：指的是同样的人担任了不同公司的董事，使得不同的公司被一个由少数人组成的精英集团所控制。

的大学朋友和观众，你会更信任谁？在《大众的智慧》（*The Wisdom of Crowds*）一书的作者詹姆斯·索罗维基（James Surowiecki）看来，你应该信任观众。因为一大群人正确的可能性更大一些。索罗维基注意到一大群人比一小群人甚至单个的人更聪明，无论这单个人有多聪明。一大群人效果更好，因为他们从集体的角度去思考，因此更容易对改变产生影响，他们通过互动来完成改变，然而集体往往都意识不到这种改变。你有没有看过足球比赛，在比赛过程中，观众会影响比赛的最终结果。大众有惊人的预测和影响他们所处环境的力量。

---

按照经济行为主义的观点，我们的决策建立在什么最容易完成这一基础之上。然而，最方便的途径却往往不是最好的。

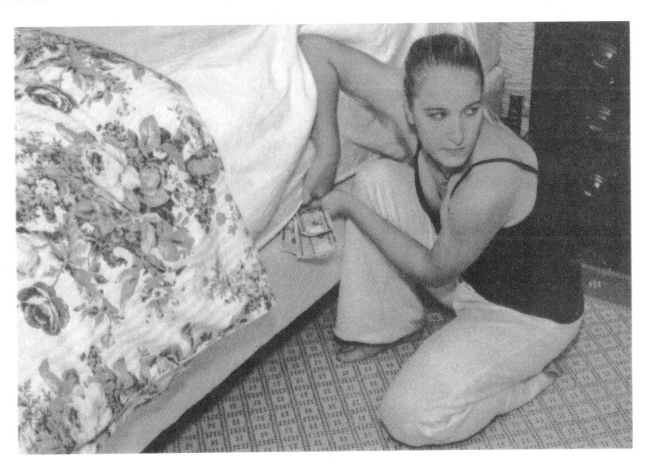

# 找寻社会问题的解决办法：
# 经济体制如何影响政治体制？

## 政治献金

在美国，大多数政治选举不是自己出钱。我的一个朋友参选市议会议员时，他自己掏钱制作院子里的广告牌以及发放的传单。然而，在重要的选举中，很少人能够凭自己的经济实力在全国电视上做广告或者做纸质广告。在美国，竞选经费来自那些对候选人或者候选人所代表的政党感兴趣的个人或团体。例如，全美步枪协会可能会为某位反对限制个人持枪的候选人提供经费支持，而且持枪者同样会给这位候选人提供少量的个人捐款。

大量的政党捐款来自于**政治行动组织**（political action committees, PACs）。政治行动组织可能给两大政党同时拨款，但常常是给民主党或者共和党中的一个拨款。因为资金对选举结果会产生深远的影响，所以对政治献金的分配设置了很多规定和条款。为此制定了麦凯恩—法因高尔德—考克兰跨党派竞选改革法案（The McCain–Feingold-Cochran Bipartisan Campaign Reform Bill）并于2002年正式执行，以避免有人通过不道德的途径使用政治献金。此外，该法案还包括对所谓"软钱"（soft money）的禁止条款，"软钱"也就是公司、工会和有钱人对全国性政党的现金捐赠。

> **政治行动组织：**是给政党提供资金的利益集团。

## ▶▶▶ 赞同还是反对

### 美国的民主真的代表"人民"吗？

**赞同**

- 按照达尔的说法，民主使权力得以分散，从而使得任何一个群体都不可能掌控一切。
- 分权保证了每个人的声音都能被听到，那些不愿意参与投票的人也都是出于自己的意愿。
- 政治家们设法讨好选民以便自己能够再次当选，因此，公众的声音往往能够被听到。
- 那些没有投票权的人只要好好组织一下，就能够改变体制。

**反对**

- 柏拉图几千年前就说过，民主注定要失败，因为不是每个人都那么聪明，为大家选择最好的东西。把政府建立在自私自利的基础上必然导致社会的溃败。
- 马克思、米尔斯和多姆霍夫都认为，权力导致政府腐败，如果任由政府自由行事，它就必然会寻求短期的经济回报。
- 公司花钱支持了政治竞选，从而导致政治家代表了大企业的利益而不是大众选民的利益。
- 民主是可行的，但必须让它摆脱权力精英们的掌控。至少在美国，还做不到这一点。

## 链接

### 政治与金钱

在第2章中我们讨论了财富与贫困的问题。很多政治和经济的讨论都聚焦于贫困问题。一个国家要是都由富人组成该多好啊，不过正如冲突主义者所言，就是没有足够多的资源可用。

在第6章中，我们讨论了媒体以及它们对不同人口的吸引力。政治也一样，不同收入的人倾向于支持某一个特定的政党，因为该政党迎合了这一群体的需要。因为民主党候选人倾向于给穷人提供政府项目支持，从而获得了低收入阶层的支持。

# 从课堂到社会→政治献金

贾斯汀·伯格纳（Justin Bergner）还能记起第一次听大卫·佛洛里斯（David Flores）演讲的情形。他在一个社区舞会上听到大卫·佛洛里斯同一小群人讨论政治问题。贾斯汀自从两年前参加高中学生会以后就对政治产生了兴趣，当他注意到他所居住的社区中正在出现的一些问题时，他对当地政治的关注面扩大了。

"当大卫讲到他想让城市做出改变时，我对他的谈话开始感兴趣了。他提到我们需要对课余项目提供更多的资助，在我们的城市边缘需要更多的绿地，他还说到我们这个城市中参政的工人阶级人数太少了，这是很疯狂的。"

这些问题也同样困扰着贾斯汀，

"当我听到他将在秋天参加市议会选举时，我觉得这个想法很酷。在大家离开以后，我走向他，并做了自我介绍。我想看看自己能不能在他的选举中帮上什么忙。他明确告诉我可以，他很荣幸我能参与到他的团队中去。"

大卫知道他的筹码很不够，他只有 500 美元用于竞选，而现任候选人有成千上万的企业赞助。他和他的志愿团队没有把这一点点钱用于写标语和做广告，而是直接跟选民交流。贾斯汀对那个夏天记得很清楚。

"在过去的 3 个月中我去过 15 家不同的电影院，每到周末我们就往人多的地方走，在人来人往中同他们交流。我们就不同的事情对他们进行调查，例如他们希望城市做出什么样

的改变，大卫会走上前去，同他们进行个别交流。他尽可能多地参加社区活动，同那儿的人交朋友，让他们知道自己正参加竞选。我估计对手感觉到害怕了，因为正式选举之前，印有他名字的各种宣传品出现在各种场合中，同时还在报纸上做整版广告。大卫当然没有那些基金支持，不过他相信选民会做出正确的选择。"

实际上，大卫唯一担心的是大量选民不去投票站参加投票。为了解决这一难题，贾斯汀建议团队成员在选举日挨家挨户走访，提醒选民参加投票。

"我们 5 个人从早上 7 点到晚上 8 点四处走动，走访范围尽可能大。投票结束后，我们所能做的只有等待。"

最后公布的选举结果表明，大卫·佛洛里斯以 55 票的优势赢得了选举。"所有人都欢欣鼓舞，疯狂地欢呼。能赢得选举胜利真是太棒了。能看到我们信任的人取得成功，这种感觉真好。我认为我们向每个人证明了，政治不仅仅跟钱有关。"

<<< 大卫会走上前去，跟他们个别人交流。他希望参与尽可能多的社区活动，同那儿的人交朋友，让他们知道自己正参加选举。

# 理论沉思

我们的很多经济决策都是基于什么容易或常见而不是合不合逻辑做出的。这些决策对整个社会产生了什么影响呢？

## 功能论

功能论者研究制度之间的互动对个体产生的影响。达尔注意到美国的民主之所以能够运转起来，是因为权力足够分散，被竞争群体所分享。社会学家阿米塔·埃左尼认为，政府和社区的责任是资本主义经济所固有的对财富的利己主义冲动。正是基于这些平衡，我们的社会能够平稳运转。

**？**

经济和政治制度中权力如何分配？

## 符号互动论

符号互动论者对群体的智慧很感兴趣。大的群体相较于个体而言能够做出更好的选择，也更容易影响周围的世界。符号互动论者还研究了领袖如何运用个性和克里斯马气质获得统治群体的权力。韦伯认为领袖的标志就是他或者她具有让别人跟随自己的克里斯马气质。克里斯马气质是一种团结大家以实现共同目标的强有力的工具。

## 冲突论

冲突论者分析了社会成员如何对稀有物品展开斗争。按照马克思、米尔斯以及多姆霍夫的观点，在任何社会，财富和权力都是稀缺的。这主要是由于那些掌握权力和财富的人不愿意放弃这些权力和财富。通常，他们会寻求短期回报以增加自己的权力和财富，而忽略长期的社会后果。

根据冲突理论，那些掌权者往往运用受众的权力去统治他人。经济精英是如何统治底层阶级的呢？

很多人认为巴拉克·奥巴马之所以赢得 2008 年大选，得益于他那魅力十足的演讲。演讲者怎样用措词、面部表情和肢体语言来强调自己的观点？

# 教育中的问题

1. 教育中存在什么社会问题?
2. 什么样的思想主导着社会的教育?
3. 我们能够采取什么措施来促进教育平等?

# 数学

确实很难,但是想象一下,如果老师比学生强不了多少,那就更难了。

这种情况确实存在,而且更多发生在穷人的孩子和少数族裔的孩子身上。根据儿童保护教育信任组织(Education Trust)公布的一份报告,穷人和少数族裔的孩子的数学老师不太懂数学的概率是其他孩子的两倍。

研究表明教师的知识和学生的成绩在数学这门课程上联系尤其紧密。

教育信任组织中负责跟踪政策问题的罗斯·维纳(Ross Wiener)说:"老师对孩子能学到多少知识具有很大的影响。"

该报告研究了那些所学与所教专业不对口的老师以及没有获得专业资格证书的老师。研究结论建立在对教育部数据进行分析的基础之上,包括:

- 在很贫困的学校中,五分之二的数学老师大学学的不是数学专业或者没有数学专业的文凭。
- 在非洲裔和西班牙裔孩子比例比较高的学校中,只有三分之一的学生的数学课是由数学专业老师授课。

数学课很重要,因为它被认为是一门"入门课",能够让人们在大学和工作中取得更大的成功。在高中学完代数Ⅱ的孩子获得学士学位的可能性更大,而有学士学位的人比那些高中毕业生挣的多得多。

报告表明,教学问题在5到8年级中最为严重。约翰·霍普金斯大学的研究科学家鲁斯·内尔德(Ruth Neild)说,这一阶段对学习数学来说是关键时期。

内尔德说:"这一时期孩子正处在从算术向数学的重大转变之中,这需要仔细指导,如果孩子得不到这种指导,那么他们在高中数学方面不太可能取得成功。"

内尔德说,中学很难找到合格的老师,尤其是在低收入地区。内尔德研究了费城的公立学校,但她没有参与撰写该报告。

该报告指出,老师不应该为跨专业从教负责,这种情况会发生在任何一个严重缺少某种师资的地区,同时,也可能发生在那些师资不短缺但学校管理缺乏计划的地方。

2002年不让一个孩子落伍法案(No Child Left Behind Law)颁布以后,国会试图解决这个问题。该法强调,到2006年,所有核心课程的任何老师都必须"高度合格"。

不让一个孩子落伍法案最为公众所知的一点是,它要求各州每年都要对阅读和数学进行测试,并且对那些不能取得进步的学校进行处罚。

对教师的要求没有那么明朗,也不是那么严格。各州可以自己对"高度合格"进行具体定义。结果,现在大多数美国教师都被认为是高度合格的。

报告指出,对于跨专业执教,政府官员讨论得比较少。

研究人员比较了教育部门的两套不同数据,政府官员的一项报告和老师们自己的一项调查。老师们说跨专业执教现象远比政府为应对检查而发布的报告中所描述的严重得多。

教育信任组织的官员维纳说,教育是实现不让一个孩子落伍这一目标的关键,该目标要求到2014年让每一个学生都能阅读,数学成绩达到年级平均水平。

维纳说:"除非我们改善师资水平以及教师教学效果,否则我们不可能实现提高学生成绩的目标。"

**很难想象，21世纪，在美国这样一个全球最富裕的国家中，公立学校的孩子中有不少还不能掌握阅读和写作这样的基本技能。**

联邦政府计划向教育拨更多的钱，修订教学大纲，但是仍然有很多孩子难以在课堂上取得成功。这是为什么呢？

作为美国人而言，大多数人都认为享受公立教育是每个公民的权利。既然如此，教育怎么会成为一个社会问题呢？在本章中，我们将讨论美国的教育质量和受教育权的问题，以及这些问题如何同种族、社会阶级和性别联系起来？

# 主题：教育中存在什么社会问题？

> **教育**：是人们获得知识和增加知识的过程。

## 社会上的教育

在过去的很多年中，我都在从事教学工作，我经历了很多不同的事情：一些学生在教室后排装模作样听课，另一些坐在中间的学生在接电话，当然也有那些想知道自己缺课的那天"有没有发生什么事情"的学生。所有老师都有自己津津乐道的有关学生的恐怖故事，而作为一个从学生时代走过来的人，我也同样有关于老师的恐怖故事。不过，尽管这些经历发生在学术环境下，但它们能被称为"教育"吗？

**教育**是人们获得知识和增加知识的过程。在人类历史的大多数时期，教育是非正式的，往往是代代相传的。工业革命以后，教育变成一个正式的体制，通过这个体制社会把信息传递下去，并且把自己同经济发展联系起来。

通过这种途径，学校同就业体制联系起来，因为，学校往往为了适应某种类型的工作而对学生进行训练。例如，为了成为一名护士，你必须进护士学校学习。在你完成学业后，你可以挣一份高薪水，可以有一个确定的职业路径，而且可以从你的医学知识中获得社会效益。

还有一些类型学位的专业性则不是那么强。例如，你如果拥有社会学学位，就可以从事不同类型的工作，可以上银行工作，也可以做社会服务分析。然而，关键问题是学生为获取自己的学位应打下了一个教育基础。

受教育水平根据性别不同稍有差异。从左下表中你不难看出，更多的女性接受学院教育，而更多的男性获得高等教育学位。

同样值得注意的是，在过去的30年中，辍学率（16岁到24岁之间没有入学和没有获得高中学位证书或是同等学历证书的人）大幅度下降。1980年，美国的辍学率是14.1%，到2007年，下降到8.7%。各种族之间辍学率差异很大，西班牙裔辍学率最高，2007年达到了21.4%，而黑人和白人的辍学率比较低，分别是8.4%和5.3%。

## 教育的历史

### 美国公立教育的历史

从殖民者自英格兰第一次到达"新大陆"开始，他们带来了自己的教育形式和教育机构。他们的教育有很悠久的传统，并且教育设施仅仅为精英们所使用。他们为了宗教的目的提供经典的教育。

1647年，马萨诸塞州成为第一个要求义务教育的州，让教育对每个人开放。其他殖民地把教育置于家长和私人组织手中，这就要求个人自己掏学费。在美国独立战争之后，政府开始形成了四种关键的教育思想：对所有使用者免费、公共运行、非宗教、普遍的（义务的）。最后，学校扩展了自己的视野。除了教授学生基本的阅读、写作和算术之外，它们试图通过教育让新移民的孩子成为好公民，培养他们良好的品行。

在西进运动时期，美国学校往往采取一间教室的形

**2007 年 25 岁及以上人口受教育程度**

| 最高学历 | 男学生（%） | 女学生（%） |
|---|---|---|
| 高中以下 | 16.1 | 15.0 |
| 高中毕业 | 30.1 | 30.2 |
| 读过大学 | 25.6 | 28.1 |
| 学士学位 | 17.6 | 17.2 |
| 研究生或专业学位 | 10.7 | 9.6 |

资料来源：Data from the U.S. Census Bureau, *2007 American Community Survey*, Table SE:T22.

>>> 仅有一间教室的学校是公立学校历史的一部分。有些阿米希人学校现在仍然使用这种模式。

式，由一位老师管理学生，学生在年龄和能力方面参差不齐。一间教室的学校问题很多。例如，如果你的老师数学不好，你的数学教育就会受到限制。尤其是在农村地区，根本不使用教材。学生们会把他们家里能找到的书带到学校来读。按照现在的标准，这些早期的公共资助的校舍提供了一个类似于初级教育的东西。直到 19 世纪中期，中学才开始出现，往往只有那些想上大学的人才会去上中学。直到 20 世纪，高中才开始变为公立的，而且仍然只有很小一部分人能够接受高中教育。例如，在我小的时候，我清楚地记得祖母骄傲地告诉我她完成了八年级的课程，在她那个年代，这就相当于女孩上过学了。

当时的高等教育也同样不像今天的高等教育。先前，大学教育与初级教育没有太大差异。例如，哈佛大学首先是一所培养高官的学校，它创立于 17 世纪，主要为精英服务，教师的招募永远是听教授们的意见，而不是本人的专业知识。在早期的大学中，教员很少，大多数都没有自己的专业领域。随着时间的变化，这一现象发生了变化，教员们越来越专注于特定的学科。

### 教育：全社会传播的五大"神话"

教育现在已经不再仅仅是教授 3R（阅读、写作、算术）的问题了。出于构建国家及其意识形态的需要，教育已经扩展为一场社会运动。在美国的初中，你是不是每天都以宣誓效忠作为一天的开始？如果真是那样，那么这种仪式教授你什么呢，是阅读还是爱国主义？学者们建议美国教育体系应该传播社会的五大"神话"。

**1** 个人主义神话。这一神话支持个体是社会最主要单元这一信念，不是家庭，不是部落，也不是种族。因此，个体有责任好好学习以改善自己在社会中的位置。

**2** 国家是个体的集合。在这一神话中，国家不再是国王或少数精英群体的财产，相反，个体组成了社会

和国家。因此，通过提高技能和知识，你可以让自己变得更好，从而使国家变得更好。

**3** 进步神话。这一神话认为社会的目的就是改善民众现在的和未来的状况。因此，孩子的教育契合了国家正在自我改善之中这一观念。

**4** 社会化和生命周期神话。这种神话认为儿童社会化形塑了成年人的性格。因此儿童如果能够顺利地实现社会化，就会形成好的性格，从长远来看会让社会受益。那么宣誓效忠的意识会让一些儿童长大以后参军吗？

**5** 政府是国家的守卫者。这一神话支持了这样一种信念，即政府的工作就是培养良好的、忠诚的、爱国的儿童，这些儿童将会成为下一代良好的、忠诚的、爱国的成年人。通过这种途径，儿童的社会化不仅是家庭的任务，而且成为国家的任务。

我们必须注意到，并不是所有的人都能进入国家教育体系，部分原因在于他们并不相信这些神话。例如，阿米希人（Amish）拒绝参加政府举办的教育体系，以保证他们的儿童在自己的群体中被社会化。因此，他们建立并沿用自己的学校。我的好多朋友都选

∧∧ 筹款人教授资本主义隐性课程。

**隐性课程：**是指那些学校中与专业学习不直接相关的课程。
**识字率：**是指人口中能够读和写的人所占的比例。

择让自己的孩子在家里接受教育，目的是不让国家插手孩子的教育。对政府而言，培养孩子是不是一个社会问题呢？对国家长远的健康发展而言是否有利呢？让我们继续深入探讨这个问题。

### 学校的隐性课程

很多学校通过学生来募集资金，从人行道旁的柠檬水架子到学校募捐者在全校范围内推销面值数千美元的包装纸或者比萨，孩子们体会到辛勤劳动和服务的价值，这已达到学校课程之外的某个目标。在语法课阶段和高中时代所参与的那些勤工俭学活动都让你了解了关于资本主义和与读、写、算其实没有任何关系的目标，无论你是否意识到这一点。

把书本知识传给下一代是学校的首要目标，但是学校同样也通过所谓的"隐性课程"让学生实现社会化。**隐性课程**指的是学校所教授的与书本知识无关的课程。通过模拟选举，学校教授学生们有关公民资格的知识；

**2005—2007年地区成人识字率（15岁及以上）**

**全球平均**
男性识字率：88.5%
女性识字率：79.4%
总识字率：83.9%

**欧洲**
男性识字率：99.4%
女性识字率：98.9%
总识字率：99.1%

**北美洲**
男性识字率：96.6%
女性识字率：95.6%
总识字率：96.1%

**亚洲**
男性识字率：87.8%
女性识字率：76.3%
总识字率：82.1%

**南美洲**
男性识字率：92.6%
女性识字率：91.9%
总识字率：92.3%

**非洲**
男性识字率：73.0%
女性识字率：54.8%
总识字率：63.6%

资料来源：Data from United Nations Educational, Scientific, and Cultural Organization (UNESCO) Institute for Statistics.

## 读大学 vs. 读完大学

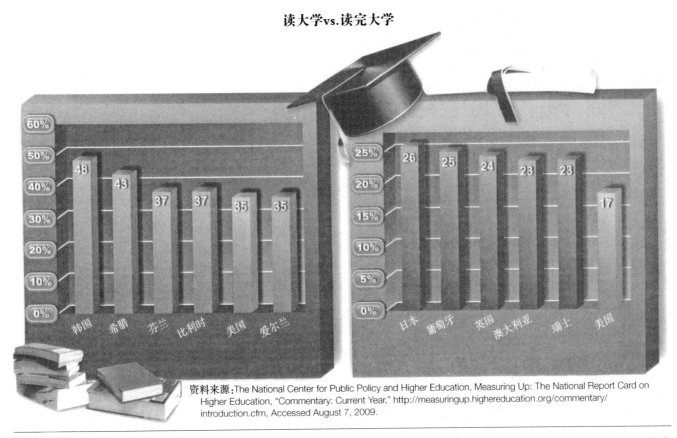

资料来源：The National Center for Public Policy and Higher Education, Measuring Up: The National Report Card on Higher Education, "Commentary: Current Year," http://measuringup.highereducation.org/commentary/introduction.cfm, Accessed August 7, 2009.

18岁至24岁之间的成年人读大学的比例，美国排在全球第5位。但是在读完大学的排名中，美国的比例要低很多，在27个国家中排名第16位。

通过健康的竞争和比赛，学校告诉学生们如何运用计划、设定目标、开展训练和团队合作。此外，学校还告诉学生们要遵守秩序、惯例和其他看上去有些武断的制度，这最终让我们遵守有时看上去冷冰冰的真实的法律。这些都让我们成为社区的一部分，从而也保证社区能够更加顺畅地运转。

隐性课程同样也被运用于学生们相互之间的交际。学生们把所学到的知识用于学校的走廊、操场和餐厅，同时把这些知识应用于学校之外的世界。我们在学校中所学到的最重要的东西之一就是学会如何与同龄人打交道。它帮助我们走过漫漫人生之路，但与我们学会识字之间几乎没有任何关系。

## 全球的教育

每个国家都有某种形式的教育体制，然而，每种教育体制并不一样。资源、资金以及教育所承载的价值都不一样，这反过来又带来了全球教育不平等这一社会问题。一个国家的社会经济地位对其教育体制会产生非

常大的影响。发展中国家的教育体制往往不能满足学生的基本教育需求，需要花大力气才能实现教育机构的稳定和可持续发展。巴拉圭、斯里兰卡和菲律宾的学校中，五分之一的孩子享受不到自来水。这样一个环境对他们学习的能力会产生什么样的影响呢？

一般来讲，国家越贫穷，国民**识字率**就越低，或者说国民中能读书和写字的人的比例就低。你如果思考一下一些国家中教育缺乏的问题，就可能会发现为什么有些国家年复一年深陷同样的问题之中。例如，在塞拉利昂，在15岁以上的人口中，只有47%的男人和24%的女人能识字，远远低于全世界男人88.5%和女人79.4%的平均识字率水平。这一数据也展示了全球很多地方教育领域社会不平等的一个侧面：与男性同伴相比，女性几乎从来就没有得到过平等对待。请注意，在塞拉利昂，能识字的妇女数量差不多只有受教育的男人数量的一半。同样，在上一页的识字率一图中，男人的识字率在全世界任何一个地方都比女人的识字率要高。这些数据暴露了父权制社会中的一个问题，即教育获得机会的男女不平等问题。知识就是力量，但是在全球很多地区妇女仍

声望鸿沟：是指那些享有就读精英学校和在劳动市场上取得成功的特权以及与那些不能做到这一点的那些人之间的划分。

教师预期效应：是指教师的预期对学生的成绩有影响。

学分膨胀：是指为了让学生在就业市场上有竞争力，给学生打比以前更高的学分的这种趋势。

然被排除在知识的圈子之外。

教育给一个国家提供参与全球竞争的能力。从欧洲和北美洲的识字率数据中，你会发现欧洲的比例最高，欧洲的识字率几乎达到了 100%，而北美洲的识字率远不及欧洲的那么高。这种趋势与美国教育体制中的另一个社会问题是一致的。

在过去的 20 年中，美国的大学参与率没有明显增长，而很多国家的大学参与率的排名都提升了，现在已经超过了美国。这种情况是怎么发生的呢？原因之一可能是美国缺少对大学的资金支持。在教育支出占 GDP 比重的排名中，美国居全球第 57 位。这一排名低于法国、挪威和英国，这几个国家的大学毕业率都超过了美国。

下面让我们看看高等教育的问题。在 27 个被测评的国家中，美国的大学参与率排名第 5 位，然而在大学生学位授予量方面，美国只排名第 16 位。实际上，如果以 6 年作为一个测量期限，美国新入学大学生的毕业率只有 58%。高中毕业率也下降了，尽管与几年前相比，现在高中毕业生更愿意去两年制或者四年制大学学习。低教育获得这一社会问题会给一个国家带来长远的问题，它会限制一个国家经济增长的潜力。

国家的财富在教育中发挥着决定性作用，因此如果不能从国家获得资金和资源就会弱化教育系统。在撒哈拉以南的非洲地区，政府仅仅把全球公共资源的 2.4% 投到教育之中，然而，很多国家教育投入占国家财富的比例却比美国还高。例如，苏丹教育投入占 GDP 的比重排在第 42 位，而美国仅排名第 57 位。

因此，教育支出是社会问题吗？很明显，美国投入了大量的钱，但是教育支出占美国的总财富的比例，使美国的排名很低。而且，这些事实表明，美国在大学学位获取人数方面落后于很多国家。然而，从 1997 年到 2007 年，美国高等教育授予学位的数量从 24% 增加到 29%。因此，学位数量是在增加的，只不过增长速度没有很多欧洲国家那么快。可是，到底是谁取得了这些学位呢？种族、性别和社会地位对人们的教育获得有影响吗？应该是有的。

# 高等教育所存在的问题

大学的开支对教育获得具有很大的影响，在美国，政府只承担小学和中学教育的费用，至于高等教育，只能是自己付费，对于四年制的大学来说州内学费平均每年 6 595 美元，这就使得低收入者接受不到高等教育。在其他工业化国家，各个级别的教育都是免费的。例如，在瑞典，小学、中学以及高等教育都免费，由政府和纳税人承担。这就使得所有达到一定知识水准的学生无论经济状况如何都可以进任何学校学习。

与此形成鲜明对比的是美国常春藤联盟的要求。对学生而言，现在的情况越来越清楚，为了在社会上谋得一份高收入的工作，你必须首先进入一所常春藤联盟的大学学习，在该校中你能够发展社会关系网，接受雇主所需要的教育。这并不是说州立大学或者非常春藤大学为把学生培养成精英劳动力付出得更少。然而，美国人有一种普遍的想法，他们认为考入一所好学校，在学校中取得成功，就能够获得一张通往你所期望的任何职业的通行证。

不幸的是，由于这些最出色的学生选择考入精英学校，他们正创造出一种**声望鸿沟**（prestige gap）。那些本来可以同样出色的学生由于负担不起精英教育所需的费用，在一个比以往任何时候都要激烈的就业市场竞争中将会处于劣势。当"聪明的学生"被集中到某些学校时，其他学校的互动式课堂讨论就不会那么有挑战性了。结果必然是优秀的教师去精英大学教书，使得声望鸿沟进一步拉大。

# 教育中的问题

## 种族的教育差异

好莱坞电影《危险游戏》（*Dangerous Minds, Lean on Me*）和《自由作家》（*Freedom Writers*）关注的是那些由于环境和社会经济地位不好而被认为不可能取得成功的学生所付出的努力。对于美国几百万学生而言，这可不仅仅是一场电影，它是一种真实的生活趋势。2007 年美国人口普查显示，25 岁及以上的美国人中 31.8% 的白人和 52.1% 的亚裔读完四年大学或者更多，而只有 18.5% 的非洲裔和 12.7% 的西班牙裔完成了同样的学业。造成这种差异的原因是什么呢？要考虑到穷人和受教育水平低的人上的是贫民区的学校，这些学校中的老师和管理

## 韩国的教育体系

20 世纪 60 年代以来,教育已经成为韩国最有价值的资源。生活在一个缺乏可供出口的自然资源的国家,每个家庭都把教育孩子作为第一要务。

韩国的教育体系推行了一个全国性课程,与美国相比,教育资源的分配要平等得多,而且韩国的教育投入占国家预算的比例也更高。

国家对教育的重视获得了回报,93% 的韩国学生能从高中毕业,相比之下美国只有 75%。

当然,对韩国教育体系也有批评之声:循规蹈矩的团队精神和残酷的课业负担让学生每天在校外还得学习 8 小时以上;无休无止的研究和学习扼杀了学生的创造性;可供选择的全国性大学少之又少,导致学生远赴国外求学。

<<< 韩国学生通过一种全球范围内无可比拟的工作伦理取得极高的成就。

---

人员对学生的教育成绩的预期很低,而且学校资源非常有限。由于富人和穷人之间的不平等,来自于贫穷地区的少数族裔被整个教育体制抛在身后。因此,有些人认为社会从一开始就把他们置于有竞争力的圈子之外。

### 教师预期与成绩

对于少数族裔以及贫穷的孩子而言,教育差异问题与教师预期也有关系,这被认为是**教师预期效应**(teacher expectancy effect),也就是说教师的预期对学生的成绩有影响,这种影响不仅仅发生在穷人和少数族裔学生身上。该效应指的是如果教师期待学生喜爱课堂并且做得很好,那么一般来讲学生就能做得到。当然,测量教师的预期是一件很难办的事情。

有研究表明,预期不仅仅影响个别学生的表现,而且影响整个学校的表现。另一些研究则没有那么明显的发现,而是认为老师可能影响了学生们的自我感知,然而正是这种感知影响了学习成绩。无论如何,很明显教师都对学生有强大的影响力,无论是正面还是负面的。在贫民区的学校里,教师调动很频繁,这已经成为一个大问题。

### 学习成绩

美国高中和大学里学分膨胀越来越厉害。**学分膨胀**(grade inflation)指的是为了让学生在就业市场上有竞争力,学校给学生的学分比以前更高了。在过去的 20 年间,学生的平均学分提高

**全球十大高校的排名及学费**

| 排名 | 学校 | 学费(美元) |
| --- | --- | --- |
| 1 | 哈佛大学 | 37 012 |
| 2 | 耶鲁大学 | 36 500 |
| 3 | 剑桥大学 | 5 145* |
| 4 | 牛津大学 | 5 145* |
| 5 | 加州理工学院 | 34 584 |
| 6 | 伦敦帝国理工学院 | 5 145* |
| 7 | 伦敦大学学院 | 5 145* |
| 8 | 芝加哥大学 | 39 381 |
| 9 | 麻省理工学院 | 37 782 |
| 10 | 哥伦比亚大学 | 41 316 |

*从英镑换算而来。

一般来讲,在美国,学校越出名,读书的花销就越大。相比而言,英国大学本科教育的花费只有 5 145 美元。

资料来源:U.S. News & World Report, "National Universities Rankings," http://colleges.usnews.rankingsandreviews.com/best-colleges/national-universities-rankings, Acessed August 31, 2009; O'Leary, John, Nunzio Quacquarelli, and Martin Ince. *Top Universities Guide*. London: Quacquarelli Symonds Limited, 2009, http://www.topuniversities.com/top-universities-guide, Accessed August 31, 2009; "Universities," Guiardian.co.uk, http://www.guardian.co.uk/education/list/educationinstitution, Accessed August 31, 2009; Graeme Paton, "University tuition fees 'need to rise to £6,500,'" Telegraph.co.uk, March 16, 2009, http://www.telegraph.co.uk/education/universityeducation/5001170/University-tuition-fees-need-to-rise-to-6500.html, Accessed August 31, 2009.

了差不多三分之一。出现这种趋势不可能仅仅是因为学生的表现。

学生们已经认为学分 A 是可以轻松获得的，举国上下的教授们正从他们的学生身上看到一种（高学分是他们）应得的感觉，结果导致了学生们的自大，即那些本来刚刚达到平均水平的学生认为自己为了工作"有权"获得高学分。

为了应对这种趋势，大学开始在大学新生的入门课程中融入讨论课，这种讨论课程鼓励学生对他们的工作和生活有不同的思考，让他们重新认识教育究竟是什么。

# 社会问题思考：
# 什么样的思想主导着社会的教育？

**人力资本**：是技能、知识、特性和个人品质的结合体。
**文凭主义**：强调把教育文凭作为进步的前提条件。

## 教育背后的理论

学生们在权衡是否上大学的时候会采用什么标准呢？社会学家对此提出了几个理论。

### 功能论

功能论者倾向于观察社会的结构如何支撑社会的运行。回想一下本章前面所提到的识字率数据，一般而言，全球某个地区的识字率越高，该地区就越富裕，也越发达。为什么？因为教育帮助学生改善自己的**人力资本**（human capital），它是技能、知识、特性和个人品质的结合体。同时，教育通过教授一个国家的历史、政府和社会规范，把学生整合到社会之中。最后，公共教育给家长提供一个场所培养自己的孩子，从而让成年人可以工作，去完成社会需要他们去做的其他任务。

读大学是工作成功的第一步。

我应该上大学吗？

**不上大学**
我的老师不希望我们去制的地方或者去完成什么事情。
上大学花销太大。
即便我上大学，如果不是常春藤大学那又有什么用呢？

**上大学**
我想增加我的知识，提高我的技能，改变我的个性特质。
我需要大学文凭去找个好工作。
上大学从长远看会改善我的社会地位。

### 符号互动论

拥有学位给人们打开了方便之门。在美国，很多学生因为**文凭主义**（credentialism）这一社会现实而选择上大学，强调把教育文凭作为进步的前提条件。在当今全球经济中，很多"好工作"都是服务性工作和白领工作。简而言之，它们需要大学文凭，但也不完全如此。我的父母没有一个有大学文凭，但通过努力工作，他们在商业管理和会计行业谋得了白领职位。这种事情在那个时代能够发生，因为努力工作、智慧和能力足以让人从蓝领上升为白领。然而，现在不再是那样了，雇主们把教育作为决定谁能胜任谁不能胜任某项工作的试金石。

### 冲突论

你有没有注意到学校的权力结构与社会的权力结构很类似？塞缪尔·鲍尔斯（Samuel Bowles）和赫伯

特·金迪斯（Herbert Gintis）认为学校遵循一种资本主义结构。管理人员控制教师，教师控制学生，学生控制其他学生。从某种意义上说，这种权势等级训练学生理解资本主义的等级制度。正如工人担心自己的工作，所以必须给老板提供劳动，学生也必须对教师的想法做出回应。

冲突论者同时还指出了植根于教育体制之内的不平等。如果教育能打开机遇之门，那么冲突论者感兴趣的是机遇的社会分配问题。正如我们已经讨论过的，公立教育并不是在所有地方都一模一样，富人比穷人接受的教育更好。冲突论者认为，贫民区的问题以及缺少资金去解决这些问题是造成这一不平等的部分原因。

与此同时，隐性课程再次强化了美国的公平和平等这一意识形态，当然这种意识形态的有效性是成问题的。现在的学校强化了爱国主义、资本主义甚至民主，冲突论者怀疑这并不是学生们最感兴趣的东西。

纵观全球，政府在精英教育上的投入比对穷人的教育投入要多，在高等教育方面更是如此，而这一领域中，社会阶级的高低与能否上大学之间具有很强的关联。你如果考入一所州立学院，就会得到上学的税收扶持。但是，即便这种扶持能让一些不那么富裕的人获取学位，出身于富裕家庭而接受教育更少的人还是继续统治着社会。即便是在那些试图在富人与穷人之间实现平等的地方，结果仍然对那些高社会阶级的人有利。

# 找寻社会问题的解决办法：
# 我们能够采取什么措施来促进教育平等？

## 不让一个孩子落伍

在 2001 年的不让一个孩子落伍法案是乔治·W·布什提出的由国会两党通过的法案。一般来讲，不让一个孩子落伍法案要求各州在某个年级测试学生，测试结果将决定该州能否获得联邦的资助。落后很远的州资助有可能被削减。如有可能，家长可以选择把孩子转到一个好一点的学校。不让一个孩子落伍法案试图改变我们看到的教育四维策略：更强大的问责制度；增加州和社区的自主权；扩大已经被证明了的教育手段的应用范围；给妇女提供更多的教育选择。

各州每年组织考试测量每个三年级到八年级孩子的阅读和数学能力，以此来衡量学校的教学质量。

尽管该法案看上去像是（对教育体制）的一次急需的大修订，让学校和各州对学生的成绩、辍学率以及文盲率承担责任，但还是有人认为它是联邦教育政策立法史上最富争议的一部法案。问题出在哪儿呢？

有些社会学家认为，教育体制中所发现的鸿沟被误认为是教育失能。我们知道穷人的孩子往往不能享受到与富人孩子一样的教育质量。我们同时也知道测试结果往往会揭示出贫穷地区的学校与达不到问责标准的学校之间有很强的相关性。当然，学校的结构会影响学生的学习能力。不管学校的位置、财力和社会环境，建立一种全国性的标准，并把这些标准全面铺开，这种做法公平吗？社会学家往往认为这样做不公平。种族、社会阶级和地理位置意味着一刀切的做法不可能干好。

不让一个孩子落伍法案强化了学校在帮助孩子取得成功方面所负的责任。

**特许学校**：指的是不受传统公立学校条条框框限制而自由开设的无教派公立学校。

而且，该法案希望家长跟教育体系进行有效的谈判，然而，当家长们自身就没有接受过良好的教育时，这本身就成了问题。看起来当前的教育体系能够对每个人都公平是值得怀疑的，尤其是对于少数族裔、移民和穷人来说更是如此。

## 特许学校

特许学校（charter schools）指的是不受传统公立学校条条框框限制而自由开设的无教派公立学校。"特许学校"这一名称可能最初产生于20世纪70年代，当时新英格兰教育家雷·巴德（Ray Budde）建议当地学区给予一些教师一些特许（合同），允许他们在小范围、非官方环境下实验新的教育方法。从那时开始，这种观念开始发展和传播，好多州都出台了特许学校法律，克林顿总统呼吁到2002年要建立3 000所新的学校，乔治·W·布什继续进行该项工作，2002年投入两亿美元用于特许学校。

建立这样一所学校的"特许"是一种绩效合同，详细规定了学校的宗旨、课程、目标、学生人数、评估方法以及衡量学校是否成功的办法。一般来说这种特许时效为3到5年，过了这一期限以后，这些授予特许的团体将会再次检查学校的目标并决定是否重签合同。

特许学校有责任促进学生取得更好的学习成绩，遵循所签署的特许合同。这些学校对少数群体负责也包括准许它们成立的发起者、选择它们的家长、给它们提供资助的公众。

特许学校的规模仍然比常规的公立学校小很多，它们所招收的学生在社会经济地位和种族等人口统计特征方面与其周围人口类似。

在上学选择方面出现了一个被称为"白人群飞"（white flight）的现象。当一个地区的非白人入学人数增加时，该地区的白人倾向于离开该地区和该地区的学校。研究表明，特许学校往往会依据种族来隔离学生，因为白人学生进入特许学校的比例比少数族裔高。简而言之，特许学校正在生成一种隔离程度更高的教育体系。最后，种族和家长影响了谁就读于特许学校。

尽管存在缺点，特许学校还是证明了自己是对主流的公立教育的改进。特许学校可以招收辍学的学生，取代正在衰退中的公立学校，创建家长中心或学习中心，尝试新的学习方法。然而，批评者仍然质疑如果有意识的分离继续鼓励（种族）孤立和隔离，那么特许学校能否真的给成绩或者经济条件好的学生提供更好的机会。

新奥尔良市尝试对特许学校教育开展一项独特的实验。在遭受了2005年的卡特里娜飓风的破坏之后，一些公立学校被摧毁，很多学生被迫离开家园。在城市重建过程中，该市修建了规模空前的特许学校。现在在53%的学生就读于特许学校，而在此之前这一比例只有2%。

一些管理者调整了新奥尔良公立学校此前的结构，

---

**链接**

## 社会阶级、种族和性别成就

在本章中，你已经看到在接受平等的、恰当的教育方面有很多因素发挥了重要作用。如果简单地把问题归结为家庭、地域和性别因素，那么有些学生可能摆脱不了偏见的束缚而得到良好的教育。

第2章挑战了你对社会不平等的看法，把那些极度贫困的人和非常富有的人进行对比。在这一章中我们知道生活在贫困之中的学生常常被教育体制所遗忘。他们的成绩是最差的，人们对他们

的期望也是最低的，他们从教育中得到的好处最少，他们所拥有的教育手段和教育资源也是最少的。国家采取了一些措施为这些学生提供机会，例如特许学校和不让一个孩子落伍法案。这些举措尽管不是很完美，但试图拯救那些在教育体制中被忽视的学生。

在第4章中，我们讨论了性别如何影响人们所碰到的社会问题。世界各地有很多妇女只因为她们的性别而没有机

会接受教育。

在第3章中，我们知道，美国仍然存在种族和族群不平等。很多种族群体很贫困，其对财富的占有与人口数量不成比例。出身贫寒的学生接受的教育很差，因为他们的学校所获得的税收支持最少。特许学校给一些家庭提供了公立学校的替代选择，然而，它除了进一步隔离学生之外，几乎发挥不了别的作用。

修订了以前采用的课程。希望这些特许学校将会有助于改善该市的教育体系，该体系即便是在飓风之前也比较混乱。迄今为止，好坏结果兼而有之。从一些学生身上能看出该地区的新学校教育有所改善，而从另一些学生身上又看不出明显差异来。新奥尔良市学校改革的成果以及它在美国教育史上的地位是很有意思的话题。

## ▶▶▶ 赞同还是反对

### 通过特许或教育券择校

对于择校的问题，双方均持立场坚定、经过反复研究的观点。那么双方的观点是什么呢？

**赞同**

- 任何事物的竞争都会带来改善。
- 择校给那些表现不是很好的学校中那些有兴趣的学生摆脱困境的途径。
- 择校支持教育革新，因为它支持对传统学校环境进行改革。
- 择校能够满足孩子和家长的需求，二者与学校联系更加紧密，承担更多义务。
- 择校能够改善以结果为基础的教育理念，凭什么可测量的结构成为衡量质量的标准？

**反对**

- 择校会通过招收更理想的学生而摒弃较弱的学生导致不平等，结果导致一个富人和穷人的双重体制。
- 择校的学生从不同背景的学生身上学东西的可能性小。
- 要去这些学校需要家长掌握情况，充满动力，这并不是每个学生都有的。
- 择校使得为公共利益而关注教育转为为个人利益而关注教育。教育不再被看成是"在普通场合提供普通经验"。那些没有孩子上学的家庭在这种变迁过程中还会继续支持教育吗？

# 从课堂到社会→高质量的学校和师资力量

我母亲是初中教师，所以我很自然地去一所学校进行秋季学期实习。我给艾弗莉小组做助手，在其所带的二年级班上，每周去两天。班上的学生们尽管明显都很穷但很可爱，愿意待在教室里。他们中很多人来自不太稳定的家庭和不好的社区，我常常想，他们之所以愿意待在学校里，是不是就是这个原因。

在我实习的第三周，我开始注意到艾弗莉小姐的教育方式。当时，我知道我自己只不过是个学生，但是我在学校里待的时间很长，我知道有些事情不能说明问题。对老师的管理很混乱，常常让学生在教学点之间徘徊，也不加以指导。几乎从不布置书面作业，课程大多数由艺术和工艺组成，孩子们可以独立完成。尽管孩子们很满足于剪剪画画，但是他们同样知道自己正失去一些东西。

**有一天我问艾弗莉小姐她是怎么成为一名教师的，她告诉我说这是她第一份教师工作，两年前她在当地的社区中心参加了一项非母语英语课程项目，受聘为老师。她说学校绝望地招人填空，尽管她自己并不合格，但**她还是（用她自己的话说）"在正确的时间出现在正确的地方"。

现在这个时代，美国公立学校怎么还能聘用完全不合格的人呢？难怪学生学不到基础的语言和数学。

对于这些二年级学生来说，通过这个体制他们会变得多差，而谁又能为他们呼吁，谁会帮助他们？整个秋天，我都试图说服自己去见校长，跟他谈谈关于聘用艾弗莉小姐的事情，或者给校领导打电话抱怨这样的聘用选择不好。可是最后，那又有什么用呢？

# 理论沉思

功能论者坚信教育有助于青年人融入社会。你的教育经历怎样影响你与同龄人、教育和权威互动的方式呢？

## 功能论

功能论者认为教育承担了社会的好几种功能。它让父母放心去工作，知道自己的孩子是安全的、正在学习的。它给孩子提供了一个融入社会的场所，这提升了学生的人力资本，为社会的发展和繁荣提供了一个坚强的基础。

## 冲突论

冲突论者认为教育是社会阶层隔离的一个工具。例如，高等教育往往最有可能提供给来自上层阶级的孩子，因此也保证这些孩子能够获得报酬高的工作，维持他们在社会上的地位。这变成维持不平等和为不平等辩护的分层工具。当穷孩子得不到与富裕同伴一样的高质量的教育机会时，他们一辈子处在底层阶级也就不让人感到奇怪了。

教育如何影响社会？

## 符号互动论

符号互动论者关注贴标签的事情。证书可能意味着你比别的候选人更合适从事某一特定工作，也有可能并非如此。然而，把大学学历作为一个前提条件，这是一种社会定义，可以被用在雇员和社会身上。它给大学毕业生打开大门，同时对那些没有接受正规教育的人关上了大门。

冲突论者认为教育维持了社会阶级之间的隔离。社会给予上层阶级的成功和机会与下层阶级所遭受的不平等反差有多大？

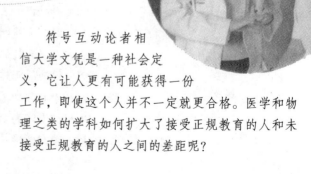

符号互动论者相信大学文凭是一种社会定义，它让人更有可能获得一份工作，即使这个人并不一定就更合格。医学和物理之类的学科如何扩大了接受正规教育的人和未接受正规教育的人之间的差距呢？

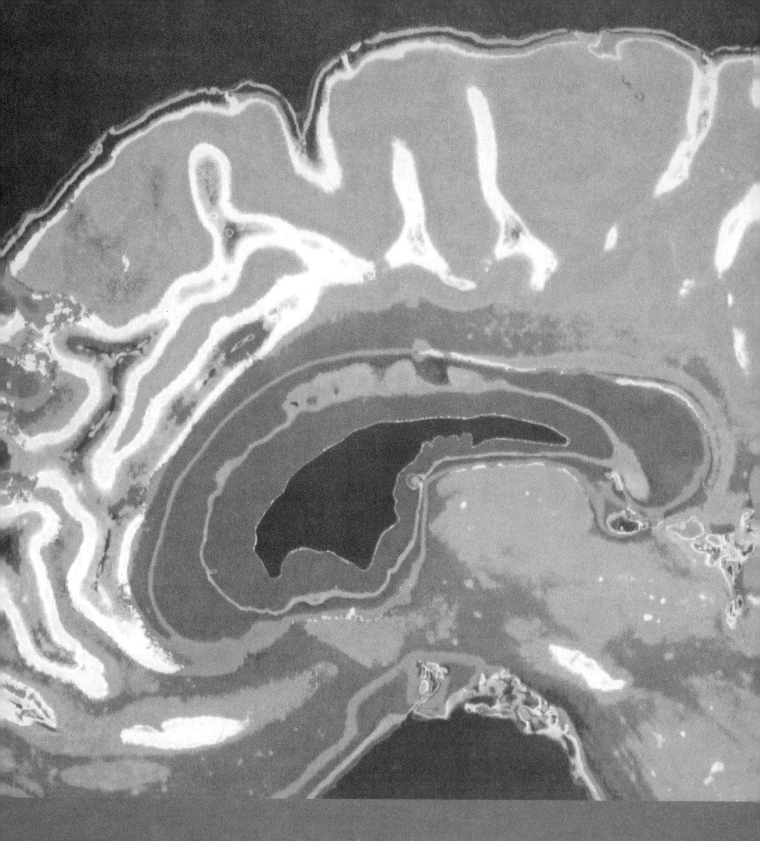

身心保健

新调查结果表明，对于美国儿童而言，他们生活所在的州、他们的家庭收入和受教育状况可能决定了其健康状况。

根据非营利组织罗伯特·伍德·约翰逊基金会逐州调查的结果，在17岁以及更小的青少年儿童中有16%的人不在最佳健康状态。

但是各州之间差距很大，底特律为22.8%，而佛蒙特只有6.9%。

加利福尼亚大学旧金山分校健康不平等（Social Disparities in Health）研究中心主任保拉·布雷弗曼（Paula Braveman）在一次周二电话会议上指出，"儿童的健康对其整个一生的健康来说是基础，因此，儿童的健康不仅本身就很重要，同时对于整个国家的健康来说也是一个重要指标"。

《美国健康从儿童健康开始：各州情况如何？》（America's Health Starts with Healthy Children: How Do States Compare?）这份研究报告提供了新证据，美国的儿童并没有想象的那么健康，布雷弗曼指出，

"这份报告显示，如果我们缩小最富裕、受教育程度最高家庭中的孩子与其他每个孩子之间的差距，那么每个州的孩子会变得很健康"。

哈佛医学院药物学助教、国家健康计划医师项目共同发起人斯特费·伍尔翰德勒（Steffie Woolhandler）说："报告突出贫困作为儿童健康恶化的原因，而低估了健康保险的作用，然而，贫困是指获取不到资源，很多贫困儿童得不到的一种资源就是健康护理。由于没有足够的健康保险，家长和孩子们得不到护理。尽管要想出办法消除贫困很复杂，但是要找出一种办法让大家都得到健康护理却很简单——非营利的全国健康保险。"

布雷弗曼注意到，儿童的健康随着家庭教育和收入水平的提高而改善。她说："贫困家庭的孩子和受教育程度低的孩子一般来说健康状况最差，但即便是中产阶级家庭的孩子的健康状况也比处于顶层家庭的孩子差很多。"

加利福尼亚大学旧金山分校健康不平等研究中心副主任、本报告的另一位撰写者苏·埃杰特（Sue Egerter）注意到，美国最贫困家庭中有整整三分之一的儿童不是处在最佳健康状况，而富裕家庭中这一比例只有7%。

埃杰特在电话会议上指出："这些孩子们不仅仅受到耳病困扰，他们患哮喘、呼吸道过敏以及学习障碍等疾病的比例也更高，很明显，他们所面临的健康问题比其他大多数孩子要多得多。"

第9章

——美国的健康护理是一个争论激烈的话题，人们常常认为富人享受到该制度的好处，而穷人却远远地落在了后面。虽然也有公允的健康项目，但是昂贵的健康保险仍然是获取健康护理的最佳途径。

即便是中等收入阶层家庭的儿童，跟高收入家庭的儿童相比也会面临不足，健康方面的明显差异同样存在于种族和族群之间。尽管存在可及性上的差异，但美国的健康护理水平相对来说还是很高的。在本章中，我们将研究健康护理的历史，比较国际上的健康护理体系，讨论常常被我们所忽视的精神健康在国家和社会上的角色。

# 主题：健康和老龄过程存在什么样的社会问题呢？

**健康**：是指身体、精神和社会适应方面的完好状态，不仅仅指没有疾病和虚弱。
**精神病**：是指导致痛苦和降低身体机能的情绪、思想或者行为模式。

为奢侈品，对于谁应该享受健康护理往往引发大讨论。其他的争议还包括质量，即什么是"好的"医疗护理？答案会随时间的变化而变化吗？现在，为了理解这些问题的重要性，我们必须首先了解这些问题的历史背景。

## 什么是健康

什么使人健康？一日三餐并且服用维生素？每年跑一次马拉松？自我感觉良好并且相对来说少受疾病困扰？"健康"这一术语众说纷纭，很少有一个明确的定义。根据世界卫生组织的定义，**健康**指的是"身体、精神和社会适应方面的完好状态，而不仅仅是没有疾病或虚弱"。健康是好几个不同因素的总和，而不仅仅是身体方面和精神方面，同时也是社会方面的。

近年来，精神健康受到医学界越来越多的关注。虽然在整个人类历史上人们一直受到精神病痛的折磨，但也只是在现在的医学上对这些问题进行处理，并且使之成为整个健康护理体系的一个重要组成部分。**精神病**是导致痛苦和降低身体机能的情绪、思想或者行为模式。现代心理学和精神病学运用一系列技术手段和药物试图治疗精神病，缓解患者的痛苦。

## 健康护理的历史

在美国历史上，医疗护理已经成为很多社会问题的焦点。美国的健康护理往往被视

## 医学实践与医生职业

早期医学实践基本上就等同于民间治疗和家庭治疗。在早期的美国殖民地，想做医生的男孩往往在他们十来岁的时候就跟医师当学徒。在欧洲，医学体系更加体制化（established），从而使得很多人感觉到美国医学体系掌握在"庸医"手中。直到18世纪中期，北方殖民地开始为医疗行业从业者制定法律和颁发执照。

1765年，第一所医学院校在费城成立，为当地培养医生。

早期的美国教授们坚信医生需要解剖人类的尸体才能了解人体构造。然而，法律不允许他们接触尸体。因此，很多医学院学生变成抢尸者，他们在乱坟

<<< 什么使人健康？

岗里掘开穷人的墓穴，拿走尸体进行解剖。最后，这种事情变得很普遍，公众非常愤怒，这导致了 1788 年 4 月 13 日反对尸体解剖暴乱（Anti-Dissection Riot），从而催生了新的法案，允许医生出于医学目的可以接触尸体。

### 疾病的病因及其治疗

在 18 世纪，医学仍然建立在这样一种理念之上，即身体是有血、黏液和胆汁按照合理比例组成的一个系统，如果一个人生病了，那么他或者她的系统显然是失去了平衡。放血、采用水蛭、强制病人呕吐成为人体排出不洁液体的全部办法。乔治·华盛顿本人生病时就被放血并且死于失血。

当时与正统的医学科学相对应的存在四种不同的思想流派，非正统的医生往往可以被归入其中的一种：

1 水疗法者（hydropaths）：他们相信通过使用水、天然食品、良好的卫生和锻炼可以从身体内部和外部进行净化。信奉水疗的医生推崇专门的澡堂和饮品而避免使用流行的药物。

2 整骨疗法者（osteopaths）：这些医生同样也拒绝使用药物，但他们开出的药方与水疗法者不一样。因为身体被认为是一个整体，他们相信通过操作骨骼可以改善健康。整骨疗法者运用洗澡、按摩甚至手术来矫正患者身上的问题。尽管现在也有一个整骨疗法的医学科学分支，但脊椎按摩疗法更接近于整个这种疗法思想的衣钵继承人。

3 基督教精神疗法者（christian scientists）：这种流派由玛丽·贝克·埃迪（Mary Baker Eddy）创立。基督教精神疗法者相信所有的病患都是头脑的幻觉因而实际上并不存在。像生活中的每一件事情一样，疾病是一种精神问题，因此人们可以通过治愈自己的头脑而简简单单地治愈自身。类似的看法也可以在现代世界找到，因为基督教科学阅览室现在仍然还存在。

4 顺势疗法者（homeopaths）：信奉顺势疗法的医生认为正统的医学实践对人们过度医疗和过度处置，甚至使得他们加重了他们的病情。因而，他们主张治疗的关键在于预防，在于用小剂量的药物来提升身体自身痊愈的能力。时下，仍然有很多顺势疗法的药物，往往被视为社会上的"替代"治疗方式。

### 医院的发展过程

历史上，对患病的殖民地居民的照顾责任在家庭。救济院（almshouses）最终成为美洲大陆第一批医院。这并非最初计划好的，而是自然演变的结果，因为很多穷人身体和精神上都有疾病。第一家真正的救济院 1752 年在费城诞生，它是由自愿捐赠资金建立的，但很少被投入使用。

△ 很多医学突破如心脏除颤器是通过实验室里使用尸体而设计出来并不断完善的。

直到内战结束以后，救济院才被关闭，它们被新成立的医院所取代。然而，人们仍然喜欢在家里得到看护，医院往往被那些没有家庭甚至是无家可归者以及穷人所使用。直到医学训练开始被纳入医院流程以后，医生的地位才得到提升。这些年来，医学领域的专业化程度越来越高，同时，手术的使用也越来越广泛，导致对医院的利用也更多了。

尽管我们认为 19 世纪以来我们的健康护理体系已经改善了许多，但现在的美国仍然存在很多同样的社会问题。我们应该获得医疗保健吗？我们如何评估保健的质量？谁能为这两个问题给出答案，是政府还是人民？当我们继续寻求办法扩大美国高质量健康护理范围时，这些难题仍然存在现在的体制中。

**社会流行病学**：是研究一个社会中人口的疾病和健康分布的学问。

## 社会流行病学

正如我们在本章开篇中所看到的，个体的健康似乎与自己的社会地位有关系。**社会流行病学**研究了人群中疾病和健康的分布，并且评估由此带来的社会问题。社会流行病学家会询问这样的问题："性别怎样影响儿童的疾病？""在抑郁方面是否存在社会阶级的差异？"他们的目标是找到某种社会因素与身体和精神健康之间的联系。

## 年龄与健康

在美国年轻人中死亡很少见。在 1 000 个出生的婴儿中死亡人数不超过 7 个，美国人可以健康生活到 75 岁左右。而在像尼日利亚这样的发展中国家中，每 3 个孩子中只有 1 个能够活到 1 岁以上，成年人的预期寿命也只有 48 岁。然而，随着美国人预期寿命的延长，老年人面临更多的健康问题，这些问题在以前并不普遍。关节炎、糖尿病、心肺疾病等慢性病以及精神疾病折磨着老年人。这些病痛使得老年人行动受限，对他们来讲，很难进行工作、社会化和身体锻炼。

## 儿童肥胖

小孩们往往精力十足，绕着房子蹦蹦跳跳，在操场上跑来跑去，无论在什么地方，他们很难长时间安静地坐着。如果儿童这么活泼好动，那么他们应该会很瘦，对吧？情况过去可能是这样，但最近这些年来，美国儿童健康出现了一种让人不安的趋势：儿童肥胖快速增加。2006 年的一项调查表明，儿童肥胖的增加是因为提供了高能量食品和饮料同时又缺乏能量消耗的途径的直接后果。换句话说，儿童就是摄入了太多他们消耗不掉的热量。

很多学校午餐提供高热量的食物和饮料，而缺乏更健康的选择。我们仍然没有出台一个全国性的健康学校午餐标准。

家长太忙，无法按时给孩子准备健康食物，而让孩子吃快餐或者提前准备好的食物。忙碌的家长们没有让孩子改掉吃零食的习惯，而失去监督的孩子们被垃圾食品所吸引。

电视、电子游戏以及计算机的流行导致了户外锻炼的减少。以前孩子们以在户外跑来跑去、跟别人做游戏为乐，现在转向电子化娱乐方式，而这些大多数都是坐着进行的。

**美国儿童肥胖问题日益严重**

资料来源: Pamela M. Anderson and Kristin F. Butcher, "Childhood Obesity: Trends and Potential Causes," *The Future of Children*, 2006. 16: 19–45.

---

### ▶▶▶ 全球视野

## 患癌症最好的地点

是不是真的存在一个患癌症的好地方？答案明显是否定的，不过万一你真的患上癌症，那么你身处何地就会成为你是否有机会战胜该种疾病的主要因素。最近一次全球范围的癌症存活率调查得出了一些有趣的结论。本次调查从五大洲的 31 个国家采集数据，对男性和女性分开研究。每个国家的死亡率作为背景资料被纳入考虑范围，研究团队试图计算"相对成活率"来解释这些差异。

对患有乳房癌、结肠癌或直肠癌的妇女来说，古巴是最好的生活地点，她们在那儿康复的几率高，而阿尔及利亚则是最不好的生活地点。一般而言，美国和西欧一些发达国家相比非洲、南美、东欧国家而言，人们的存活几率更好。研究人员认为这些结果主要归功于有些地区的人们的健康护理水平以及可及性更高。

该研究还关注了美国一些分组人群的情况，结果发现，就癌症的存活率而言，纽约城是最差的地方，尽管那儿聚集了很多全世界最著名的医疗中心。如果事实确实如此的话，古巴怎么会成为更好的生活地点呢？一般而言，在存活率方面，早期健康护理是最重要的因素之一。因为绝大多数别的国家提供某种形式的普及健康护理，所以美国不是癌症康复最好的地点也就不奇怪了。

## 性别与健康

性别在预期寿命和健康问题的类型方面扮演了重要角色。美国女性的预期寿命平均为 80.4 岁，而男性的预期寿命只有 75.2 岁。社会学家在寻找社会因素来解释这一差异。有些人认为男性更可能酗酒，危险驾驶，以及进行一些其他可能导致早逝的行为。男性同时还更可能从事危险工作，而且在战争期间在军队中所占的比重也更高。

与男性相比，女性往往更加关心对其健康的预防保养。例如，她们参加常规医学检查的机会是男性的两倍。正因为如此，她们经受危及生命的病患和健康问题的可能性更小。此外，妇女们同时还更愿意同她们的医生讨论个人健康问题。也许男性应该注意妇女们的健康实践，为了生得更长，他们应该更好地照顾自己的健康。

## 社会阶级与健康

正如我们在本章开篇文章中所看到的，在美国，社会阶级对健康起主要作用。在美国，健康护理的质量往往与自己为此付费的能力直接相关。对穷人而言，缺乏获取健康护理的手段仍然是一个严重的社会问题。回想我在医院工作时，每天都会跟没有保险的人开会讨论他或者她怎么才能支付医疗费用的问题。尽管有一些项目可以帮助一些人获得健康护理，但他们得到的资助也往往很有限。社会阶级越高就意味着获得健康护理的能力越强，意味着他们有更多的钱来满足自己的基本需求。社会经济地位越低，获得健康护理的可能性就越小，结果导致其生活水平越低。实际上，研究成果表明，一个人的社会经济地位越高，就越可能活得更长、更健康、更幸福。

一般而言，生活在贫困地区的居民接触到健康护理的可能性越小，但是邻里本身对健康同样有严重的影响。如果周围住着很多贫穷、失业、未受教育的人以及单亲母亲，就会对生活在那儿的人们的健康产生不良影响。犯罪率高和毒品问题同样对居民的健康产生负面影响。诸如此类的危险环境会导致压力，而压力又导致了更严重的健康问题。污染和不卫生的环境同样也是一个问题，在布朗克斯地区（Bronx）和上曼哈顿地区（upper Manhattan）少数族裔儿童患哮喘之类的慢性病比例很高，因为当地的空气污染大。按照现在的情况，城市贫困者更加严重地受到健康问题的影响。

## 种族与健康

在美国，种族和族群在健康护理方面的不平等是另一个严重的社会问题。种族之间在健康方面的区别与社会阶级问题联系在一起。2005 年，白人的平均预期寿命是 78.3 岁，而非洲裔美国人只有 73.2 岁。不要忘记，有 24.9% 的非洲裔美国人生活在贫困线以下，而只有 8.3% 的白人身陷贫困。我们知道，低收入者以及居住在贫困地区的人遇到健康问题的风险更大。

事实反复表明，无论是健康护理的获取还是健康护理的质量都受到种族的影响。在少数族裔社区，婴儿死亡率更高，健康护理的质量也没有白人居住区的高。黑人认识到了这种差异，他们认为这种差异主要是由种族歧视造成的。

# 健康护理

如果你经济上能够负担得起的话，那么美国健康护理体系是很棒的。美国医学会（the American Medical Association）认为，没有健康保险的人"往往比有健康保险的人疾病更多，死得更早"。不幸的是，美国没有健康保险的人比例很高，他们都被归入了这一类别。

## 健康护理：全球对比

每个国家的健康护理差异很大。在一些国家，健康护理是政府运营的，而在另一些国家则是私营的。健康护理可能对全民普及，也可能只供有钱人使用。美国健康护理体系的公平性已经多次受到质疑，但是跟全世界其他国家的健康护理体系相比，美国的情况如何呢？

2000 年，世界卫生组织提出了一个有 5 项指标组成的评价标准来评定健康护理体系的"好"与"差"。根据这一标准，一个好的健康护理体系应该包括：

（1）婴儿死亡率低，预期寿命长；

（2）良好健康状况的公平分配（全国各地的死亡率和预期寿命相对平均）；

（3）健康护理反应性水平高；

（4）反应性分布比较公平；

（5）健康护理的财政负担分布比较公平（健康护理成本基于每个人的支付能力有一个平均的分布）。

世界卫生组织对全世界 191 个国家的健康护理体系进行了一项比较，发现美国在反应性方面排第一。反应性包括对患者的尊重，对患者需求的关注。尽管美国在

世界健康护理体系评估（由世界卫生组织提供）

| 总排名 | 国别 | 预期寿命 | 婴儿存活率 | 健康护理体系财政负担公平性（从1到191排名） | 反应性（从1到191排名） |
|---|---|---|---|---|---|
| 1 | 法国 | 79.3 | 97.8% | 26 | 16 |
| 2 | 意大利 | 78.8 | 97.8% | 45 | 22 |
| 6 | 新加坡 | 78 | 97.1% | 101 | 20 |
| 7 | 西班牙 | 78.7 | 97.8% | 26 | 34 |
| 10 | 日本 | 81 | 99.9% | 8 | 6 |
| 18 | 英国 | 77.2 | 99.9% | 9 | 26 |
| 30 | 加拿大 | 79 | 97.7% | 18 | 7 |
| 37 | 美国 | 76.8 | 96.6% | 54 | 1 |
| 155 | 津巴布韦 | 40.5 | 78.5% | 175 | 122 |
| 173 | 阿富汗 | 46.3 | 47.0% | 103 | 181 |
| 180 | 埃塞俄比亚 | 42.3 | 51.0% | 138 | 179 |
| 186 | 利比里亚 | 43.7 | 24.5% | 84 | 175 |
| 187 | 尼日利亚 | 47.5 | 33.6% | 180 | 149 |
| 189 | 中非共和国 | 44.1 | 30.1% | 166 | 183 |
| 190 | 缅甸 | 58.8 | 57.9% | 190 | 151 |
| 191 | 塞拉利昂 | 34.3 | 43.3% | 191 | 173 |

资料来源：World Health Organization "World Health Organization Assesses the World's Health Systems," http://www.who.int/whr/2000/media_centre/press_release/en/, Accessed August 28, 2008.

**重度抑郁**：是精神病的一种，典型症状是患者在一段时间内承受了持续的、慢性的悲伤感、失望感、负罪感、悲观感以及感觉到自己毫无价值。
**双相障碍**：其典型症状是情绪和行为上的激烈变化。患这种疾病的人的情绪在过分地愉快、精力充沛和沮丧、绝望之间来回波动。

某一方面排名很高，但跟其他类似的富裕国家相比，美国总体排名相对较低。美国是唯一一个不提供某种形式的普及性健康护理的富裕的、工业化的资本主义国家。这就导致美国在财政负担公平性和公民满意程度方面的得分没有其他类似国家的高。实际上，美国的健康护理体系在所有国家中仅仅排名第37位。

## 健康护理全美大排名

我们已经讨论了跟健康护理有关的很多社会问题，包括性别和种族差异，以及其与社会阶级和年龄方面的联系。然而，美国健康护理体系总体而言怎么样呢？《健康事务》（Health Affairs）杂志刊登了一项名为健康护理全国大排名的报告，这项报告揭示了美国健康护理体系一些有趣的数据。它发现了什么呢？

（1）美国16%的国内生产总值花在健康护理体系上，但这未能实现全面覆盖。相比之下，在初等教育和中等教育方面只花了4.1%的国内生产总值，却是每个人都能够享受到。

（2）只有49%的美国成年人能够参加根据他们自己的年龄和性别推荐进行的预防性筛选试验。

（3）只有一半的充血性心力衰竭患者能够得到出院后康复的书面处置意见。

（4）全美范围内可以避免的因患有糖尿病、哮喘之类的慢性病而住院的人数比例是表现最好的国家的两倍。

（5）三分之一的65岁以下成年人在支付自己的医药费账单方面有难度，很多人因为健康问题而债务缠身。

（6）美国只有17%的医生使用电子医疗记录，相比之下，在此项排名最高的三个国家中，这一比例均高达80%。

（7）在测量护理质量和护理的可及性时，没有参加保险的低收入人群与高收入并且保险很完善的人群之间存在巨大差异。

（8）作为健康护理总支出的一部分，美国的保险行政成本比那些实行综合支付系统的国家高出三倍以上。

## 精神健康

如前所述，随着时间的推移，心理障碍越来越受到关注和专业化处理。对特定心理疾病的分类相对来说还比较新，而且这种分类会经常性变化和调整。对于心理

## 美国65岁以下人口拥有健康保险的比例

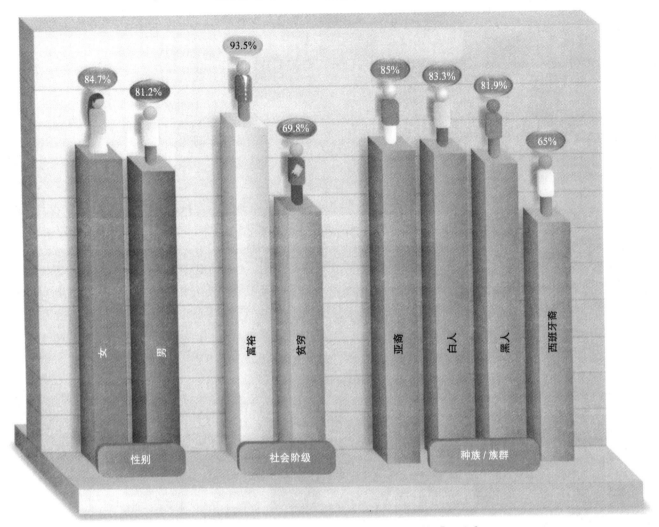

资料来源: U.S. Department of Health & Human Services, "2008 National Healthcare Quality and Disparities Reports," http://www.ahrq.gov/qual/qrdr08, Accessed August 25, 2009.

我们前面已经讨论过,在健康保险的覆盖面上存在很大的差异。这种差异可能导致不同人群在精神健康方面出现什么不同呢?

障碍有不同的细分种类,但常见的是以下几种:

**1** **重度抑郁**(major depressive disorder):患者在一段时间内承受了持续的、慢性的悲伤感、失望感、负罪感、悲观感以及感觉到自己毫无价值。

**2** **双相障碍**(bipolar disorder):往往被误认为躁郁症(manic depression),双相障碍的典型症状是情绪和行为上的激烈变化。患这种疾病的人的情绪在过分地愉快、激动、精力充沛和沮丧、急躁、绝望之间来回波动。情绪高涨期和低落期分别被称为狂躁期和抑郁期。

**3** **精神分裂症**(schizophrenia):尽管精神分裂症有很多种亚型,但其通常的症候一般包括听觉或视觉上的幻觉、精神妄想、思维混乱、行动混乱、情绪平淡、

> **精神分裂症**:是精神病的一种,其症候包括幻觉、精神妄想、思维混乱、行动混乱、情绪平淡、社交退缩、认知障碍等。
> **强迫症**:是精神病的一种,强迫症患者往往不由自主地重复那些导致其沮丧和焦虑的想法和情感。

社交退缩、认知障碍。精神分裂症是一种严重的而且往往会导致失能的错乱,但是现代治疗和医学手段给患者以及关爱他们的人带来了希望。

**4** **强迫症**(obsessive compulsive disorder, OCD):强迫症患者往往不由自主地重复那些导致其极度悲伤和焦虑的想法和情感,从而导致他们做出某些行动。强迫症患者可能会发现自己会通过极度爱干净、极度算计或者安排一些事情来缓解强迫性的想法。

> **恐惧症：** 当个体的恐惧感超出了正常的范围以至于很难应付日常生活的时候，他就会产生恐惧症。
> **进食障碍：** 以与食品有关的一些极端行为为特征，无论是过度节食还是暴饮暴食，这种疾病与身体想象和体重方面的感觉有关。
> **注意力缺陷障碍：** 其症状包括冲动、过度活跃和心不在焉。
> **《精神疾病诊断与统计手册》：** 美国精神健康专业人员对精神疾病进行统计时的分类标准。

**5** **恐惧症**（panic/anxiety disorders）：有一点点恐惧是正常的，甚至对应对环境压力是有效的。如果恐惧感超出了正常的范围，就会导致恐惧症，对于那些恐惧症患者而言，他们很难应付日常生活。如果一个人承受了强烈的急性焦虑，那么他会被认为患上了恐惧症。

**6** **进食障碍**（eating disorders）：进食障碍以与食品有关的一些极端行为为特征，与身体想象和体重方面的感觉有关。有很多种进食障碍的患者要么体重超轻，要么体重超重，最著名的类型包括厌食症（anorexia）、贪食症（bulimia）以及暴食症。

**7** **注意力缺陷障碍**（attention deficit hyperactivity disorder, ADHD）：在儿童中最常见的心理障碍之一就是注意力缺陷障碍，尽管它也影响成年人。患注意力缺陷障碍的儿童往往在学校中很难集中注意力，在家

△ 根据美国健康与人类服务部提供的数据，26.2%的美国人患有厌食症之类的精神健康疾病。

中更多地出现不良行为，跟同伴之间关系也很差。注意力缺陷障碍的症状包括冲动、过度活跃和心不在焉。

## 精神健康中的性别和种族

性别和种族的结构化趋势会不会影响精神健康呢？研究表明，男人和女人往往会患不同类型的心理障碍。女性往往会遭遇更加内在化的问题，例如焦虑和沮丧。然而，男性往往会把问题外在化，导致攻击性、物质依赖，甚至违法现象的出现。这些情况某种程度上会因种族的不同而不同。尽管从男性来看，这种情况是一样的，然而白人妇女与少数族裔妇女相比具有内在化障碍的比例更高，这是为什么呢？简单的答案就是社会化。男人在生命早期就经历了展示对别人的控制和权力方面的社会化，这就导致了外在化水平的提高。同时，妇女往往很早就被社会化为附属的角色，这就导致了她们对权力的差异产生了反应，导致了更大程度的沮丧和焦虑。白人妇女往往比少数族裔妇女内在化水平更高，这一事实似乎表明白人妇女在社会化过程中被更为严格地限定为从属者的角色。

## 收入和精神健康

收入和社会阶级对精神健康的影响方式跟它们对身体健康的影响方式很类似。纵向研究表明，来自低收入家庭的儿童其儿童忧郁症和反社会行

◁◁◁ 很多人通过好莱坞电影场景想象治疗的过程。现实生活中，精神病医生会都努力让病人感到舒适和放松，无论是谈话还是环境布置方面。

为比例更高。而且，整个孩童时期都生活在贫困之中的儿童同时出现这两种精神健康问题的比例要高得多。造成这些结果的原因有很多，包括长期的贫困、生活在贫困地区所经受的压力或者得不到精神健康护理。

## 精神健康护理

精神健康从业人员有很多种不同的类型，包括精神病医生、心理学家以及社会工作者。这些从业人员之间最主要的区别是受教育水平。精神病医生拥有医学博士学位，心理学家拥有哲学博士学位，而社会工作者必须至少拥有学士学位，有时候还必须拥有硕士学位。还有一个重要区别是只有精神病医生才可以开处方。很多时候，精神病医生与心理学家或顾问合作，以便给患者提供全方位的、彻底的治疗。

心理学家或顾问提供心理治疗，这种治疗不用药物。对于包括焦虑或者恐惧症、药物滥用、沮丧在内的很多心理障碍既可以单独进行心理治疗，也可以同时辅助药物治疗。心理学家也可以开展诊断试验以确定患者的机能水平，从而评估患者的状况是好转了还是恶化了。尽管好莱坞影片中刻画了很多诡计多端的心理学家形象，但对于心理治疗者来说与患者建立起舒适的、诚实的关系是首要目标。心理治疗的目的是帮助患者培育应对策略和健康行为，以减少未来患病的可能性，提高生活质量。慢性病患者常常求助于心理学家以应对那些由危及生命的疾病所引发的心理问题。例如，应对化疗和癌症所带来的压力不仅对身体是个考验，对精神同样是个考验。在健康出现问题时，沮丧和焦虑是对那些不确定性和困难的正常反应，而采用心理治疗应对这些问题往往是一种有效途径。

## 对精神疾病的看法

长期以来，精神疾病患者不得不忍受残酷的对待。精神疾病受到广泛的误解和曲解，导致有些文化会把精神病患者处死，或者把他们锁起来。在 20 世纪 50 年代，美国社会学家开始研究公众对精神疾病的看法。他们发现普通大众对当时心理治疗的看法非常一致，他们的很多看法仍然是建立在负面的刻板印象和误传的基础之上。普遍的看法是心理问题不是不可控的疾病，相反，心理问题是某种性格缺陷。

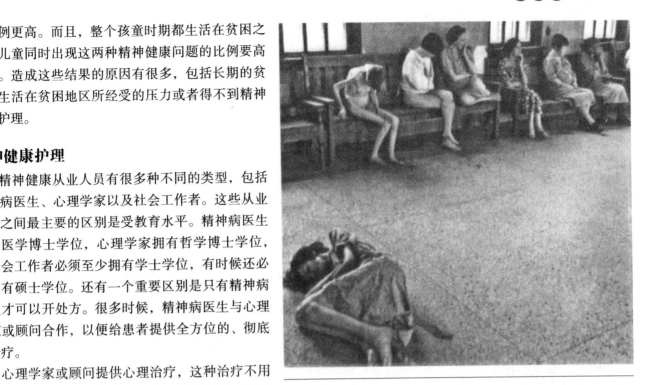

∧∧ 那些被关起来的人算是幸运者，20世纪中期，又快又便宜的经眼眶额叶切断术成为潮流。

随着时间的推移，公众对心理疾病的看法从恐惧和鄙视转而变成更接近于容忍和理解。大多数人可能仍然不愿意住在为精神病人和暴力罪犯提供的场所周围，但是对于那些此前没有表现出精神病症状的患者人们会给予一定程度的理解，可能不会是完全接受，但至少全社会把精神疾病看成是疾病的一种，而不是某种完完全全的道德缺陷。

## 精神疾病神话

对于精神疾病的诊断和治疗人们存在着某种争议，认为美国人热衷于对每一个问题进行医学处理，使得我们对自身所遇到的精神问题做出了错误的诊断。在《精神疾病神话》（*The Myth of Mental Illness*）一书中，托马斯·萨斯（Thomas Szasz）博士认为这些疾病常常被误诊，被当成社会控制手段。葆拉·卡普兰（Paula Caplan）是一个负责《精神疾病诊断与统计手册》（*Diagnostic and Statistical Manual of Mental Disorders*，DSM，该手册是美国健康专业人士用来区分精神疾病的标准文本）更新工作的委员会的成员，她也同意这种观点。根据她的经历，她发现《精神疾病诊断与统计手册》很大程度上依赖于个人意识和政治操纵。在该委员会讨论修订手册把经前焦虑症（premenstrual dysphoric disorder，PMS）视为一种"精神疾病"时，并没有足够的证据支持这样一种结论。当时卡普兰是该委员会中唯一的女性。即便有证据表明经前焦虑症确实存在，但它会成为唯一的每个月都会发生的精神疾病。卡普兰建议，为了自己也绝不能接受这样的诊断。

# 社会问题思考：
# 社会学家如何看待精神和身体健康方面的问题呢？

我们已经讨论了医务人员和社会大众如何看待健康问题。接下来我们从社会学家的视角来讨论这个问题。

## 功能论：美国社会的医学化

功能论视角考察了健康和健康护理如何影响人们的生活。已故社会学家塔尔科特·帕森斯（Talcott Parsons）认为身体疾病或者精神疾病可以成为一种社会角色，他称之为**病人角色**（sick role）。病人角色是由一系列与患者相适应的行为期待和责任所构成的。患者被期待着去看医生，使自己从痛苦的疾病中解脱出来。因此，医生就成为社会上一个有权力的位置，因为他控制着疾病和健康这样的标签。

社会所给予医生的尊重和控制权力已经导致美国社会的**医学化**。这种观念认为医务人员在美国社会的很多方面都处在核心地位。在美国似乎存在一种很流行的观念，认为我们可以给每一个问题开出处方。而诸如伟哥（Viagra）和安思定（Paxil）之类的处方药的广告只能让事情变得更糟。研究表明，很多患者去看医生的时候直接要求医生给他们开电视上出现过的药物。

## 冲突论：挣钱

不平等对健康护理的影响是显而易见的。冲突论者指出了可获得性缺乏的问题，他们注意到任何时候在美国六个人中就有一个没有健康保险。因为美国是唯一不提供某种形式政府资助的健康护理的西方国家，冲突论者想弄明白为什么会这样。社会学家希尔·奎达诺（Jill Quadagno）认为这是由于存在一系列的结构性障碍。首先是美国医疗行业是营利性行业，对于那些依靠当前体系谋生的人来说，任何政府干预都不受欢迎。有两个群体会因为健康护理的公立化而损失最大：保险公司和医学专业人士本身。这两个群体把持着保险市场，在当前制度下都能获得高利润。当然，两者之所以获利是以每六个人中就有一个人没钱看医生作为代价的。从某种意义上讲，是穷人在给那些保险公司和医学专业人士开工资，供两者生活。

# 找寻社会问题的解决办法：
# 社会如何对待健康问题呢？

不同社会对待健康护理的策略不同，富裕社会往往能够使人们更好地获得健康护理，然而对于健康护理应该被看作基本人权还是成为那些出得起钱的人的特权，仍然存在广泛的争论。

## 美国的健康护理

那么，究竟是什么原因造成美国人如此看待健康护理问题呢？能不能采取什么行动来改变这种看法呢？根据最近的一项研究，只有40%的美国人对健康护理系统感到满意。美国人均花在健康护理方面的钱比全世界任何一个国家的人均花费都要多，但却不是每个人都拥有健康保险。美国没有覆盖全体儿童和数百万负担不起保险的老年人的全国性保险。越来越少的雇主提供健康福利，私人保险费用不断上涨，这使得差不多15%的美国人交不起健康保险。

为什么美国政府拒绝提供普遍性的健康护理呢？希尔·奎达诺提出了如下几种可能的原因：

（1）美国宪法规定，政府的权力必须是有限的。提供全国性健康护理被视为一项福利，这会危及我们的自由。

> **病人角色：**是与患者相适应的行为期待和责任。
> **医学化：**是指医务群体已经身处在美国社会很多领域的中心位置，我们感觉到对任何事情都可以开药方或者进行医学治疗。
> **医疗补助：**是政府提供给某些满足一定条件的低收入个人和家庭的保险项目。

### 美国健康保险支出

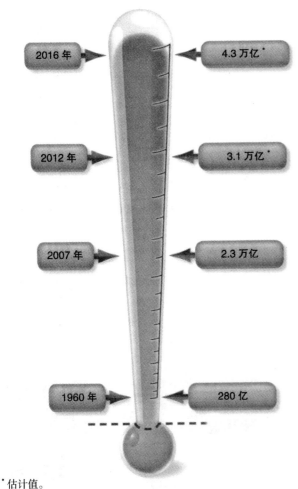

| 年份 | 支出 |
|---|---|
| 2016 年 | 4.3 万亿* |
| 2012 年 | 3.1 万亿* |
| 2007 年 | 2.3 万亿 |
| 1960 年 | 280 亿 |

\*估计值。

资料来源：World Health Organization "World Health Organization Assesses the World's Health Systems," http://www.who.int/whr/2000/media_centre/press_release/en/, Accessed August 28, 2008.

（2）劳动阶级和工会不支持提供普遍性健康护理的法律、法规。

（3）私营健康保险公司强烈反对全国性健康护理这种想法。

大多数的健康保险产业是通过工厂和医师联盟建立起来的，然而，在美国也确实存在某些公共形式的健康护理。

### 老年人全国健康护理：健康照顾

美国的一些老年人群体的健康护理得到政府的保证。正如你在第 5 章中所了解到的，健康照顾是一项由政府提供的社会保险项目，负责给美国老年人提供健康保险。这种保险提供给那些年满 65 岁并且至少缴纳健康照顾税 10 年以上，或者夫妻双方缴纳健康照顾税的老年人。健康照顾也提供给那些享受社会保险至少 24 个月的 65 岁以下的残疾人。这个保险计划分为不同的部分，覆盖了医院、医生和处方药开销，然而，跟其他所有保险计划一样，并不是所有的成本都包括在其中。额外费用、起付线以下的费用以及共同保险部分必须支付现金。

**医疗补助**（medicaid）是给满足某些条件的低收入个人和家庭提供的保险。收入高低决定是否具备资格，这一项目一部分由联邦政府出资，一部分由各州出资。并不是每个低收入者都有资格享受医疗补助。除收入之外，还有一系列其他要求，包括年龄、怀孕与否、身体残疾以及公民身份。有些人同时符合健康照顾和医疗补助的条件。医疗补助能够弥补健康照顾覆盖面的不足，给那些生活极度贫困的老年人分担一点现金支出。

> ### 链接
>
> #### 身心保健
>
> 在第 2 章中，你已经学习了贫困与财富问题。正如我们已经提到的，相比富人，穷人享受到的健康护理更少，因而健康状况更差。贫困地区的婴儿死亡率要高很多，预期寿命往往跟收入水平有关。
>
> 在第 10 章中，你将会学到酒精和物质滥用。这些事情常常导致严重的身体健康问题，而且精神健康问题往往与之密切相关。虽然很难说是沮丧导致了吸毒还是吸毒导致了沮丧，抑或二者兼而有之，但精神健康问题与物质滥用问题越来越难以分开了。

## ▶▶▶ 赞同还是反对

### 公立的健康护理还是私立的健康护理

在美国，高水平的健康护理毫无疑问是非常昂贵的。谁应该承担这笔费用呢？政府应该承担起为病人付费的责任吗？还是说能否享受健康护理取决于个人的支付能力呢？赞成和反对政府提供健康护理的观点分别有哪些呢？

**赞同**

- 每个人都应该平等地得到健康护理。
- 生病的穷人不必自己养自己。
- 生活贫困的儿童应该享受健康护理。
- 如果每个人都能够享受正常的健康护理，那么肯定有利于控制疾病的传播，全国的预期寿命将会因此而得到延长。

**反对**

- 为了应对健康护理的支出，税收必然要增加。
- 一个全国性的体系会更加繁忙，排队的人会更多，等待的时间会更长。
- 想为优质健康护理埋单的上层阶级的愿望无法实现，除非制度允许私立的健康护理和政府出资的健康护理同时存在。
- 非急诊处置将不会享受优先。实际上，由于病人众多，并不是所有情况下他的病情都会得到处置。

# 从课堂到社会→精神康复机构

精神疾病曾经是一个主要的社会污名。即便是到了20世纪60年代和70年代，精神病患者也常常被锁在家里或者精神病机构中，被看成是社会的负担。幸运的是，现代科学给我们展示了一种观察精神疾病的不同视角，同时对这些使人衰弱的健康问题的治疗正迅速改善。

作为临床心理学学位的一部分，布鲁克在当地一家精神病医院做志愿者，与病人和他们的看护人员直接接触。一开始她对在精神病医院可能碰到的事情感到很紧张，但结果却让人意外——非常愉快。

"第一天，我确实很担心自己会在医院看到什么。我此前从未去过精神病机构，满脑子都是黑石头建筑的形象，就像你可能在恐怖电影中见到的那样。然而事实并非如此。"

布鲁克发现精神病医院对患者来说是一个舒适的治疗环境。她同一位负责青少年病房的大夫一起工作，青少年病房里面住的都是患有严重的双相障碍、沮丧和药物滥用疾病的青少年患者。

布鲁克回忆说："医生看上去跟这些青少年患者相处得很轻松，大多数患者跟她交流也很自在。他们中有些人确实认为她很'酷'"。

当她在医院里充当志愿者的时候，布鲁克撰写了一些文件，观察了一些小组治疗会议，并且还一对一地同一些青少年患者交谈。"我很高兴能在这里担任志愿者，我很好地了解了某些青少年，学期结束以后我还很想念他们。我现在明白自己挑选的专业很正确，我想帮助精神病患者。"

# 理论沉思

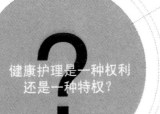

有点竞争是一件好事。有些医学专业人士说建立一个全国健康护理体系会给国家带来伤害，你认为他们的这种说法正确吗？

## 功能论

健康护理制度怎么样才能发挥最大功能？有些医学专业人士把健康护理看成是一种特权而不是一种权利，因为他们反对把竞争引入健康护理。按照功能论者的看法，必须引入竞争，因为竞争带来了创新，提高了医疗保险的质量。然而，塔尔科特·帕森斯认为医生和医疗保险公司之所以赞成这种看法，是因为两者想保持自己在社会中的特权位置。

## 冲突论

那些把健康护理看成是一种权利的人认为，给全体公民提供健康护理对社会有好处。因为在美国我们给那些能够支付得起健康保险的人提供健康护理，这些有钱人并没有把健康护理变成一种权利的想法，他们只是把健康护理视为他们自己的一种特权。在欧洲，在一个能够出去度假的家庭长大是一种特权，然而，能否去看医生是由你的支票簿的厚薄决定的吗？

### 健康护理是一种权利还是一种特权？

## 符号互动论

在讨论健康护理的办法时，"权利"和"特权"这样的词才会派上用场。如果健康护理是一种权利，那么政府必须采取一些措施以便保证它的公平，让所有公民能够平等地享受到。如果它是一种特权，政府就没有必要改变它，健康照顾就可以彻底私有化。当前，美国的健康护理与其说是一种权利，不如说是一种特权。

在美国，富人享受着健康护理体系所带来的好处。而有些人却得不到专业的医疗保险，他们该怎么办？

在美国，健康是一种特权。如果只有富人能够享受健康护理，那么50年之后，美国人会变成什么样子呢？

毒品与酒精上瘾

1. 物质滥用是社会问题吗？
2. 社会学家如何看待毒品和酒精上瘾？
3. 我们如何应对毒品和酒精上瘾？

尽管

美国已经投入了10亿美元开展一场大规模的反毒品运动，然而一项新的颇具争议的研究表明，这场运动并没有帮助美国打赢反毒品的战争。

一项由美国国会主持开展的研究发布结果，认为20世纪90年代晚期开展的鼓励青年人远离毒品的全国青年反毒品媒体运动"看上去在青年人身上没有产生积极效果"。

实际上，该研究的作者认为反毒品的广告可能恰恰传递了负面信息——别的孩子正在使用毒品，从而意外地挫伤了年轻人抵制大麻方面所取得的成果。

报告分析了产生该问题的可能原因："看到反毒品广告的年轻人从广告中得到这样的信息——他们的同龄人正在使用毒品。从而导致持有这种看法的年轻人自己很可能模仿他们去使用毒品。"

报告发表在2010年12月份《美国公共卫生杂志》（*American Journal of Public Health*）上，作者认为研究发现"让人特别不安，因为大家预想不到"。

这场大规模的反毒品运动始于1998年，是在美国无毒品伙伴组织（*The Partnership for a Drug-free America*）的积极推动以及白宫全国毒品控制政策办公室的主导下开始的。自此以后，它通过商业、网站、电影院广告以及其他平台渗透到美国家庭之中。

根据本项研究，94%的受访的年轻人回忆了自己接触到政府这项运动的情况，他们平均每周看到两到三条信息。

报告认为："总体而言，本次运动成功地让反毒品信息达到很高水平的传播面，然而，没有证据表明此种传播能够像预期那样影响年轻人毒品使用的行为。"

**毒品——我们经常使用。从我们早上喝的咖啡到睡前服用的安眠药，它们帮助我们顺利度过每一天。但是这种毒品不构成什么社会问题。**

然而毒品和酒精上瘾会给家庭和个人带来很多灾难性的问题，而那些问题往往会延伸至更广阔的社会中。尽管每年花费数百万用于应对这种事情，物质滥用仍然继续存在。

大多数学生能列出很多与物质滥用有关的社会问题。除了与监禁有关的明显社会问题之外，其他社会问题不一而足。无论是年轻人辍学或是怀孕率，抑或是成年人的家庭暴力和离婚率，都很容易看到其对社会的危害。然而物质滥用本身是一个问题吗？在接下来的篇幅中，我们将讨论由这些物质的运用和滥用所引发出来的社会关注。为什么有些人要滥用毒品？毒品滥用的后果是什么？当前的毒品法有效吗？阅读过程中请带着这些问题。

# 主题：物质滥用是社会问题吗？

> **毒品**：是指具有心理或生理效果的物质。
> **麻醉药**：是现在被认为非法的毒品。
> **毒品使用**：是指使用食品之外的能产生生理效果的化学物质的行为。

## 毒品滥用的历史

对人类而言使用毒品并不是什么新鲜事物。早在水果发酵然后被食用以来，人类已经体验到了毒品的效果，**毒品**是指具有心理或生理效果的物质。例如，阿司匹林治头痛，鸦片制剂能舒缓肌肉紧张，避孕药抑制排卵，等等。有意识的发酵行为（该过程过去曾被用于酿酒）可以追溯到石器时代。新石器时代的酒壶证明了早在公元前1万年人类就已经制造出了酒精饮料。现在已经被视为非法的**麻醉药**同样可以追溯到数千年之前。

## 远古时代的毒品使用情况

苏美尔（Sumer）人创造了人类最早的文明之一，早在公元前3000年，他们就把鸦片用于医疗和娱乐目的，早期碑文显示苏美尔人把这种物质称为"Gil Hul"或者是"快乐之物"。古代文献例如《摩西五经》（Torah）认为酿酒发源于中东地区，古埃及的医学文献《埃伯斯伯比书》（Ebers Papyrus）列出了鸦片的多种医学用途。

## 18世纪的毒品使用情况

尽管鸦片最早被用作药物，但它也是最早滥用于娱乐目的的毒品之一。18世纪以来，鸦片上瘾成为中国一个严重的社会问题。最初，鸦片被用来使病人镇静，减轻病人的紧张和痛苦。然而，到了1729年，吸食鸦片如此猖獗以至于大清帝国宣布种植、出售和使用鸦片为非法。这些法律并没有阻止鸦片的非法交易和滥用，因为鸦片生产在西欧仍然是合法的。鸦片贸易使英国等国家获利甚多，它们把从鸦片贸易中得来的钱用于购买丝绸、瓷器、茶叶等畅销的中国奢侈品。显而易见的是，宣布某种东西非法或者试图通过处罚使之消失并不是经常奏效。

## 美国早期的毒品使用情况

美国内战期间，鸦片以及由鸦片衍生出来的吗啡经常被用在士兵身上以缓解枪伤带来的痛苦。然而，对毒品的依赖往往会延续到枪伤痊愈之后很长时间，使得这种毒品上瘾被称为"军队病"。1898年，德国以生产阿司匹林出名的拜耳公司开发出了海洛因。具有讽刺意味的是，该药品是作为吗啡的非成瘾替代品以及咳嗽抑制剂投入市场的。实际上，海洛因比吗啡还要厉害，到1900年，大约有1%的美国人对某种鸦片制剂上瘾。

在20世纪早期，有害的、让人上瘾的毒品已经开始被提供给消费者。只要消费者手头有处方，药店就可以按照自己的意愿自由地出售任何东西给他，而且很多非处方药也含有海洛因、吗啡、鸦片以及其他上瘾成分。甚至像可口可乐这样看上去无害的产品也含有可卡因，直到1906年该公司转而使用咖啡因。

然而，差不多就在同一时期，禁酒和禁毒运动开始兴起。美国联邦颁布的最早禁止销售、生产和传播毒品的法律是1914年颁布的哈里森麻醉品法案（Harrison Narcotic Act）。

此后，美国颁布了一系列限制、控制和惩罚毒品和酒精滥用的法律，然而，毒品和酒精上瘾的社会问题依然存在。据美国疾病控制与预防中心估计，12 岁以上人口中有大约 8% 在过去的一个月中使用过非法毒品。同时，大约有一半的人口在过去的一个月中饮过酒，有 5% 的人饮酒过量，另有 15% 的人属于狂饮。

## 毒品使用与滥用

**毒品使用**指的是使用食品之外的能产生生理效果的化学物质的行为。当一个人在一天的工作结束后吃一片阿司匹林来缓解头痛的时候，他就使用了毒品。甚至早上饮用了含咖啡因的果汁也被认为是使用毒品。无论是非法还是合法，无论是非处方药还是处方药，可以毫不夸张地说，大多数美国人在他们一生中都使用过某种形式的毒品。

当然，从你早上使用的茶杯中不可能产生什么社会问题，但是毒品滥用就是一种严重的社会问题。**毒品滥用**是指不顾不良后果而使用毒品的行为。不良后果往往跟市售药品如可卡因或海洛因联系在一起，

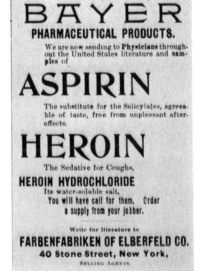

> **毒品滥用：** 是指不顾不良后果而使用毒品的行为。
> **上瘾：** 是一种慢性疾病，包括心理上和（或）生理上寻找和使用毒品的冲动。

它们会导致严重的神经和组织损伤。然而，看似无害的毒品如果频繁使用或者用量过大同样会损害健康。有一段时间，我曾经每天至少喝两壶咖啡。然后我开始出现心悸和血压问题。当我想戒掉咖啡因时，身体就出现了戒断症状，我开始头痛，总是没精打采。看上去我陷入了咖啡因的陷阱，然而我不认为我"上瘾"了。

**上瘾**是一种慢性疾病，包括心理上和（或）生理上寻找和使用毒品的冲动。上瘾的人感到自己需要某种毒品。他们也许知道使用毒品会导致不良后果，然而，他们同样也明白即使不食用毒品，也会导致不良后果。他们相信如果自己不用毒品，就不能做到一些事情，如放松、集中精力或者让自己充满能量。我之所以能够靠一点点意志力和对不适的忍耐而摆脱咖啡因的瘾，说明我很可能没有真正对咖啡因上瘾，而只不过是产生了一点点依赖而已。

## 毒品的种类

你认为一个吸毒的人会出现什么行为呢？你可能认为他会反复无常、非常活跃，或者她会怡然自得、反应

---

≪≪ "海洛因"这个名字来源于德文的"heroin"或者"heroic"。使用毒品的人在药效发作期间常常感到自己"很英雄"。

---

**毒品的类型及其作用**

| 毒品类型 | 形式 | 用法 | 即时效果 | 长期滥用的潜在后果 |
| --- | --- | --- | --- | --- |
| 兴奋剂 | 烟 | 吸食，咀嚼 | 加快心跳和脉搏的频率 | 心肺疾病、癌症、高血压 |
| | 苯丙胺（speed） | 吞咽，吸食，注射 | 大强度的刺激，活性增加 | 精神和情绪出现紊乱，神经系统易出问题 |
| | 可卡因 | 吞咽，吸食，注射 | 增加能量和力量感 | 精力不集中，富于侵略性，神经紊乱 |
| | 迷魂药 | 吞咽，注射 | 飘飘然，妄想 | 抽搐，出现非理性行为，沮丧 |
| 镇静剂 | 酒精 | 口服 | 语言不清，行为失控 | 损害大脑、心脏、胃和肝脏 |
| | 类阿片（Opioids） | 口服，注射，吸食 | 缓解疼痛，意识降低 | 对大脑和神经有破坏作用，面临很大的用药过量风险 |
| | 大麻制品 | 口服，吸食 | 放松，协调性降低 | 记忆出问题，失忆或者精力不集中 |
| | 吸入剂 | 吸入 | 放松，困倦 | 损害肝、肾和脑，呕吐 |
| 幻觉剂 | 麦角酸二乙基酰胺（LSD） | 吞咽 | 出现幻觉，焦虑，恐慌 | 严重的神经错乱，神经受损 |
| | 致幻蘑菇 | 吞咽 | 出现幻觉，反胃 | 严重的神经错乱，神经受损 |

资料来源："Office of National Drug Control Policy- Drug Facts," Office of National Drug Control Policy, http://www.whitehousedrugpolicy.gov/DrugFact/index.html.

> **兴奋剂：** 是一类使身体兴奋和刺激大脑及中枢神经系统的药物。
> **镇静剂：** 是一类使身体器官活动放慢从而产生放松和昏昏欲睡的感觉的药物。
> **幻觉剂：** 是一类扭曲感觉、产生幻觉的药物。

迟钝。一个人对毒品的反应主要取决于其所使用的毒品类型。正如上页表所反映的，毒品主要有三大类型：**兴奋剂**，它让身体变兴奋，刺激大脑和中枢神经系统；**镇静剂**，它减缓身体器官的活动，从而产生一种放松、昏昏欲睡的感觉；**幻觉剂**，它扭曲了感觉，导致了幻觉。

# 美国毒品使用的基本情况

如你所想的那样，毒品使用和毒品滥用给社会带来了一系列的社会问题，不仅包括帮助人们戒毒所花掉的额外费用，同时还包括生产力的损失、人际关系的破坏以及滥用毒品所导致的身体损伤。在美国所存在的所有毒品中，人们最常使用的是香烟和酒精。最新调查显示，18 岁以上的美国人中有 20.6% 目前是烟民。此外，有 23% 的成年人饮酒达到危险的标准，在 12 岁到 14 岁的年轻人中甚至有 91% 的人承认狂饮过。大学生尤其容易狂饮，因为很多学生把醉酒看成是一种成人礼。这种态度给学校带来一个严峻的问题，因为与饮酒有关的住院甚至死亡在很多大学校园时常发生。实际上，很多大学校园正制定规定，即任何人无论多大年纪在校园内饮酒都是非法的。

## 毒品使用者的特征

### 年龄

如果你认为十几岁的年轻人和大学生是"使用者"的主力，那你就错了。确实有 20% 左右 18 岁到 25 岁的年轻人经常使用非法毒品，而 26 岁及以上的人口中这一比例是 5.8%。然而，2007 年的一项关于毒品的调查显示，26 岁及以上的美国人中有 42% 的人使用过大麻，相比之下只有 16% 的年轻人尝试过大麻。研究者把这种模式归结为出生于婴儿爆炸期的人口在毒品文化中成长起来。

即便那些公开发表文章认为反毒品的广告恰恰产生了与最初设想相反的后果的研究者是正确的，世纪之交以来，十几岁的年轻人中使用毒品的人数还是一直稳步下降了。1999 年，据估计有过半数的高中高年级学生使

用毒品，绝大多数是大麻。甚至前青春期孩子使用毒品的比例也很高，有四分之一的八年级学生承认自己至少喝醉过，44% 承认自己吸过烟。

## 种族

尽管美国所有种族中都存在毒品滥用问题，但在一些种族中确实比另一些种族更加普遍。在 12 岁及以上的人口中亚裔人口毒品使用比例最低（3.6%），美洲印第安人以及阿拉斯加人使用毒品的比例最高（13.7%）。

## 社会经济地位

使用毒品对社会经济地位会产生什么影响呢？当然，有很多研究表明，使用非法毒品与辍学、较低的教育获得、事业以及职业生涯中取得成就的比例低有关系。然而，从收入方面来看，研究表明毒品使用者的低收入情况往往随着时间的推移变得越来越明显。也就是说，当他们年轻的时候，使用毒品对个人的影响较小，但是这种影响随着时间的推移而越发明显。部分原因在于，工作生涯的早期，毒品使用者往往从事一些没有多少成长潜力的工作。随着时间的变化，这种选择阻碍了他们的进步，而不使用毒品的同龄人则不是这样。

## 处方药的使用

在美国政府和私人组织着手研究当前毒品运用模式的同时，美国人发现了一些新的使用途径在上升。当前毒品滥用最主要的趋势就是滥用处方药。根据疾病控制与预防中心的数据，2006 年美国总共提供 18 亿种处方药，最常见的处方药是镇痛药或止痛药。尽管生产和开出这些药物的目的是治疗或减轻痛苦，但有时候这些药物被滥用，而不是合理被使用。

被滥用的最常见三种处方药是鸦片制剂（医学上用于治疗疼痛）、中枢神经系统抑制药（用于治疗焦虑和睡眠紊乱）以及兴奋剂（用于治疗嗜睡或者注意力缺陷障碍）。尽管这些药物可以帮助患者，但滥用这些药物却会对使用者造成非常大的伤害。

阿得拉（Adderall）或者利他林（Ritalin）等安非他明（Amphetamines）类药物是最常见被滥用的处方药，尤其会被十几岁的年轻人使用。利他林是一种给注意力缺陷障碍患者开的处方药，被那些没有处方的 1 岁到 10 岁的年轻人使用。也许你已经知道，有些最常见的被滥用的安非他明药物出现在大学校园中。一些人熬夜学习过程中可能喝一罐红牛饮料，而另一些人可能会使用安

非他明。有一位学生向我承认他在需要熬夜的时候服用了阿得拉。

## 为什么我们要使用毒品？

我们的身体对注射和疾病有天生的防御机制，如果我们身体上出现疼痛，我们的神经系统就会产生一种化学物质以缓解疼痛，让我们感受到幸福。因此，为什么我们要使用毒品呢？有人认为这是个错误的问题。人们经常使用毒品，所以很可能将继续使用。社会上大多数依法控制毒品的努力都失败了，所以问题就变成如何控制毒品的使用以避免毒品滥用所带来的负面影响。毒品

滥用的原因很难确定，往往包括滥用者不能延迟满足和自我控制感低。然而，很多人并不认同上瘾是道德或心理弱点这一观点。把上瘾看成是一种医学问题而不是道德缺陷这种观点出现在20世纪，由此产生了一系列治疗程序和治疗模型。总的来说，这些模型有两个共同的信条：（1）个体对上瘾有先天的生物性倾向；（2）这些倾向可以通过治疗得到克服。

### 社会化

社会学理论和医学研究都很明白要弄清楚人们使用毒品的原因是一个很复杂的问题。研究人员丹妮丝·坎德尔（Denise Kandel）认为，人们如何社会化以及他们

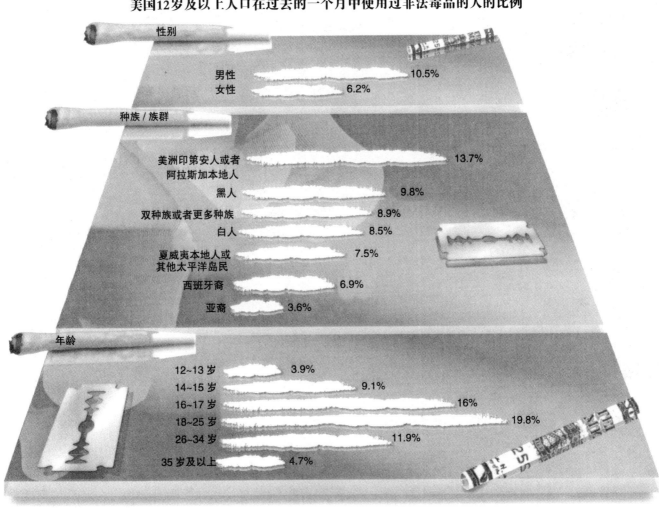

**美国12岁及以上人口在过去的一个月中使用过非法毒品的人的比例**

性别
男性 10.5%
女性 6.2%

种族/族群
美洲印第安人或者阿拉斯加本地人 13.7%
黑人 9.8%
双种族或者更多种族 8.9%
白人 8.5%
夏威夷本地人或其他太平洋岛民 7.5%
西班牙裔 6.9%
亚裔 3.6%

年龄
12~13岁 3.9%
14~15岁 9.1%
16~17岁 16%
18~25岁 19.8%
26~34岁 11.9%
35岁及以上 4.7%

说明：非法毒品包括大麻或麻药、可卡因（包括纯可卡因）、海洛因、迷幻剂（包括LSD和PCP）、吸入剂，以及出于任何非医学目的被使用的用于心理治疗的处方药。

资料来源：U.S. Department of Health and Human Services. "Use of selected substances in the past month among persons 12 years of age and over, by age, sex, race, and Hispanic origin: United States, 2002, 2005, and 2006" *Health, United States, 2008: With Special Feature on the Health of Young Adults*," 315, http://www.cdc.gov/nchs/data/hus/hus08.pdf#066\.

## 美国高中高年级学生的毒品使用情况*

| | | 1980 年 | 1990 年 | 2000 年 | 2007 年 |
|---|---|---|---|---|---|
| **吸烟** | 全部高中高年级学生 | 30.5% | 29.4% | 31.4% | 21.6% |
| | 男性 | 26.8% | 29.1% | 32.8% | 23.1% |
| | 女性 | 33.4% | 29.2% | 29.7% | 19.6% |
| | 白人 | 31.0% | 32.5% | 36.6% | 25.2% |
| | 黑人 | 25.2% | 12.0% | 13.6% | 10.6% |
| **吸食大麻** | 全部高中高年级学生 | 33.7% | 14.0% | 21.6% | 18.8% |
| | 男性 | 37.8% | 16.1% | 24.7% | 22.3% |
| | 女性 | 29.1% | 11.5% | 18.3% | 15.0% |
| | 白人 | 34.2% | 15.6% | 22.0% | 19.9% |
| | 黑人 | 26.5% | 5.2% | 17.5% | 15.4% |
| **吸食可卡因** | 全部高中高年级学生 | 5.2% | 1.9% | 2.1% | 2.0% |
| | 男性 | 6.0% | 2.3% | 2.7% | 2.4% |
| | 女性 | 4.3% | 1.3% | 1.6% | 1.5% |
| | 白人 | 5.4% | 1.8% | 2.2% | 2.3% |
| | 黑人 | 2.0% | 0.5% | 1.0% | 0.5% |
| **服用吸入剂** | 全部高中高年级学生 | 1.4% | 2.7% | 2.2% | 1.2% |
| | 男性 | 1.8% | 3.5% | 2.9% | 1.5% |
| | 女性 | 1.0% | 2.0% | 1.7% | 0.9% |
| | 白人 | 1.4% | 3.0% | 2.1% | 1.2% |
| | 黑人 | 1.0% | 1.5% | 2.1% | 0.9% |
| **喝酒** | 全部高中高年级学生 | 72.0% | 57.1% | 50.0% | 44.4% |
| | 男性 | 77.4% | 61.3% | 54.0% | 47.1% |
| | 女性 | 66.8% | 52.3% | 46.1% | 41.4% |
| | 白人 | 75.8% | 62.2% | 55.3% | 49.4% |
| | 黑人 | 47.7% | 32.9% | 29.3% | 27.9% |
| **狂饮性喝酒**\*\* | 全部高中高年级学生 | 41.2% | 32.2% | 30.0% | 25.9% |
| | 男性 | 52.1% | 39.1% | 36.7% | 30.7% |
| | 女性 | 30.5% | 24.4% | 23.5% | 21.5% |
| | 白人 | 44.6% | 36.2% | 34.4% | 30.5% |
| | 黑人 | 17.0% | 11.6% | 11.0% | 11.0% |

\* 调查开始前的两周内使用特定毒品的人口比例。

\*\* 连喝 5 杯或者 5 杯以上的酒精饮料。

资料来源：By the author, data from the National Center for Chronic Disease Prevention and Health Promotion's *Youth Risk Behavior Survey*, 1991–2007.

与谁互动这二者之间存在着相互关系。回想一下，我们社会化过程中受到很多人的影响。家长提供一种长期的价值观，他们如果使用毒品，就会对自己的孩子产生潜在的影响。然而，社会化过程中同龄人产生的影响更大。毒品和酒精上瘾的十几岁年轻人身边一般来讲都有同样爱好的同龄人。同龄群体的选择为青少年是否使用毒品或酒精打下了基础。之所以会出现这种情况，部分原因在于这些青少年跟毒品和酒精上瘾者混在一起，从而分享了上瘾者们的价值观念和行为。当然，我们在选择朋友的时候不仅仅看谁离我们距离近，同时也会看谁对我们感兴趣。这样，加入使用毒品群体的人从某种意义上说是自己选择的结果，尽管他们也是被群体中其他成员引导走上这条道路的。这是一个动态过程，开始的时候是饮一点酒，如啤酒或果酒，然后吸烟，喝烈性酒，再到后来就使用大麻，甚至是更厉害的毒品。简而言之，

人们是通过社会化的过程卷入毒品之中的。

毒品的社会化还有一部分来自这样一个事实，那就是美国社会正变得日益医学化。医学化是一个过程，在这个过程中，医学术语的运用越来越广泛，给非医学问题提供医学上的解决办法。医学人士常常宣称某些社会问题是疾病，需要对它们进行治疗。这种态度扩大了医学共同体的权力，但同样也增加了大众对医学方案的渴望，导致我们去寻找解决自身问题的药丸。2006 年一年，就有 18 亿预定或被提供的处方药品。这种做法有没有使事情变得更好呢？它所导致的唯一后果就是给我们植入一种观念，那就是使用毒品很常见。

从何时起毒品使用者的文化开始转变为毒品滥用者的文化呢？当很多人被诱导着去滥用毒品、用毒品粉饰他们的行为时，不难看出这个问题会传导到更大的社会之中。我有一个学生，她丈夫就酗酒，她说："跟一个上瘾者一

▶▶▶ **全球视野**

## 墨西哥毒品战争

墨西哥与美国的战争早在 1848 年就结束了，然而最近一场新的隐蔽战争又开始了。跟其他战争一样，这样的冲突也导致了人员的伤亡：2008 年一年就有 6 300 人。然而，这一次墨西哥和美国两国政府携起手来，对两国边界上出现的日益猖獗的毒品走私进行打击。

官员们担心的不仅仅是毒品。按照美国联邦研究枪炮管制局的统计，墨西哥查获的枪支中有大约 90% 来自于美国。毒品走私者利用三天期的购物签证穿过边界，从当地卖主那里采购大量的攻击性武器等军火，然后返回。估计

每天有 2 000 件军火通过边界进入墨西哥。

美国不仅给毒品组织提供枪支，而且给它们提供金钱。墨西哥种植的毒品大部分都被卖给了美国人，仅仅美国一个国家每年就会给墨西哥毒品贩子带来 150 亿到 250 亿美元的利润。

墨西哥毒品战争不仅仅发生在南部边界。美国司法部宣称墨西哥的毒品走私组织是威胁美国安全的最主要的犯罪组织。奥巴马总统已经与墨西哥总统费利佩·卡尔德隆（Felipe Calderon）携手对毒枭采取更具攻击性的策略。奥巴马在与卡尔德隆会晤后表示："我们郑重承诺与墨西哥携手，以确保共同应对边界两边的灾难。

单靠一方面的力量不可能打赢这场战争，不能出现墨西哥出力，而美国不出力的情况。"

迄今为止，总统已经向国会提交了 3 亿 5 千万美元预算请求用于加强美国与墨西哥边界的安全。随着墨西哥毒品战争带来的暴力持续扩散，美国政府有望把更多的精力投入其中。

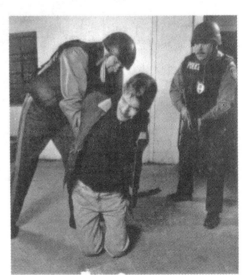

▷▷▷ 根据当地政府披露的数据，美国商人与墨西哥商人每年要进行 300 万次军火交易。正因为如此，毒品交易往往是致命的。

起生活就如同跟一头大象生活在一起。整个环境弄得很难闻，搞得一团糟，你还不能忽视它的存在，因为如果那样就会毁掉你的家庭、你的孩子以及你的现实感。"由此可见，物质滥用问题就不仅仅是个人的问题了。

# 社会问题思考：
# 社会学家如何看待毒品和酒精上瘾？

本章中，你已经了解了毒品和酒精上瘾的危害。尽管有些事实和数据可能很有启发，然而"毒品有害"这一观念对你来说并不新颖。大多数人都看过劝导人们"远离毒品"的广告，而且无论是老师还是家长都告诫过我们违禁品的危害。然而，社会学家如何看待毒品和酒精上瘾问题呢？让我们看看这方面的一些理论观点。

## 符号互动论

正如我们前面提到的，大多数人在生命的某个时期都用过毒品，无论是烟草、酒精、咖啡因、大麻还是其他类型的处方药。然而，我们倾向于把使用镇痛药艾德维尔（Advil）与使用速效药（speed）分开来看，尽管这些都属于药品。因为正常剂量的艾德维尔也会转化为一种足以致命的安非他明。不过符号互动论者认为，影响我们观念的不是使用毒品的后果，而是我们如何看待毒品。

一般来讲，一种毒品的社会认同度与社会如何定义这种毒品是密不可分的。例如，你如果比较酒精和大麻，就会发现二者对人都有伤害，都会造成精神上的变化，会导致危险驾驶和其他犯罪行为。然而一个是合法的，另一个则是违法的。为什么？社会对毒品的观念与谁使用毒品是密不可分的。当公司老板们午餐时喝上几杯时，大家会认为这是做生意的正常组成部分。然而，一个建筑工人如果在工作之余吸上几口大麻，就会被认为是危险行为。我们对喝酒的人与吸毒的人看法不一，往往就因为他们来自不同的社会阶层。

## 功能论

毒品在社会上同时具有显功能和潜功能。例如，吗啡一方面可以缓解疼痛，另一方面又使人上瘾。数年之前，我与一些癌症病人共过事，我发现他们中很多人不愿意多用镇痛药。这种药物的显功能是镇痛，然而，确实有些慢性病患者对镇痛药产生了依赖。这一类的处方药上瘾说明了麻醉药所产生的潜在后果。

功能论者认为，大多数药物都同时具有积极潜能和消极潜能，因此必须加以控制。家庭、法院以及教会等社会机构的工作就是提倡药物的合理使用，而不是滥用。努力教育公众不要使用毒品实际上也就是努力控制对其的使用，然而，正如本章开篇所言，这一行动往往带来了相反的后果。一个比较著名的例子就是 DARE 运动，该计划的目的是让警察进到学校，告诉学生如何抵制毒品。但后来的研究表明，该计划并没有产生影响。显然，该计划并没有达到预期的效果。

社会学家罗伯特·默顿认为，使用毒品实际上是个体对社会力量的一种反应。根据他的越轨理论，有些社会成员无法达到某些社会目标，因此他们可以选择的一种办法就是**退缩主义**（retreatism）。这是那些完全放弃社会目标的人的一种反应，

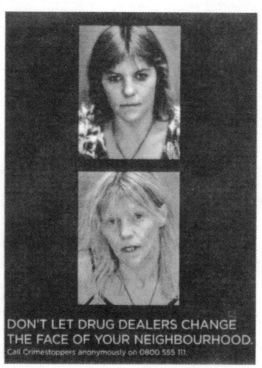

DON'T LET DRUG DEALERS CHANGE
THE FACE OF YOUR NEIGHBOURHOOD.
Call Crimestoppers anonymously on 0800 555 111.

<<< 诸如Drugfree.org组织的"吸毒者面部对照图"之类的运动运用冲击法让他们的信息在青少年中间广为传播。根据你所了解的媒体影响，这些办法合适吗？

因为他们相信实现这些目标的手段没什么价值。这些人有可能选择退缩，转而对毒品和酒精上瘾。

## 冲突论

在一个完美的社会中，所有人都会受到平等对待。同样，在一个完美的法律体系中，所有的罪犯也会受到同等对待，对吸食可卡因的 A 和 B 的判决应该一样。然而，现实中，如果 A 是生活在贫困地区的少数族裔，而 B 是生活在郊区的白人，对这两人的判决就不可能一样。低人一等的少数族裔，尤其是黑人因为使用毒品而被捕和被重判的可能性要比中产阶级的白人大得多。尽管事实上黑人和白人参与藏毒和贩毒的比例差不多，但黑人因贩毒而被捕的几率比白人高 2.8 倍到 5.5 倍。当然，这

一趋势也可能是由于在不同地区警察巡逻的频率不一样。

不平等还表现在罚款和量刑上。例如，很多批捕涉及携带快克可卡因（crack cocaine），这种毒品是过去十年中"对毒品宣战"运动的重点，对这些吸毒者的量刑比那些携带粉末状可卡因的人要重。实际上，携带 1 毫克快克可卡因的人被判的刑与携带 100 毫克粉状可卡因的人差不多。杰弗里·雷曼（Jeffrey Reiman）等犯罪学家指出，这种差异与种族和族群有关，因为很多少数族裔涉毒者使用快克可卡因（90.2% 的非洲裔美国人和西班牙裔涉毒者，相比之下白人涉毒者只有 8.8%），然而白人成瘾者倾向于吸食粉状可卡因。

# 找寻社会问题的解决办法：
# 我们如何应对毒品和酒精上瘾？

## 治疗还是惩罚？

毒品滥用是个法律问题，同时也是个社会问题，社会正面临一个重大问题，那就是，我们对此该采取什么对策？有人建议采取拘留的办法，也有人认为为了患者好应该让他们康复。那么，哪一种对策是当务之急的呢？是治疗还是惩罚？

治疗上瘾问题是一项艰巨的任务，既需要受过严格训练的专业人员的知识和技能，同时还需要患者的诚实和意愿。**匿名戒酒互助协会**（Alcoholics Anonymous），通常被称为 AA，它是美国历史上时间最长、名气最大的物质滥用治疗组织。该组织 20 世纪 30 年代由比尔（为了保持成员的匿名性，在该组织中姓氏从来不会出现）所创立。该组织因其十二步骤戒酒法而出名，它列出了一个戒酒者从充分理解自己的上瘾而后转向一种节制生活所必须采取的一些步骤。它需要社区的支持，需要自我反

省，还需要祈祷（或者冥想）来战胜酒精的强大吸引力。

匿名戒麻醉品者协会也有类似的设计，然而，这两

### 导致患者进入戒毒机构治疗的成瘾物质

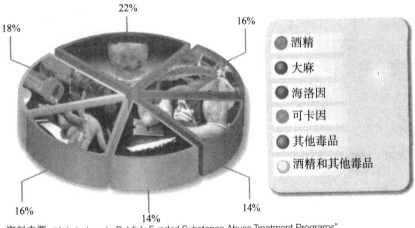

22% 18% 16% 16% 14% 14%

- 酒精
- 大麻
- 海洛因
- 可卡因
- 其他毒品
- 酒精和其他毒品

资料来源："Admissions to Publicly Funded Substance Abuse Treatment Programs" National Institute of Drug Abuse, 2006.

个组织并不是仅有的治疗形式。有效的治疗手段包含很多内容，其中就有这样一种观念，即并不存在一种对所有人都有效的治疗手段。最有效的手段就是根据每个人的具体需要采取一系列相应措施，制订相应计划。在医学主导的戒毒手段中，心理咨询和行为矫正是有效治疗中必不可少的部分，这能够从住院或门诊实践上找到支撑。

然而，在美国，因犯罪行为被监禁的人中，人数最多的一类就与毒品有关。20世纪80年代和90年代出现的美国监禁高峰更大程度上是由向毒品开战运动以及加大对涉毒者的处罚力度而引起的。监狱从给犯人提供毒品和酒精滥用的治疗方面看到了好处，时至今日，这已经非常普遍了。这种治疗很有效，尽管现在它已经不是自愿行为了。接受治疗的犯人在未来出现滥用问题的比率更低，同时其未来的犯罪行为和被捕行为的风险也大大降低。

那么，哪一种办法最节约成本呢？社区治疗和监狱治疗是有效的，但治疗能不能避免监禁呢？物质滥用中心提供的数据表明，平均节省成本达到 3:1，也就是治疗上每投入 1 美元，社会能节省 3 美元。这种节省表现在犯罪的减少，从事生产的人挣得更多，投入健康照顾方面的成本更少（否则这一成本也会由社会来承担）。

## 社会效益和经济效益

虽然药物治疗项目不能取得百分之百的成功，但是还是有很多人成功了。美国全国治疗效果评估研究（the National Treatment Improvement Evaluation Study）发现，享受到联邦资助的治疗项目的人在治疗结束后的一年中毒品使用会减少近 50%。在同一时期，被治疗者对其主要毒品（导致他们接受治疗的毒品）的使用会减少 38% 至

---

>>> 大毒枭们在最终死亡或被抓之前，往往过着很富裕的生活，拥有巨大的财富，有很多的妻子，有时还控制着武装用来进行毒品买卖。2009年，著名的毒枭"矮子"杰奎因·古兹曼（Joaquin Guzman）被排进了福布斯全球富豪榜，拥有净资产10亿美元。

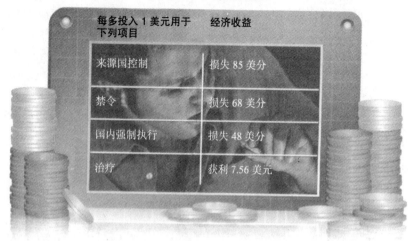

**治疗项目的社会效益**

| 每多投入 1 美元用于下列项目 | 经济收益 |
| --- | --- |
| 来源国控制 | 损失 85 美分 |
| 禁令 | 损失 68 美分 |
| 国内强制执行 | 损失 48 美分 |
| 治疗 | 获利 7.56 美元 |

资料来源："Treatment vs. Incarceration" Drug Policy Alliance, http://www.drugpolicy.org/library/factsheets/treatment_v_incarceration_nm.cfm#5.

**没收财产：** 指允许政府没收任何通过非法活动所得购买的东西。

73%。此外，该研究还发现，由于上瘾者与酒精和药物有关的治疗减少了，他们的生活质量提高 53%。

物质滥用治疗项目同样有助于改善每个社会成员的生活质量。此次调查还发现在提供足够药物治疗项目的地区，毒品买卖减少了 78%，暴力犯罪减少了 78%，商店偷窃减少了 82%。研究者判断这种趋势与那些主要以违法活动为生的人下降了 48% 有关系。

药物治疗项目不仅使居民更安全，同样也让居民省

了钱。兰德公司（RAND Corporation）的一项研究发现，对治疗项目每投入 1 美元，纳税人花在预防犯罪方面的钱就会节省 7.56 美元。亚利桑那州在 1996 年投票表决对非暴力的吸毒犯实行缓刑和治疗而不是监禁之后，那儿的纳税人发现（治疗项目能让居民省钱）这一点千真万确。一年以后，亚利桑那州高等法院发表报告指出纳税人节省了 260 万美元。此外，在吸毒犯完成治疗一年以后，77.5% 的人的毒品检验呈阴性。

## 向毒品开战与没收财产

"毒品贩子"变成一种职业，但我们并没想到它成为高收入的职业。实际上，大多数毒品贩子都是业余的，而且根本就不富裕，他们中很多人仍然住在家里。1984 年，美国政府出台一项政策，目的是让从事毒品交易的人无利可图，把那些来自非法毒品的利润从交易者手中拿出来。人们认为这一政策可以减少毒品贩子的数量，从而减少社会上毒品的供应。这一政策被称为**没收财产**，它允许政府没收任何来自非法活动的获利，包括汽车、房屋、电子设备甚至是企业。政府如果怀疑某些财产被用于非法活动，就可以立刻予以没收。

然而，与许多应对其他社会问题的政策一样，没收财产政策也存在争议。为什么？因为举证的责任放在了被告身上。被怀疑通过非法活动拥有财产的人必须自己证明这些财产与非法活动毫无关联。例如，警察如果怀疑你的丰田凯美瑞汽车是用在校园里兜售毒品的钱购买的，就可以基于这一怀疑没收你的汽车。为了汽车不被没收，你需要提供财产记录来证明汽车是合法购买的。这种做法违背了"无罪推定"这一民事权利准则。实际上，你可能被没收财产，却根本没有受到犯罪指控。警察可以不用逮捕（甚至指控）那些人就没收他们的财产。一项历时 10 个月的全国性研究发现，被没收财产的人中间有四分之三的人从来没有受到犯罪指控。

---

### ▶▶▶ 赞同还是反对

# 大麻是不是应该合法化？

美国对大麻合法化的争论持续了一个多世纪。争论的双方都有情绪化的观点。你支持哪一方呢？

**赞同**

- 出于消遣的目的使用大麻的行为可能会减少，因为它已经不再是一种反抗形式。
- 像烟草一样，政府可以对销售大麻征税，用这一所得去减少国内的争议。
- 适量使用大麻所带来的健康风险并不比其他合法药物如香烟和酒精大。
- 很多"瘾君子"是健全的成年人，他们拥有很好的工作，也不参加其他违法活动。
- 合法化将减少有组织犯罪所带来的利润。
- 有证据表明，大麻并不是那些硬毒品使用者最早使用的毒品。实际上，毒品使用的自然进化过程是从合法药品开始的，例如酒精和香烟。大麻的质量和安全性可由食品药品监督管理局进行监管，从而降低由低水准的街头大麻制品（为了节省交易费用，往往在其中掺杂了指甲花、松节油或者动物粪便粉末）所带来的健康风险。

**反对**

- 一旦让大麻合法化，使用大麻的人就会增加，它会成为主流。
- 一些有害的社会习惯（如吸食大麻以后危险驾驶）会出现。
- 大麻吸食者会更多地出现高血压、荷尔蒙的改变甚至是精神分裂等健康问题。
- 合法化会导致儿童接触大麻的机会增加。
- 有人觉得吸食大麻不仅是法律上的错误，更是道德上的错误。
- 大麻作为"入门毒品"会诱导人们使用更高级的毒品，对双胞胎的研究显示了这样的联系。虽然数据还不是结论性的，但为潜在的愉悦并不值得冒这个险。

**链接**

## 毒品使用与犯罪

正如我们将在第13章和第14章中讲到的，犯罪与使用毒品之间呈密切相关的趋势。

根据白宫全国毒品控制政策办公室提供的数据，62.4%的犯人被监禁之前经常使用毒品，35.6%的犯人在被捕的时候正使用毒品。毒品影响人们的判断，导致他们参与非法活动。很多解释人们犯罪行为的理论能够用来解释为什

么人们会使用毒品。我们会更详细地看到越轨行为和犯罪行为如何通过同龄人之间的联系进行传递的。

最后，像过失、侵犯、酒驾等犯罪行为之所以会发生，就是因为毒品降低了人们的控制力。我们如果喝醉了，那么会不会干一些让自己后悔的事情呢？有时候确实是这样的，而且有些事情直接导致了犯罪。

在上一章中，我们讨论了美国社会的医学化，我们看到，它也可以同样用于分析毒品的使用。在我们这个社会，我们能够对每一件事情开出药方，既可以用于治疗头痛，也可以用于解决严重的幻觉。似乎我们正处在一种为任何事情都寻找医学药方的文化之中，无论这种药方是杰克·丹尼威士忌（Jack Daniels）还是伟哥（Viagra）。

# 从课堂到社会→在毒品预防协会工作

卡珊德拉（Cassandra）既不吸毒也不喝酒，但是她知道自己所在的高中有很多人吸毒、喝酒。由于担心自己走上很多正在吸毒、喝酒的朋友的道路，她决定参加一个毒品预防协会，他们每月在当地社区中心开一次会。协会大多数成员是成年人，卡珊德拉和其他几个年轻人是青少年会员。在卡珊德拉参加的第一次会议上，该协会的主席宣布他们获得了一笔3 000美元的拨款，用于开展一项预防邻里吸毒的项目。

**有一个妇女认为他们应该开展一轮广告攻势，播出一些因为吸毒被捕或喝酒而被指控的社会名流的照片，而且要附上这样一句话——"即使最耀眼的明星也会毁于毒品。"**

大多数与会者认为这是个好主意，不过卡珊德拉却表示怀疑。她认为播出名人的照片，在任何场合，都有可能使年轻人认为吸毒很酷。

**另一个人认为，协会应该把资金用于开展一项匿名的毒品实验，在当地两所高中随机抽取学生来进行实验。**

这一次就不止卡珊德拉一个人反对了。很多人认为这种方法太过极端，将会让这些青少年觉得自己的隐私受到了侵犯，从而激起他们更大的反叛欲望。

经过思考，卡珊德拉建议他们把基金用于开展一个项目，该项目不仅仅要告诉青少年毒品的危害，还要告诉他们其他的可以玩得开心的途径。

她建议开设一个名为"我开心"的网站，该网站将成为青少年上传视频、写博客以及上传有趣照片的地方，不用吸食毒品或狂饮烈酒也能让他们自己开心。它可以是自己在家里录制的音乐视频，可以是创作日常诗歌的博客，也可以是个人艺术品照片。把钱用于开发网站，用于开设课程或者购买设备，以帮助学生们开展上述活动。

**协会成员都赞同这一建议。他们很高兴采纳了一个年轻人的观点，会后很多人恭喜卡珊德拉。协会主席甚至走过来跟卡珊德拉握手并且告诉她，希望她下个月继续回来开会，同时作为一个拥有投票权的全权会员参与活动。**

# 理论沉思

大麻之类的软性毒品在荷兰是合法的，也是被社会所接受的。咖啡店提供从大麻胶到大麻多种品种的选择，而且允许顾客在店内与朋友分享这些商品，或者把它们带回家享受。这样的做法在美国该不该允许呢？

## 功能论

功能论者感兴趣的是想吸毒的人与实际吸毒的人有何区别。人们吸毒的目的各异，80毫克的奥施康定（Oxycontin）可以舒缓背部疼痛，也可以导致情绪亢奋。根据社会学家罗伯特·默顿的观点，毒品上瘾是对社会障碍的一种适应。一个人如果相信自己不可能成功，就会陷入一种退缩主义状态，从而回避社会的目标和规则。

## 冲突论

冲突论关注吸毒者的种族和经济方面的差异。根据冲突论者的观点，种族和收入会影响人们毒品使用的易感性以及被捕的可能性。研究表明，黑人跟他们的白人邻居相比会受到更严密的巡查和查抄，尽管使用毒品的黑人与白人的比例相当。

**人们为什么会滥用毒品和酒精？**

## 符号互动论

符号互动论者对日常生活的微观互动以及它们对我们的世界观有何影响感兴趣。在美国，我们认为有些药品是合法的，"可以使用的"；而其他药品被认为是非法的，"不好的"（至少被官方这么认为）。但是我们很清楚，毒品的合法性与它的效果并没有什么必然联系。例如，美国危害最大的毒品中有酒精和烟草，但是这二者都是合法的。为什么？因为这些东西被社会认为是可以接受的。

2008年，有13个州允许大麻被用于治疗目的。难道一个不幸福的少年与骨癌患者拥有同样的毒品使用权利吗？

住在低收入城区的居民往往比住在富裕郊区的居民受到更严格的巡查。你认为是执法者在保护贫困社区的居民，还是给这些居民带来了社会伤害？

性与性行为

# 托马

斯·毕提（Thomas Beatie），作为变性人，于2008年6月产下一个女婴。由于这件事，他被许多变性人所熟知。然而，他们将面临一个共同的议题：他们（变性人）作为父母的角色是否被法律所认可？

女儿苏珊（Susan）在俄勒冈州本德市出生后的当月，34岁的毕提和他46岁的妻子南希（Nancy）发现，他们在法律上的定位非常复杂，并成为其他变性人家庭的警示例子。

从现行法律意义上讲，毕提是名男性，但是，是他诞下了婴儿。在俄勒冈州出具的孩子出生证明上，他被冠以"母亲"的称谓，而其配偶则被冠以"父亲"的称谓。

不久之后，这些称谓被州政府所废除，取而代之的是不分性别的名号——"父母"。"父母"的称谓通常是被用在同性夫妇所生孩子的出生证明上。对于毕提全家来说，这无疑是非常苦恼的事情。

"事实上，他们（州政府）是在否定我们的婚姻。"托马斯·毕提说，"我很苦恼，我觉得，这是一份有问题的文件。"

"文件只是为了说明，'父亲'和'母亲'的社会属性（称谓），成为一名父亲或母亲，我们不必非要跟孩子保持着生理上的血缘关系。"他补充说。

就职于纽约哥伦比亚大学性取向与性别法律门诊所的苏珊娜·戈德堡（Suzanne Goldberg），对毕提一家的遭遇表示同情，她建议，毕提一家不要过分在意孩子出生证明上对自己的称谓。

"很难想象，出生证明被作为一项基本准则来挑战我们的婚姻制度。"苏珊娜·戈德堡说，"成年人在法律上被标注为'父亲'或'母亲'的称谓并不重要，这只是社会学的定义，本身也并没有什么法律意义，但是，把他们标注成"父母"的称谓，就不合理了。"

作为生理属性上的父母，托马斯·毕提拥有确切的法律权利。另外，对于他的妻子，尽管在生物属性上（血缘关系）与孩子并不存在关联，但是，由于与托马斯·毕提的婚姻关系的存在，她被赋予了作为父母的权利。

有专家指出，如果他们婚姻的合法有效性受到侵犯，那么南希作为父母的权利将会存在危险。

为了确保南希作为父母的权利，律师建议，毕提全家应该像其他同性夫妇那样来抚养孩子，即作为非血缘关系的父母，南希应该以收养的方式来照顾孩子。

"还有一个小问题应该注意，当婚姻遭到挑战时，它的合法性会不会得到法院的支持呢？"苏珊娜·戈德堡继续说，"对于毕提家这种情况，如果非血缘关系父母采取收养孩子的做法，尽管这并不总是必要的，那么这样做可以百分百地确保他们之间的亲子关系受到法律的保护。"

毕提一家承认这样的做法可以确保他们的权益，但是，他们并不想按照这样的方式来做。因为，他们认为，自己的婚姻和异性恋夫妇的婚姻并没有什么不同，另外，他们平时还以丈夫和妻子的身份进行报税。

"我们不必以收养的方式来抚养自己的女儿。"托马斯·毕提说。

毕提一家正在寻求法律服务和法律代表，争取对孩子的出生证明做出修改。

"我认为那是一份有问题的文件。"他说，"我们希望看到，这个过程能够被修正或弥补，这也是为了下一个孩子和下一个怀孕的男人。"

**男人生下孩子是好莱坞喜剧《威龙二世》（*Junior*）的素材，但是，美国观众对该影片的淡漠仅仅是公众负面反应（美国第一个男变性人公布怀孕时所产生的公众反应）的一个先兆。**

通过科学和医学的革新，"父亲"和"母亲"这两个名词已经在美国的州和联邦司法体系以及全国范围的学校和家庭里为人们所大肆谈论。

家庭、教育体系、法律体系和宗教组织都在为性取向与生殖这样的议题而纠结。当你发现如此多不同的声音在努力去定义什么是"正常"时，

不难看出，性别与性取向已经成为非常大的社会问题。是现代社会的性行为有问题呢，还是社会对此的反应存在问题？谁决定什么是对，什么是错，什么不应该被公开？鉴于像托马斯·毕提之类的事情渐渐进入主流视野，我们必须从个人和国家的角度来仔细检视，我们目前对待性别差异的方式或方法。

# 主题：美国人如何看待性别与性行为？

## 性与性别

在当今社会，对于具有不同性取向的人们的歧视仍然是一个重要的议题。为了说明有关性别与性行为的各种看法，我们需要对相关术语做出清楚的定义。

严格意义上，性是指男性或女性的生理结构组成。换言之，它是指个体是否具有男性或女性生殖器官。性同样是指能产生性满足和生殖的活动。性互动的程度因文化的不同而不同，这其中涉及对潜在性伴侣的年龄、种族和社会地位的预设。

我相信，通过看电视、听广播和浏览互联网等，你们已经意识到性别在美国是一个强有力的武器。随着时间的推移，人们对性别和性取向的看法出现了很大的变化。例如，在美国，第一次婚前性行为的平均年龄由1954年的20.4岁降至2003年的17.6岁。在1954年至1963年，被报告的15岁青少年中，只有4%曾有婚前性行为；在1994年至2003年，此数字已经激增至14%。

事实上，在这50年间，美国婚前性行为的人数在不断增加，初次发生性行为的年龄在不断降低。然而，在2004年，青少年在婚前性行为的人数开始回落。这意味着越来越多的青少年在推迟自己发生性行为的时间。于是，这就避免了一些与性有关的社会问题，如性疾病传染、意外怀孕以及因意外怀孕而增加的责任。在同一时期，避孕措施的使用稍有增长，最

常见的方法是口服避孕药。几乎所有的性成熟期女性都曾经采用过避孕措施，无论她们是出于什么目的。事实上，98%有过性行为的女性至少使用过一种方法进行避孕，并且有超过80%的女性使用过口服避孕药。

之前，我们学到，性别是与男或女有关的个体特征和社会身份。例如，在美国，穿短裙或连衣裙会使人联想到女性。两性之间的行为差异常常与生理差异有关。例如，男孩更喜欢斗殴或搏斗，而女孩倾向于"过家家"。但是，社会学家认为，相较于生物学，社会化通常更多地影响着我们基于性别来判断个体行为是否得体或恰当的看法。

## 性别认定

如你所见，性与性别是不可互换的术语。正如我们在第4章中所讨论的那样，性别认定是个体自我认定为男性或女性的心理感知。**变性人**是指那些将自己的性别认定或性别表达为不同于生理性别的个体。性别认定与他们如何穿衣打扮、如何自我呈现等没有关系。进一步说，一个人对另外一个人所产生的性吸引，有时候是说不清楚的。有些异性恋男人穿着女性风格的衣服，比较吸引人，但是，他们并没有要做女人的愿望。有些人认为，对于那些与传统性别规范不符的外貌、行为方式

<<< 男人将自己装扮成女人，例如著名的变装皇后——鲁保罗（RuPaul）。对于传统的性别分类来说，他提供了一个比较难归类的案例。然而，对于自己被归为男女任何一个类别，鲁保罗都觉得可以接受。

以及自我认同的人群，我们都可以将其视为变性人。然而，并不是所有具备与其生理性别不符的外表或行为的人们都认为自己是变性人。

## 性取向

与性、性别和性别认定相关但又不同的，这就是**性取向**。根据美国心理学会的定义，性取向是指"对男性、女性或双性在情感上爱慕、感觉上浪漫以及性吸引方面保持持久的模式。"人们通过与他人之间的互动来表达性取向，诸如握手或接吻之类的行为。吸引那些对爱、接纳和亲密行为有同样需要的人，也是性取向的一部分。另外，性取向相同的人具有相似的目标、价值观念以及能够互相支持等。按照这种方式来看，性取向实际上已经超越了个体特征，它甚至能够解释和哪些人在一起个体会感到舒服、浪漫以及满足的原因。这些对于个体来说，都是最基本的。

一般来讲，性取向被划分为三类：异性恋、同性恋和双性恋。**异性恋**是指个体对异性在情感上的爱慕、感觉上的浪漫以及性方面的吸引。**同性恋**是指个体对同性

> **变性人**：是指那些在性别认定或性别表达方面不同于自己生理性别的个体。
> **性取向**：是指对男性、女性或双性在情感上爱慕、感觉上浪漫以及性吸引方面保持持久的模式。
> **异性恋**：是指个体对异性在情感上的爱慕、感觉上的浪漫以及性方面的吸引。
> **同性恋**：是指个体对同性在情感上的爱慕、感觉上的浪漫以及性方面的吸引。
> **双性恋**：是指个体对同性和异性都具有情感上的爱慕、感觉上的浪漫以及性方面的吸引。

在情感上的爱慕、感觉上的浪漫以及性方面的吸引。**双性恋**是个体对同性和异性都具有情感上的爱慕、感觉上的浪漫以及性方面的吸引。所有这些性取向在全世界各个社会和文化中都能找到，并且公众对其有着不同程度的接受。迄今为止，尽管并没有确切证据证明性取向是如何被决定的，但是，研究人员们还是相信，性取向与诸多因素有关，其中包括基因、荷尔蒙、成长发育以及社会文化的影响。

### 种族和性别认定

研究人员试图弄清，种族是否在性别认定方面扮演着重要角色。帕特丽夏·柯林斯（Patricia Hill Collins）认为，种族、性别和性取向的交互作用对美国黑人产生消极影响。关于同性恋恐惧以及种族主义现象，我们可以在音乐、歌曲以及电影等影音资料中所呈现出的黑人刻板印象找到答案。这不仅仅是针对黑人同性恋者，也包括所有的非异性恋者们。例如，有些男人选择低调生活方式，他们以异性恋的身份生活和结婚，但是却从事着同性恋的活动（一般是指同性行为）。

一般来说，黑人比白人在同性行为方面所持的态度更为消极。然而，研究人员却发现，黑人对同性恋权利稍微更加支持一些，换句话说，他们更加可能接受一些现象，比如同性恋婚姻、同性家庭孩子抚养以及保护同

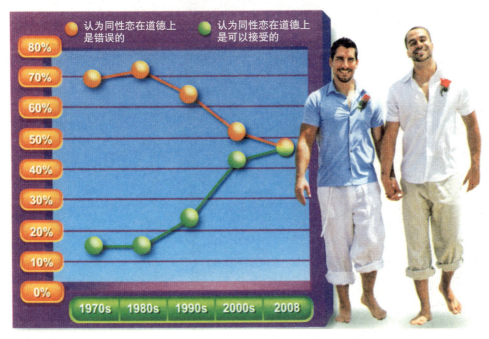

**人们对同性恋态度的变化趋势（1973—2008年）\***

- 认为同性恋在道德上是错误的
- 认为同性恋在道德上是可以接受的

80% 70% 60% 50% 40% 30% 20% 10% 0%

1970s 1980s 1990s 2000s 2008

\* 不包括"不确定／无意见"。

资料来源：Jeni Loftus, "America's Liberalization in Attitudes toward Homosexuality, 1973 to 1998," *American Sociological Review*, 2001. 66(5): 762–782; Lydia Saad, "Americans Evenly Divided on Morality of Homosexuality," June 18, 2008, Gallup, http://www.gallup.com/poll/108115/americans-evenly-divided-morality-homosexuality.aspx, Accessed August 14, 2009.

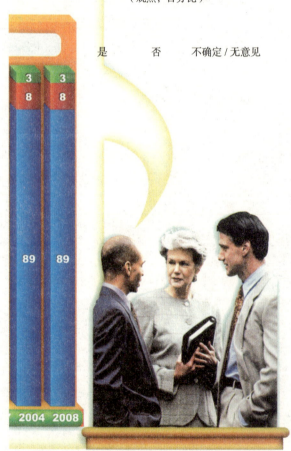

性恋不受就业歧视的法律等。这种研究发现暗示着，当同性恋刻板印象被传播到黑人居住的社区时，他们就会竖起反歧视的大旗。

## 关于性取向的歧视和暴力

大部分美国人曾经对同性恋持负面态度，从而导致了一系列的社会问题。例如，20 世纪 70 年代，我的一位高中朋友是男同性恋者，他经常被嘲弄并且还会遭到不定期的身体暴力威胁。一些男同性恋者仍将自己认定为异性恋或双性恋，这样做是为了避免被贴上同性恋的标签。近期有一项关于异性恋态度的调查，研究者让异性恋者根据自己对不同种类人群的看法进行打分，跟双性恋有关的问题的得分比跟人种、种族、宗教和政治团体

有关问题的得分低，但静脉注射吸毒者的得分更低。

大约从 1973 年开始，社会对同性恋的接受程度因几种因素而有所提高。第一，教育明显提高了人们对同性恋的接受程度，美国人受教育的水平在过去也确实得到了提高。第二，国家文化变得更加多元化，这就提高了人们对不同生活方式人群的接受程度。随着时间的推移，当多数人支持同性恋权利时，很少有人还认为同性恋在道德上是错误的。

尽管对同性恋的社会接纳程度在不断提高，但是，基于性取向而产生的暴力行为仍然是个大的社会问题。2005 年，与性取向有关的攻击性犯罪牵涉 1 213 名受害者，占年度攻击性犯罪总数的 14%。

在健康失调、抑郁、自杀意图以及自杀等方面，青

### 同性恋在就业方面是否具有同等权利?
（观点，百分比）

是　　　否　　　不确定 / 无意见

| | 3 | 3 |
| | 8 | 8 |
| | 89 | 89 |
| | 2004 | 2008 |

资料来源: Lydia Saad, "Americans Evenly Divided on Morality of Homosexuality," June 18, 2008, Gallup, http://www.gallup.com/poll/108115/americans-evenly-divided-morality-homosexuality.aspx, Accessed August 14, 2009; "Self-Reported Sexual Orientation and Earnings: Evidence from California" Christopher S. Carpenter *Industrial and Labor Relations Review*, Vol. 58, No. 2 (Jan., 2005), pp. 258–273.

## ▶▶▶ 全球视野

### 同性婚姻

同性婚姻在美国是一热门话题，在 2004 年，许多州对是否废除同性婚姻进行投票表决，使其备受全国瞩目。那么，其他国家如何看待此问题呢？

早至 1989 年，欧洲就有许多国家开始认可"已登记的伴侣关系"。同年，丹麦是第一个保证同性夫妇享有与已婚夫妇同等合法权益的国家。挪威、瑞典、冰岛和芬兰在接下来的 13 年做出了同样的举动。2005 年，西班牙将同性婚姻合法化并允许同性夫妇收养小孩。世界范围内的其他国家，包括加拿大和南非都已将同性婚姻合法化。英国赋予同性伴侣享有与已婚配偶相似的财产权。

德国采取相对保守的办法，从 2001 年起，允许同性伴侣登记成为"终身伴侣"。此法保证同性夫妇享有与异性夫妇同等的继承权和承租人权利。法国和卢森堡具有相似的民事伴侣法律，但是，还没有延伸到具有完全婚姻权利上去。有些国家，如阿根廷和新西兰，认可同性伴侣间的民事结合。虽然有关同性恋权利的问题遍布全球并受到了重视，但是，在很多地区，争取同性夫妇合法权益的斗争还在继续。

---

年男同志（男同性恋者）和青年拉拉（女同性恋者）存在着更大的危险。研究人员认为，出现这些倾向是由于他们感觉自己"与众不同"，并且还与他们的遭遇有关，即受到同龄人的歧视。

就业机会平等的标准意味着在雇佣、提升或解雇员工的有关决定中，不考虑职员的性取向或认知取向。然而，在比较薪资水平时，男同性恋者的收入比同水平已婚的异性恋男性的收入少 15%，比同水平单身的异性恋男性收入少 2.4%。很多人认为，造成这种现象的原因很清楚，即歧视。

#### 美国男同性恋现象普遍存在：到底有多少人呢？

虽然异性恋是性取向的主流，但是，同性恋已经成为性取向的第二大主流。爱德华·卢曼（Edward Lauman）的研究表明：大约有 9% 的男性和 4% 的女性，在日常生活中，已经参与过一些形式的同性恋活动。然而，在调查问卷中，只有 2.8% 的男性和 1.4% 的女性公布其同性恋身份。为什么会出现这种情况？尽管调查问卷是保密的，但是，人们对于性方面的隐私还是有所顾忌或不愿如实以告。考虑到因同性恋身份而产生的污名，我们有把握认为，与其说过多的报告同性恋行为，不如说有很多同性恋行为没有被报告。

政府对性取向最大规模的研究发生在 1990 年的人口普查。研究结果显示，2.5% 男性是男同志，1.4% 的女性是拉拉。人口普查还显示，同性恋人数规模最大的 20 个城市中，生活着全国 60% 的同性恋人群。在这些人当中，相比于已婚的异性恋者，男同性恋者和女同性恋者均受过更高的教育，有很大比例的人数拥有大学学历。

### 生殖和人口控制

社会问题的研究涉及性别的问题要比性取向多，生育控制就是另外一个备受争议的话题。例如，在发达国家，美国有着最高的青少年怀孕率。这就导致了一系列的社会问题，包括年轻母亲较低的受教育水平和儿童较高的受虐风险。如何解决这类问题呢？

从 20 世纪 80 年代中期起，政府举办了很多性教育活动，并且，最近重点聚焦于"唯禁欲"的教育发展。政府呼吁年轻人推迟发生性行为的时间，并且警告他们过早进行性行为的危害。在回顾"唯禁欲"性教育时，研究人员发现了严重的错误，其中涉及避孕套失效率的误导性数据。

此外，研究表明，"唯禁欲"教育项目的实施和参与，使青少年型父母数量增加的可能性上升了。对于这个意外结果的一个解释是，这些学生在决定发生性行为时，缺乏避孕、防止性病等方面自我保护的知识和正确的信息。另外，研究人员还发现，那些参加过学校综合教育项目的学生，其成为青少年型父母的可能性较低。这些综合教育项目往往教授学生关于避孕套的使用以及从事其他生殖控制实践。

疾病预防与控制中心发现，在美国，避孕措施的使用比较普遍。这意味着，大多数人会在某种程度上采取避孕措施。最常见的方法是口服避孕药——有超过 1 100 万的女性使用。另外，还有绝育手术——有 1 000 万的女性采取此办法。大约 700 万的人只使用男性避孕套或与其他形式的避孕措施一起使用，比如使用杀精子泡沫剂。尤其值得注意的是，这三种最普遍的避孕措施中，有两

> **堕胎：**是指在胎儿出生前将其从女性的子宫中移除，终止妊娠。

种主要靠女人来承担避孕的责任。就如一名学生所说的那样，"我老公说，如果我不想怀孕的话，就要自己采取措施避免此事发生"。这种性别歧视论的观点普遍存在。将怀孕的责任单一放到女性身上会导致其他的社会问题。例如，1995年至2002年，没有使用任何避孕措施的女性数量和百分比在增加，这会导致家庭规模的变大和更多的意外怀孕。

## 堕胎

当今时代最具争议性的议题之一就是堕胎。堕胎是指在胎儿出生前将其从女性的子宫中移除，终止妊娠。数年来，关于堕胎的文化立场已经转变，尽管在美国堕胎行为已经合法化，但它仍然存在较大争议。

### 美国堕胎简史

美国早期历史显示，堕胎是完全合法的。首次从法律上限制堕胎是在20世纪90年代早期，目的是保护妇女不受堕胎的危害。这些法律大多针对那些负责堕胎的产婆和医生，他们所从事的引产手术对孕妇来说是很危险的，经常导致孕妇死亡。

有关堕胎法最有名的诉讼案是1973年美国的"罗伊案"。当时，最高法院认为堕胎是妇女受宪法保护的一项基本权利，其享有的隐私权允许孕妇单独决定是否要终止妊娠，而不受政府外力因素的干扰。即使是今天，人们也在不断争论有关堕胎合适的时间段和方法的问题；并且争论将在两方之间持续进行，一方是支持妇女拥有自主堕胎选择权，另一方是反对妇女拥有自主堕胎选择权。

### 有关堕胎的数据统计

尽管堕胎在美国仍是合法的，然而数据显示，堕胎率稳步下滑。从1990年到2004年，妇女堕胎比率从2.74%降至1.97%。更有效的避孕措施和更多有关避孕方法的教育可能是造成堕胎率下降的潜在原因。堕胎率始终居高不下的年龄群在20岁到24岁，而15岁到24岁年龄段的堕胎率则减半。同一时期，黑人妇女比白人妇女的堕胎率更高。而且，不出所料，未婚妇女比已婚妇女的堕胎率要高。

**堕胎率（每1 000个妇女中的堕胎人数）**

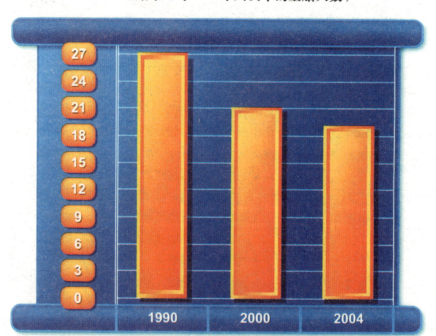

资料来源：U.S. Census Bureau, Table 98 "Abortions by Selected Characteristics: 1990 to 2004," http://www.census.gov/compendia/statab/tables/09s0098.pdf, Accessed July 21, 2009.

# 社会问题思考：
# 不同的社会学范式如何看待性行为？

> **酷儿理论**：是一套抵消或对抗异性恋偏见的理论研究体系。

## 酷儿理论

酷儿理论是对 20 世纪 90 年代早期出现的同性恋文化的一种批判性分析。它聚焦于美国固有的男权文化和对异性恋霸权的对抗。这种理论质疑"我们都是直男"等类似的假设。酷儿理论告诉我们，性行为是一种连续体，性别认同（Sexual identity）是随着价值和文化的演变而不断变化和发展的。

为了支持自己的理论，酷儿理论家们经常重读历史文献，特别留意那些非常规性行为的例子和性别建构的知识。米歇尔·福柯（Michel Foucault）就曾在他的著作《性行为的历史》（The History of Sexuality）一书中，把同性恋作为近代的社会现象来考量。因为历史文献中有鸡奸的记载，所以，福柯认为，在过去，同性性行为仅仅被看作有罪的行为，而不是身份的建构。福柯把"性别认同"理论化，即把"性别认同"作为社会实体形式来看待，且这种社会实体随着社会的变化而不断发展。福柯的"同性恋是近代的社会现象"的论断与当时流行的观点形成鲜明的对比。这些流行的观点是，性别认同是必要的，就如 1789 年、1503 年或其他的年份那样，在 2009 年，同性恋将会被认可、被兼容。另外一个理论家，伊芙·塞奇威克（Eve Sedgwick）通过查阅赫尔曼·麦尔维尔（Herman Melville）、亨利·詹姆斯（Henry James）以及其他著名学者的文献作品，来分析西方文化的各个方面。通过自己的研究，伊芙·塞奇威克发现，性别的分类和详述在 19 世纪晚期的欧洲和美国比较风行。伊芙·塞奇威克还得出结论，性行为在社会认同和价值方面变得和性别一样重要的时间点明显不同。非常有意思的是，对"同性恋"这个词的应用早于"异性恋"这个词，这暗示了在 19 世纪 90 年代之前，性行为并不是个体生命和价值中重要的因素。

并不是每个人都赞成酷儿理论。批评家们认为以上论断太依赖过去的文本资料。当仔细检视过去已出版的文献资料来寻找性别分类方面的细微差别时，现代的研究者可能会误读这些文献。因为他们不能直接与这些文献的作者对话，他们也就不可能完全理解作者所要表达的意思，所以，他们可能最终得出错误结论。批评家们还指出，大部分文献资料是由中产阶级和上层阶级收集整理的，因此，它们不能反映社会的整体看法。许多反对者很难相信性行为是不断变化的。性别认同可能是社会性的建构，而性欲望则是永恒的，不受时间的影响。

非异性恋（同性、变性或双性等）遭受的不平等和压迫是社会问题。酷儿理论认为，我们生活在一个趋向于异性恋主义的扭曲社会。异性恋者制定着社会规范，那些偏离这些规范的事情和人，被贴上"怪异"的标签。尽管也有其他反对者，但是，相较于异性恋的诠释来说，酷儿理论向我们展示更多的是，我们所看到的、读到的和听到的观点和看法。

## 冲突论

冲突论和女权主义理论对性行为这个议题的看法相似。男人经常压迫女人，因为他们想从身体和性方面统治女性。异性恋是男人统治女人、维持其社会主体地位的方法。冲突论者还认为，性别压迫已经引起了社会压迫，而女性则是被压迫的群体。

# 找寻社会问题的解决办法：
# 社会如何应对性别差异？

在同性家庭、同性婚姻及其界定方面，美国联邦政府和州政府都受到立法的不断挑战。伴随着性多元化的社会接纳程度的提高，法律和政策已经慢慢变得更加包容。在解决性别差异方面，我们在什么方面正取得进展？

## 美国同性婚姻的地区分布

图例：
- 承认同性婚姻
- 承认同性结合
- 承认同性家庭伴侣
- 同时承认同性婚姻和同性家庭伴侣
- 不承认同性婚姻

资料来源：Christine Vestal, "Gay Marriage Legal in Six States," Stateline.org. http://www.stateline.org/live/details/story?contentId5347390, Accessed July 15, 2009.

# 同性婚姻

在美国的大部分州，同性婚姻是不合法的。2004年，马萨诸塞州允许男同志和拉拉结婚。它是美国第一个同性婚姻合法化的州。自此，同性婚姻在康涅狄格州、艾奥瓦州、佛蒙特州和缅因州等地取得合法化，而最近，在新罕布什尔州也取得了成功。然而，还有36个州存在着禁止同性婚姻的法规，其中，还包括一些宪法禁令。

链接

## 性取向和家庭

通过整章的分析，你可以了解到，偏见对同性性取向者的日常生活的影响。酷儿理论告诉我们，在这样的一个异性恋主义社会里，任何不同于异性恋行为的东西，都会被认为是"怪异"的。这种偏见与我们第4章中讨论的性别偏见相似。通过历史，我们发现，女性通过自己的抗争，已经取得了投票权、工作平等、反家庭暴力等权益，甚至，她们还在捍卫着是否结婚或单身方面的权利。而非异性恋者（变性人、同性恋或双性恋者等）今天仍面临着相似的抗争。

我们已经讨论了关于同性婚姻的各种诉求，以及各种支持或反对同性婚姻的法律和法规。同性婚姻或同性家庭伴侣关系在社会认同方面的抗争，将不可避免地涉及孩子的收养、领养以及将孩子作为非传统家庭成员一部分的议题。在第14章，我们将探讨家庭的概念，以及探寻家庭面貌在21世纪发生的变化。举个例子来说，现在一些州允许同性婚姻合法，但在涉及孩子议题上，同性夫妻就会面临独特的法律挑战。在这样的家庭中，如果一个孩子被抚养长大，但在生理意义上仅与伴侣之一有着关联，那么，父母的权利会变得复杂起来。正如我们在开篇文章中所讨论的那样，确实存在一些案例，在这样的家庭形式中，当孩子血缘亲生（生理意义上）父（母）遭遇不测时，同性伴侣的另一方需要抚养孩子，并确保孩子不被带走（一般是作为孤儿被社会福利机构带走）。

一些州提供了婚姻的替代形式，在这种婚姻替代形式里，同性伴侣与异性伴侣具有同等的法律权利。在加利福尼亚州、康涅狄格州、夏威夷、缅因州、内华达州、新泽西州、俄勒冈州、华盛顿州等八个州，同性伴侣在家庭关系中已被认可。更进步的是加利福尼亚州、俄勒冈州和华盛顿州等三州。在这里，同性婚姻不仅被认可，而且还享受与传统婚姻同等的法律权利，比如税收优惠、医院就诊、器官捐赠和财产继承等。

## ▶▶▶ 赞同还是反对

# 同性婚姻 / 同性结合

最近，美国关于同性婚姻支持或反对的争论非常激烈，甚至延伸到选美舞台上来。2009年，凯瑞·普瑞金（Carrie Prejean）在加利福尼亚州的选美比赛中夺冠。当她被问及是否支持同性婚姻时，她高调宣称，婚姻只能发生在男人和女人之间，这随即引发了一场关于支持或反对同性婚姻的风暴。

**赞同**

- 平等的机会和权利都非常重要。就像不同种族之间通婚一样，以前是非法的，但现在已被颠覆。它与同性婚姻有太多的相似之处。

- 对同性恋家庭的负面认知是不恰当或不合法的。他们的生活满意度与异性恋家庭相似。比如，他们拥有与异性夫妇相同的爱和承诺。另外，他们的关系冲突和性亲密也与异性夫妇的有着惊人的相似。

- 在同性恋家庭中长大的孩子，并不比在异性恋家庭中长大的孩子更可能成为同性恋者。相反，他们却更少遭到虐待。他们在自尊和心理健康方面与常人并没有什么不同。

**反对**

- 传统上，婚姻一直发生在男人和女人之间。同志婚姻是一种不符合社会规范的生活方式。

- 家庭定义的变更必须基于社会中大多数人的利益。

- 婚姻一旦被重新定义，就会丧失逻辑起点，比如婚姻还可能被拓展到一夫多妻制或一妻多夫制等。

- 在同性恋家庭长大的孩子成为同性恋者的可能性更大。

---

∨ 同性婚姻在世界范围内仍然是一个有争议的问题，你是如何看待的？

为什么同性夫妇想要按照传统意义上来结婚？因为他们想寻求如同传统婚姻一样的法律和金融方面的保障，例如死亡时的财产过继、遗留儿童的托管及养育等方面的法律权益，当然，还包括退休福利、健康保险以及社会接纳等。许多用人单位（老板）已经把这种权益扩展到同性伴侣上来，比如给予在职员工的同性伴侣医疗保健和人寿保险等方面的保障。对于他们渴望传统意义上的婚姻的简单逻辑是，没有人愿意居住在或搬去一个不承认其伴侣身份的地方（州）。

最重要的问题也许是政府为什么会被牵扯到婚姻的认可上来。直到20世纪早期，政府才介入婚姻管理事务上来。这要追溯到1909年美国颁布的婚姻法，该法编纂和统一了婚姻的形式。对于结婚许可，政府附加了一些条款，但是，这些条款的目的是追踪已婚人士的数据普查、父母义务和财产权等。婚姻合法化对某些人来说，简化了其税收和财产过继的问题。还有一些州涉及婚姻的责任和权利多达350条。

关于同性婚姻的论辩，还没有得出让人非常满意的结果。持赞成或反对态度的人数都不在少数，但是，他们都抱着强烈的信念，这样的问题是应该面对和解决的。我们可以通过上面支持和反对的理由来详细了解双方的观点。

# 从课堂到社会→收养权

在美国的许多州，同性夫妇为了得到当地政府的认同而进行着不断的抗争。在领养体制里，对同性夫妇收养权的限制是众多不平等的一种。

进入大学之前的最后一个夏天，金妮（Ginny）花费了几周的时间来对社会工作者进行跟踪。她发现，这部分社会工作者既包括男人，又包括女人，他们不知疲惫地去帮助那些不幸者，并帮助其走出困境。尽管有时候这种跟踪调查工作会让人精疲力竭，但是，她还是决定利用这次宝贵的机会对社会工作领域探个究竟。她曾遇到过一个案例，对这个案例感到十分困惑。

"我曾经遇到过一个漂亮且充满活力的小女孩莎蒂（Sadie），她的母亲常年时运不济，为了排解郁闷，就经常嗜酒，而且吸食海洛因。由于这种情况，莎蒂被社会工作者带到一组家庭面前，等待着愿意照顾她的家庭来收养，当然，此时的莎蒂被收拾得干净了些。另外，这组家庭可能会有些顾虑，因为莎蒂只有7岁。"

"那天，当一个年轻妇女经过时，我正在办公室工作。在她等待我的督导师且看上去非常焦虑时，我抽空与她交谈了一会。"

后来了解到，她收到社工福利机构的一份来信，这封信告知她不适合收养孩子，因为她的家庭不是异性恋家庭。事实上，她是一个拉拉，她和她的另一半是伴侣关系。

"她想找相关负责人详细谈一谈，为什么她不能收养孩子，为孩子创造一个温暖且充满爱的家庭？难道这仅仅是因为她结婚的对象不是男人吗？"

"当她说到这些的时候，我也觉得很荒谬。我整个大脑里都是莎蒂，她和许多年龄大的孤儿们睡在一个房间，可能被欺负、被嘲弄，因为她年龄比较小，又失去了母亲。事实上，她本可以睡在一个安全的、充满爱的家庭中。总之，这是不公平的。"

"我猜那个妇女与我督导师的交谈并不顺利，因为她离开时看上去很沮丧。我认为，我们本来可以做一些事情改变现状，可结果，我们什么也没做。整个事件中，到底是谁真正失去了权益？我想，应该是莎蒂。"

# 理论沉思

根据酷儿理论，异性恋现象被认为是受欢迎的、规范的。如果是这样，那么非异性恋群体如何受到平等的尊重呢？

功能论者认为，性行为的目的在于繁殖或个体联合，或者二者都有。我们的社会具有什么样的功能，并且这种功能能够决定哪种人类结合形式会带来繁殖？

## 酷儿理论

酷儿理论挑战着美国社会根深蒂固的异性恋偏见。根据酷儿理论家的论断，美国有一种异性恋的思维，用它去评判、区分和表达所有事情，从历史艺术和文学作品，再到奥斯卡红地毯上的提名人。酷儿理论家还指出，一位假装为异性恋的公众人物有过同性约会的行为，将会遭到诽谤和辱骂；而类似的公众人物陷入婚外情时，却并没有遭到公众强烈的谴责。酷儿理论认为，这不是因为同性性行为本身，而是因为异性恋王国之外的其他现象，比如施虐狂、受虐狂、卖淫者、变性者、双性恋者以及其他被认为是"怪异"的关系和现象。

## 功能论

功能论者通常为性行为的目的辩护。他们认为，性行为的功能是通过配对而使人们联合起来。一些人把它仅仅当作生殖和繁衍后代的工具，这是出于临床方法的考虑。另一些人认为，性行为是一种联合个体并改善人们生活条件的方式。还有一些人把两种观点组合在一起，认为两种功能都同等重要。

## 符号互动论

符号互动论者通常会质疑个人生活中的性行为方式。例如，与同性朋友之间的一次性邂逅（性接触）就意味着他或她是双性恋者、男同志或拉拉吗？标签理论家认为，性别的自我认定是非常重要的。如果你阅读了之前章节中关于卢曼所讨论的材料，这个问题就会变得很清楚，即尽管许多人有过与同性朋友之间的性邂逅，但是，他们并不认为自己是同性恋者。

**社会学家们如何看待性别差异？**

## 冲突论

冲突论和女权主义理论在性别和性行为方面的议题具有相似性，对此可以回顾冲突理论家所关注的不平等问题。当社会通过假设每个人都是"直的"（异性恋）的论调来培养异性恋偏见时，那些具有不同性别认同的群体被投射到非常规的、备受歧视的类别当中来。与此同时，还有一部分人认为，异性恋观念是男性支配或统治女性并维持其社会霸权的一种方法。冲突理论家还认为，对女性持续的统治，久而久之，会使其变成一个被压迫、被支配的群体。

符号互动论者认为，如果没有同性恋者的自我定义，性取向就很容易被外界影响所混淆。一个人怎么才能确定自己的性取向呢？

冲突论者认为，性别是统治群体压迫其他群体的工具。"绅士俱乐部"（异性恋群体）真的能长久地对女性群体进行支配或统治吗？

性越轨

# 美国

爱达荷州参议院的森·拉里·克雷格（Sen Larry Craig）一直努力去证明自己的清白，他撤回之前自己关于机场性丑闻被捕（发生在机场男洗手间）的认罪陈述。共和党人比较恼怒的是，因为克雷格深陷其中，而且吸引了众多媒体关注；在共和党人看来，它会使整个共和党处于难堪的境地。

花了整整四页的笔墨，克雷格还是不能解释清楚他诉求的依据。这种诉求是关于推翻2007年10月4日对他的定罪，这项定罪是由明尼苏达州亨尼奔郡法院（Hennepin County District Court）的法官查尔斯·波特（Charles Porter）裁决的。为了推翻这项定罪，克雷格必须证明，波特在他执行公务时"滥用职权"。

都市机场委员会（Metropolitan Airports Commission）新闻发言人帕特里克·霍根（Patrick Hogan）说："我们相信，事实胜于雄辩，对克雷格的定罪是成立的。"

在爱达荷州KTVB的一次采访中，克雷格认为，他只是在行使和其他公民一样的权利。

"我有权利去做我想要做的事情。"克雷格说。由于他即将从参议院退休，结束他的最后任期，所以，他说道："我不再是绊脚石，我不再阻挡爱达荷州的政治进程，但是，我要追求我宪法的权利。"

高级参议院的克雷格，在明尼阿波利斯圣保罗国际机场（Minneapolis-st. Paul International Airport）的男洗手间内因性丑闻被逮捕之后，接受了对自己行为不检点的轻刑罪名。

克雷格告诉美国广播公司，他为拥有米特·罗姆尼（Mitt Romney）这样的朋友而感到自豪，罗姆尼不仅邀请他加入了竞选阵营，而且还力挺他到底。

但是，共和党的官员们对克雷格并不抱有同情。通过观看午夜电视新闻，他们看到了克雷格如何变成一条冲压线。

"今夜秀"的主持人杰·雷诺（Jay Leno）打趣道："民主党控制了整个房间，但是共和党却控制着卫生间。"

当美国公共卫生组织医师委员会（Public Health Group Physicians Committee）描述"华盛顿的肮脏"（政客们的非法交易）时，他们用克雷格事件的图片来做速记。一组被冠名为《肮脏的小私密》的电视广告中，一个政客在洗手间里，踱着脚步，发出"塔塔"的声音。这是一种私密信号，表示他想要从猪肉产业中"捞油水"（收取钱财）。

广告中的解说员还说道："这是他们肮脏的小秘密，国会议员会向生产熏肉、汉堡包和其他导致肥胖的食品的企业收取钱财。"他还描述了国会与企业之间的那种令人不安的关系，比如这种关系会使那些不健康的食物出现在学校的午餐里。总之，克雷格丑闻就像一种简洁的"挖苦"方式，对华盛顿腐败和性越轨进行了一次嘲弄。

作为《茶室交易》（*Tearoom Trade*）一书的作者，社会学家罗德·汉弗莱斯（Laud Humphreys）通过观察公共场合（通常是指公共男洗手间）"邂逅"的同性活动（多指同性性行为），他惊人地发现，这些"邂逅"的同性恋者多数都未曾公开自己的同性恋身份。

通过对整个研究的分析，他发现：有54%的同性恋者是传统的"家庭男"（Family Men），即已婚男，其和妻子、孩子生活在一起；仅有14%的男人认同自己的同性恋身份。

罗德·汉弗莱斯还发现，所有的被调查者都有一个共同特点，即都萌生了不需要承诺的同性性行为的欲望。尽管持这种欲望的人不在少数，但是，公众仍旧不把它作为正常社会现象来看待。

在这一章中，我们将聚焦两个议题：第一个是性越轨，第二个是有关卖淫和色情文学的社会问题。通常，这两种现象会引起很多争议和社会问题，原因在于，它们冲击了美国社会的主流价值和规范。因此，让我们从探索开始，不仅探索已经被广泛接受的社会规范，而且探索越轨行为的内在本质。

# 主题：性越轨会导致什么样的社会问题？

> **越轨**：是指违反社会规范的行为、信念和状态。
> **卖淫**：是指为了获取物质报酬（金钱、礼物等），以交换的方式从事性活动的行为，这种行为在法律上通常是不被允许的。

## 什么是越轨？

越轨（deviance）是指违反社会规范的行为、信念和状态。社会中存在许多越轨行为：犯罪（第13章）、毒品与酒精上瘾（第10章）以及各种精神疾病（第9章）。

社会建立了社会规范。尽管社会规范有时存在很大的弹性，但是，只要个体违反了社会规范，我们通常就会把其作为越轨行为来看待。在美国的历史上，曾经有过一段时间，如果黑人坐在公共汽车的前排座位上，这就会被看作一种越轨行为。值得庆幸的是，这样的现象现在不可能再次发生了。当对越轨行为进行研究时，社会学家们必须给出一个清晰的界定，即什么是越轨，而什么又不是越轨？

越轨的定义与社会的价值和观念有关。一些中东国家的妇女，由于当地社会价值和信仰的客观要求，她们外出时，总是用面纱遮着整个头部（包括脸庞）。相反，在西方大部分国度里，这种行为被看作是很不正常的。

越轨行为的定义是一种社会和历史的建构。某个历史文化中的越轨行为，在另外一种历史文化中，并不一定被看作越轨行为。例如，男人戴耳钉曾经被认为是不合常理的，但现在，这种现象却变得非常普通。社会对

越轨和规范的定义会随着时间的变化而变化。

越轨是一种文化模式，无论你在世界哪个角落，你

成人用品店老板运用应对机制来避免羞愧感。

都会发现，总有一些小众文化，它们与已建立的规范保持着差异。

社会学家涂尔干在研究越轨与犯罪时曾得出结论：越轨是社会规范建立不可或缺的因素。如果没有个体的越轨行为，我们就没有办法确定社会规范的边界到底在哪里。在某种程度上，越轨行为能够促成社会团结，它能够使那些持相反观点的个体以特殊的方式联结起来。涂尔干还发现，越轨行为是事物变化的一种强烈催化剂。比如，立法者经常制定新法或者修改旧法，以便防止某种越轨行为。

### 羞耻、污名和越轨

社会学家约翰·布雷斯韦特（John Braithwaite）发现，行动所产生的羞耻等内在的负面情绪，往往与越轨行为有关。有时，羞耻导致污名——由于某个行为，个体被贴上了标签，这个标签能够促使个体重复同样的行为。他进一步得出结论，如果没有污名的存在，那么羞耻有时候还可能会产生正面的作用。羞耻是越轨行为产生的一种令人不快的结果。因为它会产生不快结果，所以，它可以减少某些行为的重复出现。

通过研究成人音像店常客们的习惯，社会学家克里斯汀·亨利（Kristen Hefley）发现，许多顾客会采用一些方法，去避免因光顾这些音像店所产生的羞耻感受或污名。他们采用的主要方式是维持一定程度的隐私或匿名。当顾客们在音像店浏览时，他们非常安静，与人保持一定的距离，避免目光接触，维持冷漠表情。有的顾客用帽子和太阳镜来伪装自己，有的顾客甚至在炎热的天气里穿上长袖外套。此外，当有人在音像店门外徘徊时，有些顾客就会快速、直接地进入店里（以免被他人看到产生尴尬）。而且，几乎所有的顾客都用现金结账。在出现这些非常规的行为时，难道他们尽一切的努力只是为了回避或避免羞耻感受吗？

## 作为社会问题的性行为

### 卖淫

卖淫涉及世界上"最古老的职业"。关于性越轨的许多争议，没有哪一种能够超越卖淫行为。这需要上溯到有人类历史记载的最早阶段。在古代罗马和整个地中海地区，在寺庙中安置妓女并不是什么稀奇的事情。与她们保持联系，被看作一种与神的联结方式。通过这种联系，拜访寺庙的人们能够获得一种终极的宗教体验。

与古老寺庙的娼妓不同的是，现代卖淫的形式具有完全不同的内涵。在美国，**卖淫**（prostitution）被定义为为了获取物质报酬（金钱、礼物等），以交换的方式从事性活动的行为，这种行为在法律上通常是不被允许的。在现代社会，卖淫现象普遍存在。例如街上拉客，自己开办和运营卖淫会所，或者提供卖淫场所，或者支持、提倡卖淫行为。总之，卖淫已经被看作现代社会的一种城市病。

### 美国的卖淫情况

在美国，卖淫仅在内华达州的部分地区合法。即使是这样，也并不是所有的卖淫形式都是合法的。政府选择一些地区，允许这些地区开设妓院，但是，街头卖淫在任何地方都是不被允许的。

关于卖淫，嫖客的数量和妓女一样多。毕竟，妓女需要顾客才能维持生意。金斯利·戴维斯（Kingsley

△ 尽管在当今社会卖淫是一种非法行为、一种越轨行为，但是，在一些古老的社群里，它作为一种宗教目的而存在。

## ▶▶▶ 全球视野

### 荷兰卖淫的例子

在荷兰，关于妓院合法化的问题一直存在着很多争议。一些人担心，如果让卖淫合法化并作为一个成熟的职业而存在，那么它会带来人们对卖淫行为看法的改变，即使卖淫从一个已被认知的越轨行为变为一个可以接受的谋生手段。还有一些人更关心的是，卖淫合法化会鼓励其他的妇女从事这样的工作。

荷兰众议院议员们承认，卖淫与传统赚钱手段存在差别，但是，他们还是批准了这项实践。他们承认卖淫是女性选择的一种合法性赚钱手段，从而为其辩护。另外，既然卖淫是合法性的赚钱手段，他们就应该对从事卖淫活动的女性权益进行保护。合法化能为其提供医疗保健，这样既保护了从业女性，也保护了她们的顾客。另外，卖淫合法化还被看作阻止非法性交易和预防暴力工作环境的途径。某个越轨行为的合法化，可以消除潜在的、更大的危害。

然而，议员们很快又指出，政府并不支持女性把卖淫作为一份工作，相反，政府通过提供一些非性方面的工作培训和咨询服务，鼓励已从业女性离开性交易职业。总之，尽管卖淫在荷兰是合法的，但是，它还是被看作一种性越轨行为。

---

**漂移：**是指妓女形成的第一个阶段，在这个阶段里，她们从之前的偶然性行为向第一次为钱财的性交易转变。

**转变：**是指妓女形成的第二个阶段，这个阶段要持续6个月的时间。在这段时间里，她们试图按照社会准则来合理化自己的行为，即为自己的行为找到合理的、符合社会规范的原因。

**职业化：**是指妓女形成的第三个阶段，在这个阶段里，妓女们已经认同了自己的妓女身份。

---

Davis）在自己关于卖淫的研究中，定义了嫖客的四种不同动机。戴维斯认为，这四种动机主要包括他们遭遇了困难的性关系，或者很难找到长期伴侣，抑或遭遇了破裂的家庭关系，甚至还有一些人想体验特殊性满足，这种性满足通常被认为是不道德的，且其性伴侣也不愿意提供。社会学家马丁·蒙托（Martin Monto）采访过一些经常召妓的男人。他发现，这些男人要求最多、最普遍的性活动就是口交。在其他的一些案例中，男人能够雇用妓女进行性表演，然而，这种性表演要求却经常遭到其妻子或性伴侣的拒绝。

另外，女权主义学者梅达·切斯尼-利德（Meda Chesney-Lind）认为，卖淫为无情感的性提供了一个途径。尽管双方（嫖客与妓女）受益的形式差别很大，但是，毕竟双方都能从这种交易中获利。一方面，妓女挣钱不用受类似朝九晚五性质的工作限制。另一方面，嫖客们获得性满足而不受任何的束缚。许多人认为，这种分析在很大程度上只是站在一个角度来思考问题。事实上，大部分妓女是那些离家出走的女孩，她们借助卖淫活动来生存。生存的需要，迫使她们被男人所利用，包括皮条客和嫖客。

在一项详细的人种学研究里，温迪·查普基斯（Wendy Chapkis）访谈了一些妓女。他发现，性工作对于女性来说，其涉及的内容比向嫖客出卖自己身体的行为要多得多。卖淫就如女性从事的其他工作一样，是一份涉及情感的劳动。也就是说，按照工作指南的要求，她们要对自己的情感进行控制或管理。例如，你如果是一名急诊室的医生，就不能让自己对病人的同情"走进"你的外科手术里。同样，妓女与其他行业的从业人员一样，在工作性质上没有太大的差别。性工作者在向顾客提供"贴心"服务时，还必须控制好感情、维持好边界以及分清楚工作与自己的私人生活。

### 为什么要卖淫？

谁是典型的女性卖淫者呢？她们的写照差异很大，取决于种族、社会阶层、身体表征和个人品质等因素。例如，年轻的娼妓一般都是那些已被定罪的和处于违法状态的女孩，比如逃学者或离家出走者。通常，卖淫是她们唯一有能力从事的工作。由于卖淫惩罚的存在，相较于同样年龄、同样行为的男性来说，这些女孩们更可能走入犯罪状态。一项关于台湾青少年妓女的调查，有71%的被调查者来自破裂家庭，有73%的被调查者曾遭遇过家庭虐待，有57%的被调查者遭受过性虐待。对于她们大多数人的行为，只有一少部分被调查者认为是越轨。另外，还有80%的被调查者是逃学者，78%是离家出走者。在从事卖淫行业之前，她们大多数都发生过性行为，部分人员还曾酗酒或吸烟。这个数字与美国的情况非常相似。

成为妓女会经历三个不同阶段。第一个阶段是**漂移**（drift），当她们的偶然性行为向第一次为钱财的性交换转变时，漂移就开始发生了。许多因素会导致女孩漂移，比如离家出走、辍学、怀孕、药物成瘾以及一次犯错记录等。在几乎每一个案例中，妓女都有过早年性经历。一项研究显示，被调查的妓女们第一次性经历的平均年龄是 13.5 岁。第二个阶段是**转变**（transition）。这个时期将持续 6 个月，她们要经历向妓女角色转变的矛盾心理，以及是否还要继续从事这样工作的犹豫。在这个阶段里，她们试图去合理化自己的行为（为自己的行为找到合理的、符合规范的原因）。第三个阶段是**职业化**。在这个阶段里，她们认同了自己的妓女身份，并且觉得，合理化自己的行为已没有必要。

## 色情观光业

正如我们所看到的那样，卖淫不仅仅是个体选择，它还受到社会结构的影响。全球范围内，财富分配、移民、旅游业等因素都会影响年轻女性的招募和被奴役。米开罗夫斯基（Michalowski）和一帮奇才们进行了一项研究，是关于全球化如何影响**色情观光业**的，即个体从发达国家（富有的国家）到欠发达国家旅行，是为了从事某种性活动。这种性活动在他们自己国家里有可能被当作是非法的。色情观光被游客看作一段快乐且新奇的经历，就如在威尼斯乘缆车、在日本吃寿司一样。毫不惊奇，全球化带来了个体**客体化**（objectification）的蔓延，即对待一个人就像对待一件物品或一个客体一样，不考虑他或她的自身特点，尤其是指对方的感受。色情观光业也带动了城市的结构性变化。比如，在古巴首都

**色情观光业：** 个体从发达国家（富有的国家）到欠发达国家旅行，是为了从事某种性活动（体验某种性行为），这种性活动在他们自己国家里有可能被认为是非法的。
**客体化：** 对待一个人就像对待一件物品或一个客体一样，不考虑他或她的自身特点，尤其是不顾及对方的感受。
**商品化：** 先前与商业无关的各种关系向能进行买卖的经济性质关系转变。

哈瓦那和荷兰首都阿姆斯特丹，这里创造了一个行业，把人体当作一种商品，一种供购买者消遣且被允许买卖的商品。这种**商品化**趋势是指，先前与商业无关的各种关系向能进行买卖的经济性质关系转变。尤其令人头疼的是，在全世界范围内，大量年轻女孩被诱拐到这些城市，在这里，她们被虐待以及被迫成为性奴隶。

尽管卖淫带来了大量潜在的社会问题，尤其是女性商业化和客体化的问题，但是，它却仍然是性越轨引起的众多问题中的一个。让我们把目光转向另一个引起很大争议的话题，即色情文学。

## 色情文学

关于性越轨问题的争论焦点是，什么样的文学作品才是色情文学？从法律的角度来看，这个概念的模棱两可在过去曾引起了一些问题。美国 1957 年的罗斯案将色情文学定义为能够唤起性欲望的、违背社会规范的以及有损社会价值的文学作品。另外，女权主义者认为，任何关于性方面的图解和有损女性名誉的媒介都可以被定义为色情文学。我们发现，这两种定义都带有强烈的价值色彩。怎么精确地界定"有损社会价值"，怎么判断某个人或某个媒介要玷污女性声誉？当社会面临如何应对色情文学时，其中首要的一个问题就是，如何对它进行清晰的界定。

就如卖淫一样，色情文学的根源要上溯到几千年以前。已被发现的古代洞穴绘画就对人们参与性活动的行

**2007年的拘留人数**

| | |
|---|---|
| 拘留人数 | 14 209 365 |
| 谋杀和非过失杀人 | 13 480 |
| 强奸 | 23 307 |
| 卖淫和组织卖淫 | 77 607 |

资料来源：Data from Table 29, "Estimated Number of Arrests," U.S. Department of Justice, Federal Bureau of Investigation. *Crime in the United States, 2007.* Accessed September 2008, http://www.fbi.gov/ucr/cius2007/data/table_29.html.

△ 2007年，在被拘留的人员中，因卖淫（商业化的恶习）而被捕的人数比因谋杀和强奸而被捕的人数之和还要多。

为进行了描绘。尽管这些洞穴绘画通常是从学术角度来创造的，但是我们仍旧还有一个问题：它们是艺术还是色情文学的早期形式？

今天，许多种类的色情文学借助互联网实现了"蓬勃发展"，因为这个媒介不需要作者的署名。无论打开什么样的网页，你都很可能会发现一些提供色情文学的网站。

∧ 阿姆斯特丹的部分地区，因作为红灯区迎合性观光者而闻名。
∧∧ 让卖淫合法化，或不让卖淫合法化，或将卖淫转为地下，哪一种方式更好？

## 色情文学都有哪些分类？

在 1973 年加利福尼亚州米勒的案例中，美国联邦法院裁决，色情文学不受言论自由权利的保护，并且重申了社会拥有"什么可以被接受"的裁决权。因为色情文学并不是一种言论自由表达的方式，所以，它应该被取缔。那些认为色情文学使女性客体化、使女性可能成为受虐牺牲品的人们，为这个决定而欢呼。

在美国，每个州都有自己的关于色情文学的法规，大部分州都遵循罗斯案例中对色情文学的裁决，即把它看作是与社区规范相冲突的。因为每个州关于色情文学的法规不同，我们会发现，它在一些州是合法的，而在另外一些州却是违法的。尽管色情文学与艺术之间有时很难区分，但是，这也阻止不了乔治·W·布什政府对色情文学的起诉，而且在他的任期间，这种起诉的数量呈现急速增加的态势。

## 关于色情文学的研究与争论

如果色情文学会使女性客体化（像物品一样被对待），那么这将导致什么样的社会问题？在 20 世纪 80 年代中期，总统罗纳德·里根（Ronald Reagan）授权米斯委员会（Meese Commission）做了一项关于色情文学的研究。研究者们得出许多颇受争议的结论，其中最具争议的论断是：性暴力文学的传播会导致男人对女人性侵犯行为的增加。他们对 411 个性罪犯进行研究后发现，每个性罪犯平均侵犯过 336 个受害者。米斯委员会还发现，强奸率比较高的地区的法律，往往对色情文学相对较为宽容。色情书刊销售量比较高的地区，其强奸的案例数也比较多。他们断言，强奸犯在其孩提时，更可能接触到赤裸裸的色情文学，而且，这种色情文学对这些暴力行为进行了合理化或合法化的处理。另外，米斯委员会发现，色情文学会使男人幻想性暴力的场面，比如血淋淋的恐怖片。这些男人会变得麻木不仁，不仅对性权利缺乏尊重，而且对其所造成的伤害认识不足。在最终分析里，米斯委员会的委员们认为，"色情文学会造成性暴力"的论断，既是一个很容易理解的事实，也是一种很简单的常识。

当然，该结论并没有得到广泛的承认。其问题在于，很难去证明在每一个案例中，阅读色情文学都会引起性暴力。事实上，要想反驳"色情文学会引起性暴力"的断言，你只需要找到一个相反的例子。这个"行业"每年能创造100亿到140亿美元的价值，这很清楚地说明了存在着一个相当庞大的客户群体。该"工业"这样的规模作为一个信号，难道仅仅反映了"色情文学是一个社会问题"吗？色情文学拥有百万以上的观众或读者，而且，这个数字还在不断上升。难道观看过色情书刊或

影音制品的每一个人都会有性暴力行为吗？因此，我们不禁要问，色情文学是关于性权益的一种自由表达，还是一种越轨行为呢？

一项新近的研究发现，在1995年至1999年，当色情文学通过互联网变得更加可获得时，强奸的报告案例数量事实上是在下降的。这是一个矛盾的证据，可以质疑"色情文学与暴力性行为存在明确关联"的论断。许多尝试展现"色情文学与暴力性行为存在因果关系"的研究，都不能给出一个确切的答案，它仅仅是打开了一个通向更多问题的大门。

**1995年至2006年联邦起诉色情文学案件的数量**

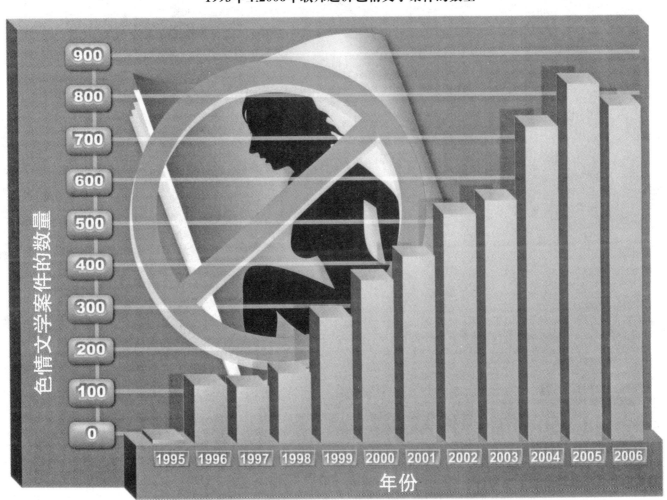

资料来源：FBI Enforcement Trends by Program Area, Prosecutions Filed FY 1986–2006. TRAC FBI. http://trac.syr.edu/cgi-bin/tracslides2.pl?id=fbi2005&slide=13.

尽管对色情文学缺乏清晰的界定，但是，联邦法院的相关起诉案件从2000年到2006年增加了两倍。

## 1995年至1999年强奸的报告案例数量

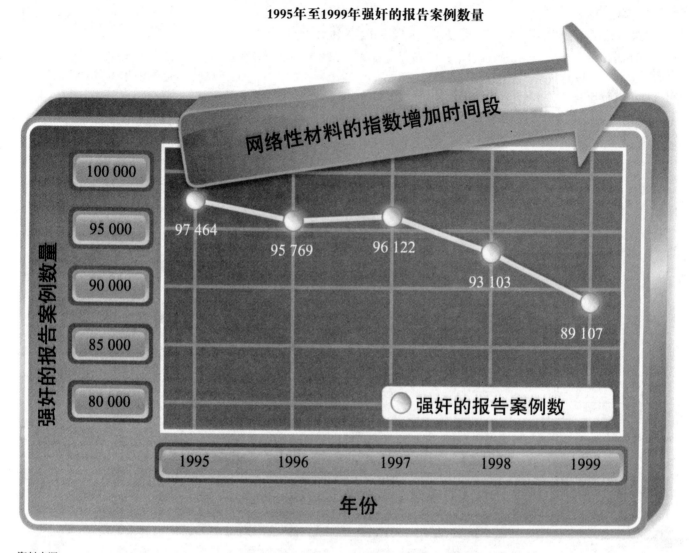

**网络性材料的指数增加时间段**

强奸的报告案例数量

- 100 000
- 95 000
- 90 000
- 85 000
- 80 000

97 464

95 769

96 122

93 103

89 107

○ 强奸的报告案例数

| 1995 | 1996 | 1997 | 1998 | 1999 |

年份

资料来源：William A. Fisher and Azy Barak "Internet Pornography: A Social Psychological Perspective on Internet Sexuality." *The Journal of Sex Research*, Vol. 38, No. 4 (Nov., 2001), pp. 312–323.

色情文学是否会导致性暴力行为？费舍尔（Fisher）和巴拉克（Barak）发现，尽管相当数量的色情资料在互联网上不断增加，然而，事实上，强奸的报告案例数量却在不断减少。

# 社会问题思考：
# 社会学家如何看待性越轨？

## 符号互动论：中和技术

当人们行为出现越轨时，他们通常会寻找一种方式去合理化自己的行为，从而消除负疚感。这也是赛科斯（Sykes）和玛札（Matza）所讲的"中和技术"（techniques of neutralization），它是对自我越轨行为进行合理化、正当化的一种方法。这种合理化的技术不仅仅是针对"过

失行为"，事实上，它也是男人们的一种正常行为，尤其是对于那些在茶楼酒肆中从事公开或者匿名的性活动的男人。

一种比较流行的策略就是逃避责任，或"我没有做这件事"。经常采用这种策略最被大家熟知的是巴特·辛普森（Bart Simpson），在电视剧《辛普森一家》中，他以运用这种方法而出名，即合理化自己的行为。由于可

以逃避责任，个体就会无顾忌地去重复同样的行为。另一种被经常运用的策略是否认对受害者的伤害，或"这件事是我做的，但并没有伤害到任何人"。通过陈述对他人的无害，个体对自己的行为会感到好受，从而可能会重复同样的行为。商店的小偷们可能通过认同"丢失一件衣服不会对整个店铺造成什么损害"来合理化自己偷毛衣的行为。最经常被用到的是第三种方法，即谴责指责者，或"请不要说我，你可能做过同样的事情，或者比我做得更糟"。通过将关注焦点从自己的行为上转移到他人的行为上，从而使个体感觉好点。当然，这也会导致个体重复以前的行为。酗酒者当被朋友诘难时，他们可能会生气狡辩，朋友们都在抽烟（转移焦点）。第四种方法是一种更高忠诚度的诉求，或"我学习的是商业课，而不是社会学课，我会在社会学课考试中作弊但不会在商业课考试中作弊"。这种方法是通过降低事物的重要性来合理化自己的行为。

你可以发现，个体是如何进行合理化回应的，当他们被贴上"性越轨"的标签时。想一想在本章开篇的故事，参议院的克雷格一开始接受对他的指控，可后来他声称，"我没有做这件事"。克雷格是一个尽力用中和技

## 中和技术

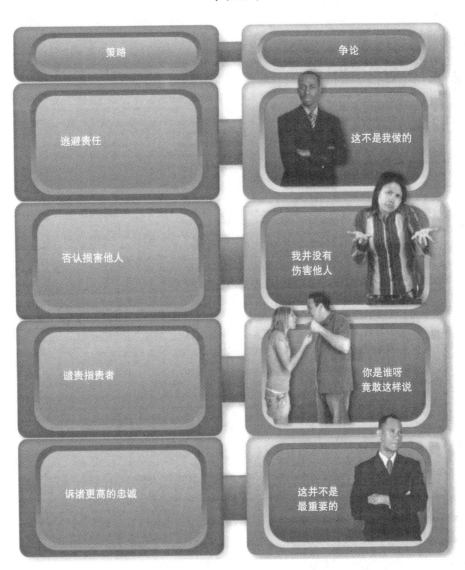

| 策略 | 争论 |
| --- | --- |
| 逃避责任 | 这不是我做的 |
| 否认损害他人 | 我并没有伤害他人 |
| 谴责指责者 | 你是谁呀竟敢这样说 |
| 诉诸更高的忠诚 | 这并不是最重要的 |

资料来源：Sykes, Gresham, and David Matza. 1957. "Techniques of Neutralization: A Theory of Delinquency." *American Sociological Review* 22: 664–670.

什么偏差可能会导致一个人使用这些技术（中和技术）？

术为自己开脱的性越轨者，还是一个无辜的被冤枉者呢？这个结论留给法院来定夺吧。

研究发现，妓女也会运用这些中和技术。在一项关于妓女对自身职业的态度的调查中，研究者发现，她们经常会运用这些方法来合理化或正当化自己的行为。当因从事卖淫活动而遭到亲人谴责时，她们会合理化自己的行为说："至少我赚到了 50 美元，这不挺好的吗？"

## 冲突论

冲突论者认为，那些有权势的人有能力去反对别人，从而坚持自己的意志。在我们对卖淫和色情文学的评论中，已经很清楚地表达了男人更有可能在"合意的性行为"（双方自愿的性活动）中利用权力来压迫女人，把女人转化成商品，通过这种方式来合理化个体消极对待女性的行为，包括卖淫。色情观光业显示，赚钱已经"压倒"了公平、公正地对待他人。从这种角度来看，市场把性转化成了一种基于买卖关系的服务。卖淫对于一些人来说，已经演变成一种赚取钱财的手段，而且这种手段是"寄生"在他人劳动之上的。

# 找寻社会问题的解决办法：合意行为是非法的吗？

## 合意行为的刑事定罪

通常，卖淫和观阅色情书刊和色情影音制品的行为是建立在双方同意基础上的，因此，常被看作无受害者犯罪。它们遵循着这样的逻辑：如果所有的涉入方为了同样的东西，都愿意参与，那么，它的危害又是什么呢？在前文克雷格的案例中，我们仍然持有疑问，即他的所作所为应该被看作是非法的吗？由于引诱了"邂逅者"而逮捕一个人，这样的理由充足吗？尤其是当这种行为建立在双方同意的基础上。

当然，克雷格事件是比较复杂的，事实上他是在公共场所引诱"邂逅者"的。基于此，他的被捕曾激起一场争论。另外，一个行为被认为是非法的，难道是因为本质上与性有关，还是因为偏离了社会规范，抑或二者都不是呢？

## 替代定罪

在当今社会，卖淫和色情文学仍然是不合法的。尽管如此，但对这些行为的刑事定罪也并没有证实，其是一种预防和制止由其引发的社会问题的有效措施。卖淫几乎存在于美国的每一座城市里。据估计，其年产值可

---

**链接**

### 性与越轨

正如你读到的，很多实例都证明了，性和越轨行为存在着关联。从卖淫到色情文学，再到同性恋，它们都背负着污名，这种污名是与性行为有关的。即使参与双方都是自愿的，也仍然摆脱不了这样的污名。在之前的内容里，我们了解到，对什么是性越轨进行界定通常很难。人们对某种行为的态度会随着时间的变化而变化，曾经被看作越轨的行为，现在已经开始被社会所接纳。

在第 13 章中，你将会了解到，并不是所有的越轨行为都和性有关，并且犯罪行为（特指非性犯罪）也会带来个体的污名化。在很多案例中，犯罪越轨可能更为糟糕。

在第 4 章中，我们描述了性别在社会中所起的作用。正如我们所了解的那样，卖淫和色情文学通常被看作对性别的剥削，尤其是指女性。太多的性越轨论调来源于对性别的认知、对男女双方角色的期望。

## ▶▶▶ 赞同还是反对

# 卖淫合法化

卖淫或类似的活动在一些地区是被允许的，例如荷兰和美国内华达州。这样的许可是否应该推广到全美呢？让我们看看支持者和反对者是怎么说的。

**赞同**

- 如果卖淫被合法化，那么国家将从中获益。在这个经济困难时期，从中所得的收入可以使国家更好地运转。这个想法可能有点遥不可及，但是，我们也要考虑一下既有的一些实例，比如最近加利福尼亚州州长施瓦辛格提议对大麻销售进行征税，产生的收入将被用来弥补财政赤字。

- 卖淫合法化可以对某些红灯区进行限制，就如现在的阿姆斯特丹一样。通过卖淫属地化或区域化，这种行为或现象可以远离那些对此没有兴趣的人们。

- 从健康的角度来看，有医疗执照的卖淫者能提供安全的性行为，从而减少性疾病的传播。这种监管对卖淫者、嫖客和公众都有好处。

- 卖淫合法化可以使执法部门有更多的精力聚焦在更严重的犯罪上。警察将不再为搜查卖淫者及嫖客而在街上巡逻，而是把自己的注意力转移到那些不情愿的、被胁迫的性参与等类似的犯罪上来。警察的这种注意力转移，对预防和抑制城市暴力犯罪和毒品滥用尤其有作用。

- 从司法角度来看，卖淫合法化能够为紧张的法律体系减轻负担。对于那些工作在司法系统里的人来说，可以花费更多的时间去处理一些更为棘手的案件。另外，以卖淫来讨生活的女性，不再因此而产生犯罪记录，进而不再被污名化。

**反对**

- 卖淫是非法的，因为对社会有腐蚀作用。卖淫不仅涉及卖淫者本人和嫖客，而且还对社会的其他方面产生影响。卖淫能够让皮条客和老鸨们有事可做，并且他们还会通过行贿腐蚀那些警官。更严重的是，他们会不断壮大，从事有组织的且危害更大的犯罪，比如毒品交易。

- 卖淫的存在对其所在社区的街坊邻居都会造成伤害。那里的房产价格会持续地大幅下降。另外，不仅卖淫活动是令人讨厌的，而且卖淫者还会引来一些社会不良人员。因此，附近的居民为了孩子的健康成长不得已搬家，潜在的购房者也会避开这里。

- 卖淫活动会造成性疾病的快速传播，这将给健康带来巨大风险。因为许多人把召妓常态化（定期召妓），因此，一个患有性病的妓女可能会把性病传染给几十个人。那么如果这种性病没有被发觉，这些嫖客会把性疾病传染给他们自己的性伴侣。

- 卖淫是不道德的且有损体面。性和性行为的买卖，破坏了人们对于性和亲密行为的固有理念。卖淫破坏婚姻，使家庭支离破碎，最终会导致家庭和社区的衰落。

- 女性经常被客体化，卖淫会使这种客体化的意识形式持续下去，甚至可能强化。卖淫职业本身会使女性丧失体面。因为附着在卖淫上的污名，她们经常被看作社会中的次等公民。

‹‹‹▼ 越轨行为破坏社会规范。如果卖淫被合法化了，那么它是否会变成一种社会规范呢？

达到数百亿美元。不难想象，这是一个暴利的产业。如果这些行为被合法化，那么类似的定罪将从法律体系中被取消，社会上对他们的污名可能随之减少。

内华达州的模式在如何使这些行为合法化、执业化、税收化和可控化等方面，树立了一个榜样。妓院里的卖淫女不但要接受定期的健康检查以避免性病的传播，而且还要通过性安全的相关培训课程。另外，卖淫行为可以通过税收来监管。当然，那些去过拉斯维加斯的人都知道，在妓院卖淫是合法的，但这并不意味着"站街女"（大街上拉客从事卖淫活动）也是合法的。当我们在课堂上对这个问题辩论时，学生们经常会建议，立法机关应该在每一个城市都设立"红灯区"（比如著名的阿姆斯特丹），卖淫和色情资料在这些地方唾手可得。创造这样的区域是确保那些对此无兴趣的人们的权益，即他们不会被迫与这些卖淫者碰面，同时，也为政府节约了为控制这些性活动每年所支出的价值成千上万美元的人力和物力。

# 从课堂到社会→人口贩卖

尽管在本章中我们已经讨论了性越轨和卖淫，但是，这里还有一个社会问题与二者有关，即人口贩卖。可以说，人口贩卖是奴隶制度的现代版。人贩子（贩卖人口者）以穷人为目标，特别是妇女和儿童，以提供好工作和高报酬为诱饵，然后使用武力、欺诈和强制等手段，强迫他们从事卖淫、债务担保和非自愿的苦工等。即使他们中一些人没有被强迫卖淫，他们也会遭受诸如饥饿、拷打、死亡威胁、性虐待以及性强暴等折磨。在全球范围内，人口贩卖仍然是一个主要的社会问题。在美国，每年甚至有将近50 000的妇女和儿童被贩卖。

正如他们学校的许多学生一样，大卫（David）对人口贩卖的真相并不了解，但他非常震惊，美国还存在着类似奴隶制度的东西（人口贩卖）。他第一次了解有关"人口贩卖"的话题，是在其女朋友邀请他参加的一个有关"人口贩卖"认知组织（Awareness Organization）的校园会议上。

在会议上，为了向社区宣传"人口贩卖"的正确知识，该组织的主席发布了即将进行的一系列研讨会。大卫了解到，在美国，该组织通过教育、外展服务以及筹资等方式与卖淫、人口贩卖活动对抗。一项最新的关于制止州际人口贩卖和暴力的诉求获批，以便保护受害者的权益。接着，志愿者计划也开始实施，以便招募更多的人手，去安置那些遭受性虐待的儿童。在会议的尾声，一个先前坐在角落里看上去很憔悴的年轻女性走到主席台前。大会主席介绍说，她是一名性交易中的受害者。所有的学生都安静地聆听着这位年轻女性的诉说。

**她在15岁无家可归的时候，有一个男人接近她，而且给她提供住所和一份报酬较高的工作。但是，要想得到这些好处，她必须从事卖淫。在一个小屋里，这个男人同时控制着其他六个女孩，并对她们实施严格监视，没有他的允许，她们不能擅自离开房屋或与外界交流。每个女孩每天要被迫"出台"（外出卖淫）六七次，即被带到六七个不同的地方被迫从事性交易。她们回来后，必须向这个男人交出她们所有的收入。通常，为达到警示的效果，他会当着其他女孩的面殴打一个女孩，甚至，他还会将沸水泼在不听话的女孩身上。她们太害怕了，所以不敢逃跑。当然，她们没有钱，也没法与家人、朋友取得联系。更糟的是，由于皮条客（幕后操控者）以毒品作为她们的报酬，致使她们吸食海洛因成瘾。她们如性奴隶一样生活着长达六年，直到警察的一次毒品突袭行动才使她们得到解救。**

大卫被她的故事所感动，但更气愤地发现，她们的施虐者已经就对自己的判决提出了上诉，并最终很可能逃脱无期徒刑。在他看来，成年人之间基于金钱的性交易一直处于道德的灰色地带，但是，强迫卖淫绝对是错误的，应该受到法律制裁。

随后，大卫马上加入了认知组织。作为一名志愿者，他已经积极地投入到资金筹集和避难所志愿服务中来，同时，他也积极传播这种认识，希望能从校园扩展到全国。

# 理论沉思

功能论者倡导，色情文学和卖淫都起着亲密体验（一般性接触）的作用。色情文学的有益性会不会在犯罪率下降方面有所体现呢？

## 功能论

卖淫和色情文学都有利于男人寻求性亲密接触。戴维斯认为，这种发泄方式对男人和女人双方都有益。男人的性需求得到了满足，而女人又可以赚到钱财。根据蒙托的观点，这样的发泄方式能够满足男人对性生活的渴求；对于这种渴求。他们的妻子或性伴侣通常是没有能力或者不乐意去满足的。卖淫既能使男人的性渴望得到满足，又无须诉诸犯罪暴力。简单地说，这两种越轨行为能够使男人得到他们所渴望的（通常是指性满足）。

## 符号互动论

人们是如何为自己的行为进行辩护呢？根据赛科斯和玛札的观点，大部分人，包括越轨者，通常对自己行为进行合理化和正当化的"修饰"，从而避免羞愧和内疚的情感。比如，通过逃避责任、谴责指责者、否认对受害者的伤害以及寻求更高的忠诚度等这些中和技术会帮助他们逃离或避开消极的标签。

## 冲突论

性越轨通常是由掌握权力的人来定义的。在卖淫行业、色情文学领域以及色情观光业中，对女性的剥削和压榨说明，男人把性越轨作为一种方法来使女性客体化（像没有生命的物体一样被对待），最终实现他们对整个社会的持续统治。尽管卖淫和色情文学加剧了女性商业化和客体化的传播，但是，我们的当权者对这两种现象却通常持容忍态度，甚至有时视而不见。

**为什么人们会性越轨？**

**?**

冲突论者认为，卖淫和色情文学会导致女性持续的被支配或被束缚。如果没有这种越轨行为，那么社会对女性的这种态度会改变吗？

人们总是试图去避免羞辱和内疚的情感。对于像色情明星孟菲斯·门罗一样的女性，她们又是如何为自己的行为进行辩护的呢？

犯　罪

# 哪座

城市会是美国的"谋杀之都"呢?这要取决于谁在做数据统计。

直到本月,谋杀之都的"殊荣"一直落在巴尔的摩市(Baltimore)的头上。随后,底特律市(Detroit)警方公布了本市2008年的真实的谋杀案件的数量为339件,而不是之前的306件。自此,底特律市便成为美国的"谋杀之都"。

对该事实真相的揭露来自于一份报纸的报道。据这份报刊报道,一直以来,底特律官方总是试图少报该市的谋杀率,对此人们纷纷谴责。然而,同样的情况,其他城市也存在,即当局一直与制度"耍花招",其目的就是让城市看起来更加安全。

"数据本身不会撒谎,但是,做数据的人会撒谎。"鲁弗斯·埃德米斯顿(Rufus Edmisten)笑着对美国广播公司的人员说。鲁弗斯·埃德米斯顿是北卡罗来纳州的前任总检察长,他过去常常宣布卡罗来纳州的犯罪统计数据。

底特律在玩弄数据以避免不受欢迎的称号吗?埃德米斯顿说,玩弄数据是一种常见的做法。

"你可以操纵很多数据,这取决于你想达成什么目的。"他说,"如果你想得到更多帮助,你就可以说事情有多么糟糕。尽管如此,也没有哪个公职人员会说自己城市的谋杀率排名第一。"

根据美国联邦调查局调查,去年底特律汇报的谋杀案件总量是306件。这使底特律在人均谋杀案件数量上仅次于巴尔的摩市,即每10 000人中有36.9次谋杀。但是,底特律警方发言人罗德·里根斯(Rod Liggons)认为,这个数字未达到真实的谋杀水平。

"我们真实的谋杀案件总量是339件。"里根斯并没有给美国广播公司及时回电,而是这样告诉《巴尔的摩太阳报》。

这个更大的数字使底特律的人均谋杀增长到每10 000人中有37.4次,从而使底特律,这个拥有超过500 000人口的城市,成为美国最致命的城市。

阿贝·史密斯(Abbe Smith),乔治城大学法学院刑事司法诊所主任,同意上述说法。

"我敢打赌说,这是高度政治化的。"史密斯告诉美国广播公司新闻人员,"特别是在类似底特律的地方,受到过经济危机的沉重打击,它们将竭尽全力以某种方法来阐释犯罪统计数据,以免让城市太过难堪。"

但是,专家认为,谋杀统计数据很难操纵,因为在所有暴力死亡中,很少有其他可替代方案,比如自杀或者意外死亡等。

"相较于统计性侵犯、有组织的犯罪等案件数量来说,统计谋杀案例的数量往往会更加准确。"美国广播公司新闻顾问、联邦调查局前职员布拉德·加内特(Brad Garrett)这样说道。

底特律的真实披露发生在自由新闻分析谋杀案之后。这次分析发现,底特律正违背联邦调查局标准,少计算其谋杀案件的总量。除此之外,他们还发现,在所有类型的死亡中,他们把持刀伤人致死和殴打致死排除在谋杀之外。

底特律市官员已经承认,当地警方采用的统计标准与联邦调查局的不同,即它是基于起诉人的报案。一般来说,这个标准更加严格,因为它是基于报案人的意图,而不是法医的结论。

联邦调查局的指导方针规定,各机构必须上报的是一个人被另一个人故意杀害的事实,而不是行凶者或其他涉案人员的刑事责任。

美国广播公司的加内特说,那才是所有城市都应该使用的标准。

"标准应该统一,"在谈及谋杀案件的数量统计时,加内特这样说,"他们应该遵循同样的规则,以使统计数据更加精确。"

第13章

181

当听到"犯罪"这个词的时候，你想到了什么呢？浮现在你脑海中的，是凶恶的歹徒持枪抢劫路人？或是在漆黑的小巷中进行毒品交易？抑或是小孩把他们名字的首字母漆在路标上呢？

伯尼·麦道夫（Bernie Madoff）骗取投资者的养老金，犹太教堂遭到蓄意破坏，你能想到这些事情其实也是犯罪吗？很明显，犯罪是个社会问题，然而，人们经常把"犯罪"这个词与不同的行为联系起来，这些行为类型各异，严重程度亦不相同。在本章中，我们将主要关注一些街头犯罪，因为这些犯罪往往是人们最恐惧的；然而，正如我们接下来将看到的那样，相比于连环杀手，其实你更有可能被伯尼·麦道夫这种人伤害。

接下来，我们将讨论"犯罪"的定义、美国的犯罪统计和犯罪人口特征等。什么人更有可能犯罪呢？罪犯都是不道德的吗？有时候，犯罪是不是受害者"自找的"呢？除此之外，我们还会关注那些引发犯罪的社会学因素，并试图找到一些方法，以避免犯罪引发社会问题。

# 主题：犯罪如何成为一个社会问题？

犯罪：违反法律规范的行为。
暴力犯罪：针对他人的违法行为。
非暴力犯罪：针对财产的违法行为。
犯罪学：对犯罪行为、反常行为和刑事司法系统采用的社会政策进行科学研究的一门学科。
统一犯罪报告：来自警方官方报告的犯罪统计数据，这些数据是警员日常的工作报告的汇总。
犯罪指标：用来测量罪行的数据，由8种犯罪组成，它们分别是：杀人罪、强奸罪、抢劫罪、加重攻击罪、入室盗窃罪、扒窃罪、机动车盗窃罪和纵火罪。
全国犯罪受害调查：用来测量犯罪受害的数据，这份数据是对美国约70 000户代表样本进行调查得来的。

正如文章开头表明的那样，很多城市，比如底特律，已试图通过"玩弄数据"来保护城市的名声，并且淡化其与犯罪行为的斗争。虽然如此，在现实中，犯罪仍然是个持续存在的问题，特别是在城市地区。很多大城市，比如底特律、孟菲斯、迈阿密、拉斯维加斯、奥兰多等，发生暴力犯罪的比例在美国是最高的。你觉得，这将对城市居民产生什么影响呢？

## 测量犯罪：犯罪统计

不管怎样，在深入探讨犯罪社会学之前，我们先退一步，探究一下到底什么是犯罪。简单地讲，**犯罪**就是违反法律规范的行为。街头犯罪有两种基本类型：暴力犯罪和非暴力犯罪。**暴力犯罪**是罪犯针对他人的违法行为，包括谋杀、抢劫、暴力强奸以及严重袭击等。**非暴力犯罪**是罪犯针对财产的违法行为，包括入室盗窃、扒窃、机动车盗窃以及纵火等。

没有人希望犯罪发生在自己的社区中，但是，好像很多人喜欢电视节目里的犯罪，特别是当犯罪案件被魅力非凡的侦探用高科技手段所侦破的时候。很多影视节目，比如《犯罪现场调查》（CSI: Crime Scene Investigation）、《追魂骸骨》（Bones）等，将犯罪表现得生动有趣。但是，现实中警官和公务人员办案和预防犯罪的复杂过程并未被真正表现出来。文件工作是这个过程中的一部分，但却很少在虚构的犯罪节目中看到。这份工作经常由从事办公室工作的人来做（这些人是相对不重要的角色）。但是，文件工作却是侦查工作中相当重要的部分，特别是在查找和分析犯罪统计数据的时候。

**犯罪学**（criminology）是对犯罪行为、反常行为和刑事司法系统采用的社会政策进行科学研究的一门学科，在其中，犯罪学研究者主要利用两种数据资料，以衡量街头犯罪发生的数量和频率。第一种是**统一犯罪报告**，其数据来自警方对已举报的犯罪进行的官方统计，由联邦调查局收集。例如，某人信用卡被偷了，一经报案，就会被统计到统一犯罪报告数据中。

统一犯罪报告的**犯罪指标**主要用8种犯罪来衡量罪行。其中有4种是暴力犯罪，即杀人罪、强奸罪、抢劫罪和加重攻击罪。另外4种是非暴力犯罪，即入室盗窃罪、扒窃罪、机动车盗窃罪和纵火罪。

由于很多犯罪未被举报，因此，**全国犯罪受害调查**也是犯罪统计的一个重要数据来源。这个调查是全美正在进行的规模最大的调查之一。它计算美国12岁及以上的居民每年经历的暴力和非暴力犯罪案件总数。在美国，这项调查涉及大约70 000户居民，因此，一般来说，全国犯罪受害调查所报告的犯罪率要高于统一犯罪报告。例如，2002 年，全国犯罪受害调查报告的犯罪案件总数大约是统一犯罪报告的两倍（二者分别是 2 300 万和 1 200 万）。这种趋势符合生活中的经验法则（拇指法则），即在美国，大概有一半的犯罪案件未被报告。通常，犯罪学家（研究犯罪的社会学家）既使用统一犯罪报告的数据，也使用全国犯罪受害调查的数据。

对于在全国范围内，被报告到执法机构的犯罪案件（特别是谋杀案件）来说，统一犯罪报告的数据很有用，它能保证犯罪统计数据的可靠性和及时性。而对于获取犯罪受害特征以及未报告的犯罪细节等信息来说，全国犯罪受害调查是更有用的资料来源。

## 犯罪人口统计

罪犯都是一些什么样的人呢？他们主要是男性还是女性？他们一般是青少年还是中年人？一般来说，他们属于特定的社会阶层或者种族吗？当然，罪犯有各种不同的年龄、种族和肤色，但某些（年龄、种族和肤色）往往会更普遍。犯罪人口统计可以让执法官员看一看，哪些人在犯哪种罪。

### 年龄

大部分犯罪行为发生在罪犯 15 岁到 25 岁的时候。一个人过了 25

**美国十大最危险城市（依据每10 000人中暴力犯罪案件的数量排名）**

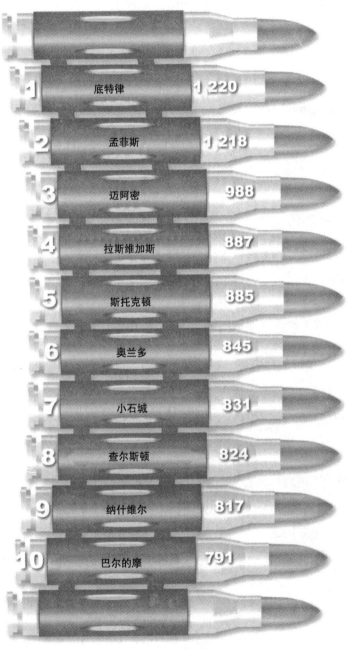

| 1 | 底特律 | 1 220 |
| 2 | 孟菲斯 | 1 218 |
| 3 | 迈阿密 | 988 |
| 4 | 拉斯维加斯 | 887 |
| 5 | 斯托克顿 | 885 |
| 6 | 奥兰多 | 845 |
| 7 | 小石城 | 831 |
| 8 | 查尔斯顿 | 824 |
| 9 | 纳什维尔 | 817 |
| 10 | 巴尔的摩 | 791 |

资料来源：Zack O'Malley Greenburg, "America's Most Dangerous Cities," *Forbes*, April 23, 2009. Rankings are based on violent crime statistics from the FBI's latest uniform crime report, issued in 2008.

为什么某些城市的犯罪率要比其他城市高？

岁，在其整个人生中，越来越不可能去犯罪。在制订犯罪预防的目标受众计划时，年龄与犯罪的关系是需要重点考虑的因素。实际上，在预测美国犯罪率的高低起伏时，这个人口特征（年龄）可能是最重要的参考因素。

例如，斯特芬斯迈尔（Steffensmeier）和哈瑞（Harer）认为，在 20 世纪 90 年代早期，美国犯罪率下降主要有一个原因，即总人口中 15 岁到 25 岁的男性人数比例降低了。

同时，犯罪的类型与最有可能犯此罪的人的年龄有关。例如，被抓的白领犯人往往年龄较大。为什么会这样呢？如果考虑一下某种犯罪，比如挪用公款罪，你就会明白了。一般来说，一个人在工作时要想接触金钱，往往需要花费多年时间。因此，新雇员如果刚刚大学毕业，就基本上没有能力偷窃其雇主的财产，然而，有数年工作经验的人却有这种专门的渠道，从而犯下此罪。

### 性别

从历史上看，犯罪活动一直是男性主导的。实际上，被抓的人中有 77% 是男性，同样，美国州和联邦监狱里的犯人中有 90% 是男性。考虑到美国的总人口中，男性人

**种族定性：**是指这样一种行为，即利用种族来决定一个人是否可能犯了罪。

数所占比例不到50%，因此，这些统计数据就更让人震惊。当然，性别差异并非固定不变。在美国，女犯人的数量一直稳步增长。美国司法统计局调查显示，2007年，被监禁的女性数量增加了1.2%，而被监禁的男性数量仅增加了0.7%。

## 种族

与其他人口因素相比，种族和犯罪的关系引起的争议要多得多。由于美国历史上很长时间的种族不平等，因此，在犯罪统计数据的合法性问题上，引发了很多质疑。例如，非洲裔美国人大约占美国总人口的12%，然而，他们却占美国全部被逮捕人数的27%。

毫无疑问，相比于白人，少数族裔群体会对美国的警察和刑事司法系统抱有更多的负面看法。他们更可能成为警察暴行的受害者，而且，他们也更可能认为，警察的行为根源于种族歧视。

这是因为少数族裔看到了白人没有看到的事情吗？还是说，他们仅仅认为制度是不公正的？犯罪学家认为，这个统计数据是有误的，因为（警察和刑事司法系统）采用了**种族定性**，即利用种族来决定一个人是否犯了罪。在《没有平等的司法：美国刑事司法系统中的种族和阶层》（*No Equal Justice: Race and Class in the American Criminal Justice System*）这本书中，作者大卫·科尔（David Cole）援引了一份报告，这份报告来自佛罗里达州的一个县，它揭示了这样一个事实，即虽然有95%的当地居民是白人，但被警察拦停的司机中却有70%是非洲裔美国人，有时是拉美裔美国人。这份数据是从148个多小时的警察录像带中统计出来的。这些结论支持了这种说法，即在某些地区，"黑人开车"被认为就是犯罪。另外，少数族裔群体往往生活贫穷，他们可能住在犯罪高发的地区，从而吸引了更多警察的巡视。

## 社会经济状况

正如种族可以和犯罪联系起来一样，社会阶层也可以。多年来，社会学家一直研究犯罪与社会阶层的关系。一般说来，人们可以发现，那些被抓的人往往是社会阶层较低的人。为什么是这样呢？某书作者杰弗里·雷曼认为，在贫困地区中，有更多被报告的犯罪，原因在于，穷人更容易被逮捕和判刑，而且，他们很难获得一些富人可以轻松得到的资源。另外，在刑事司法系统的每一阶段中，富人都可以通过保释制度、公设辩护人以及辩诉交易来规避惩罚，因为这些制度都有利于富人。例如，在庭审中，某个富人能够雇用一名经验丰富却价格昂贵的律师，他有大量的时间和资源来为富人提供有力的辩护。而穷人可能需要依靠法庭指派的律师来提供服务，由于这种律师工作量巨大，因此，他们很少有时间来为穷人提供足够的辩护。

# 媒体和犯罪

犯罪是骇人听闻的。它使人惊恐，使人愤怒，也使人满怀兴趣。这就是犯罪如此具有娱乐性的原因。尼尔森清单列出了美国排名前十的电视节目，而哥伦比亚广播公司发行的犯罪剧集《海军罪案调查处》（*NCIS*）、《超感神探》（*The Mentalist*）、《犯罪现场调查：迈阿密》（*CSI: Miami*）以及《犯罪现场调查：纽约》（*CSI: New York*）等，周复一周地出现在这份清单上。但是，这些电视节目并没有对犯罪活动和破案过程进行准确的描述。警察类的电视节目添加了夸张的情节，使观众认为大部分犯罪都是危险、紧张和刺激的。犯罪学家马库斯·菲尔逊（Marcus Felson）将这种趋势

"黑人开车"这个短语指的是，被交警拦下的非洲裔美国人比例过高。

## 美国：偷窃少，谋杀多

作为一个拥有自由和机遇的国度，美国以此为荣。但是，更多的自由是否会产生更多的暴力犯罪呢？在所有现代化和工业化国家中，美国一直拥有最高的谋杀率。一些人说，这是因为在美国，人们获得枪支相对容易，或者国家的法律制度太过仁慈。另一些人认为，美国不平等的历史刺激了暴力行为的发生。先不管原因如何，（犯罪）统计数据仍然让人震惊：美国公民被谋杀的可能性比加拿大多3倍，比日本多10倍。

然而，除谋杀外，美国的犯罪率其实相对较低。在某些暴力犯罪方面，比如抢劫、人身攻击，以及强奸等，美国并不居世界之首。而且，相比一些其他的发达国家，美国的非暴力犯罪数量也较低。例如，盗窃在德国、法国和英国更加普遍，机动车盗窃案也更多地发生在英国、法国和加拿大。

总之，当谈到犯罪时，美国是个混合体。与其他发达国家（公民）相比，美国公民更可能被谋杀，但他们财产被盗的可能性却要更小。不幸的是，在所有工业化国家中，盗窃罪都是很普遍的，部分原因在于，价值昂贵且方便携带的商品遍布全球，而这些物品又很容易被偷窃和转卖。简单地说，人们的财物越多，可被偷走的就越多。

### 杀人*犯罪率（每100 000人）

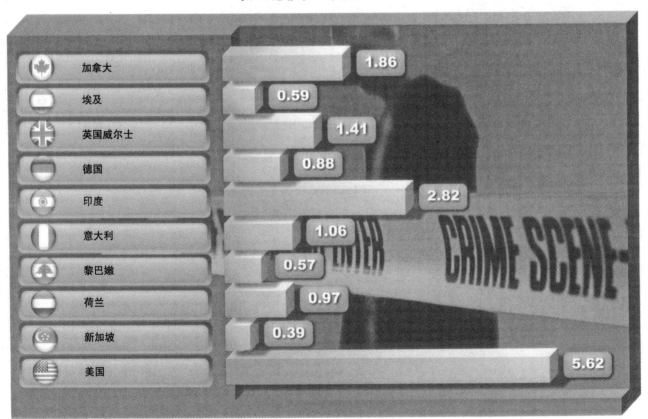

| 加拿大 | 1.86 |
| 埃及 | 0.59 |
| 英国威尔士 | 1.41 |
| 德国 | 0.88 |
| 印度 | 2.82 |
| 意大利 | 1.06 |
| 黎巴嫩 | 0.57 |
| 荷兰 | 0.97 |
| 新加坡 | 0.39 |
| 美国 | 5.62 |

\* 杀人被定义为"故意造成他人死亡，包括杀婴。"

资料来源："Ienth United Nations Survey of Crime Trends and Operations of Criminal Justice Systems, covering the period 2005–2006" United Nation Office on Drugs and Crime. Accessed September 28, 2009, http://www.indexmundi.com/blog/index.php/category/crime/.

在所有现代工业化国家中，美国的谋杀率最高。哪些因素可能导致这个结果呢？

称为犯罪的"戏剧化谬误"，因为，相比于那些一般发生在现实生活中的犯罪来说，大部分被媒体炒作的犯罪要更具戏剧性，从而使观众对犯罪产生误解。谈到谋杀时，这种趋势尤为如此。在所有暴力犯罪中，谋杀所占比例不到1%；而在所有犯罪中，这个比例更是微乎其微，然而，谋杀却是电视节目中描绘最多的一种犯罪。

即使在现实生活中，当一个犯罪案件真实发生的时候，媒体也往往利用它来提高收视率，从而娱乐大众，吸引眼球。例如，2008年，新闻媒体利用很长时间来报道对凯莉·安东尼的调查，凯莉·安东尼是来自佛罗里达州奥兰多的一个刚开始学步的幼儿，人们怀疑，她已经被自己年轻的母亲杀害。媒体经常使用凯莉·安东尼那让人揪心的照片，并接连对一些可怕的细节进行报道，这大大激发了观众对此事的兴趣，但同时也让他们对犯罪产生了片面的看法。真正的犯罪，比如某人从你的车中偷走了一部iPod，或者在当地的711便利店偷东西，好像并不算多大的事。

# 社会问题思考：
# 引发犯罪的因素是什么？

> **社会迷乱理论：** 该理论认为，犯罪活动之所以发生，是因为罪犯不能通过可被社会接受或者说合法的途径来满足自身需求。因此，他们便诉诸不能被社会接受或者说非法途径来满足那些需求。

## 犯罪的心理学视角

犯罪的人心理不正常吗？斯坦顿·森姆那（Stanton Samenow）认为，罪犯与常人的想法不同。他们往往长期说谎（甚至对自己说谎），将别人的财产视为自己的，而且，他们拥有膨胀的自我形象。美国精神病学协会声称，罪犯是反社会的，他们不能遵守社会规范。罪犯冲动任性，急躁易怒，具备攻击性。他们经常欺骗别人，并且对所作所为不知悔改。

## 社会学对犯罪的解释

### 功能论

法国社会学家涂尔干注意到，社会总是存在犯罪现象，因此，犯罪必定发挥了一些功能。他认为，犯罪使对与错之间有了清晰的道德对比，从而促进社会团结。"911"事件之后，美国人开始团结起来，

>>> 根据心理学的视角，一个人脱离社会，无法与同龄人的行为相符，会导致犯罪行为。

正如涂尔干注意到的那样，犯罪能使人们在抵抗犯罪的斗争中团结起来。当然，犯罪也能引发社会革命。当民权领袖们违背法律规范，坐在"白人专属"的餐厅时，通过这种行为，他们促进社会进行必要的变革，而这场变革其实早就该发生。

美国社会学家罗伯特·默顿（Robert K. Merton）认为，社会因素会对犯罪行为造成影响。他的**社会迷乱理论**主张，犯罪活动之所以发生，是因为罪犯没有能力实现某些特定目标。他声称，所有美国人都有共同的目标，当一个人很少或者根本就没有合法途径来实现这些目标时，他（她）可能会走上犯罪道路。由于大多数被逮捕的都是穷人，默顿认为，美国存在一个结构性问题，即虽然穷人认为他们应该能够实现某些目标，但其实已经被（结构）所禁止了。所以，为了实现目标，他们会诉诸社会不能接受或者说非法的途径。例如，如果一个人买不起一台新笔记本电脑，他（她）就可能偷一个。

结构主义理论还包括**社**

会解组理论，它提出，那些贫穷地区，如果没有健全的社会制度，就会有更高的犯罪率。换句话说，某些地区，如果没有多少社会结构（例如学校、教堂、企业以及青少年中心），就往往会成为犯罪最频繁的区域。通常，那些地区的居民住在维护不善的出租房里，而且，他们很少有机会取得合法工作。所有这些因素共同导致了社会解组，从而引发犯罪。

## 符号互动论

**差别接触理论**是由美国犯罪学家埃德温·萨瑟兰（Edwin Sutherland）提出的，他认为，犯罪是一种习得的行为，它根源于我们互动的对象。开发这套理论的目的是解释为什么某些未成年人成为罪犯，而其他人却没有。萨瑟兰认为，一个人与违法分子交往越多，就越可能学会犯罪行为。因为在他周围，有过多的概念和说法支持违法行为。例如，如果一个十几岁的男孩有一些盗窃商店的朋友，他们就可能会告诉他，偷窃没什么大不了的。他越与那些朋友一起出去玩，就越可能参与到类似的犯罪活动中。

犯罪学家罗纳德·艾克斯（Ronald Akers）将这些观

点与心理学家阿尔伯特·班杜拉（Albert Bandura）的学说综合起来，阐述了**社会学习理论**。他认为，学习是犯罪行为的关键因素。人们学习各种各样的东西，从侵犯和暴力到仁慈与和平。儿童学会攻击性行为，因为这种行为已由别人为其做出示范。艾克斯注意到，社会学习过程与其他类型的学习方式相同，都源于学习的强化过程。潜在的"学习经历"有可能源于我们最亲近的人，比如父母或者同龄群体，也可能源自其他类型的人际互动，比如媒体。

## 社会控制论

**社会控制理论**认为，人们都是自私自利的，这些本性特征能够激发犯罪行为。沃尔特·雷克利斯（Walter Reckless）说，犯罪既受内部驱动力影响，又受外部力

> **社会解组理论**：该理论提出，那些贫穷地区，如果没有健全的社会制度，就会有更高的犯罪率。
> **差别接触理论**：该理论声称，犯罪是一种习得的行为，与我们互动的对象会影响我们的学习过程。
> **社会学习理论**：该理论认为，学习是犯罪行为的关键因素。
> **社会控制理论**：该理论认为，人们都是自私自利的，这些本性特征能够激发犯罪活动。

∧∧∧ 日常的职责，比如上班或者上学，使我们不大可能犯罪。

> **抑制理论：**声称，罪犯不能抵制身边的诱惑。
> **社会冲突理论：**关注的问题一般是社会阶层、权力、资本主义，以及它们与犯罪的关系。
> **一般紧张理论：**认为，人们经历着来自生活各处的压力，从而导致犯罪活动。

量影响。内部驱动力包括道德感和判断是非的知识，外部力量是诸如警察在场这一类因素。他的**抑制理论**声称，罪犯不能抵制身边的诱惑。由于他们的内部控制水平较低，因此，没有什么能够阻止他们违法犯罪。

犯罪学家特拉维斯·赫希（Travis Hirschi）倾向于同意雷克利斯的观点，但是认为内部控制更加复杂。他构造了一种理论，认为有四种社会联系可以影响个人的自我克制，即依附（attachment）、奉献（commitment）、卷入（involvement）以及信念（belief）。那些缺乏这些社会联系的人会经常参与犯罪活动。

赫希理论中的第一种社会联系是依附，指的是我们与别人的关系。如果一个少年的朋友经常惹麻烦，那么他也可能会惹麻烦；相反，如果这个少年的朋友遵纪守法，那么他也不大可能参与犯罪活动。对社会整合的强烈依附情感，可以降低犯罪行为发生的可能性。

赫希理论中的第二种社会联系是奉献，指的是为了过一种可被社会接受的生活而奉献自我。通过每天出去工作，一个人的行为体现了对社会的责任。随着年龄的增长，人们往往会对社会愈加负责，这就解释了为什么年轻人会比年纪大的人犯罪更多。

赫希理论中的第三种社会联系是卷入，指的是参加一些常规活动。相比之下，参加课外活动的青少年更不可能参加犯罪活动，在本章后面，你还将继续看到这一现象。

赫希理论中的第四种社会联系是信念，指的是一个人对生活的热情和执着。如果一个人认为遵纪守法的生活很好，那么，他将继续这样生活下去，从而不大可能

## 关于犯罪行为的社会学理论

> 在犯罪的起因上，社会学家意见不一。你支持哪种看法？

链接

## 犯罪和社会

在本章中，针对人们为什么会犯罪这个问题，我们探讨了一些可能的原因。毫无疑问，社会经济地位发挥了一定的作用。回想一下第 2 章，我们讨论了不平等、贫穷和富有。随着美国上层阶级和下层阶级差距的逐步扩大，越来越多出身贫寒的人可能走上犯罪道路。

正如我们已经提到的那样，犯罪是一个男性占主导的活动。统计显示，被抓的人中有 77% 是男性，而且，犯罪行为最可能发生在 15 岁到 25 岁年龄段之内。因此，总人口中年轻男性所占比例越大，一个国家的犯罪率往往越高。在第 18 章，我们将探讨人口和人口统计特征，以及这些因素如何影响一个国家的经济和社会发展。

在本章中，我们讨论了如何对犯罪行为防患于未然。但事实上，我们并不能总是阻止犯罪的发生。所以，一旦某人犯了罪，有什么方法能阻止他（她）再犯呢？下一章中，我们将探讨控制犯罪的其他方法，关注的重点在于，如何通过严厉的量刑来制止犯罪行为。

参与犯罪行为。

## 冲突论

一般来说，**社会冲突理论**关注社会阶层、权力和资本主义等因素是如何与犯罪相关的。荷兰犯罪学家威廉·邦格（Willem Bonger）认为，资本主义引发犯罪，因为资本主义鼓励人们变得自私自利。竞争使公民之间互相对立，而由于资本主义运行的基础就是这种机制，从而在社会中，不可避免地产生胜利者和失败者，造成社会冲突，而穷人不可能赢得竞争。有些人会带着对富人明显的愤恨卷入这场争斗中，并走上犯罪道路，以此来反抗社会不公。

杰弗里·雷曼指出，资本主义创造了一种体制，在其中，富人的某种行为不会被认为是犯罪，而穷人却恰恰相反。例如，考虑一个明显的事实，即谋杀别人是犯罪。假如，在一场打斗中，一个穷人杀死了他的同事，他可能会被判处死刑。然而，如果一个矿主因为不安全的工作环境而被警告，但他却熟视无睹，最终造成矿井坍塌，夺走了很多工人的生命，则没有人会认为工人是被他谋杀的。雷曼指出，白领犯罪通常也是这样。事实上，相比于被谋杀，你更可能死于工作事故，或者不必要的医疗过程。坦白地说，你的老板或者医生比陌生人更有可能杀了你，但是，你害怕他们吗？伯尼·麦道夫（Bernie Madoff）诈骗了成千上万的投资者，但是，受害者们还心甘情愿地把钱交给他。为什么会这样呢？因为他们认为他是一个专家，伯尼·麦道夫正是利用别人的这种信任，犯下美国历史上最大的欺诈罪之一。邦格认为，这种事情能够发生，原因在于资本主义造成人们自私自利，因此，人们不关心别人，而且可以为了目的

（获取财富）不择手段。

## 犯罪动因的一般理论

1985 年，罗伯特·阿格纽（Robert Agnew）提出一个理论，它基于默顿的"迷乱"概念。根据阿格纽的**一般紧张理论**，社会的紧张会让人从事犯罪活动。一个人的紧张有三种来源。首先，紧张来自个人的目标或需求。正如默顿所说，一个人如果不能在生活中实现其目标，就更可能走上犯罪道路。其次，紧张可能产生于不愉快的生活事件，比如失业或者爱人去世等。最后，个人所遭受的紧张可能来自其负面经历，比如遭受虐待和感到痛苦。如果某个人没有足够的应对技能的话，那么，所有这些紧张都可能使其从事犯罪活动。相反，那些学会如何应对的人，则不大可能走上犯罪道路。

另一个犯罪的一般理论是由迈克尔·戈特弗雷德森（Michael Gottfredson）和特拉维斯·赫希提出的，它宣称，罪犯只不过缺乏自我控制。这个理论通常被称为自我控制理论，它认为，罪犯不能延迟满足，所以，他们常常牺牲长期回报，以寻求短期回报。大部分犯罪包含一时冲动的决定。比如，罪犯发现一个可以抢劫你的机会，因为在深更半夜里，你正独自走在一个漆黑的停车场里。他从来不会想到，你或许是一个持枪的警察，或许是空手道黑带。简而言之，罪犯缺乏思考"如果万一"（what ifs）的能力。大部分人是从父母那里学到这种类型的自我控制的。因此，戈特弗雷德森和赫希说，把罪犯养育成人的往往是这样一些人，他们没有教导罪犯认识到，为了获得更令人愉悦的长期回报，拒绝短期回报有多重要。

# 找寻社会问题的解决方法：
# 我们该如何避免青少年犯罪？

正如犯罪统计数据表明的那样，很多违法者很都年轻——大部分街头犯罪者都在 15 岁到 25 岁之间。所以说，让孩子们不惹麻烦是预防犯罪的一个重要部分。但是，我们该如何做呢？

研究结果表明，参加课后辅导或者其他课外活动很有效果。某书作者拉尔夫·麦克尼尔（Ralph McNeal）研究了课外活动的效果，发现这些活动能够帮助学生增加个人技能和个人成就，提升个人品质与知识水平。另外，学生们通过参与到艺术、体育和音乐中，能了解更多的文化因素。最后，这些活动允许学生扩展他们的社交网络，接触各种各样执行监督活动的成年人，帮助学生增强社交能力。通过这些方式，学生们参与到一些建设性项目中，他们发现自己能更好地与周围的人建立关系，从而不大可能参与犯罪活动。

然而，在尝试利用课外活动来预防犯罪之前，我们必须考虑一下，谁最有可能参加这些活动。来自较高社会经济地位的家庭中的孩子更可能参与其中，而种族因素却没有任何影响。事实上，少数族裔与其白人同学有同样的活动参与率。而且，男女也都平等地参与到课外活动中。男孩更可能参加体育运动，而在其他所有类型的活动中，女孩则更加常见。因此，调查结果让人喜忧参半。虽然在课外活动参与方面，社会经济地位确实发挥了作用，但种族和性别却没有影响。

其他一些研究发现，学校规模和安全性对课外活动有重大的影响。相比于来自规模大的学校的学生，那些来自规模小的学校的学生更可能参与课外活动，因为存在的竞争要小。想想看，如果你所在的学校只有 90 个人，相比于 900 人，成立一支棒球队则要容易得多。另外，暴力发生率高的学校，通常课外活动的参与率要低。这能够讲得通，因为如果学生担心自身安全，他们则不太可能参加课外活动。

## ▶▶▶ 赞同还是反对

## 枪支管制

枪支管制的问题是极具争议的。很多人认为，使用武器保护自己是他们的个人权利，相反，其他人觉得枪支是犯罪的根源。如你所知，在所有工业化国家中，美国的谋杀率是最高的，而使用枪支能快速高效地杀死别人。关于这个问题，你的想法是怎样的？我们应该更严格地管制枪支吗？

**赞同**

- 并没有明确的宪法权利允许私人携带枪支。美国宪法保障各州民兵组织携带武器的权利，但这已经是相当过时的条款。
- 在法律允许携带可隐藏武器的州中，犯罪并没有减少。
- 有严格枪支管制的其他类似国家，其谋杀率要更低。
- 大部分枪杀案发生在家庭成员之间激烈争吵的时候。

**反对**

- 宪法赋予人民携带武器的权利，而不仅仅是民兵组织。
- 有武器的人可以自卫，以免遭犯罪侵害。常言道："如果携带枪支是违法的，那么只有歹徒才会有枪。"
- 如果私人携带枪支被定为非法，那么，在全国范围内没收所有枪支几乎是不可能的。
- 枪支本身并不会造成暴力。如果枪支被没收，那么那些使用枪支干坏事的人只不过会寻找其他武器罢了。

# 从课堂到社会→鼓励孩子参与社会

卡尔文（Calvin）一直是一个很普通的孩子，他和妈妈住在郊外的一个小社区里，在学校表现良好，而且，还担任了中学冰球队的守门员。然而，在八年级期中时，卡尔文发现自己陷入很多麻烦之中。当然，这些麻烦都很微小，比如违法宵禁规定，扰乱公共秩序，以及轻微破坏罪等。但一天晚上，卡尔文和他的朋友闯入邻居的车库，并盗走了两辆自行车以及价值 500 美元的工具。因犯此罪，他们被逮捕了。当警察询问卡尔文为什么要这么做时，他只是说："我不知道，我就是无聊。"每次当卡尔文因某事陷入麻烦时，他都这么回答。

**作为惩罚，法庭命令卡尔文参加 100 小时的社区服务。他被分派到一个社区花园工作，在那里，每次放学后，他都要花费几个小时来除草、浇水，以及管理献给当地食物银行的农产品。**

数月之后，卡尔文完成法庭规定时间的劳动，但是，这并没有阻止他继续在这个花园工作，因为他已经喜欢上了这份工作。在那里花费的时间让卡尔文意识到，放学之后有事可做能避免让他陷入麻烦，也让他觉得自己在帮助社会，哪怕是微不足道的。

卡尔文意识到，如果放学之后有事可做，他的很多老朋友以及其他孩子们都可以不惹麻烦。于是，卡尔文决定联系学校董事会管理层，并建议学校为学生开展一项课后志愿者计划。卡尔文提出了一个零成本计划，把孩子们与当地慈善机构配对，让他们每周能为其工作几个小时。卡尔文解释到，这能让学生在课后有一些积极的事可做，与此同时，还能够帮助到社区。

**学校董事会很喜欢卡尔文的想法。多年来，他们一直想发起一个社区服务计划，只是在预算中没有资金支持罢了。到下一个学期时，学校开始了这项计划，并将其命名为卡尔文志愿团队。计划实施的第一年非常成功，有超过三分之一的学生，以及一些教职工报名参加。而且，当地警方还报告说，有关学龄儿童的投诉和传讯降低了 25%。**

>>> 课外活动让孩子们有得忙了，从而使他们不太可能参加犯罪活动。

# 理论沉思

根据冲突论，人们的社会经济地位会影响法律对待他们的方式。你是否感觉到，富人虽然犯罪，但由于他们所属的社会阶层，最后却逍遥法外？

## 冲突论

犯罪学家威廉·邦格认为，资本主义鼓励犯罪，因为它支持人们的利己行为，并且造就了一种文化，即人们所作所为都是为了个人利益，而不是为了社会整体的利益。资本主义使某些人要比其他人拥有更多的财富和权力。这导致有些人觉得，为了实现社会财富的平衡，他们应当参与到犯罪活动中。

如何防治犯罪？

## 符号互动论

符号互动论认为，犯罪是个体在与他人交往过程中习得的行为。通过为违法犯罪行为做辩护，以及讲述违法犯罪的方式，犯罪的同龄人会教导他的朋友走上犯罪道路。在与罪犯的交往互动中，人们认识到，犯罪其实没什么大不了的。

## 功能论

功能论者指出，犯罪是而且一直是社会的一部分。因此，犯罪一定发挥了某些社会功能。据默顿所说，犯罪之所以发生，是因为有些人不能通过合法途径来实现其所有需求和欲望。因此，社会迷乱理论认为，他们会设法通过非法途径来实现那些东西。

对某些人来说，美国梦并不是很容易实现的。那么，一些人通过非法途径满足自身需求，这能否被社会接受？

符号互动论者认为，人们从其周围的人那里学会了犯罪。儿童可能受到父母和同龄群体的影响。为了阻止这种犯罪循环，社会能做些什么呢？

# 犯罪与惩罚

旨在减少监狱强奸案的新措施正在酝酿之中，那些没有采取行动去保护受害者的州，其所获的支持资金将被联邦政府缩减。

作为两党（共和党和民主党）联合组成的组织，美国全国消除监狱强奸委员会（National Prison Rape Elimination Commission）花费了五年的时间来研究犯人保护问题，并且为此还提出了新的标准。据估计，美国每年约有 60 000 犯人遭受性虐待。

该研究声称，在美国，正在坐牢、假释或者获得缓刑的人有 730 多万，因此，监狱必须采取一系列措施来消除犯人的性虐待现象。这些措施包括三方面：第一是采取零容忍政策（zero-tolerance policies），第二是加强员工培训，第三是加大检查力度以便提前发现有施虐倾向的犯人。

"遭受监禁的个体应享受基本人权，"美国地区法官（U.S. District Judge）兼委员会主席雷吉·沃尔顿（Reggie Walton）说，"个体因犯罪而被监禁，但这并不意味着他们的尊严可以被践踏。"

委员会提出的新标准建议正被送至美国司法部长（Attorney General）埃里克·霍尔德（Eric Holder）手里，他将用一年的时间来撰写新的全国性保护标准。届时，各州将会收到新标准，并且必须严格执行，否则，它们就有可能失去5%的联邦监狱拨款。

这项研究的一些主要结论如下：

相比于其他犯人，那些个头矮小者、年轻人、同性恋者或者女犯人等更容易受到侵害。

即使犯人愿意上报其遭受了虐待，但是，他们的诉说也常常被忽视或不被告知有关官员。

这项研究发现，有4.5%的被调查者在前12个月中，曾上报其遭受到性虐待。

这项研究还发现，更多犯人声称，其所受的虐待来自监狱职员，而不是其他犯人。二者施暴的比例分别为2.9%和2%左右。

委员会建议，监狱当局应采取更多的内部监控措施，比如审查委员会进行外部监督和监狱内部安装摄像头。

美国纠正协会（American Correctional Association）执行董事小詹姆斯·冈德勒斯（James Gondles Jr.）说："我们能够采取一些有用的措施。"但同时他又表示，那些欠缺资源的市县小监狱，可能没有资金来支持贯彻这项新措施，比如增加人员为受虐者进行心理健康治疗。

在委员会周二举行的新闻发布会上，埃尔南德斯（Hope Hernandez）向满屋的人讲述了她在华盛顿哥伦比亚特区（Washington D.C）的悲惨遭遇。那是 20 世纪 90 年代后期，当时 23 岁的埃尔南德斯受到吸毒指控，正在监狱候审。

为了能够洗澡，埃尔南德斯向狱警乞求了两周。两周后的一天晚上，一个拿着毛巾和洗发水的狱警带她去淋浴。狱警把埃尔南德斯领到淋浴间，并在那里强奸了她。

作为两个孩子的母亲，埃尔南德斯后来取得了社会工作硕士学位，她说："对强奸的惩罚，决不能用罚款措施或罚款措施的一部分来处理。"不幸的是，据埃尔南德斯介绍，对那名狱警的惩罚，只是带薪停职一周，之后，他又重新返回了工作岗位。

•第14章•

**法律对社会来说是必要的。违反法律必须遭受惩罚，否则法律就变得没有意义。**

惩罚的类型、期限以及程度会引起很多争论。比如，一个无足轻重的小毒贩在监狱里被强奸，是否会有人替其主持正义呢？我们花费在监禁上的钱财能否让我们的社会更加安全呢？法律体系是应该注重"治病救人"原则，还是应该坚持严格的律条呢？在本章中，我们将探讨一些由美国刑事司法系统导致的社会问题。

# 主题：社会如何应对犯罪？

> **法律的共识模式：** 法律之所以产生，是因为人们看见了他们不喜欢的行为，并一致同意认定其为非法行为。
> **法律的冲突模式：** 有权势的人撰写法律，而且通过这种形式试图保护自己的个人利益。
> **羞辱：** 是指对个体行为刻意地附加消极意义的行为。

## 法律的创造

明确的行为预期对社会运行是必要的。因此，不难理解，所有的社会都制定法律规范。法律规范的目标是相同的：定义非法行为，并且制定相应的惩罚措施。

### 共识和冲突模式

两种主要模式可以被用来描述法律是如何创造的，即共识模式和冲突模式。**法律的共识模式**认为，法律之所以产生，是因为人们看见了他们不喜欢的行为，并一致同意认定其为非法行为。例如，大部分人认为，谋杀是错误的行为，所以他们支持法律对其进行制裁。然而，什么样的行为被认定为"谋杀"，却并不明确。有些人认为，任何类型的杀人都是错误的，与此同时，另外一些人却认为，自卫行为或者战争应该排除在外。共识模式并不要求所有人都产生共识，但是，必须大多数人之间存在共识。

**法律的冲突模式**指出，有权势的人撰写法律，而且通过这种形式试图保护自己的个人利益。这些法律经常被用来惩罚那些没有权势的人。例如，在2000年，一个叫加里·尤因（Gary Ewing）的人对三家高尔夫球俱乐部行窃，根据加利福尼亚州的三振出局法（Three Strikes Law），他被判处重大盗窃罪，并获25年徒刑（相当于终

身监禁）。相反，如果一名白领犯人从事一些非法内幕交易，他所接受的刑罚往往就会很轻。约瑟夫·纳科齐奥（Joseph Nacchio），一名纽约股票经纪人，当其被发现犯有总额5 200万美元的诈骗罪时，他被判处6年徒刑。然而，这项判决最近已经被撤销，其刑期也将被减短，因为6年刑期被认为太过严厉。冲突模式认为，司法中的差异是和犯人的财富或者社会地位的不同相联系的。

## 惩罚

从历史上看，法律对犯罪的惩罚往往太过严厉，导致肉体折磨、驱逐流放、强迫奴役以及死亡等。有时，犯人身戴手脚枷具，在城市广场上被羞辱。羞辱是对个体行为刻意附加消极意义的行为。约翰·布雷斯维特

《汉谟拉比法典》盛行于公元前2100年到1800年之间，是第一部已知的成文法典。它包含200多条法规，描述了行为规范，以及对违法行为的惩罚。

（John Braithwaite）认为，羞辱可能会使犯人污名化，但也可能使其重新融入社会。**污名化耻辱**是给犯人贴上了永久性的负面标签，因此，这实际上提高了犯人再次犯罪的可能性。在美国，有犯罪前科的人在求职和申请住房时，必须承认先前被定过罪，而且，那些被判犯有性侵犯罪名的人还必须登记为性犯罪者。虽然这些规定是为了保证公共安全，但是，这种污名化耻辱意味着那些人无论做什么都不能摆脱这种负面标签。相反，**重新融合性耻辱**却允许犯人在接受惩罚后，再次踏入社会，与此同时，并没有延续其污名。这套惩罚包括赔偿、社区服务，以及坐牢等。上述两种羞辱性惩罚都可以在我们的刑事司法系统中看到。

总之，刑事司法系统依赖其**威慑**，这种威慑可以使一个人由于害怕惩罚而不去犯罪。它包括两种类型：特殊的和一般的。**特殊威慑**试图防止某个特定的犯人再次犯罪；**一般威慑**试图通过对某个犯人杀一儆百，来避免其他人犯罪。

## 美国的刑事司法系统

美国的刑事司法系统有三个分支：警察、法庭以及惩改系统。由于不同分支机构中的工作人员想法各异，且常常使用自由裁量权，这导致了很多社会问题，比如种族定性、不公正判刑，以及社会成本增加等。

### 警察

如今，在美国，有 18 000 多处执法机构。在这些机构内，有 800 000 多名全职工作人员。有许多电视节目，例如《美国警察》（COPS），播放警察在前线与犯罪行为做斗争。然而，真正的警务工作很少像电视中所描绘的那样。事实上，描述警察工作最恰当的说法是："无休止的烦躁，期间掺杂着巨大的恐惧。"你可能会认为，警察的主要工作是保护你，然而研究表明，警察直接保护社会的时间不足全部的 1%。实际上，研究显示，增加警务工作人员并不会降低犯罪率。研究者发现，采取一些技术手段，比如**目标加固**（target hardening）（使客体减少对潜在罪犯的吸引），反而更有可能降低犯罪率。所以，在你的房间里安装警铃，相比于城市雇用更多的警员来说，更能降低你成为受害者的可能性。

警察最先具有**自由裁量权**，或者说有能力决定犯罪是否已经发生。警察经常在所谓的"热点区"行使自由裁量权，他们经常在那里巡逻，因为他们认为能在那里发现犯罪活动。通常情况下，这些地区是穷人居住地，因此增加了穷人被抓的可能性。正如警察依据种族定性来确定目标群体一样，自由裁量权也造成司法体系中的长期不平等。种族定性使少数族裔犯人被抓的可能性增大，同时白人罪犯却不大可能被绳之以法。

### 法庭

被逮捕后，犯人就进入法庭系统。**法官**是经选举或者任命的公职人员，由其主持法庭工作。在法庭系统中，存在两个对立阵营，即原告方和被告方，法官的职责就是保证庭审程序符合法律规范。在案件中，对于考虑哪些问题或不考虑哪些问题，法官拥有自由裁量权。而且，他们也能依据案件的具体情形来影响其最终结果。

**原告律师**的职责是代表州或者原告，进行刑事指控。通常，原告律师由选举产生，或者受雇于经选举产生的地区检察官。在法庭系统中，原告律师具有最大的自由裁量权。疑犯被捕后，由地区检察官办公室决定对其提出何种正式指控。例如，他们可以将强奸未遂的指控转变为人身攻击的指控，原因仅仅是强奸的证据不足。而且，他们最有权力选择是否接受**辩诉交易**（这种交易是原告和被告律师在法庭之外签订的协议。为了让被告认罪，原告通常要做出一些让步）。大约有 89% 的案件最终达成了辩诉交易，而且，原告的让步通常是允许被告减刑。

法庭的另一方是**被告辩护律师**，他们是法庭雇佣人员，或者由法庭指派，为被告提供法律辩护服务。辩护律师的权利是犯罪嫌疑人米兰达权利（Miranda rights）的一部分，且受到法庭保护。然而，不同类型的辩护律师之间差异很大。由于私人律师专攻刑法，并且能为当

> **污名化耻辱**：是给犯人贴上了永久性的负面标签。
> **重新融合性耻辱**：是一种惩罚，允许犯人在接受惩罚后，再次踏入社会，而并没有继续污名。
> **威慑**：是一种措施，可以使一个人由于害怕惩罚而不去犯罪。
> **特殊威慑**：是一种刑事判决，试图防止某个特定的犯人再次犯罪。
> **一般威慑**：是一种刑事判决，试图通过对某个犯人杀一儆百，来避免其他人犯罪。
> **目标加固**：使客体减少对潜在罪犯的吸引。
> **自由裁量权**：是做出决定的能力。
> **法官**：是经选举或者任命的公职人员，由其主持法庭工作。
> **原告律师**：是律师的一种，其职责是代表州或者原告，对犯罪嫌疑人进行正式指控。
> **辩诉交易**：是原告和被告律师在法庭之外签订的协议。为了让被告认罪，原告通常要做出一些让步。
> **被告辩护律师**：是法庭雇用人员，或者由法庭指派，为被告提供法律辩护服务。

事人提供有利的结果，聘请他们往往很昂贵。然而，那些领取工资、为穷人提供辩护服务的公设辩护律师，往往（因）有很大的工作量（而不能为当事人提供良好的辩护）。数据显示，公设辩护律师导致的定罪率，包括辩诉交易，要比私人律师高很多。因此，最终结果往往是，接受公设辩护律师服务的穷人，比那些请得起私人律师的有钱人更可能被判有罪。

## 判刑

被告若被定罪或者主动认罪，那么必须被判刑。法官或者陪审团在判刑的时候可以考虑诸多情节。一方面，**从重惩罚情节**描述了这样一种犯罪，其性质要比一般同类犯罪更严重。例如，被指控犯性侵罪的人，如果受害者是未成年人的话，那么他将面临更严重的判决。另一方面，**减轻惩罚情节**是有关犯罪行为的另一种情节，它有可能减轻被告所受的处罚。在很多案例中，如果被告是未成年人，或者心智不健全者，就可以认为他们受该情节保护。

判刑模式有多种。首先，**不定期刑**，是一种刑事惩罚模式，在惩罚刑期上，它给予法官和惩改机构很大的自由裁量权。例如，判处被告坐牢的刑期可能短至 1 年，也可能长达 10 年。可以想象，对社会阶层、种族或者性别的主观偏见可能影响司法判决，所以，这种模式常导致判刑不公正，从而引发相关的社会问题。

在**结构化量刑**中，国家立法机构通过制定法律来约束司法自由裁量权，从而决定刑事判决。判决的罪刑相称原则表明，法律制裁程度应该直接同罪行程度相关。在这种量刑模式下，法庭判处犯人一个固定期限的刑期，当然，犯人

也可能因"**良好时间**"或者"**获得时间**"而减刑，前者是由于行为良好而减少在监狱服刑的时间，后者是由于参加特别活动而减少在监狱服刑的时间。

所谓的"**真实判决**"法目的是，废除或者限制假释，使犯人大部分时间都在服刑。在我所在的州中，有暴力犯罪的人，不管其在监狱中的表现如何，真正服刑期必须达到判决的 80%，不允许他们因"良好时间"或者"获得时间"而减刑。

**强制性判刑**可能是最严厉的判刑模式。这是一种结构性判刑策略，不允许法官行使自由裁量权。在这些案例中，法官仅仅研究一下犯人当下的罪行，并参考其先前犯罪的数量和类型，就可以做出判决。例如，在三振出局法中，一个人第三次犯重罪就会导致终身监禁。

在美国，上述每一种判刑策略都被使用。然而，随着时间的推移，联邦和州政府在判刑上越来越严格和苛刻。由于犯人服刑时间延长了，而且很难因为表现良好而提前出狱，美国的监狱系统已经日渐膨胀。文章开端所探讨的暴力和性虐待问题可以证明，监狱因过度拥挤成为越来越危险的地方。而且，强制性判刑的法律法规，例如三振出局法，在有关司法体系是否公正上引发了很多严重的问题。回想一下尤因先生，因为盗窃了三家高

判决为法官行使司法自由裁量权提供了机会。

尔夫球俱乐部而被终身监禁的案例吧。

最后，种族和社会阶层仍然是影响判刑的因素。有个关于 100∶1 的例子，联邦法律硬性规定，涉及 500 克粉状可卡因或者 5 克快克可卡因的犯罪，都需要判处 5 年刑期。因此，无论在哪个量刑水平上，一个人可以拥有 100 倍于快克可卡因的粉状可卡因，而获得相同的刑期。一般来说，粉状可卡因是有钱人消费的毒品，快克可卡因是穷人消费的毒品，而且，后者在少数族裔中拥有大量的使用者。在被判快克可卡因犯罪的人群中，大约 90% 是黑人或者穷人，而且，联邦判处黑人的平均刑期要比白人的长 40%。

## 惩改系统

刑事司法系统的第三部分是惩改系统。它包括缓刑、假释以及坐牢。**缓刑**是取代坐牢的一种判决，它要求犯人必须满足一些条件，才能避免坐牢。例如，作为缓刑

> **缓刑**：是取代坐牢的一种判决，它要求犯人必须满足一些条件，才能避免坐牢。
> **假释**：是一种惩改方式，犯人提前从监狱中被释放，但同时要接受社会监督。

的条件，可能要求犯人参加辅导，或者进行药物治疗。否则，犯人就可能被送去坐牢。研究赞同多用缓刑，因为，相比于那些已经被送去坐牢的人来说，缓刑者再犯的可能性要低一些。**假释**是一种惩改方式，犯人提前从监狱中被释放，但同时要接受社会监督。实行假释的条件通常和缓刑差不多，而且，违反假释条件也会坐牢。

### 监狱

监狱，作为刑事司法系统中的最后一招，是犯人被关押一定期限的地方，这是对其罪行的惩罚。2007年，有超过 730 万美国人受到各种惩教监督。如今，在所有的监狱犯人中，有 64% 是少数族裔，57% 不

**监押的成年人口数量增加**

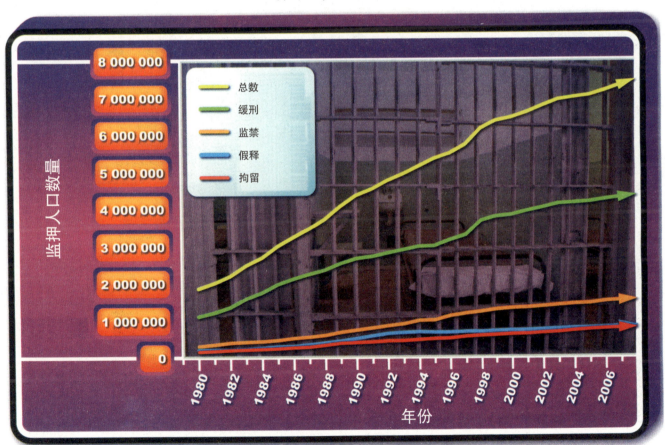

资料来源：Bureau of Justice Statistics Correctional Surveys (The Annual Probation Survey, National Prisoner Statistics Program, Annual Survey of Jails, and Annual Parole Survey), 2007.

自1980年，惩教人口中的成年人数量急剧上升。

## 十字路口上的美国

美国的监禁率是每 100 000 人中有 702 名罪犯，这严重超过了其他地区，比如加拿大和欧盟。从全球的角度看，美国的人口不足全世界的 5%，却监禁了全世界几乎 25% 的犯人。一些人认为，美国更为严厉的毒品法和政策，比如三振出局法，导致了其拥有高得多的监禁率。美国是唯一一个没有严格的枪支控制法的工业化国家，而高比率的暴力犯罪和谋杀，往往归咎于人们很容易接触到枪支。另外，只有少数几个国家会因为人们的轻微财产犯罪比如写空头支票而监禁他们，美国就是其中之一。当然，美国的反毒品战争也造成了监狱的膨胀，因为对轻微犯罪者的监禁率要超过 50%，而他们往往和毒品指控有关。

一个替代监禁的方法是重新融合性耻辱。在新西兰，警官们召开家庭会议，让少年犯和他们的父母都参加，以取代少管所。他们的目标是解决家庭问题，避免给青少年贴上罪犯的标签。虽然其效果仍在评估之中，然而，一项对警官的调查表明，他们强烈支持这种方式，因为他们觉得，自己能为很多家庭和年轻人的生活带来改变。此外，他们还反映说，这种方式可以遏制再次犯罪。

### 后工业国家的监禁率排名
（每 100 000 人）

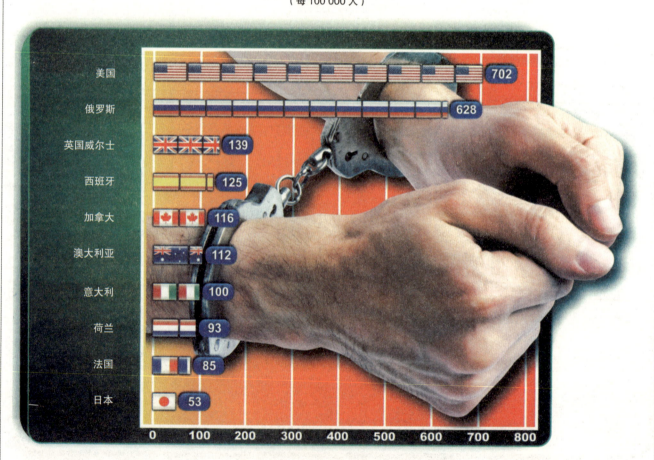

| 美国 | 702 |
| 俄罗斯 | 628 |
| 英国威尔士 | 139 |
| 西班牙 | 125 |
| 加拿大 | 116 |
| 澳大利亚 | 112 |
| 意大利 | 100 |
| 荷兰 | 93 |
| 法国 | 85 |
| 日本 | 53 |

0 100 200 300 400 500 600 700 800

资料来源：International Centre for Prison Studies, King's College London, *World Prison Brief*, www.prisonstudies.org.

△△ 美国监禁了全世界几乎25%的罪犯。我们的确有更多的犯罪还是仅仅因为我们的法律更严格？

足 35 岁, 21% 是毒品犯罪分子。根据司法统计局（Bureau of Justice Statistics）的惩教调查,虽然某些人群坐牢的可能性更大,但平均来说,每 15 个美国人中就有一个在其一生中将受到监禁。黑人坐牢的可能性是拉美人的三倍多,是白人的五倍多。几乎十个犯人中,有九个是男性,但是,女犯人的比率一直在

上升。

在美国,不同地区对待犯罪的方式不同。南方各州有更高的监禁率,这不仅是因为那里的犯罪更多,也因为那里判处罪犯入狱的次数更多,时间也更长。然而,认为监禁自然能够减少犯罪的观念,却很难与犯罪学数据相契合。杰弗里·雷曼认为,由于犯罪率上升,政治家们经常利用"严惩犯罪"的策略来吸引选民。然而,这种政策在获取资金支持上存在问题,因为监禁使犯人由纳税人变成税收消耗者。

### 累犯倾向

监狱中大部分犯人最终都会被释放,但是,当他们重回社会后会发生什么事呢?有超过 50% 的犯人,在被

<<< 监禁的隐形成本包括被抛下的家庭要寻求医疗保健、工作以及庇护。

**美国联邦与各州监狱的监禁率（每100 000人）**

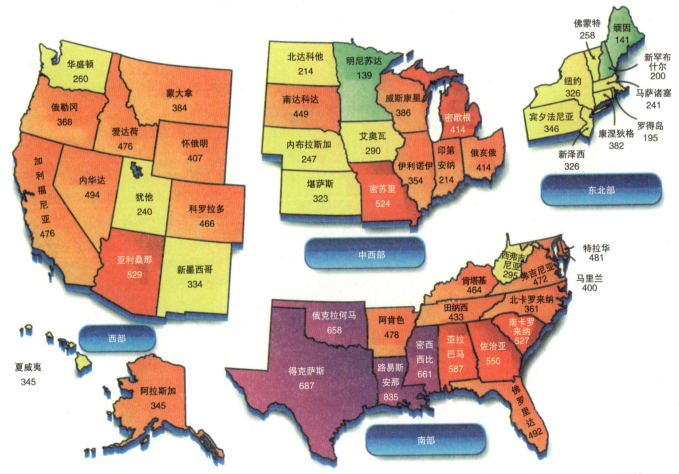

资料来源: Data from the U.S. Department of Justice, Office of Justice Programs, Bureau of Justice Statistics, Prison and Jail Inmates at Midyear 2006, Appendix Table 1: *Sentenced prisoners under the jurisdiction of State or Federal correctional authorities, June 30, 2005, to June 30, 2006.*

**累犯倾向：** 先前的犯人重新回到监狱的倾向。

释放的三年之内，又会重新回到监狱。先前的犯人重新回到监狱的倾向被称作**累犯倾向**。实际上，在目前对犯罪的"强硬政策"期间，累犯率已经变得更严重。我的许多学生认为，如果实行更严厉的监禁政策，那么累犯率将会降低。然而，这些学生中很少有人曾经目睹过监狱拥挤、危险的环境。犯人的自由受到严格限制，他们没有隐私，很少与朋友和家人见面。而且，监狱还限制犯人的医疗和教育。在本章开头和其他文献里探讨的监狱暴力和性虐待的增加，使我们怀疑，还有可能存在更加残酷的监狱吗？

**监禁成本**

虽然各州汇报了每个犯人所花费的一套成本，然而，这些数据经常低估了监禁成本。与监禁相关的隐形成本，使我们很难确定真正的成本量。例如，在父亲或者母亲进监狱后，一个家庭可能陷入贫困状态，并需要社会援助。这些社会成本几乎从没有被编入监狱预算中，原因是其他政府部门会支付这些费用，但是，无论是哪种方式，最终都由纳税人来埋单。社会学家詹姆斯·奥斯汀（James Austin）和约翰·欧文（John Irwin）计算过这些隐性成本，测定结果为，监禁一个人的年成本约为30 000美元，这个数据要比大多数州汇报的高很多。联邦政府报告称，在2008年，政府为联邦监狱中的每名犯人支付了差不多26 000美元。而据估计，社区矫正中心要为犯人支付的成本大概是每人24 000美元。然而，这些数据都没有包括"社会成本"。

# 社会问题思考：
# 我们如何证明惩罚的正当性？

**报应：** 是一种可预料到的刑事判决模式，它建立在一种对报复的强烈需要之上。
**罪有应得：** 是一种刑事判决模式，认为罪犯受到法律的惩罚是其应得的，而且，惩罚应该和犯罪类型及犯罪严重性相称。
**使罪犯丧失行为能力：** 是利用监禁或者其他方式，以降低罪犯将来犯罪的可能性。

## 冲突论者关于刑事判决的理念

冲突论者关注的问题主要是不平等和权力关系。他们认为，我们创造法律，并不是考虑到社会的整体利益，而是有钱人的利益。如果你考虑一下这个事实，即一个人的收入水平与是否被监禁有联系，那么司法体系似乎的确有利于富人。以目前保释制度为例，犯罪嫌疑人被逮捕了，在被判处有罪之前，除非他能被保释，否则就会被监狱收押。在这个过程中，交钱就可以被释放。如果此人没有出庭受审，保释金就会被没收。然而，不是所有人都能出得起这份钱。因此，许多人在候审期间，一直被监狱收押，这就意味着，他们在被判决之前就要接受惩罚。有钱人请得起好律师，出得起保释金，而穷人只能请公设辩护人，接受辩诉交易。这种制度性歧视，相对于富人来说，明显更不利于穷人。

在刑事司法系统中，我们能在某些量刑理念里发现权力运作。**报应**理念要求，惩罚要建立在可预测的对报复的需要之上。你如果认为自己受到某人不公正的对待，就可以报复，并让其付出代价。在这种理念下，国家的权力被用来惩罚侵犯者。

与报应理念相似的是一种被称作**"罪有应得"**的理念。这种刑事判决的模式认为，罪犯受到法律的惩罚是其应得的，而且，惩罚应该和犯罪类型及犯罪严重性相称。这种理念与报应理念类似，因为它们都注重判决的公正。

这两种理念都主张，刑事司法系统的主要目标在于，对罪犯施加权力，并且惩罚其罪行。然而，穷人比富人更容易受到监禁，这是个证据确凿的事实，因此，惩罚的不公正总是落在穷人头上。

## 功能论者关于刑事判决的理念

功能论者将世界看成是相互联系的整体，提倡利用监禁或者其他方式，**使罪犯丧失行为能力**，以降低其将来犯罪的可能性。通过把罪犯送到监狱，社会能够保证，其唯一能够伤害的人只能是其他罪犯。功能论者认为，由于罪犯远离社会，监禁自然能够降低犯罪率。基于这种理论的判决往往很重，以此保证犯人没有机会危害监狱之外的人。

> **复原**：是改造罪犯的努力。
> **恢复性司法**：是一种惩罚模式，试图修复罪犯和社会之间的纽带。

## 符号互动论者关于刑事判决的理念

符号互动论者认为，符号权力是与其意义相连的。那么，监禁的意义是什么？符号互动论者认为，监狱的目的不在于惩罚，而在于改正反社会行为。**复原**是改造罪犯的努力。任何改正方法的最终目的，都应该是把罪犯变成对社会有贡献的人。

**恢复性司法**是一种惩罚模式，它试图修复罪犯和社会之间的纽带。罪犯可以向受害者支付赔偿，或者在社区工作，以重新融入社会。

# 找寻社会问题的解决方法：
# 社会是否惩罚过多？

多少法规、控制和惩罚算是过多？拥挤的监狱系统，以及监狱内部暴力和性虐待数量的增加就可以表明，美国的社会的确存在问题。坦率地说，在美国，与日渐上升的监禁率有关的巨额成本花费，可以让政策制定者和立法者们大吃一惊。目前，美国的监禁率增长速度比加拿大快6倍，比日本快13倍。但是，有什么替代方法呢？我们的惩罚能够宽松一些吗？能有效果更好的惩罚吗？

> **强制性最低惩罚**：是针对特定犯罪的固定惩罚。

让我们看一下芬兰。在芬兰，监狱看起来与美国的有很大不同。首先，它已经不再使用带有铁丝网的围墙了，取而代之的是摄像机和电子网络。监狱里没有牢房，犯人们住的地方更像是大学宿舍，而不是监狱格子间。最后，守卫不佩带武器，也不穿制服。他们将犯人视为普通公民，与他们交流，试图了解他们。那么，这样做的结果如何呢？芬兰的监禁率是0.05%，而美国的是0.7%，而且，他们的犯罪率和累犯率都要比美国低。这样看来，美国的量刑政策是不是太严厉了呢？

## 强制性最低惩罚

虽然存在着司法自由裁量权，但是，联邦和州政府已经通过立法来强制判决，以限制其使用。**强制性最低惩罚**要求法官针对特定犯罪，给予固定的惩罚，而不能利用减轻惩

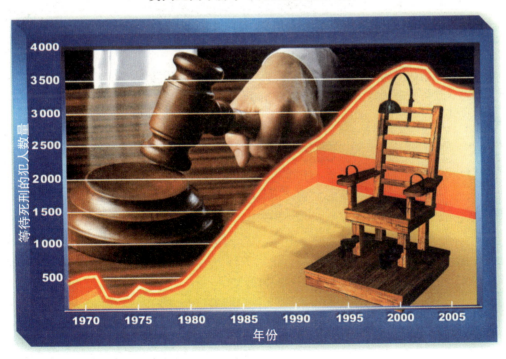

**美国死囚牢房中等待死刑的犯人数量**

（纵轴：等待死刑的犯人数量 500 1000 1500 2000 2500 3000 3500 4000；横轴：年份 1970 1975 1980 1985 1990 1995 2000 2005）

资料来源：Bureau of Justice Statistics: "Capital Punishment," 1968–2007; NAACP Legal Defense and Educational Fund, Inc., "Death Row USA," http://www.deathpenaltyinfo.org/death-row-inmates-state-and-size-death-row-year#year.

<<< 在过去40年中，死囚人数几乎增长了7倍。

罚情节来减轻量刑。这些强制要求自然增加了犯人在监狱服刑的时间。正如我们已经讨论的那样，刑期过长造成了很多问题，比如监狱过度拥挤、医疗保健不完善以及监禁成本增加等。依照强制性的法律法规，一些日渐年老的犯人身体太虚弱以至于难以照顾自己，但是却不能被释放。因此，有些州已经在监狱里修建了疗养院。

在查看成本效益分析后，兰德公司发现，相比于药物治疗，对毒品犯实施强制性最低惩罚，并不是一种有效利用财政税收的方式。在第 10 章，我们了解到，在减少吸毒以及其他与毒品有关的犯罪方面，药物治疗要比监禁更有效，与此同时，花费的税收数额也要更少。

## 链接

### 犯罪与贫穷

在整个刑事司法系统中，我们都可以看到犯罪与贫穷的关系。低收入地区充斥着更多的毒品和暴力，穷人只能被指派公诉辩护人，辩诉交易迫使无辜的人接受不应得的惩罚。因此，可以认为，穷人一直在与整个刑事司法系统进行漫长而艰难的斗争。

在第 13 章，你可以发现，犯罪使人们进入刑事司法系统中。在第 16 章，你将学到城市化，了解到城市的拥挤状况如何，以及为何容易有更多的犯罪。这不仅仅是源于城市人口因素，也根源于地理环境、社会分层以及公共服务等。通常，那些生活在贫困线以下的人们住在这些拥挤的城市里，而且，暴力犯罪，比如蓄意谋杀，在这些地区的发生频率也更高。

在第 2 章，你了解到，那些生活贫穷的人，在寻求帮助和支持时，所拥有的资源要少得多。他们也更容易因为犯罪而被逮捕、起诉，而且，在面临逮捕、审讯和判刑时，穷人往往孤立无援。

## ▶▶▶ 赞同还是反对

### 专业陪审员

专业陪审员是这样一些人，他们在法律方面受到良好的教育和培训，而且在法庭陪审团里任职。美国没有专业陪审员，但有些人认为，这些人士可以让法庭审讯变得更便捷高效。在这个问题上，正反两方都持有坚定的看法。

**赞同**

- 专业陪审员值得信赖，他们会按规定履行职责，并且准时出庭。
- 专业陪审员了解法律程序，而且，他们可能在某些特定类型的案件（比如诈骗罪）中受到过专业训练。
- 专业陪审员懂得合法诉讼程序，因此，他们更可能做出公正的判决。

**反对**

- 由于专业陪审员是政府雇员，他们必然对政府心存感激。一个经常对政府投反对票的陪审员，可能面临失业的危险。
- 在无数次审判之后，陪审员可能精疲力竭了，因此，他们的行事将产生偏见，认为某种被告就"适合某种判决"。
- 陪审团中，并没有哪个"普通人"会与其他陪审员产生很大的分歧，并为实现判决公平而战斗，而且，为社会最底层的人争取平等的战斗尤为困难。

## 死刑

我们对某些犯人保留了死刑，因为他们犯了一些最为严重的罪行，比如谋杀或者叛国。在世界上所有的现代化、工业化的民主国家中，仅有美国仍然保留这种惩罚方式。现在，许多州把对未成年人（14岁以下）实施强奸或者性侵犯，作为应判处死刑的罪行之一。在记录中，有38个州判处过犯人死刑，但是，在最近5年中，其中共有3个州废除了死刑。

死刑的支持者们认为，死刑是对犯罪的终极威慑力量。然而，事实是，与没有死刑的州相比，有死刑的州的谋杀率反而更高。近年来，相关研究已经表明，法庭对一些已被执行死刑的犯人存在不公正的宣判，不仅如此，研究也已经发现，对犯人起诉和执行死刑的成本事实上要高于终身监禁的成本。死刑反对者们也批判了死刑应用中的歧视。在研究了6 000起谋杀案之后，莱文（Levine）和蒙哥马利（Montgomery）发现，如果受害者是白人，那么黑人犯人被判处死刑的概率是白人犯人的两倍。而且，杀害白人的黑人犯人被判处死刑的概率，比那些杀害自己同种族的黑人犯人高四倍。

# 从课堂到社会→在拘留所提供志愿服务

由于好莱坞电影刻画以及自己生动的想象力，普通大众对监狱生活存在歪曲的认识。我们很少有人会认识监狱里的犯人，更少有人自己会变成监狱犯人。艾希莉（Ashley）是少有的志愿者，能够看到监狱内部的景象，对她来说，这段经历很难忘。

**"在我看来，我成长的地方可以被认为是一个中上阶层的社区，它位于洛杉矶以外。我和我的姐妹们读的是私立学校，在那里，所有人几乎都是同质的。等我上大学的时候，我已经决定，我要走出自己的安乐窝。"**

"在我这个学期的第二周时，我的社会学概论老师发传单招收志愿者，来协助其完成在一个低度设防监狱中的访谈工作。他在传单上说，对于那些喜欢研究犯罪学的同学来说，这将是一次很好的经历，而且，他将给志愿者额外的学分。我觉得，低度设防监狱，几乎就像是昔日中学的自助餐厅一样（混乱）。我拿起一张传单，并且在当晚拨打了老师的电话。"

"第一天，我被带领进行了简短的参观，虽然如此，通过参观，我却能对那些在参观室里遇到的犯人的情感和心理背景有一个更深的理解。我发现，自己在一个阴湿、嘈杂的囚犯室上面，犯人在我们下面的公共区域中，这块区域面向监狱食堂。我观察了一下沿着狱墙排列的狭窄、公用的牢房，震惊地发现，在一些牢房中，有四个甚至更多的床位，这样，牢房能够装下罪犯的数量是预计数量的两倍。我对我的向导说，我养的狗住的手提箱也要比这些牢房大得多。当然，我这样说只是在开玩笑，但是她并没有笑。我在想，是不是在内心深处，她和我一样震惊。"

**"忽然，两名男性犯人在我们下面打了起来。很快，更多人参与进来，与此同时，守卫开始向这里聚集起来，试图阻止他们。我惊恐地看到，一名流着血、失去意识的犯人被拖走了，两名守卫也带走了那名煽动者。然后，我的向导马上带**

我离开了。"

**"我问向导，那名煽动者将会怎样。她说，他将消失一段时间，直到从中'得到启示'。我没有想到，关禁闭竟然是现代监狱系统的一部分，最起码，它不应该发生在低度设防监狱里。我不敢问那名受伤的犯人会怎样。因为由于预算降低，监狱医务室已经被'扒皮抽筋'了。我的向导肯定看到了我的表情。'不要怕，'她一边说，一边把我带回参观室，'你很安全，犯人们也很安全。这是一个很好的监狱。'"**

"我一直认为，你如何对待别人，别人就将如何对待你。如果你给他们尊严，那么他们也会让你有尊严。如果你尊重他们，则他们亦会尊重你。当他们像猫一样被关在笼子里时，这些犯人一直在互相攻击并攻击守卫就不奇怪了。这能算是人性化吗？直到现在，我仍然在回想向导告诉我的话。如果这是一个'很好的'监狱，那么，不好的监狱该是怎样的呢？"

# 理论沉思

功能论者认为，刑事司法系统存在的目的是实现社会整合。如果三振出局法被颠覆了，那么将给我们的生活带来什么影响呢？

## 功能论

功能主义者认为，对社会来说，刑事司法系统是必要的。正如涂尔干所说，所有社会都存在犯罪，实现社会成员紧密的整合也是预防犯罪的一部分。社会整合得越好，越轨行为就越少发生。刑事司法系统通过惩罚那些违反道德规范的人，从而增进社会其他成员的团结。

## 符号互动论

布雷斯维特认为，耻辱可以使犯人污名化，也可以使其重新融入社会。被污名化的人更可能重复先前罪行，或者再犯其他罪行，因为他们已经被贴上了永久性负面的标签。重新融合性耻辱可以帮助犯人，使其在返回社会后可以生活得舒适自在，而且，并没有永久性的标签来抑制其个人的发展。

**社会如何实行社会控制？**

## 冲突论

"富人越来越富有，而穷人只能坐牢"，雷曼的话表明，立法是有利于富人的。因为法律是由富人创造的，因此，富人的违法行为往往不被认为是犯罪，商界高管犯了法，也只不过受到一些轻微惩罚而已。富人有钱请私人律师，可以让审判变得繁冗漫长（以拖延惩罚）。然而，穷人只能被指派公诉辩护人，且后者常常不顾穷人的罪行是什么，就敦促他们接受辩诉交易。

冲突论者认为，法律有利于富人。如果克里斯·布朗（Chris Brown）是一名属于工薪阶层的售货员，他还能笑得出来吗？

符号互动论者认为，重新融合性耻辱可以让犯人再次与社会融合，而污名化耻辱却导致他们再次犯罪。这些罪犯可能再次犯罪吗？

婚姻与家庭引起的
社会问题

伴随

着"虚拟人生"（Second Life）网络流行游戏的到来，真实现实与虚拟现实之间的界限就变得越来越模糊。

虚拟世界向个体提供了一个"场所"，在这里个体可以创造一些形象，并且借用这些形象参与每天的大部分日常生活活动，比如出席音乐会、主持会议、会见新朋友以及体验虚拟的婚外情。

28 岁的艾米·泰勒（Amy Taylor）和 40 岁的大卫·波拉德（David Pollard）打算下周离婚。当艾米·泰勒发现其丈夫大卫·波拉德在"虚拟人生"网络游戏中与另外一个女人紧密搂抱在一起（电子头像）时，他们三年的婚姻算是彻底结束了。

"我抓到他的时候，他和一个女人在沙发里搂抱在一起（电子游戏里），这看起来真的非常暧昧。"艾米·泰勒向天空新闻网的记者倾诉。

当艾米·泰勒发现她丈夫的这些事情时，她当场要求查看聊天记录，可她丈夫很快关掉了摄像头，并且删除了与那个女人网络互动的记录。

这件事情已经挑战了艾米·泰勒的忍受极限。因为这已经不是她丈夫第一次坐在电脑旁从事这样的事情了。

艾米·泰勒和大卫·波拉德于 2003 年在网络聊天室认识，之后，他们开始交往，并于 2005 年结婚。尤其特别的是，他们还在"虚拟人生"中举办了一场网上婚礼。但是，蜜月并没有持续多长时间，艾米·泰勒在"虚拟人生"中发现，大卫·波拉德的网络角色与一个线上妓女发生了网络性关系（互联网中的性结合）。

"我要疯了，我深深地被他伤害了，"艾米·泰勒告诉天空新闻网的记者，"我简直不敢相信他做的事情。"

格拉斯哥喀里多尼亚大学（Glasgow Caledonian University）心理学系主任辛西娅·麦克维（Cynthia McVey）博士告诉 ABC 新闻网记者，尽管大卫·波拉德在肉体上没有背叛她，但是，这样的行为仍然是"背弃妻子"的一种信号。艾米·泰勒的情绪反映了她的内心感受，她可能对自己的丈夫不再有什么"兴致"了。

"虚拟人生"是一个朋友们集会的空间，一个虚拟的商场，一些国家甚至在这个平台上建立了大使馆。

但是，在"虚拟人生"空间里，是什么促使个体行为超越以上的公共活动而去追求更加亲密的私人关系呢？

辛西娅·麦克维在接受 ABC 新闻网的采访时说，人们希望"自我呈现，这种自我呈现是个体想要在别人眼中留下的形象"。

辛西娅·麦克维解释道，"虚拟人生"对于那些性格比较害羞、孤单的个体来说，是一个安全的"避难所"。在这里，外表不再是那么重要，个体之间发生联系不再受别人的指指点点。尤其对于那些真实生活中外表形象与网络形象并不匹配的个体来说，借助网络形象结成夫妇的过程中，这些因素可能起到了重要作用。

"这非常神奇，只要你愿意，你可以变成任何东西。"辛西娅·麦克维说，"在某种程度上，它是一种自我情感的呈现。"

《每日邮报》（Daily Mail）报道称，在这个故事中，还涉及另外一个女性。她就是家住阿肯色州，现年 55 岁的琳达·布林克利（Linda Brinkley）。她第一次被大卫·波拉德所吸引，是在她作为夜店舞女的网络角色之后。另外，这个夜店是大卫·波拉德在"虚拟人生"中开办的。琳达·布林克利声称，直到大卫·波拉德和他妻子分居时，她和大卫·波拉德都是普通的朋友关系。

这件事发生的时机对艾米·泰勒说并没什么大不了的。"然而，就我自己而言，这是一种欺骗。"艾米·泰勒这样告诉天空新闻网的记者。

**随着社会的变化，每一代人对婚姻和家庭的看法都会发生改变。估计我们的父辈们很难想象"虚拟暧昧"会导致离婚。**

20 世纪 50 年代人们对婚姻和家庭的观念，与现下对美国的家庭结构和关系的看法有很大的不同。这种改变是积极的还是消极的呢？诸如离婚、同居、虐待孩子等现象是新的或仅仅是当前根深蒂固社会问题的初步显现呢？

在这一章里，我们将围绕着这些议题以及夫妇关系的起源等问题展开。我们也会讨论各种各样的家庭形式，以及这些家庭形式是如何影响美国社会其他领域变化的。不同的同居关系模式是否会导致差别迥异的责任履行呢？父母自己人生的抉择是如何影响孩子成长的呢？我们所有的人是否应该为乌托邦式的家庭奋斗，或者把居高不下的离婚率和虐待率当作社会变化不可避免的后果去接受呢？

# 主题：关于家庭和婚姻的社会问题是什么？

**婚姻：**是指通常被法律或文化规范所认可的两个人的结合。
**家庭：**是指基于血缘、婚姻或抚养关系所形成的两个或两个以上个体的联合。
**核心家庭：**是指由父母及其未婚子女所组成的家庭类型。
**扩展家庭：**是指由核心家庭和其他亲戚等所组成的家庭类型。

为了弄清楚关于婚姻和家庭的社会问题，对一些基本概念进行界定是非常有必要的。家庭的定义是什么？婚姻的目的是什么？在家庭中孩子扮演着什么样的角色？我们以这些问题作为讨论的开始。

## 家庭的背景资料

你已经是家庭的一部分，你已经花费了时间与朋友的家人相处，你甚至通过电视或新闻了解了他们对家庭的描述。不过，这些描述可能和你的家庭类型并不一样。有些人比较喜欢辛普森（Simpsons）式的家庭，相反，有人更喜欢佛兰德斯（Flanders）式的家庭。

每年都有许多新家庭由于婚姻而诞生。**婚姻**是两个人的结合，这种结合在法律或文化规范中是被认可的。最近，美国许多同性恋者为同性婚姻合法化而抗争，并塑造着公众对同性婚姻的文化认知。我们不禁要问，同性婚姻本身是个社会问题，还是这个社会问题来源于对这些抗争的过度反应呢？尽管对此问题你有自己的看法，但是，它提出了一个社会学的议题，这个议题我们通常很少考虑到，即如何定义家庭。一般情况下，**家庭**是两个或两个以上个体的联合，这种联合基于血缘、婚姻或抚养关系的基础之上。通常，社会学家把家庭分为不同的类型。例如，**核心家庭**是指由父母及其未婚子女所组成的家庭类型。从 20 世纪 50 年代起，一些流行的电视节目秀就对核心家庭进行了描绘，比如《OH 冒险记》（*The Adventures of Ozzie and Harriet*）。但是，这也存在着许多其他形式的家庭类型。也许你的祖母由于健康问题不得不搬来和你居住；也许你最爱的叔叔失去工作需要一个地方居住；也许你家庭中的每一个成员就是喜欢住在同一个房子里。这些变化提供了一些**扩展家庭**（extended family）的例子。这种扩展家庭是一种家庭结构，它包括核心家庭成员和其他亲戚成员。一个关于扩展家庭著名的例子是奥巴马家庭，他住进白宫开始执政时是一个核心家庭，但是，后来当其继母搬来和他们住在一起时，就变成扩展家庭。

### 关于家庭的迷思

存在着许多关于家庭的错误观念，即什么是家庭，或者什么不是家庭？根据家庭问题研究专家斯泰芬尼·库茨（Stephanie Coontz）的观点，美国留存了一系列关于家庭的迷思（Myths）。首先，它是一种信仰，这种信仰能够把所有家庭成员像核心家庭一样组织在一起。事实上，许多家庭类型均起到了这样的功能。对于核心家庭，它诞生于工业革命期间。当时，当许多人为了生计，离开自己的土地搬迁到城市里来时，核心家庭就开始出现了。

其次，家庭单位是一种自力更生的组合。以下观点可能颠覆你的传统认知。贯穿整个人类历史，家庭的生存和稳定曾经必须依靠政府、当地社区成员和其他家庭。有句古话说得好："独木不成林。"它说的就是这个问题。正是这种相互依靠、相互帮助才使家庭存活下来。

再次，在每个家庭里，对于男人和女人有一套不同

## 美国人初婚年龄的中位数

| 20世纪早期 | 20世纪50年代 | 现在 |

资料来源：U.S. Census Bureau, "Estimated Median Age at First Marriage, by Sex: 1890 to the Present," http://www.census.gov/population/www/socdemo/hh-fam.html#ht, Accessed August 27, 2009.

现代夫妇初婚年龄比较大，难道这是美国人的价值观发生变化导致的吗？

角色和责任的预设。大部分人认为，传统来讲，女人的工作是做饭、打扫房屋和抚养孩子，相反，男人的工作应该向家庭提供食物、避难所以及保护。然而，事实并不总是如此。贯穿整个人类历史，男人和女人多半是共同承担了这些责任，性别角色之间的界限相对较为模糊。即使是当今社会，这种现象也比较常见。在我的家庭里，虽然我和妻子承担不同的角色任务，比如我负责清理院落（刻板印象上是由男性来负责的），但有时候我也会去做早餐、午餐或者准备一些食物。最近，我们买了一部新车，其中，主要由我妻子来负责讨价还价，因为她是做销售的，比较擅长此道。而且，看着销售员"见人下菜碟"也是非常有意思的事情。

最后，20世纪50年代的核心家庭是一种理想类型，这种观点也很难自圆其说。这种被认为是"完美"的家庭类型在当时的电视秀中比较流行，比如《反斗小宝贝》(Leave It to Beaver)和《父亲什么都知道》(Father Knows Best)。在这里，父亲外出工作，母亲在家照顾孩子，包括烹饪和料理家务等。但是，在现实生活中许多这种类型的家庭离完美还有很长的距离。尽管20世纪50年代的离婚率比较低，但是，其他有关家庭的社会问题依然存在，比如虐待、吸毒等，而且其普遍程度已远远

超越了今天人们的想象。

斯泰芬尼·库茨认为，"完美家庭"是我们对现实生活想象的一种产物。难道是这样的一种想象导致了我们所谓的家庭问题？或者是，千变万化的社会模式促使我们产生对完美的渴求，从而导致了社会问题？

## 美国家庭：变化之中

典型的美国家庭观念一直都在发生变化，一些今天看上去比较符合社会规范的，到了明天就未必尽然了。通过上图我们发现，人们初婚年龄的中位数随着时代的不同发生着明显改变。尽管现代男人初婚年龄的中位数与20世纪初大致相同，但是，现代女性的初婚年龄中位数却相差很大。为什么她们会推迟结婚的年龄呢？我们可以推断，部分原因是由于今天更多住在一起的"夫妇"没有进行合法的登记。另外，从20世纪初开始，女性的工作和受教育的机会增多，为了自己的职业生涯，她们进而推迟结婚的年龄。结婚年龄的推迟也可能是由于人们对婚姻和家庭本质认识的改变，以及对生活意义追求的改变。不管怎么说，从20世纪60年代开始，美国的初婚率已经在持续走低。

**混合家庭：** 由未成年的孩子、亲生父（母）和继父（母）所组成的家庭。

## 新家庭结构

### 同居

最近，在美国，关于家庭和婚姻议题的最显著变化之一就是同居现象的增多。在1970年，未婚夫妇组成的家庭占整个家庭数的比例不足1%；十年之后，这个数字增加到2.2%；在1990年，这个数字达到3.6%。直到1998年，这个数字上升到将近5%，即美国总共有490万的未婚夫妇家庭。

过去40年里，为什么同居的比例增速如此之快？对于这个问题，研究者们有不同的理论解释。一些理论家认为，由于过去几十年离婚率的不断上升，年轻的成年人对离婚反应过于警觉。如果你和伴侣生活在一起，关系一旦结束，你们就可以"分道扬镳"；如果你们生活在婚姻之中（登记结婚），一旦关系结束，你们就会遭受离婚的痛苦折磨。另外一些研究者引用"变化着的社会规范"来解释同居和婚姻之外的性关系（婚外情）。因为与婚姻无关的性关系的污名化已经很大程度减少了，同时，更多的现代夫妇把同居看作一种生活选择，相反，40年前，他们可能并不这样认为。

另外，不同的夫妇选择同居（而非结婚）有着不同的原因。例如：有些人把它看作一种结婚之前的临时过渡；有些人把它

>>> 一些备受关注的明星选择同居，而非结婚。据估计，有将近40%的孩子在他们16岁之前，一直生活在这样的同居家庭中。

看作一种婚姻的替代；也有些人把它看作向更"认真关系"（serious relationship）过渡的必经步骤。通过下表我们可以看出，选择同居的不同原因能够影响夫妇关系的成败。

同居趋势是如何影响家庭的呢？研究者已经注意到，尽管得不到法律上的认可，但是，同居（不结婚登记）家庭仍然与过去的家庭类型有着惊人的相似，尤其是在孩子的抚养问题上。在这些例子中，父母的角色仍然非常典型。

### 混合家庭和单亲家庭

当今社会，**混合家庭**非常普遍。它是由未成年的孩子、亲生父（母）和继父（母）所组成的。与此同时，也存在着许多的单亲家庭。在这种家庭里，孩子是由已经离婚的母亲或者今后绝不再婚的父亲抚养的。

相较于其他家庭类型，单亲家庭的收入是最低的，但是，单亲家庭遇到的问题却和混合家庭遇到的十分相似。例如，大约48%的单亲妈妈生活在贫困线以下。事实上，单亲的在职母亲个人平均所得比父母都在的家庭（只有父亲工作）个人平均所得低13个百分点。在单亲家庭长大的孩子在以下方面存在着更大的风险：学习成绩不佳、低自尊、物质滥用、违法行为以及其他众多的问题。一些研究者认为，导致这些问题的原因来自于同辈群体对单亲家庭孩子的污名化。另外一些研究者认为，这主要是因为家庭中父母角色界限的缺失。还有一些研究者指出，这些家庭的运作过程与那些核心家庭存在着较大差异。其实，更多的研究倾向于支持这样的观点：这些问题更多的是与家庭的运作过程有关，而不是家庭结构本身。换句话说，不

#### 同居关系的结果

| 同居的原因 | 同居5年到7年后仍然同居（%） | 同居5年到7年后结婚（%） | 同居5年到7年后分开（%） |
|---|---|---|---|
| 替代婚姻 | 39 | 25 | 35 |
| 婚姻前期适应 | 17 | 52 | 31 |
| 试婚 | 21 | 28 | 51 |
| 同居约会 | 21 | 33 | 46 |
| **总数** | 21 | 40 | 39 |

资料来源：Data from Suzanne M. Bianchi and Lynne M. Casper, "American Families," *Population Bulletin*, vol. 55, no. 4 (Washington, DC: Population Reference Bureau, December 2000).

管家庭结构如何，只要生活在矛盾少、压力小的家庭中，孩子都能够茁壮成长。

## 同性恋家庭

关于男同志和拉拉家庭的研究比较难，而且往往会引起争议。因为同性夫妇的资料很难获得。不过，20世纪90年代的人口普查资料显示，大约60%的男同志家庭和45%的拉拉家庭居住在城市，并且他（她）们集中在美国的特定区域。然而，在这些家庭中，很少一部分有孩子。对于异性恋家庭来说，有超过50%的家庭有孩子；相反，仅有5%的男同性恋家庭和22%的女同性恋家庭抚养孩子。我们比较好奇的是，男同性恋家庭会给孩子的成长带来什么样的影响呢？

在同性恋家庭中生活的孩子，其长大后成为同性恋者的可能性并不比那些生活在异性恋家庭中的孩子大。他们更少遭受虐待，相反，却有更多自我发展的机会。因为他们的父母通常都受过较高的教育且拥有比较好的经济基础，相较于同龄人来说。另外，数据还显示，在同性恋家庭中长大的孩子，并没有因为其家庭的不同，而在自尊、自我价值等方面受到负面影响。

## 家庭内部的议题

伴随着两人的结合，已婚夫妇要面临更多的问题。其中，他们要面临最重要的两个问题就是婚姻满意度和抚养孩子。

### 婚姻满意度

婚姻满意度很难测量。我们通常认为，结婚的人有更快乐、更健康和更高的生活标准。因为他们的收入趋于更高。对生活满意度的研究也支持这种观

**流行电视秀播放非传统家庭（影像）**

1950s 我爱露西
1960s 我的三个儿子
1970s 斯坦福和儿子
1980s 不同的打击
1990s 整个房价
2000s 伯尼麦克电视秀
现在 跟上卡戴珊

点，即男人比女人从结婚中获益更多。这也许是因为已婚男人比同龄人得到了更稳定的生活。另外，已婚男人涉足危险活动的可能性也会降低，而且他们会更满足于自己的已婚生活。

抚养孩子会影响家庭生活的满意度。研究显示，相较于无孩子的夫妇，有孩子的夫妇生活满意度水平较低。然而，当孩子还是婴儿时，母亲的生活满意度却远远高于那些没有孩子的家庭妇女。一般情况下，调查数据显示，在第一个孩子出生之后，夫妇双方的生活满意度明显下降。研究者认为，这很大程度上是因为养育孩子过程中会发生些矛盾冲突，以及个人会失去一些自由。孩子需要被关注和被关爱，这就要求丈夫和妻子要向父亲和母亲的角色转变。相较于那些无孩子的夫妇，有孩子的夫妇表现出较低的幸福感和更多的负面情绪。

## 养育和照顾孩子

对于一些家庭来说，养育孩子是另外一个关于家庭矛盾的话题。因为抚养孩子的费用比较昂贵。2006年，美国的父母把一个孩子抚养到17岁至少要花费289 000美元。对于经济条件不好的夫妇来说，这些花费就会变成他们关系紧张和冲突的主要根源。

其中，最重要的议题之一就是关于孩子养育过程中的许多决定。比如，夫妇双方谁应该待在家里照顾孩子。尤其是对于那些夫妇双方都在职的家庭来说，在他们的上班时间，对孩子的照顾应该如何安排等。在职父母可以有不同的选择，包括送孩子到日托所、购买家庭式日间照顾服务、雇用保姆或者把孩子送到亲戚那里。在过去几十年里，伴随着职业女性人数的增多，孩子照顾模式也发生着变化。在1965年，15%的在职母亲一边工作，一边照顾孩子（学前儿童）；到1994年，这个数字降到6%。相反，在这段

时间里，在职父亲照顾孩子的比例从 14% 上升到 19%。另外，从 1965 年到 1994 年，日托中心的学龄前孩子的数量由 7% 上升到 29%。

## 离婚

另一个关于家庭的社会问题就是离婚。尽管初衷是好的，但是，一些家庭最终为了离婚走上了法庭。在开篇的故事中，主人公艾米·泰勒认为，离婚就是处理家庭矛盾的唯一选择，无论其丈夫是在真实生活中欺骗她还是在虚拟空间中欺骗她。在她看来，欺骗就是欺骗，与这些媒介无关。在许多失败的婚姻中，把这种想法作为离婚缘由的人不在少数。一些人选择离婚，是因为想逃脱家庭暴力；然而，另外一些人选择离婚，是因为他们不能再和睦相处。在过去的一百年间，在美国，人们对家庭的态度变化使离婚变得比较容易；但是，伴随着家庭功能的改变，离婚就逐渐被污名化了。自从 20 世纪 50 年代，离婚率显著增加。这也许是因为更多的女性有能力去追求自己的职业生涯，并且能够成功谋生；同时，她们不再像过去那样，对经济情况担忧。另外，如今的人们对离婚持有更为积极、更为开放的态度，因此，离婚也就变得更为普通、更为随意。

正如《时代周刊》（*The Time*）的鲍勃·迪兰（Bob Dylan）所指出的那样：20 世纪 50 年代，85% 的婚姻能够持续十年或十年以上；而现在，仅有 70% 的婚姻能够持续这么长时间。面对如此高的离婚率，人们为什么不在结婚之前就提高警惕或采取预防措施呢？对这个问题的回答可能出乎你的意料。比如，他们认为，同居等因素致使离婚率增高了 35%。为什么这个问题总是这么复杂而且通常没有答案呢？一般情况下，喜欢同居的人们对婚姻意义的看法和价值有着不同理解；而这种不同的理解，破坏了他们创造一段长久关系的

努力。

## 降低风险

当然，只要控制一些风险因素，并建立一个良好的环境氛围，离婚率降低的可能性也是存在的。例如，相较于那些存在文化差异的人来说，拥有相似的教育背景和宗教信仰的人们更容易结婚并能够坚持下去。另外，晚婚晚育的人更可能与其配偶长相厮守。这里的晚婚是指 25 岁或 25 岁以后结婚，这里的晚育主要是指结婚后再要孩子，而不是未婚先孕。相较于离婚家庭的孩子，成长在正常家庭中的孩子选择离婚的可能性较小。

## 离婚与孩子

离婚不仅影响配偶双方，而且，孩子也会受到沉重的打击。在许多案例中，夫妇双方通过相互沟通可以减轻这样的打击。在某种程度上，他们也可以将注意力从彼此矛盾转移到其他方面。父母通过共同承担责任、避免相互谴责、鼓励孩子发问等形式来减少离婚对他们造成的创伤。

正如之前提到过的那样，离婚父母的孩子更可能引起一些社会问题。在离婚过渡期，由于感情交流缺乏和父母陪护时间减少，孩子在学校会遇到更多的困难和障碍。研究者发现，与过去的孩子相比，现今的孩子早已习惯了父母的离婚。由于父母的离婚，一个孩子往往可能缺席一学年中 70% 的课程而且这个数字还在不断上升。事实上，经历过父母离婚的孩子，在处理学校生活和学习时，会遇到更多的问题。

研究显示，在离婚家庭长大的孩子，其离婚的可能性更大，他们对婚姻的负面情绪更多，而且，其维持长期关系的可能性比较小。更重要的是，这会导致他们的生活满意度水平下降。与此同时，对维持一段关系的能力，他们也会缺乏信心。

## 全世界的离婚率

离婚是否正在导致家庭的衰败呢？纵观整个世界，不仅美国的离婚率在走高，而且其他许多国家亦是如此。从 1970 年到 1990 年，发达国家的离婚率已经翻了一倍。甚至在一些欠发达的国家，有 25% 的女性在 40 岁时就选择了离婚。

然而，对于这种趋势，也存在例外的国家。那些男多女少（性别失衡）的国家里，离婚率比较低。同样，那些女性结婚晚的国家里，离婚率也比较低。正如我们将看到的，晚婚增加了不离婚的可能性，原因在于在选择伴侣时更加明智。令人吃惊的是，直到现在，尽管美国人正在推迟结婚年龄，但是，相较于其他的发达国家来说，他们结婚的年龄仍然偏小（偏年轻）。几乎一半美国人的初婚年龄是 25 岁。相反，在意大利，人们通常到 29 岁才结婚；在法国，将近一半的人在 31 岁结婚；在瑞士，人们结婚的年龄是 32 岁。

一些人认为，离婚率与文化有关。例如，在美国，主流文化强调个人主义，这与婚姻的观念相冲突。毕竟，婚姻是两个人的事情。在婚姻里，夫妇不能总是坚持自己的个人主义。另外，与文化有关的个人自我实现也比较重要，当婚姻不再满足个人的自我实现时，一些人就会选择离婚。

美国的生活方式在世界上已经变得比较流行。一些研究者发现，离婚率升高的部分原因在于西方文化价值的流行和传播。还有一部分人认为，高离婚率正是经济社会发展的一种功能体现，或必经过程。通常，在经济比较发达的国家或地区里，其离婚率相对比较高。

不管离婚发生在哪里，它所带来的结果的涉及面都很广，尤其是对于孩子。离婚导致个体家庭的州际搬迁或流动，这种搬迁对孩子造成很大的影响。比如，搬迁越频繁的孩子其表现负面行为的可能性就越大，出现社会问题的可能性也就越大。研究表明，那些经常搬家的孩子在学校更可能遇到问题，以及更早发生性行为。另外，这还会引发高中辍学、意外怀孕和性疾病传播等风险。

家庭解散对于单亲母亲来说，同样是一个沉重的负担，尤其是对那些承担着孩子照顾责任的女性来说。对于她们，金钱有限，时间也是非常有限的。不幸的是，赖账的父亲到处都有。在美国，40% 的离婚父亲并没有支付孩子的抚养费；在马来西亚，这个数字接近 50%；在阿根廷，这个数字上升到 66%；更有甚者，在日本，赖账父亲的数量是其他所有国家赖账父亲数量总和的 75%。

>>> 全世界的离婚率正在上升。这种情况是如何对全民族的孩子产生影响的呢？

# 社会问题思考：
# 我们如何看待婚姻？

## 符号互动论

符号互动论者对婚姻与社会的关系进行了测验。他们以最基本的问题开始，比如"婚姻是什么"、"家庭是什么"等。然后，他们把这些问题放到更宏观的结构中来探讨，比如婚姻在社会中的功能和意义。基于自己的观察，符号互动论者提出了这样一系列问题，诸如家庭的重要性是否在降低等。

通过对家庭和婚姻不同理论解释的考察，研究者斯泰芬尼·库茨认为，家庭结构一直在发生变化。在远古时代，扩展家庭比较普遍，离婚与不结婚的"夫妇"形式比较少见。对家庭的定义反映了当时的社会规范。在现代社会，家庭的含义得到了拓展，包括核心家庭、混合家庭以及其他许多家庭形式。假如有足够的时间，这些关于家庭的定义就有可能进一步被拓宽。

## 冲突论

部分冲突论者，把研究聚焦在有限资源的竞争上，婚姻也不例外。他们认为，婚姻建立在双方互动的基础上，是个体双方寻求快乐和幸福的一种制度。冲突论者还认为，要实现这种潜在的功能，个体必须进行不断的抗争和努力。在许多案例中，这些问题通常会涉及家庭责任和孩子照顾。

研究已经显示，在家务劳作和孩子照顾方面的时间和精力投入上，男人和女人是不平等的。正如下表所示，从1965年至1995年，男人花费在家务方面的时间在不断增加，然而，仍然远远低于女性在这方面的贡献。尽管在30年间也有过很剧烈的变化，但是，当今的女性仍然承担着大部分的家务劳动。值得注意的是，这组资料也反映了一些关于性别的偏见。一般来说，男人更能"主外"，女人更能"主内"，也就是"男主外女主内"，比如女人们比较擅长做饭、洗衣服和打扫房屋等工作。一些冲突理论家认为，男人利用女人的这些优势（优点），来为自己（男人）换取更好的生活。另一些冲突理论家则更直截了当地指出，这分明就是一种压迫。

## 功能论

功能论者把家庭看作个体能够社会化成功的一种途

### 每周花在家务上的时间

| 任务 | 平均每周的小时数（1965年） | 平均每周的小时数（1995年） |
| --- | --- | --- |
| 做饭和刷碗（女） | 13.8 | 5.3 |
| 做饭和刷碗（男） | 1.6 | 1.7 |
| 打扫房间（女） | 7.2 | 6.7 |
| 打扫房间（男） | 0.5 | 1.7 |
| 洗衣和烫衣服（女） | 5.8 | 1.9 |
| 洗衣和烫衣服（男） | 0.3 | 0.3 |
| 户外家务，比如修理草坪、照顾动物（女） | 0.9 | 1.6 |
| 户外家务，比如修理草坪、照顾动物（男） | 0.6 | 2.9 |
| 修理和维护（女） | 0.4 | 0.7 |
| 修理和维护（男） | 1.0 | 1.9 |
| 还账单和其他事务（女） | 1.8 | 1.3 |
| 还账单和其他事务（男） | 0.9 | 1.3 |
| 每周花费在家务上的总时间（女） | 30.0 | 17.5 |
| 每周花费在家务上的总时间（男） | 4.9 | 10.0 |

资料来源：Data from Suzanne M. Bianchi and Lynne M. Casper, "American Families," *Population Bulletin*, vol. 55, no. 4 (Washington, DC: Population Reference Bureau, December 2000).

径或工具。社会学家涂尔干认为，对家庭功能的学习是个体社会化的第一步。在家庭里，孩子能够被告知，哪些行为是被允许的，哪些行为是不被允许的。另外，生活在家庭氛围中，孩子还能够习得一些关于宽容和合作的技能。通过这种形式，孩子能够为将来踏入社会做些准备。这种在家庭中获得的技能，能够间接地对孩子的交际能力进行提升，比如交朋友、找工作以及其他的基本日常互动。如果没有家庭环境，那么孩子今后的社会融入将会变得更加困难。

根据社会学家大卫·波普诺（David Popenoe）的研究，传统的美国核心家庭已经受到侵蚀，尤其是过去的25年里。其结果导致维持家庭团结、凝聚的力量的衰竭。

当家庭成员彼此之间的联系变少，家庭成员的个体化、随意化等开始加剧时，这种变化就会"应运而生"。没有凝聚力，家庭就不可能发挥其应有的功能。例如，工业革命之后，孩子们不再在自己的农场长大，相反，他们"背井离乡"、"外出务工"。这就意味着，家庭已经不能再为他们提供社会化的环境了。很多年之前，孩子的教育由父母来承担；伴随着现代学校义务教育的到来，只有一小部分的父母仍然坚持这种家庭式教育。另外，现代家庭比一百年前的家庭规模缩小了很多，这也削弱了家庭的传统功能。基于以上原因，大卫·波普诺得出结论：作为一项制度，家庭在现代社会里的重要性开始降低。

# 找寻社会问题的解决办法：家庭中存在什么样的问题？

虐待孩子和离婚是关于家庭的两个主要问题。幸运的是，已经制定了多样的社会政策来防止这样的问题发生。

## 预防虐待孩子

联邦法律这样定义"孩子虐待"："父母或监督人任何一方，最近采取的行为或不作为，造成孩子死亡、严重身体或感情伤害、性虐待、剥削以及威胁等。"在2007年，有1 760名儿童因为照顾疏忽或身体虐待而死亡。在这些案例中，大部分的孩子都非常小，其中，四岁以下儿童占被虐待致死孩子总数的75%。

不过，一些保护措施正在实施。大部分州已经采取

### 被虐待和因忽视导致死亡的孩子数量的年龄分布

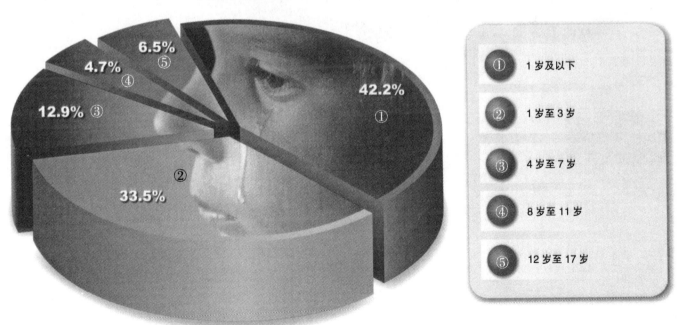

6.5% ⑤
4.7% ④
12.9% ③
42.2% ①
33.5% ②

① 1岁及以下
② 1岁至3岁
③ 4岁至7岁
④ 8岁至11岁
⑤ 12岁至17岁

资料来源：Child Welfare Information Gateway, "Child Abuse and Neglect Fatalities: Statistics and Interventions," 2008, http://www.childwelfare.gov/pubs/factsheets/fatality.cfm, Accessed August 27, 2009.

行动。如果有人怀疑或猜测某名儿童正受到虐待，他就可以立即通知当局（政府部门），也就是说，快速反应（行动）越多，儿童被虐待或被谋杀就越少。然而，这其间的复杂程度远远超过了对"虐待"本身的定义。一些用暴力惩罚孩子的父母认为，体罚可以让孩子遵守纪律。但是，一些人却认为，诸如"打屁股打到血肉模糊"的惩罚方法，与孩子受虐可能性升高有关。

当然，每年都有700万孩子受虐的案件，事实上，这个问题已经很明显了。在美国，孩子被其照料者虐待的风险性最大。学校、法庭以及许多社会服务机构都必须面对这个问题。治疗和家庭干预能够帮助父母理解和识别哪些行为与方式属于虐待孩子，从而避免和提早预防这些问题的发生。不过，在美国，每天仍然有孩子因为监护人的照顾疏忽而死亡。

**无过错离婚法案实施后的各州离婚率变化**

资料来源：Paul A. Nakonezny, Robert D. Shull, and Joseph Lee Rodgers, "The Effect of No-Fault Divorce Law on the Divorce Rate Across the 50 States and Its Relation to Income, Education, and Religiosity," *Journal of Marriage and the Family*, Vol. 57, No. 2 (May, 1995) pp. 477–488.

无过错离婚法在美国实施以后，大部分州的离婚率都在上升。难道这反映了家庭价值观念的崩溃，还是许多个体找到了一个逃避不幸福婚姻的机遇呢？

## 家庭与社会

家庭问题与社会问题关系密切。正如我们在第13章中了解的那样，犯罪是个社会问题，它影响了全世界的许多人，孩子虐待问题也不例外。通过实施社会政策来防止孩子受虐待，我们能够减少它对社会的负面影响。

家庭结构的变化会对人口产生影响。在第18章里，相较于几十年前，家庭中的孩子生活得越来越好了。在一些国家里，"生育缺乏"（birth dearth）导致了人口下降。但是，抚养越来越少的孩子（这种现象）也会对婚姻的定义产生影响。如果人们不再为生育孩子而结婚、组建家庭，那么，婚姻的目的又是什么呢？

伴随着家庭结构的变化，人们对婚姻的观念在发生变化。正如你在第11章中所了解的那样，婚姻关系不再被严格地限定在男人和女人之间。同性结合，也可能影响我们对未来的婚姻与家庭的认知。

# ▶▶▶ 赞同还是反对

## 契约婚姻对家庭产生的是积极作用还是消极作用？

**赞同**

- 契约婚姻能够预防人们"快速离婚"（在没有进行充分考虑的情况下离婚），同时，它对保持家庭完整性具有积极的意义。契约婚姻的建立，既能预防配偶在婚姻方面草草做出决定，又能够使他们随时可以处理婚姻问题。

- 在个体选择结婚或离婚之前，契约婚姻要求夫妇双方接受相关的咨询协商。通过婚前对家庭与婚姻知识的了解，从而保证个体组成的家庭和婚姻更加稳固。因为通过这种方式，双方对彼此的期望都得到了充分的了解。研究还显示，接受过婚前辅导的夫妇，其离婚的可能性就会比较小。

- 对离婚的严格限制能够引导夫妇去创造一个稳定的环境，这对孩子的健康成长非常必要。相较于单亲家庭的孩子来说，在这种家庭氛围中，孩子能够茁壮成长。

- 如果配偶一方想绕开契约婚姻的条款来离婚，他或她就必须向那些不承认契约婚姻的州或地区提出要求。就目前来讲，美国有47个这样的州。

**反对**

- 事实上，契约婚姻阻止了夫妇双方快速离婚，这将导致家庭内部长期的烦恼、压力、焦虑和不满。如果是这样，整个家庭都会受到影响，这将会对夫妇双方和孩子造成创伤。

- 尽管契约婚姻要求个体在婚前（结婚前和离婚前）进行婚姻咨询和辅导，但是，没有人能够确保这会产生积极的意义。婚前辅导几乎没有什么用处，因为夫妇双方在开始共同生活时，都会期待着一个成功且美满的婚姻。

- 在契约婚姻的条款中，若存在以下三种情况之一，则离婚可以不受契约婚姻条款的约束。它们是：第一，配偶虐待；第二，通奸；第三，刑事犯罪。如果配偶一方不想离婚，即使是满足了以上三条的任何一条，婚姻辅导和咨询也是必要的。在一些案例中，尽管虐待已被证实，强制性的两年分居"惩罚"还是成立的。有些人认为，这些严格的条款将会使配偶双方不快乐，并导致家庭关系的恶化。

- 契约婚姻仅仅被三个州所承认，它们是路易斯安那州、亚利桑那州和阿肯色州。因为只有在少数的地区实施这种制度，所以如果想享受这种制度，双方就不得不到这些地区登记结婚。如此一来，这将给人们的生活带来诸多不便，而且花费成本也高。

## 无过错离婚和契约婚姻

无过错离婚（no-fault divorce）是指要求离婚的一方配偶无须证明对方配偶存有过错，而只需简单说明夫妻双方无法继续共同生活便可获取法庭的离婚判决。在这种离婚形式之前，离婚的一方必须证明对方有过错，其提出的离婚请求才能被允许。在 1953 年到 1987 年，美国废止了有过错离婚法案（Fault-based Divorce Law），从而使得夫妇离婚不受法律上的指责。一些人认为，该法案的废止，削弱了家庭作为一种制度的功能。由于无过错离婚法案的存在，离婚变得相对简单了许多，这会导致一些人形成这样的观念，即法律事实上是在鼓励离婚，而不是激励人们去解决婚姻问题。在无过错离婚法案实施期间，大部分州的离婚率都是上升的。

在这些法律中，还有一种就是契约婚姻（covenant marriage），即离婚是可以的，但要附加一些条件。尽管关于契约婚姻的术语表述各州差异很大，但是，它们共同的目的就是，在夫妇和"离婚容易"之间提前放置了一只"拦路虎"。这并不是说，有契约婚姻的夫妇不能离婚，而是说，他们离婚的难度更大。关于契约婚姻的好处，存在一些争论。一些人认为，这会使离婚率降低；然而，另外一些人认为，它会使人们长期陷入不愉快的婚姻当中。我们不禁要问，社会是否应该花更多精力去降低离婚率，还是离婚根本就不算社会问题，抑或是离婚仅仅反映了我们建立家庭的方式发生了变化呢？

# 从课堂到社会→帮助离婚家庭的孩子

在大学四年间，黛安娜（Diana）一直坚持在本地的一所小学做志愿者，她主要帮助那些放学后父母还没有接走的孩子们。她把一天中的大部分时间花费在帮助孩子们做作业，和他们玩游戏，以及和孩子们聊生活中发生的事情上。这些孩子大部分来自单亲家庭。

黛安娜发现，尽管这些孩子的处境不同，但是，他们都存在一些共同的问题，比如，他们大部分都比较沮丧和悲观。他们也参加黛安娜安排的活动，但是，他们带着很多的不情愿。另外，他们需要更多的额外精力去完成家庭作业。

黛安娜与一位母亲交谈过，这位母亲非常担心其孩子的学业。因为在她离婚前，孩子成绩非常好，现在，这个孩子好像对学习不再感兴趣，并且很难把精力集中到学校的功课上来。其他的孩子也存在着这样或那样的问题，比如过分焦虑或胆怯。他们如此胆怯，以至于黛安娜非常"憎恨"叫他们参加活动。

当不断地看到这些行为举动时，黛安娜意识到，让这些孩子彼此谈论其面临的相同话题，应该是个比较好的方法。黛安娜一周组织一次讨论小组。在讨论小组里，孩子们可以说出自己的顾虑、担忧、生气以及他们之前所遭遇的一切事情。

不到一个月的时间，黛安娜看到了成效。一些非常沉默的孩子变得较为外向，并且愿意参加到其他的活动中来。他们之中两两结成学习小组。

黛安娜也会经常发现，孩子们坐在地板上，围着一个小圈，一起完成老师们布置的任务。

现在，黛安娜是一名社区服务中心的管理员，同时，她也是"学后项目"（after-school program）的负责人。她说道：

"对我来说，志愿工作真的是非常棒的人生经历，看到孩子们不断提高，是多么美好。一些孩子从焦虑的情绪中走出来，性格变得非常友好和乐观。同时，我也明白了，这些孩子与那些能够理解他们遭遇的人聊天或谈心是多么重要。通过这种形式，让他们明白，自己并不孤单。我期待着有一天从这项计划中受益的孩子能够重新回来，去帮助那些面临着同样问题的孩子们。"

# 理论沉思

家庭的存在，是为了向个体提供温暖、关爱、情感、消遣、友谊以及伴侣关系等的。一个孩子在其成长的过程中，如果没有得到这些，将会怎样？

## 功能论

家庭有五项功能。第一，它是一种繁衍后代和帮助后代社会化的工具。为了人类的自我延续，我们必须繁殖后代。家庭不仅创造了他们，而且还为他们提供了生存的条件和环境，换句话说，帮助他们完成了社会化过程。第二，家庭是个体获得温暖、关爱、友谊、情感和消遣等的"批发站"；通常，家庭是个体最重要的支持力量。第三，家庭可以对性行为进行规制，它帮助个体确定血亲关系，以避免因滥交所带来的个体冲突。第四，家庭具有经济功能，即能够展开经济合作。家庭成员能够集体协作、共享资源，从而使自己生活得更好。第五，家庭能够向病弱者、年老者提供照料。如果一个社会成员生病了，或者遇到一些与年龄有关的问题（通常是老年人问题），那么他或她至少可以从一个地方寻找帮助，那就是家庭。

## 冲突论

夫妻发生冲突通常与家庭责任（劳务）分配有关。类似于"谁来倒垃圾"这样的事情往往是夫妻发生争吵的开端，也是影响夫妻健康关系的障碍。这看上去是一些"小事"，但如果不加以防范，则有可能引起婚姻的破裂。承担家庭责任，需要时间和精力，这就客观上要求个体减少休闲娱乐的时间。因为之前的社会规范要求，女性应该在家中承担主要的家务，所以，这可能会引发她们愤恨的情绪。与过去相比，现在的家庭发生了一些改变。比如，许多现代家庭需要夫妻双方都工作赚钱，才能维持家庭运转。操持家务作为女人唯一工作的时代已经过去。尽管现在男人花在家务上的时间和精力慢慢增多，但是，在整个家务的承担方面，女人还是扮演了主要角色。由于夫妻双方都在外工作，除了日常的工作之外，他们在家务劳作分担方面很难达成一致，因此，矛盾或冲突就会爆发。

## ？

家庭是否在衰弱？

## 符号互动论

要想理解家庭动力学及其提出的问题，就必须对婚姻的含义进行了解。符号互动论者认为，每一桩婚姻都几乎包含两个含义：他的和她的。换句话说，如果你要问我和我妻子关于婚姻的看法，你将会得到两个不同的答案。因为我们对"什么是婚姻"或"什么不是婚姻"有着不同的认知。对于符号互动论者来说，婚姻就是两个人共享着非常相似的婚姻认知，并努力去维持它。一般情况下，男人从婚姻中受益更多，因此，相较于女人来说，他们更快乐。

责任的分配不均会导致冲突。为了使大家安心，是重新恢复传统的性别角色，还是加剧这种冲突呢？

根据符号互动论的观点，成功的婚姻基于夫妇双方对婚姻的一致性理解和认同，以及对婚姻相似的期望。当夫妇双方对婚姻的期待不一样时，无论怎么努力，家庭都无法作为一个团结的整体而存在。

城市化：城市增长所
引发的社会问题

1. 城市如何对社会产生影响?
2. 城市增长是否给社会和个体带来了社会问题?
3. 城市规划是否能解决城镇化带来的社会问题?

# 在北淀

散步,很容易迷路。北淀是北京郊区的一个小巷。小巷非常狭窄,夫妻手牵手散步勉强能通过。其最宽的地方,也只能容下一辆装满蔬菜的农用小汽车。在那里,住宅、商店、小吃店等一个挨着一个,非常拥挤。

最近几年,伴随着稳定的人口流动,类似北淀的村巷如雨后春笋般出现。这些流动人口来自于中国贫穷的省份,他们到城市寻找更高报酬的工作。在北淀,常住居民人口从2003年的800人增加到目前的1 000人左右。

今天,北淀的街巷脏乱、嘈杂,到处都是人流、车辆和叫卖的小贩们。这样简单且繁忙的生活充斥着每一个角落,从手工面到各式各样的薄脆饼,再到路边的烤爆米花和南瓜子。

当太阳升起,霓虹渐去,晨光照射到理发店上时,夫妻杂货店和小吃店就又开始了一天的营业。在冬天,当居民做晚饭和取暖时,整个小巷上空就会弥漫着烤焦煤炭的味道。

他们居住在租来的房子里,平均每户仅有16平方米。隔墙由一层红砖砌成,屋顶是混凝土和瓦楞铁皮,院落里挂满了晾晒的衣服,堆积着拖把和油漆罐,还有一扇快要脱焊的大铁门。这种房子的租金,最便宜的是每月200元,最贵的是每月500元。

许多房客是妇女,她们来自中部省份安徽的贫困地区。她们来北京做起了保姆的工作,所得收入用来补贴家用。一些是跟随丈夫(绝大部分是体力劳动者)来到城市,一待就是很多年。期间,她们从事家务保洁工作,多数服务对象是来华外国人和部分中国人。这种生活方式与他们早已习惯的乡村生活方式有很大的不同。

"可以肯定的是,比待在老家,我们会多赚些钱,但是,这里(北京)的生活花费非常大。"37岁的石玉莲说道。十年前,她跟着丈夫来到北京。她接着说:"尽管好处没有那么大,但我们也别无选择,留在城市,毕竟机会多。"

当太阳慢慢西沉时,小店老板开始忙碌起来,晚饭也开始准备起来了。切碎的蔬菜被扔到发黑的油锅里,发出"嘶嘶"的声音;窗户上充满了电饭煲冒出的蒸汽;墙上挂着自家腌制的腊猪肉(用电线穿着),然后,将它切成碎片……一顿晚饭就准备好了。一家人坐下来,静静地吃着晚饭。

晚饭后不久,就到了上床睡觉的时间了。

**明亮的灯光、繁忙的大街、来来往往的人群……这些都是城市生活的写照。它让一些人兴奋，却让另外一些人悲伤。**

不管你对城市增长持什么样的态度，不得不承认的事实就是，城市已经变成现代金融、工业和政治的中心。正如开篇故事中石玉莲提到的那样，城市比乡村提供了更多的机会，因为城市是商贸中心的所在地。

尽管美国的大城市并没有北京这么拥挤，但是，由于城市增长所引发的社会问题却依然存在。一般来说，伴随着全世界人口的继续膨胀，越来越多的人口可能涌向城市。当这么多的人口从乡村涌向城市时，这将出现什么样的社会问题呢？城市又是如何应对这样的人口增长呢？这些又将给城市居民和乡村农民带来哪些变化呢？

正如我们开始讨论的话题，让我们先聚焦美国的城市化问题。然而，值得注意的是，这些议题具有相当的普遍性，你无论居住在哪里，都将面临同样的城市化问题。

# 主题：城市如何对社会产生影响？

## 城市与农村

你生活在城市，还是农村？当然，对于这个问题的回答，取决于你对城市和农村是如何定义的。"城市"这个术语，往往被用来指代那些人口规模在100万以上的地区。**人口密度**（population density）是指每平方英里人口的数量。例如，纽约的城市密度是每平方英里27 000人（约8 200 000人口居住在300平方英里的土地上）；伊利诺伊州卡柳梅特市占地7平方英里，居住37 000人，人口密度是平均每平方英里5 300人。这两个城市的人口密度数据来自于美国官方人口普查。人口密度的不同，会不会给居民的生活带来不同呢？

"农村"这个术语是用来形容城市之外的其他区域。纵观人类历史，尽管古代也存在着许多城市，然而，大部分人口还是居住在农村，他们以土地为生，比如狩猎、种植等。据估计，直到19世纪晚期，生活在城市中的人数仅仅占当时世界总人口的3%。

但是，在过去两百年里，城市人口开始持续猛增。在1935年，美国有将近680万农场；到了2008年，这个数字减少到210万。在同一时期，美国的人口数量将翻了近三倍，从1.27亿增长到3亿，新增的人口大部分是从农村转移到城市中来的。直到今天，将近80%的美国人生活在城市。个体或群体从农村地区向城市地区移民的过程，我们称为**城市化**。

## 全世界的城市化

纵观全世界，这种人口变化的趋势在持续。事实上，2008年，世界上的城市人口与农村人口持平，这在人类历史上是第一次。目前，世界上人口超过100万的城市超过了400个。据估计，到2050年，有将近70%的人

>>> 被誉为"硅谷"（The Valley）的圣费尔南多谷（The San Fernando Valley）是由五个城市组成的大都市区，即洛杉矶（Los Angeles）、伯班克（Burbank）、格兰岱尔（Glendale）、圣费尔南多（San Fernando）、卡拉巴萨斯（Calabasas），其中洛杉矶是大都市区的中心。

口生活在城市。贯穿整个地球，大城市（居民人数在100万以上）的数量飞速增长，特别是世界上的贫穷地区。在1980年，世界上仅有三个**大都市**；到2000年，这个数量就超过了15个。

快速的城市化引发了许多社会问题。人口激增刺激了许多社会需求，如公共服务、住房、基础设施、水资源清洁、废水处理以及固体垃圾分类等。另外，尽管目前的城市还不能为每一个前来讨生活的个体提供满意的工作，可是，城市孕育的机会足可以吸引成千上万的人来城市拼搏。一些人指出，由于人口增长，城市变成一种高效的生产工具。例如，由于存在着丰富的低技术劳动工人，城市能够吸引那些追求低制造成本的外国投资者。另外，如果城市规划做得好，那么城市可以容纳更多的人口数量。如果一个城市建立而不是扩张，那么农业用地仍然可以相对不受影响。

对于贫穷的国家和地区，诸如达卡（Dhaka）、孟加拉国，它们是如何"养活"像洛杉矶一样大规模的人口呢？说白了，它们没有这个能力。达卡是世界上人口增长最快的大城市，而且它的人口数量还在持续大规模增长。许多居民生活在低洼地区，这里容易发生洪水，而且疾病极易传播。在一些贫民窟里，到处可见的是犯罪和贫穷。可以想象，对于这样大规模人口的贫穷城市，清洁饮用水是其头等大事。在达卡，70%的人并不能获得这个必需品，90%的人没有废水处理工具。学校很少，而且距离他们生活的地方很远，这就造成了大量文盲儿童。在这里，工作非常难找，许多人整天靠乞讨和偷盗生存。这里的人口增长有两方面原因：一方面是大量贫

穷人口涌入城市找寻工作；另一方面是当局的人口措施对出生率控制失效。达卡是全世界发展中国家众多城市的真实写照。在这里，城市化和人口增长共同引发了一些严重的社会问题。

> **人口密度**：对每平方英里人口数量的测量。
> **城市化**：个体或群体从农村地区向城市地区迁移的过程。
> **大都市**：人口数量在1 000万及以上的城市。

## 美国的城市化

美国城市化的早期阶段也经历了像达卡和其他发展中国家的城市所面临的社会问题。随着人口膨胀和移民的扩张，美国的城市开始变成疾病泛滥和犯罪活动高发的中心。19世纪晚期的城市贫民窟和今天大都市中的贫穷角落非常相似。然而，从那时起，情况开始发生了变化。比如，几乎每一个美国的城市都进行了公共健康医疗服务扩张、饮用水资源提供、污水处理系统建设以及更广范围的治安维护和火警服务等。

今天，在美国，几乎每一个家庭都通了电、供了水，而且，99.9%的家庭都有冰箱。美国的城市问题开始向郊区和种族隔离区转移。在我们陈述这个议题之前，让我们先来谈一下美国城市化的其他事情。

下表列出了美国人口稠密的城市。第四列代表了聚集人口最多的**大都市区**，即以某个大都市为中心的区域。例如，华盛顿大都市区主要由华盛顿（Washington）、亚历山大（Alexandria）、阿林顿（Arlington）、贝塞斯达（Bethesda）以及方圆20英里的

### 美国人口最多的十个城市

| 城市 | 州 | 人口 | 大都市区人口 | 大都市区包括的城市 |
| --- | --- | --- | --- | --- |
| 1. 纽约市 | 纽约 | 8 214 426 | 18 323 002 | 纽约市、北新泽西、长岛 |
| 2. 洛杉矶 | 加利福尼亚 | 3 849 378 | 12 365 627 | 洛杉矶、长滩、圣安娜 |
| 3. 芝加哥 | 伊利诺伊 | 2 833 321 | 9 098 316 | 芝加哥、内珀维尔（Naperville）、朱里特（Joliet） |
| 4. 休斯敦 | 得克萨斯 | 2 144 491 | 4 715 407 | 休斯敦、贝城、舒格兰 |
| 5. 菲尼克斯 | 亚利桑那 | 1 512 986 | 3 251 876 | 菲尼克斯、梅萨（Mesa）、斯科茨代尔 |
| 6. 费城 | 宾夕法尼亚 | 1 448 394 | 5 687 147 | 宾夕法尼亚、卡姆登、威明顿（Wilmington） |
| 7. 圣安东尼奥 | 得克萨斯 | 1 296 682 | 1 711 703 | 圣安东尼奥 |
| 8. 圣迭哥 | 加利福尼亚 | 1 256 951 | 2 813 833 | 圣迭哥、卡尔斯巴德、圣马可斯 |
| 9. 达拉斯 | 得克萨斯 | 1 232 940 | 5 161 544 | 达拉斯、沃斯堡 |
| 10. 圣杰斯 | 加利福尼亚 | 929 936 | 1 735 819 | 圣杰斯、森尼韦尔、圣克拉拉（Santa Clara） |

资料来源：U.S. Census Bureau, Population Division, Annual Estimates of the Population for Incorporated Places over 100,000, Ranked by Population: April 1, 2000 to July 1, 2006, http://www.census.gov/popest/cities/SUB-EST2007.html.

大都市区：以某个大都市为中心的区域。
特大都市：一个泛都市区。
郊区：中心城市的边陲区域。
逆城市化：城市增速开始减缓而农村和郊区开始增长的过程。
去集权化：权力从中央政府到地方政府的转移。
大都市联合会：一种跨越大都市区域的政府协作组织。
城市扩张：城市跨越都市边界，向邻近的郊区和农村延伸。

区域组成。当城市之间的土地充斥着人群、房子和商贸时，大都市就会变成**特大都市**。

对于大都市区中的某个城市来说，相比之前，它与大都市区主要城市的关系更加紧密了。根据美国行政管理和预算局观点，这样的社区（非中心城市）与中心城市进行了经济和社会的高度整合。例如，很多贝塞斯达市的居民尽管在华盛顿工作，但通常会利用城市交通的便利，到其他城区进行购物和宴请（吃饭）等。

城市生活的拥挤呈现出双面性，即既有优点又有缺点。对于个体来说，一方面想从城市的增长中受益，比如工作机会和商贸，但另一方面不得不面对高密度的人口和有限的居住空间，比如选择城市边陲区域（郊区）居住。**郊区**主要是指临近市中心的区域，它跨越了城市的政治边界。比如，俄亥俄州的诺伍德市，它是辛辛那提大都市的边缘区域，离中心城市只有几英里远，因此，个体可以在诺伍德市居住，而在大都市区工作、购物和谈生意等。然而，因为他们不是辛辛那提大都市的常住居民，所以，他们不享受在那里投票的政治权利。

在过去的几十年里，中心城市的边陲区域和小的卫星城市如雨后春笋般增长。这个过程叫作**逆城市化**（counter urbanization）。逆城市化主要是指一种新的趋势，即城市增速开始减缓，而农村和郊区开始增长。这样的变化是由以下几个方面因素导致的：一方面，收入差异造成的居住分区。研究显示，收入高的家庭购买新房子的可能性增大，相反，收入低的家庭却仍旧住在原来的旧房子里。这些新购房者选择比较昂贵的郊区的某些区域居住，这样可以免除一些税收，因为郊区生活成本低，财产税也低。

另一方面，当搬迁到郊区的人数增多时，中心城市的税收相应减少，这会导致中心城市的财务紧张。尽管这些个体居住在郊区，但是，他们仍然使用着城市的资源，比如公园和公共交通等。因为没有足够的警务、火警以及其公共服务，所以，这就会引发一些社会问题，比如犯罪、污染和交通堵塞等。

伴随着人们从中心城市的撤离，他们所享受的政治权力也开始向郊区分散。这种移民造成政治权力从中央政府到地方政府的过渡和转移，我们称之为"**去集权化**"（decentralization）。为了与这种窘境抗争，许多大都市创造出了一个"保护伞"的政治结构。例如，迈阿密在1957年创造了一个**大都市联合会**（Metropolitan Federation），一种跨越大都市区域的政府协作组织。这种"联合政府"包括迈阿密和27个远郊卫星城市。每个远郊卫星城市仍然保留了对公共事务的控制权，但是，"联合政府"拥有更广范围的公共事务权，比如安保和交通服务。另外一些主要的大都市区也拥有了类似的管理体制，比如纳什维尔与戴维森郡（Nashville and Davidson County）、田纳西都州、杰克逊维尔与杜瓦尔郡（Jacksonville and Duval County），以及佛罗里达州等。

### 居住人口最多的十个城市区域

| 2000 年 | | 2015 年 | |
|---|---|---|---|
| 城市区域 | 人口（千人） | 城市区域 | 人口（千人） |
| 1. 东京 | 26 444 | 1. 东京 | 27 190 |
| 2. 墨西哥城 | 18 066 | 2. 达卡 | 22 766 |
| 3. 圣保罗 | 17 962 | 3. 孟买 | 22 577 |
| 4. 纽约市 | 16 732 | 4. 圣保罗 | 21 229 |
| 5. 孟买 | 16 086 | 5. 新德里 | 20 884 |
| 6. 洛杉矶 | 13 213 | 6. 墨西哥城 | 20 434 |
| 7. 加尔各答 | 13 058 | 7. 纽约市 | 17 944 |
| 8. 上海 | 12 887 | 8. 雅加达 | 17 268 |
| 9. 达卡 | 12 519 | 9. 加尔各答 | 16 747 |
| 10. 新德里 | 12 441 | 10. 卡拉奇 | 16 197 |

资料来源：United Nations, World Urbanization Prospects: The 2001 Revision, Accessed January 15, 2008,
http://www.un.org/esa/population/publications/wup2001/WUP2001_CH6.pdf.

# 城市化的问题

## 城市扩张

统一的房舍，整齐的草坪，就如一片绿色大海一样，这就是理想的郊区景致。这种景致我们会在电视剧《绝望的主妇》（*Desperate Housewives*）和类似《欢乐谷》（*Pleasantville*）的电影中看到。然而，由于城市的扩张，郊区生活已经不再为大家带来快乐，尤其是农民、环保主义者和城市规划师们。**城市扩张**（urban sprawl）是指城市跨越都市边界，向邻近的郊区和农村延伸。当城市或郊区居民向城市边缘区域搬迁以便获得安逸生活时，城市扩张就会发生。现代交通尽管为城市扩张带来了便利，但是仍然会带来交通堵塞、污染等问题，甚至会削弱整个经济基础。低人口密度区域（更大的区域居住着很少的人口）是城市扩张的典型目标。在第二次世界大战之后，这种趋势开始盛行。在1950年，7 000万的美国人居住在13 000平方英里的城市区域。到1990年，城市和郊区的人口已经翻了两倍多，然而，他们居住的区域却翻了五倍多，超过了60 000平方英里。

坐落在纽约市几英里外的莱维敦镇（Levittown），是第一个由城市化过程中人口迁移所缔造出来的郊区城镇，同时也是城市向郊区扩张的典型代表。莱维敦镇的这种发展模式既能够为流动人口提供便宜的房屋居住，而且又保证了城市的快速发展。之后，在宾夕法尼亚、新泽西和波多黎各又建立了三个同样的城镇。

莱维敦镇的发展模式是存在争议的，因为这样的城市扩张破坏了野生动物的栖息地。居住在这些区域的多数是单亲家庭，再加上由于缺乏公共交通，他们通常只好开车上班。因此，相对于城市居民来说，他们平均每人所带来的污染会更大。拥有两辆车的郊区家庭，平均每天有十次远行（外出）。一个距离上班地点1小时车程的工作人员，每年在车里待的时间有500个小时，约等于12周的工作时间。另外，他们通常还会遇到交通延时，从而又会导致720亿美元的浪费和后续的污染。

城市扩张也会给农业带来威胁，因为在这个过程中会出现侵占农田和提高土地税等现象。目前，城市扩张每年所占用的农业用地将近120万英亩；再加上一些森林和未开发的土地，每年有200万的农业用地消失。美国人口普查数据显示，从2006年到2007年，大都市区域一直在增长，城市扩张已经延伸到了非常小的地方，比如奥斯汀（Austin）、得克萨斯、罗利（Raleigh）和北卡罗来纳等。

城市规划者希望通过创造更有效率的社区来抑制城市扩张，这个过程我们称为"聪明增长"（smart growth）。这包括老社区的修复和重建，在城市和郊区三角地带增设公共交通设施。"聪明增长"的措施通过实施分区法令来保护公共领域。美国国家航空和宇宙航行局（National Aeronautics and Space Administration）可以运用卫星系统对城市增长建立档案，比如鸟瞰图，以便城市规划者更好地了解城市扩张所带来的影响。

## 种族隔离

正如你在第3章中了解的那样，隔离是指种族或者族群相互之间保持分开的过程。尽管种族隔离在美国是

>>> 郊区化的发展，尤其是土地的细分，给农民的生计和整个农业带来了威胁。

## 芝加哥的增长与衰落

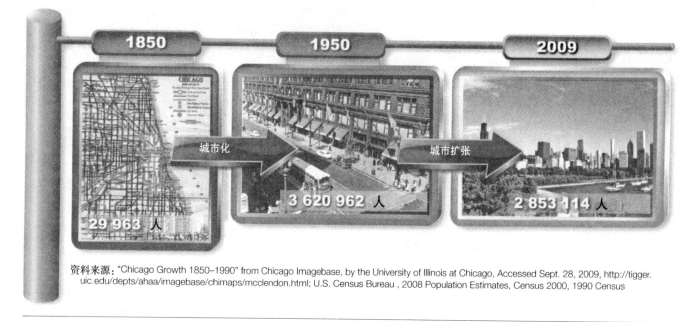

1850    1950    2009

城市化    城市扩张

29 963 人    3 620 962 人    2 853 114 人

资料来源："Chicago Growth 1850–1990" from Chicago Imagebase, by the University of Illinois at Chicago, Accessed Sept. 28, 2009, http://tigger. uic.edu/depts/ahaa/imagebase/chimaps/mcclendon.html; U.S. Census Bureau, 2008 Population Estimates, Census 2000, 1990 Census

诸如芝加哥的城市扩张，导致了财政紧张，削弱了政府权力，破坏了自然环境。

---

> **相异指数**：是指多少比例的人口迁移才能达到种族或族裔的均衡分布。
> **指数交互作用的显著性水平**：是指两个不同组群中的个体平均每天接触次数的总量，并在统计上呈现出显著性。

非法的，但是，这并不意味着，在城市里不同种族的个体可以混住在一起。社会学家经常采用各种各样的方法去测量隔离。**相异指数**（index of dissimilarity）就是他们常用的一种工具，它是指多少比例的人口迁移才能达到种族或族裔的均衡分布。社会学家运用人口普查区块的数据，来计算出不同地区人口的分布情况。梅西（Massey）和丹顿（Denton）运用这些技术计算人口分布，结果发现，所有不同收入水平的黑人都与白人之间存在某种程度的隔离。换句话说，无论经济社会地位情况如何，他们的相异指数都非常高。

另一种比较重要的测量方法叫作"**指数交互作用的显著性水平**"（P* index for interaction）。它是指两个不同组群中的个体平均每天接触次数的总量，并在统计上呈现出显著性水平。这个方法除了能够测量出个体的分布，而且还可以测量出个体之间的日常互动情况。

城市就如一个"大熔炉"；在这里，不同种族、不同民族的个体构成了异质性程度很高的人口分布。然而，在许多案例中，这个"大熔炉"融合得并不是很好，种族隔离现象到处都是，个体互动机会日趋减少。例如，芝加哥是美国种族隔离现象最严重的城市。邻里之间有75%的人口都是少数族裔。这样的族群隔离给城市带来了许多社会问题，尤其是族群之间的财富不平等。难道居住隔离产生的主要原因是不同族群之间的经济社会地位不同而引起的吗？

梅西指出，穷人和富人之间的不平等现象在美国正在加剧。这种趋势影响了人口的分布，或者说穷人与富人居住空间的两极分化，即穷人向更加贫困的城区聚集，而富人向更加富有的郊区聚集。尽管这种两极分化的现象与种族有关，但是，这并不能用种族单个因素来完全解释这种现象。不过，有一件事情我们是比较确定的，那就是"这种两极分化的现象减少了黑人与白人之间的联系，同时也削减了由族群互动带来的好处"。互动的减少将会导致低的政治表达、少的工作机会和恶化的学校教育等。研究显示，相对于低收入群体来说，收入高的种群或族裔与白人隔离的程度就会小很多。这种现象在西班牙裔和亚裔中较为常见。然而，就如我们前边所提到的那样，非洲裔美国人与白人之间的隔离程度比较高。因此，我们可以说，种族和收入对族群隔离的水平都会产生影响。

通过**族群抱团**（ethnic grouping），种族界限建立起来并得以维持。族群抱团是指族群的个体成员或群体向相似族群的个体或群体逐渐亲近的过程和趋势。这是一种偏见或者说是一种种族主义的现象，白人逃亡（white flight）的例子更能说明这个问题。白人逃亡是指美国白人（一般指中产阶级）为了逃避由于邻里少数族群增多而带来的影响，向其他地区迁移的现象。当然，基于同样的原因，一些少数族群也会选择"逃离"，不同的是，他们逃离的是白人社区。尽管少数族群也有"逃离"的现象，但是，白人"逃离"的可能性会更高。不可否认，任何类型"逃离"的最初动机都存在着某种偏见观念，然而，一些人坚持认为，这种"逃离"性的迁移与经济有关，比如，邻里的种族人口分布会影响本地段房产的价格。

居住空间上的隔离是美国种族主义存在的一个原因。试想，如果减少这种隔离，那么会不会带来人们态度的改变呢？一项对学生的微观研究得出了一个比较有趣的结果。研究者对纵向数据（longitudinal data）分析后认为，同学之间的关系与居住空间上的隔离存在相关性。许多同学关系是由于种族而被破坏的。研究还显示，如果同学之间居住空间上的隔离降低，他们的关系就会增强。换句话说，居住在混合社区的同学更容易克服种族偏见。

一些与经济和种族隔离有关的社会政策也会引发结构性的社会问题。**蚀本**（disinvestment）就是这样的一种现象，即投资者收回投资。这是，银行或放贷机构的一种深思熟虑的行为模式，即做出撤回投资的决定。这种行为以**红线注销**（redlining）的说法"闻名于世"。红线注销是指在地图上用红线标注出哪些区域的家庭不适合放贷，即金融机构将某些顾客移出贷款对象范围。这样做是非法的，但是，现实中，它却以变相的方式出现。另一些重要的社会服务也经常用这种方法来排斥社会弱势

>>> 尽管红线(右图用粗线表示)注销是违法的，但是，它仍然以其他微妙的形式出现。

**族群抱团**：是指族群的个体成员或群体向相似族群的个体或群体逐渐亲近的过程和趋势。
**白人逃亡**：是指美国白人（一般指中产阶级）为了逃避由于邻里少数族群增多而带来的影响，向其他地区迁移的现象。
**蚀本**：是指收回投资，这是银行或放贷机构的一种深思熟虑的行为模式，即做出撤回投资的决定。
**红线注销**：是指在地图上用红线标注出哪些区域的家庭不适合放贷，即金融机构将某些顾客移出贷款对象范围。
**僵局**：是指一系列的交通堵塞。

群体，比如工作机会、医疗保险以及商店优惠等服务。因为在这些机构看来，居住在这样区域的个体站在了"社会反面"的一边。总之，这些负面观念造成了边缘社区的进一步恶化。

## 交通

由于人口增加刺激了汽车需求的增加，城市交通议题自然被提上日程。在过去25年间，在主要的大都市区里，早晚交通高峰时段已经延长了两倍，从最初的3小时到现在的6小时。平均每个司机每年花费在交通阻塞上的时间大约为一周的工作时间。在洛杉矶，人们每年花费在交通阻塞上的平均时间是56小时；在亚特兰大和西雅图，人们每年花费在交通阻塞上的平均时间是53小时。

解决这个**僵局**（gridlock），或者说疏通一系列的交通堵塞，成为城市规划者和政府的"头疼事"。高速公路和公共客运系统的扩建是解决城市阻塞问题的最普遍的

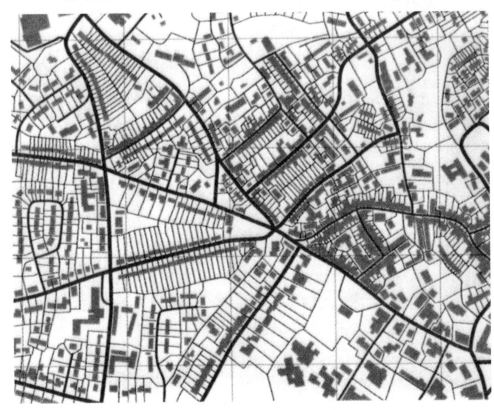

方法，但是，这种基础设施的扩建时间周期长、成本高。政府制订了另外一些计划来使目前的城市交通系统更加高效。例如：在洛杉矶，拼车的人们可以在高速公路上享受专用通道；在纽约市，个人可以利用免税所得来代替轨道交通票价。另外一些措施也减少了汽车的使用量，比如鼓励人们骑自行车或步行上班等。

## 城市居民

通过对犯罪、隔离和拥堵等城市问题的了解，一些城市居民认为，城市已经不仅仅是一个居住的地方，它包含了更多的其他含义。例如，凯莉·布拉德肖（Carrie Bradshaw）在《欲望都市》（*Sex and the City*）里经常把

### 公共交通的价值

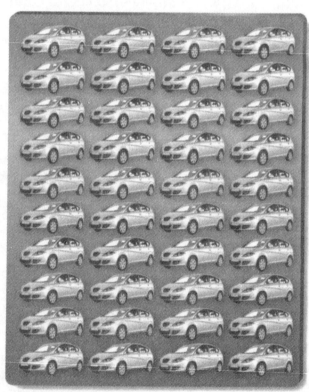
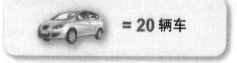

一辆车 = 20 辆车

资料来源：Peter J. Pantuso, President & CEO, American Bus Association, *Testimony, Surface* Transportation Policy & Revenue Commission, March 19, 2007, http://transportationfortomorrow.org/pdfs/commission_meetings/0307_field_hearing_washington/031907_fh_aba_testimony.pdf; Moving Beyond Congestion, *Mass Transit Capital Funding: The Need to Maintain, Enhance, and Expand* http://www.rtachicago.com/CMS400Min/uploadedFiles/Bklt-Web.pdf.

在高速公路上行使的汽车90%只乘坐了一个人，因此，鼓励人们"拼车"的做法能使公共交通系统更加高效。

纽约比喻为重要他人。社会学家路易斯·沃斯（Louis Wirth）对都市人做了一个更尖锐的评价。他指出，城市生活使个体孤立，人与人之间的互动减少，社会纽带减弱；更多的都市人不结婚，也不要孩子，他们变得更加自私。

相较于生活在农村的人们，城市居民更加分化和更具多样性。这种分化和多样性使传统的社会结构开始瓦解，从而导致了社会的不稳定和不安全。不稳定的社会结构与更高的自杀率、精神崩溃、违法犯罪等一系列的社会问题相关联。城市贫穷区域通常会出现文化分离的现象，诸如坚韧、善良、宽容等优良品质会逐渐减少，取而代之的就是暴力、自私自利等观念。

**都市人的生活掠影**

拥有很少的私人关系

相较于同龄农村人，都市人承受了更多压力

不再与周围人保持联系

过于在乎金钱

推迟结婚

过分强调他或她为生活做了什么，而不是人本身

资料来源：Louis Wirth, "Urbanism as Way of Life." 1938. *American Journal of Sociology* 434.1, July 1938. 1–24.

根据社会学家路易斯·沃斯的观点，相较于农村和郊区的人们，城市生活使个体越来越孤立，人与人之间的互动越来越少，社会纽带越来越弱。

## 联合国人类居住环境项目

城市化在全球如火如荼地进行着。面对城市化的问题，一些特殊城市亟须采取特别行动来解决。然而，全球城市化的方式能够提高整个城市居民的生活水准，同时，也预防了可能的国际危机。当然，在不久的将来，国际社会就需要面对这个问题，因为全球居住在城市的人口已经增加到了50%。每年，有20个新城市的人口会达到华盛顿的人口规模。

这么快速的增长应归功于发展中国家的城市化。据评估，到21世纪末期，全世界的人口中，更多的人将生活在发展中国家的密集城市里。发展中国家的城市化对全球经济有一定的破坏性影响，因为太多的劳动力来城市找工作，会造成大片土地被丢弃。政府通常把这种运动看作进步的象征，然而，对农业的破坏将会影响未来城市居民基本生活物资的供应。例如，大概30年前，阿尔及利亚出口剩余的小麦，可由于城市化，今天的阿尔及利亚没有足够的粮食供给自己的人口，它必须依靠进口才能满足国内对粮食的需求。

联合国人类居住环境项目（The United Nations Human Settlements Programme，UN-Habitat）希望调动全球积极性来解决这些与城市化有关的问题，比如犯罪、农业短缺和生活标准下降等。联合国大会推动实施这项计划，以便改善城市环境和维持社会的可持续发展。这项计划的主要目标是改善"人类居住的经济、社会和环境质量"和"全人类的工作和生活环境"。目前，这项计划正在解决水资源和环境卫生等问题，另外，人们居住权的提升对于全球城市居民生活改善的效果也开始逐步显现。

# 社会问题思考：
# 城市增长是否给社会和个体带来了社会问题？

**礼俗社会**：是指社区联结，这种联结是基于友谊和亲情的一种个人关系。
**法理社会**：是指社会联结更加正式和非私人化。
**机械团结**：是指传统社会中的一种联结纽带，通过人们共有的信仰、价值观以及共享的行为规范等，把他们联结在一起。
**有机团结**：当人们出现多样化的劳动分工时，有机团结就会出现。

## 功能论

城市规模对生活在其中的居民如何产生影响呢？德国社会学家费迪南德·滕尼斯（Ferdinand Tonnies）把社会分为两种形式：礼俗社会（Gemeinschaft）或社区（Community）和法理社会（Gesellschaft）或社会（Society）。**礼俗社会**是指社区联结，这种联结是基于友谊和亲情的一种个人关系。在乡村，人们整天面对面地直接接触，从而产生真诚和自发的感情。因此，社区越小，人们接触机会越多，对邻居的关心就越多。城市居民恰恰与此相反。**法理社会**是指社会联结更加正式和非私人化。生活在城市的人们，更加关注自己的个人利益和行动，对他人较为疏远。

滕尼斯认为，伴随着社会变得越来越复杂，个体之间的互动变得更加非人格化。这也不总是坏事。为了在城市里生存下来，个体必须采取法理社会的为人处世方式。如果像礼俗社会——个体彼此熟络的就如"透明人"那样，城市人的生活将很难进行下去。

法国社会学家涂尔干认为，社会的规模和形态影响着人们的生活方式。他进一步指出，团结（solidarity）是社会的重要组成部分，它能够使整个社会联结起来。涂尔干把团结分为两种类型：机械团结（mechanical solidarity）和有机团结（organic solidarity）。**机械团结**是指传统社会中的一种联结纽带，通过人们共有的信仰、价值观以及共享的行为规范等，把他们联结在一起。由于这些同质性，社会中成员之间的交往是直接和平等的。机械团结比较典型的例子就是现代社会中的小型农业合作社，它就是狩猎与采集社会的现代版本。

随着社会变得越来越复杂，这种团结类型向有机团结转变。当人们出现多样化的劳动分工时，**有机团结**就会出现。在城市，有机团结更有可能发生，因为人们趋向于相互依赖。多样化的劳动分工意味着，人们从事着不同类型的工作，为了生存的需要，他们客观上要相互依赖。总之，农民通过机械团结联结在一起，相反，城市居民则通过有机团结联结在一起。

## 冲突论

正如我们前边所讨论的那样，在美国，个体经济社会地位的差异对城市种族隔离的影响正在加剧。这样的观点出在马克思理论中。这种理论认为，那些拥有优势的人想尽办法去保持自己的优势。当非都市人离开中心城市时，他们也带走了部分税收。然而，他们经常会到城市参加一些娱乐活动，比如运动和文化活动等。很显然，这些人利用交通便利的条件，把其税收从城市带向郊区，用来支持郊区的发展。另外，基于种族和经济地位的隔离使那些富人和权贵们受益，这也加剧了种族主义和对贫困者的经济剥夺。冲突论者认为，目光短浅会导致中心城市的消亡，从长远看，这也会损害郊区居民的利益。

**城市革新的利弊**

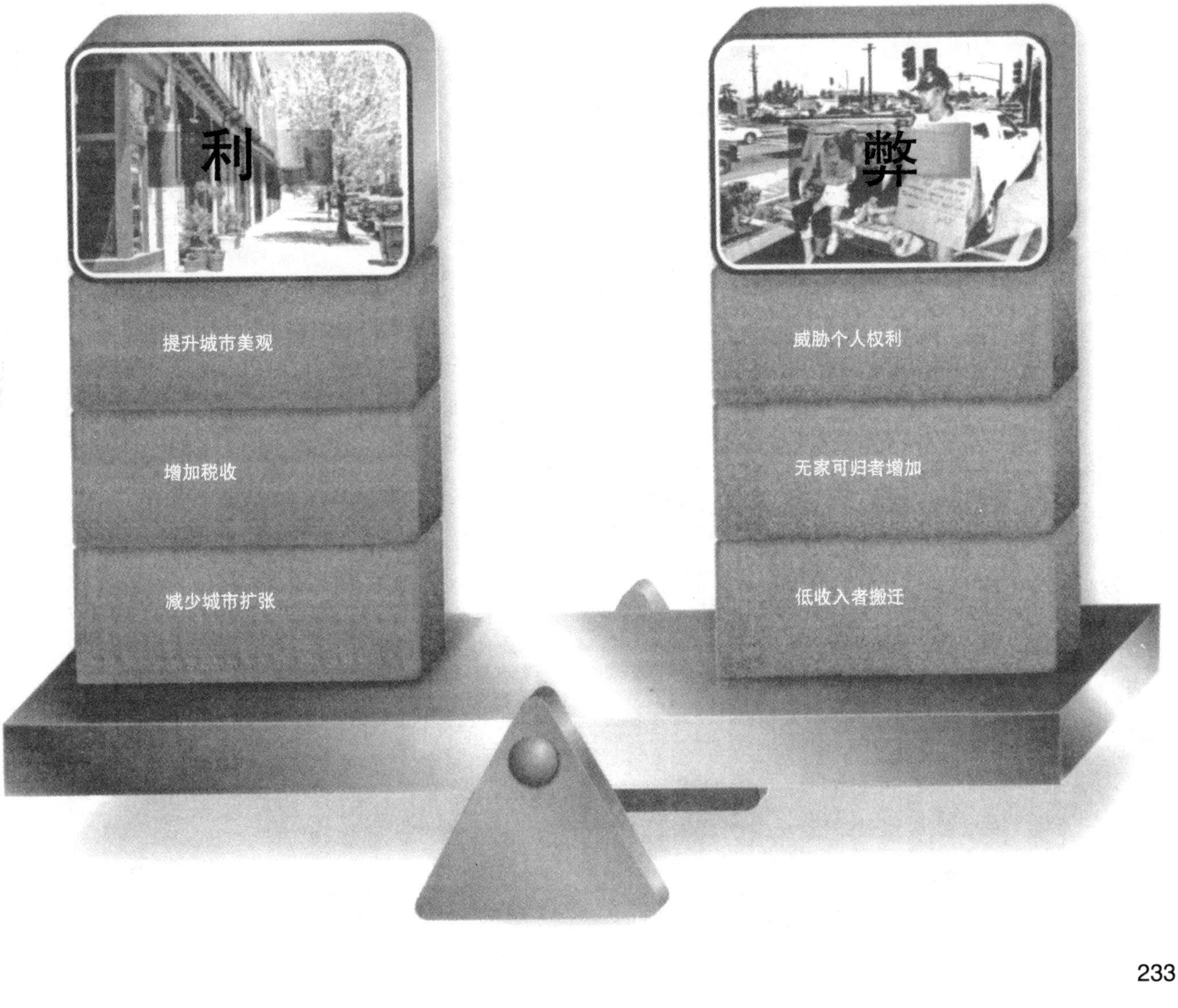

利
提升城市美观
增加税收
减少城市扩张

弊
威胁个人权利
无家可归者增加
低收入者搬迁

# 找寻解决社会问题的办法：
# 城市规划是否能解决城镇化带来的社会问题？

## 城市复兴

破败的邻里环境反映了整个社区的贫穷。**城市复兴**（urban renewal）是一个包括购置、清理、更新等环节的城市社区重建和发展过程。清理破败的邻里社区和迁移"不受欢迎"的穷人能够改善整个城市的外观。事实上，这些区域确实存在着许多问题，而且它们也提供了一些能让穷人承担得起的房屋。

一般来说，城市复兴会引发**下层住宅高档化**（gentrification）。它主要是指革新和重建荒废、破败的社区，吸引中产阶级积极入住，从而置换原来在这里居住的

> **城市复兴**：是一个包括购置、清理、更新等环节的城市社区重建和发展过程。
> **下层阶级住宅高档化**：是指革新和重建荒废、破败的社区，吸引中产阶级积极入住，从而置换原来在这里居住的穷人。

穷人。当下层住宅高档化之后，税收和租金都会提高，低收入群体很快就无法支付这些费用，以至于他们有的搬离，有的则变得无家可归。一项对于无家可归者的研究显示，他们中许多人确实有工作，但是，凭他们的工资水平

政府如果要建立一个新学校、高速公路或者医院，就有可能行使国家征用权，以公平的价格，购买你的私宅。

却无法负担社区重建之后的租金。

## 城市重建的资金支持

从城市的角度来看，相较于中产阶级来说，低收入个体上缴的税收较少，对城市的经济贡献较小。在某些案例中，低收入个体甚至会使城市的资源枯竭。为

**税收增额融资**：是指地方政府利用信用原则筹集资金，用于扩大在衰败地区的公共投资，改善基础设施，并由此引导私人投资进入指定区域的一种财政机制。

了鼓励重建，城市当局往往采用一些公共政策优惠来鼓励私人资本参与其中。**税收增额融资**（tax increment financing，TIF）就是其中的一项重要措施。税收增额融

---

**链接**

### 人口增长

在第19章里，我们将会讨论关于环境改善的社会问题。城市化给我们的生态系统带来了更多的负担。一些城市必须面临的议题就是饮用水提供、废物处理和空气污染减排等。正如你在本章

中了解到的那样，全球城市加剧扩张，已经延伸到比较小的城镇和乡村；相反，为了增加就业机会，大量的人口却从农村向城市搬迁。

在第17章和第18章里我们将会讨

论，人口增长和全球化的影响。正如本章开篇的文章里介绍的那样，伴随着世界人口的增多，农村人口正在逐渐减少。更多规划好的城市将被建立，这将更有效地解决人口增长所引发的社会问题。

---

## ▶▶▶ 赞同还是反对

### 通过税收资助来进行城市重建

关于政府采用税收增额融资的方式来进行城市重建，支持者和反对者的分歧较大。他们两方的理由是什么呢？

**赞同**

- 相较于花费来说，更多的税收会产生，城市的总收入会增加。
- 通过改造脏乱和危险的区域使其面貌翻新，这样的城市重建使所有的居民受益。
- 城市重建能够吸引高收入者重回中心城市，这样可以增加税收。
- 城市重建能够提高公共物品的质量。
- 相较于必须从财产所有者手中购买土地的方式来说，国家土地征用权使发展的成本降低，社区复兴更有可能。

**反对**

- 重建之后的区域房价会升高，对于低收入者来说，他们无法承担居住的负担。这会造成更多无家可归者，以及许多人生活质量的下降。
- 税收增额融资通常对土地投资者有利，这可能会使公园、道路以及其他的公共区域变成私人财产。
- 税收增额融资对现存的商业不公平，因为现存的商业不但不能得到税收减免的优惠，而且还得缴税来支持当地经济发展。
- 政府利用自己的权力，从居民手中拿走私有财产，然后把其转卖给他人，这是相当不公平和不公正的。尤其是，获得土地的个体或组织会有更大的财富和政治权力，那些失去土地的个体将会变得更贫穷、更无力。

**国家征用权：**是指政府为了公共用途在没有获得私人财产所有者同意时也可征用私人财产的权利。

资是指地方政府利用信用原则筹集资金，用于扩大在衰败地区的公共投资，改善基础设施，并由此引导私人投资进入指定区域的一种财政机制。从理想化来讲，新的建筑项目能够产生新税收，这些税收又可以被用到项目建设和城市发展上来。

为了实现城市重建的目标，政府有时候为了公共用途，在没有获得私人财产所有者同意的情况下，也会去征用私人财产。我们称这种权利为**国家征用权**（eminent domain）。只要满足四个条件，最高法院就会支持这项权利：

第一，土地是私有财产，不能被其他政府组织剥夺，例如公立学校。

第二，所征土地必须是个体私有。

第三，所征土地必须用于公共用途。

第四，土地所有者必须获得一定的补偿。

这四项条件解释弹性很大。例如，如何对贫穷区域做一个合理的定价呢？高人口流动区域是购物中心的理想地点吗？土地对其所有者的情感价值在哪里？通常来说，政府与财产拥有者之间是一种公平的妥协，但是，现实中，政府却拥有更多的权力，受益更多，而拥有者处于弱势地位，获益较少。

# 从课堂到社会→城市重建

18岁的亚历克斯·拉莫斯（Alex Ramos）一直住在休斯敦。他的父母从一家公司租借房子，一租就是15年。当亚历克斯·拉莫斯上大学的时候，他再三思考，选择了休斯敦大学。他的许多高中同学也居住在附近，亚历克斯知道他很幸运，因为他可以住在家里，这样可以节省一笔开支。

**"我知道，我们并没有太多的钱。从小到大，从来没有玩过游戏机，也没有能力去租豪华轿车参加毕业舞会。另外，生活在这里的每一个人的处境都相同。在学校里，我与那些谈论这些话题的同学总是保持一定距离。"**

在大学第一年，亚历克斯突然注意到，周围邻里社区发生了变化。一个新的药店开业，破旧的房子被整修得耳目一新。让亚历克斯吃惊的是，在一个空停车场中贴了一个公告：通过政府"邻里社区复兴"资助计划，该地方已经被改造成了公园。令亚历克斯困惑的是，政府实行此计划，难道是因为这里的社区已经消亡了吗？

**"几天之后，我们接到电话通知，这个房产公司要提高租金价格。就如我前边说的，因为他们的财产税增加了。另外，新租金高得惊人，比原来的价格至少高出了两倍多。"**

按照固定预算，拉莫斯的家庭已无法承担他们的房屋租借费用。事实上，他们不久就意识到，整个社区都是这样。

**"之后的日子相当艰难。直到爸爸的朋友在圣安东尼奥市为其提供了一份更好的工作，我们才结束了在这里的生活。为了生存，我们不得不与**这里的亲戚分离。我们也没有多余的钱来支持我在休斯敦大学的学习。另外，我也不想离开我的父母，那样的话感觉会很糟。"**

离开之后，他们努力工作想回到原位。他们租住在一个小公寓里18个月。之后，他们有了足够的储蓄，才开始考虑在城市更好的地段落脚（租房或买房）。

**"这里的一切都发生了改变，但是，我们还得生存下去。我在休斯敦大学找到了一份工作，我希望在这个春季能够重新开始上课。让我很高兴的是我们全家暂时战胜了困难。但是，我仍旧不能理解，政府为什么要改造我们原来的社区。难道他们没有意识到，我们宁愿住在'败坏的社区'里，也不愿接受社区重建所带来的'恩赐'？"**

# 理论沉思

一般来说，城市能够为人们提供更多的机会。但是，类似于印度加尔各答的城市就没有能力为全体的居民提供足够的住处和服务。那么，这样的情况如何影响人们的社会关系呢？

## 功能论

滕尼斯和涂尔干的理论强调，人口密度影响着社会互动和社会团结。工业革命催生了城市化，从而改变着人们之间的互动方式。当乡村的居住者有能力去维持自己的社区共同体时，居住在城市里的人们也发展出来一种新的"共栖"方式。在城市化急速增长的地区，人们的居住空间不断"挣扎"着，以便适应新的变化。有的地区可能"一不小心"就会被落在后边。印度的加尔各答是世界上最大的城市之一。它大约有 1 600 万的人口，超过 500 万的人生活在贫民窟里，或者居住在城市脏乱差的区域。

## 冲突论

城市复兴的过程并不容易。人们在破败的贫民窟定居生活。社区重建通常被看作是积极的，因为它会使城市变得漂亮，提高城市的价值。但是，它同时也会导致个体无法承担因城市发展而带来的高生活成本，尤其是无法满足穷人对低价格住宿的需求。当受益者们从这笔交易中赚钱时，另外一些人将会失去他们的家园。这种形式的社区重建或复兴，尽管带来财富的增长，但是，它却建立在剥削穷人的基础之上。

## 符号互动论

路易斯·沃斯把城市生活看作社会组织的一种形式，这种组织形式是有害的，并且是非人格化的。根据他的观点，城市生活将会带来许多影响，比如次级关系对初级关系的替代，亲属关系纽带开始减弱，家庭的社会重要性会降低，邻里互助会消失以及传统社会团结的价值会受到破坏等。符号互动论者指出，相较于生活在城市外的个体，城市居民会变得更加孤立，他们会遭受更多的抑郁、压力和精神崩溃等。

**社会如何应对快速的城市增长？**

居住在低收入社区的个体，通常来说，其寻求新发展方面的能力会受到限制。对于下边这个问题你是如何看待的，即法律是否应该采取措施组织某些地区的社区重建或复兴，或者是，承认社区重建带来的益处要大于成本？

路易斯·沃斯认为，尽管城市里的居民成千上万，但是相较于生活在农村的同辈群体来说，他们实际上更加孤立。我们不禁要问，城市生活的哪些方面造成了居民的孤立呢？

全球化与不平等

# 21 国

的领导人都比较担忧，在世界经济陷入可怕衰退期时，贸易新保护主义壁垒将会抬头。

一些迹象逐渐开始显现。为了渡过难关（应对经济危机），发展中国家将会竖起贸易保护主义壁垒。部分原因是它们历次看到，它们之间所签订的"自由贸易"协定能够在市场竞争中集中精力去击败竞争对手。

甚至，许多商贸交易都是在"误用"自由贸易原则的基础上达成的，即它们对财富扩张（自由贸易）和竞争水平实行限制。

"无论从何种意义上讲，都不会存在自由贸易。"诺贝尔经济学奖获得者约瑟夫·斯蒂格利茨（Joseph Stiglitz）说道，"事实上，这些只是优势贸易协定（advantage-trade agreements），它们比北美自由贸易协定还要糟糕（North American Free Trade Agreement, NAFTA）。对于 NAFTA，奥巴马声称要重新谈判……"

经济学家通常认为，真正的自由贸易会消除低效率和不平等，另外，它还鼓励创新和改革，而且还能使每个人从更为便宜的物品和服务中受益。前任总统小布什和其他的领导者们上周一致同意，为亚太经济合作组织集体"背书"。

但是，许多人认为，这些领导者们所兜售的"自由贸易"是对自由贸易理想化目标的贬低和扭曲。

从 20 世纪 90 年代早期起，有将近 400 个自由贸易协定达成，覆盖了全球三分之一的贸易。大部分贸易都是国与国之间的，而且，在取消对国内工业保护方面，政客们往往发挥着关键的作用。

例如，所有有关加拿大的协定，都会保护加拿大的牛奶、家禽和蛋产业。上周，中国和秘鲁签署的秘中自贸协定（Peru-China Pact），仅对安第斯国家（Andean Nation）的工业的百分之十进行豁免，其中涉及衣服和鞋子的贸易。

即使是成立 15 年之久的北美自由贸易协定也没有体现真正的自由贸易。为了汽车业的跨国并购，在北美自由贸易协定的保护主义条款中规定：62.5% 的汽车零部件必须由三个国家提供，即加拿大、美国和墨西哥。

墨西哥前总统费利佩·卡尔德龙（Felipe Calderon）把奥巴马关于重新谈判北美自由贸易协定的想法看作"一袋烂鱼"（没有人响应），并警告秘鲁首都利马，如果奥巴马疯到极点去重新修改北美自由贸易协定，就会导致对工作如饥似渴的墨西哥人流毫无阻拦地越过美国边境。

除了这些，美国和欧洲的农业补贴也很大程度上背弃了自由贸易的精神，从而导致全球农业贸易对话从 2001 年就开始瘫痪。

国际食物援助组织对这种补贴进行谴责。伴随着农业用地（从食物到生物燃料）的溢价，发展中国家的饥饿人口逐渐增多。因为当地农民竞争不过有补贴的进口农产品，所以，他们不得不放弃作物种植，从而使粮食大量减少。

进口导致农产品价格急剧上升。最基本的主食，诸如大米和大豆，其价格超出了穷人们的经济承受范围。

"在一些国家里，农民挣扎着与有补贴的进口农产品做'斗争'（竞争），然而，不久，这些国家也会签署贸易完全自由化协定，但在这些协定里，也会存在着一些相对具有保护性的条款。"乐施会宣传专员罗曼·本尼休（Romain Benicchio）说。

自从全球金融危机九月份突袭以来，一些保护主义的措施和论调已经抬头……

在亚太经济合作组织高峰论坛上最大的担心就是，大萧条时期（Great Depression）的巨大贸易壁垒重新回归。在 1929 年到 1934 年，美国对于一些产品的进口税提高到 70%，而其他国家的国际贸易进口税也达到了 66%。

自由贸易原则希望世界各国能够好好地去执行它。

"现在，人们面对金融危机，吸取由此带来的教训。'他们也许会说：看看，全球化不灵了。'"阿革瓦（Aggarwal）说道，"这确实是一个很不幸的教训，但是，这也取决于人们如何看待它（全球化）。"

第17章

239

**当我打开自己的衣橱时，你猜，我都看到了什么？我的衬衣是巴基斯坦生产的，鞋子是中国生产的，牛仔裤则来自于墨西哥……**

事实上，我的生活与全世界已经紧密地联系在一起了，这种联系是通过自己所使用的东西（产品）。你也可以看看自己的衣柜，大部分衣服也可能来自不同的国家。

之所以出现这种情况，是由于全球化，我们将会在本章对其进行具体讨论。在20世纪60年代，马歇尔·麦克卢汉（Marshall Mcluhan）就宣布，由于即时通信的影响，世界将会变成一个"地球村"。科技让我们与世界的互动变得更加便利。例如，如果有一阵台风袭击了中国的海岸，你就会通过美国的电视节目了解到这个事件。但是，你是否注意了鞋子的价格什么时候升高？这是台风带来的直接结果，因为它影响了中国的制鞋工业。今天，这种国际化的趋势增强，这不仅是因为通信技术的飞速发展，而且还因为全球化带来的影响。

全球互动愈发加剧，而且可能超越我们的想象。你到便利店去看一看，就可以发现：草莓来自墨西哥，香蕉来自厄瓜多尔。这两种水果都被摆放在金属架上，而这种金属架是由巴西的钢铁制成的。尽管这种内在的联系，使美国人以更便宜的价格得到更多的物品，但是，它会对更加贫困的国家带来什么影响呢？当发展中国家廉价卖完自己的资源，或者低价劳动力的优势不再存在时，将会发生什么样的社会问题呢？社会又将如何应对全球化带来的社会问题呢？在本章中，我们将对这些问题进行探讨。

# 主题：什么是全球化以及它是如何影响这个世界的？

> **全球化**：是一个复杂的过程，在这个过程里，世界和世界经济将会变得愈加难解难分，相互缠绕在一起。
> **全球地方化**：是指各个国家在寻求一种特殊结构的混合体，这种混合体既能适应全球化环境，又能保护好本土性文化。
> **人才外流**：是指贫穷国家的一流人才向发达国家转移，从而造成贫穷国家人才流失，而富有国家拥有更大的优势。

## 全球化

今天，通过商业、旅游、移民、物品生产以及健康问题等方式，世界各国的相互联系变得更加紧密。**全球化**（globalization）是一个复杂的过程，在这个过程里，世界和世界经济将会变得愈加难解难分，相互缠绕在一起。其结果会变成，一个国家行动的结果会对其他国家同时产生影响。从理论上讲，这会产生一种聚敛效应，来自不同国家或地区的人们相似性不断增加，共享的经历会越来越多。另外，全球化也会带来一种对外力的反冲或对抗，这种反冲或对抗能够使本地社区的力量增强。例如，望眼全球，英语主要作为一种商业语言正在扩张。这在过去很大程度上是因为英国的殖民地历史，不过，近来是由于美国的经济实力。通常来讲，那些想参与国际贸易的组织或个体，首先要学会使用英语，这就加剧了全球的聚敛效应。同时，一些国家正在强调并尽最大

努力去保护自己的本土语言，因为它们担心，按照这种全球化的趋势，如果不进行保护，本土语言就可能会消失。为了解决这个问题，它们就会诉诸"全球地方化"（glocalization）。**全球地方化**是指各个国家在寻求一种特殊结构的混合体，这种混合体既能适应全球化环境，又能保护好本土性文化。

是什么驱使全球化成为一个备受争论的话题呢？是资本主义的力量吗？是一些国家想办法寻求低廉劳动力以便维持商品的低成本，还是政治信条本身渴求全球散播，抑或是对消费的贪婪本性造成各国需要越来越多的"物品"呢？当然，这种"物品"有时候本地并不需要。对这些观念的所有诠释都最后指向一个概念，那就是全球化，因为其他概念对此无法做出解释。

### 与全球化相关的问题

有时候，过分全球化会带来一些负面影响。不同的国家可以提供不同的资源，它们通过出卖这些资源的方式参与到全球化游戏中来。另外，一些贫穷国家的人口正在急速增长，这就会导致大量的年轻人需要寻找工作。因为劳动力的供给量非常大，而需求量较小，许多雇主就开始对雇员工资进行不断压缩。关于剥削和"血汗工厂"（sweatshop）的争论也就越来越多。

另外，正如开篇文章中所提到的那样，尽管自由贸易协定并不意味着"完全自由"的贸易，但是，全球化的不断提升，也会进一步鼓励不同国家之间的贸易。然而，自由贸易协定也会带来负面影响，比如，它们会使富有国家受益，而贫穷国家则处于更加劣势的地位。例如，美国和欧洲国家会向农业综合企业（agribusinesses）提供补贴，使生产农产品的成本更加低廉。然后，这些农产品被出口到发展中国家，当地的农民无法与之竞争。结果会导致，当地百姓不再种植某种农作物，不再提供某种食物。当由于燃料成本或其他原因造成进口食品价格上涨时，当地百姓就没有能力负担基本的生活物品，比如大米和大豆。

全球化带来的另外一个问题就是人才外流（brain drain）。**人才外流**是指贫穷国家的一流人才向发达国家转移，从而造成贫穷国家人才流失，而富有国家拥有更大的优势。从整个世界来看，发展中国家"派遣"它们最优秀的、最聪明的人才到发达国家进行工作、学习以及从事其他事情。相较于在其他国家，这些优秀的男人和女人在发达国家能够得到更高的工资和享受更好的生活。然而，这样的情况（人才外流）对他们的祖国将会带来什么影响呢？

关于人才外流的议题，其中最让人关心的一个问题就是，发展中国家通常从中一无所获。当他们失去这些"聪明才智"时，发达国家却收获了更多的财富和智力。这种情况更经常发生在一些小国家，它们更可能失去受过良好教育的人才。从这种角度来看，人才外流拉大了富有国家与贫穷国家之间的差距。

## 全球地方化与文化

正如前边所讨论的那样，围绕着全球化而产生的问题很多，其中之一就是：从文化层面上讲，世界是否能够被联结在一起呢？目前，在其他国家里以下的现象再普通不过了，即人们

许多贫穷国家的高端人才已经定居到发达国家。人才外流给全世界带来什么影响呢？

吃着巨无霸（麦当劳汉堡）、穿着达拉斯牛仔队衬衫和耐克的网球鞋等。当然，全球化也促进了物质文化的传播。一些人认为，随着全球化的扩张，人们之间的文化差异最终会不复存在。在未来，所有文化将可能融合到一种巨大的同质文化的社会里。

## 全球地方化与移民

全球化不仅影响人才外流，而且还影响移民方式。最近，国际移民呈现出快速增长趋势。无论是合法的还是不合法的移民，都伴随着一系列的社会问题。例如，移民加剧了移入国的职业竞争。正如我们在开篇文章中所了解到的那样，墨西哥前总统费利佩·卡尔德龙警告美国，对北美自由贸易协定的重新谈判，将会造成许多墨西哥人越过美国边境线，与美国人抢饭碗。由于失业率的不断上升，很多美国工人会把这种现象看作严重的社会问题。出于这个原因和其他的考虑，许多发达国家目前已经从政策上减缓了其移民的速度。例如，在美国，政府已在美墨边境竖起了一道围墙，最大限度减少非法入境者。移民也会造成一些其他的社会问题，比如暴力、欺诈和虐待等。

全球化已经造成全球3%的人口生活在其他国家（非自己出生国）。在我撰写这部分内容的时候，我的家庭成员中，有两个来自其他国家，还有另外两个正考虑去新西兰和印度寻找工作。

全球互动和旅行的增加，也意味着疾病的传播更加容易。西尼罗河病毒（West Nile Virus）（一种能感染蚊子和鸟类的病毒）从非洲被携带到美国，很可能是由于跨境旅行或农业产品进口引起的。最近，让大家比较恐慌的是禽流感（avian flu）和猪流感（swine flu）由于移民问题而向全世界扩散。很

> **全球阶层化**：是指基于一些客观标准，如财富、权利和声望，对世界各国进行分类。这突出反映了两个议题，即社会模式和不平等。
>
> **人均国民收入**：是指一国在一定时期内（通常为一年）按人口平均的国民收入占有量，反映了国民收入总量与人口数量的对比关系。
>
> **合同奴隶**：是指奴隶制的一种形式，个体与雇主签订一个工作合同，雇主向个体提供食物和避难所，个体听从雇主命令，如果个体试图逃离，就会遭到威胁和惩罚。

显然，全球互动并不总是积极的，尤其是对于健康问题来说。

这些议题是社会问题吗？对这个问题的回答，取决于你的立场。当资本主义国家（富有国家）从发展中国家的廉价劳动力资源中获益时，这也可能会对这些国家的贫穷群体带来负面影响。从某种意义上讲，美国人之所以可以购买廉价的衣服，是因为建立在诸如孟加拉国低报酬工人的基础之上；而且，对于这种低报酬，这些工人不得不忍受着，因为他们别无选择。

然而，也有一些人对这个问题持不同看法。他们认为，全球化对于贫穷国家提升自己的经济地位来说，是一个重要机遇。在这场争论中，另外一个比较有趣的议题被提了出来，即人们工作的相似性或相近性会不会带来文化的趋同性呢？一些人认为，世界文化被西方文化所滋养；另外一些人则认为，全球化导致本地居民很难维持自己的传统、宗教和语言等。

## 世界是如何分层的？

很显然，关于人类社会如何产生的议题探讨已经超越了本章的内容，但是，全球化却是关于解释世界如何被分为贫穷和富有的一种理论。在人类历史早期，所有的人类都是平等的，但是，我们都知道，这一期间，一些国家的技术发展得快，一些国家却很慢。

有很多因素影响了一个国家发展的快慢。贾德·戴蒙德（Jared Diamond）在其《枪、细菌和钢铁》（*Guns,*

*Germs and Steel*）一书中解释了为什么西方国家发展这么快，而其他国家的发展却非常慢。气候、地理环境、可利用资源等都起着非常重要的作用，因为这些是发展中国家进行交易和互动的主要优势所在。例如，尽管中国很早就发明了火药，但是，把火药成功作为武器的是欧洲国家，于是，它们在国际贸易的过程中获得了坚强后盾。另外，全球贸易的增长也刺激了知识的增长，这就为人们过上高质量的生活提供了可能。

过去的几十个世纪，欧洲人通过利用本国的财富增长和其他国家的资源变得非常强大。洲际斗争引来了联盟的产生、技术的发展、贸易的增加以及知识的传播。时至今日，贯穿整个世界的这种趋势将继续发展。

## 全球阶层化

贫穷存在于世界的每一个角落，但是，最大的社会不平等不是在各国内部，而是在国与国之间。**全球阶层化**（global stratification）是指基于一些客观标准，如财富、权利和声望，对世界各国进行分类。这种划分凸显了社会模式和不平等。例如，尽管美国仍旧与贫穷等社

>>> 赛骆驼在中东国家是比较流行的运动。由于对轻体重的要求，孩子就成为骑手的最佳人选。过去几十年里，这里催生了高利润的儿童贩卖生意。据估计，在中东和南亚地区，由于这项运动的存在，有4万多的儿童作为奴隶而生存。

资料来源：Asian Human Rights Commission, "Child Jockeys: 40,000 children on slave labour as 'child camel jockeys' in Middle East and Arab countries," Accessed November 13, 2009, http://acr.hrschool.org/mainfile.php/0205/390; UNICEF, "Child camel jockeys return home," Accessed November 13, 2009, http://www.unicef.org/infobycountry/pakistan_27517.html.

会问题做抗争，但是，其生活标准却非常高。

## 收入

用收入来测量整个人口的生活标准是非常困难的，因为它还没有被分配，而且并不是所有国家都采用相同的标准。不过，社会学家通常用**人均国民收入**（per-capita income）作为指标来测量。人均国民收入是指一国在一定时期内（通常为一年）按人口平均的国民收入占有量，反映了国民收入总量与人口数量的对比关系。人均国民收入比较高的国家多数在欧洲，相反，人均国民收入比较低的国家多数在非洲。就富人之间相比，美国的富人比其他国家的富人富有很多。税收优惠政策使美国富人更加富有，因为相较于其他国家的富人来说，美国富人支付更少的税收而占有更多的财富。

## 不发达国家与分层

如果一个国家相对比较贫穷，而且还没有比较像样的工业，那么我们称其为不发达国家。美国会向不发达国家提供援助，但是，必须满足下列三个条件：第一，该国必须是低国民生产总值的；第二，人口必须达到一定的健康水平和教育标准；第三，人口规模接近其他发达国家时必须引起注意。

一些国家确实是正在发展着的，或者说正在工业化。但是，由于贫穷和饥饿等问题的影响，它们被排斥到美国的援助标准之外。

撒哈拉以南的非洲地区（The Sub-Saharan Region of Africa）多数为欠发达地区。相较于其他国家和地区，婴儿死亡率、饥饿和贫困率等比较高。落后的卫生条件也是导致高疾病率和死亡率的重要原因。那些生活在非贫穷地区的人们尽管已经可以支配自己的生活，但是仍旧被低生活标准所限制。对于这些国家来说，当食物和资源短缺时，它们很难尽力为未来打算。全球化是否对这些群体有所帮助呢？答案很肯定：不。一般来说，这些地区要想获得发展是非常困难的。考虑到其他的现实条件，这些国家往往经历着政治环境的不稳定，而全球化帮助穷人"爬出"贫困圈是需要很长时间的。

现代发达国家和不发达国家分层的两个重要原因是通信和识字率。你可能从来都没有想过，对于美国人来说，他们无法想象，如果有一整天不能使用电子邮件、短信等通信方式，则会是什么感受。然而，在不发达国家，对这种技术的获得和运用的普及率是非常低的。因此，在通信方面，它们处于非常劣势的地位。识字在美国是相当普遍的，但是，在世界一些其他国家或地区并不是这样。当人们缺乏识字的能力时，为了养家糊口，他们不得不从事一些无技术含量、高劳动强度的工作。例如，据联合国评估，发达国家中的成人识字率在95%，相反，在撒哈拉以南的非洲地区，人们的识字率仅有62%。

## 现代奴隶制

关于全球化和资本主义扩张的一个比较严重的问题就是奴隶的增多。社会学家凯文·贝尔斯（Kevin Bales）在《被支配的人：全球经济中的新奴隶制》（*Disposable People: New Slavery in the Global Economy*）一书中写道，目前世界上有2 700万人被奴役。在世界一些地区，人口贩卖依旧存在，个体被家庭成员卖出，从事卖淫活动，他们中多数为女性。这种现代奴隶制与之前的奴隶制并不相同。在过去，奴隶制是合法的，奴隶主把奴隶看作一种长期的投资。但是，今天，尽管奴隶是可被支配的，但是，一旦他们长大就会重获自由。尽管他们长大后获得了自由，可身体上和精神上所受到的创伤却很难愈合。在泰国，大部分的妓女都是HIV感染者，或者患有精神疾病，抑或是二者都有。如果真给了她们自由，那么她们大多数会饿死或病死街头。

在全世界范围内，尽管奴隶制是非法的，但是，一些公司或工厂采用变相的形式来奴役个体，比如奴隶式的劳动力，而且，这种现象还是比较普遍的。**合同奴隶**（contract slavery）是指奴隶制的一种形式，个体与雇主签订一个工作合同，雇主向个体提供食物和避难所，个体听从雇主命令，如果个体试图逃离，就会遭到威胁和惩罚。

你或许会认为，这些"奴隶制"工人的遭遇不会对你的生活产生直接影响，但是，你错了。即使你有意不去购买某些品牌的衣服和鞋子（你提前知道这些品牌与奴隶制工人有关），但是，你仍然弄不清楚，自己购买的产品是否与奴隶制间接有关。根据贝尔斯的观点，今天市场上的大部分商品在某种程度上都与现代奴隶制有关。全球化、对低廉劳动力的追求、快速增长的人口、低效的当地政府、低价格产品的消费需求等，因素都会造成今天地球上的奴隶数量比人类历史上任何时期都要多。贝尔斯还提出了这样的问题："我们是否愿意和奴隶们生活在一个世界呢？"我们大部分人的第一反应就是："不！"但是，我们如何做才能消除这样的现代奴隶制

## 2008年人均国民收入

**挪威**

3

人均国民收入：87 070 美元

排名第 3 位

**美国**

14

人均国民收入：47 580 美元

排名第 14 位

**布隆迪**

210

人均国民收入：140 美元

排名第 210 位

资料来源：Data from the World Development Indicators database, World Bank, July 1, 2009,http://siteresources.worldbank.org/DATASTATISTICS/Resources/GNIPC.pdf.

人均国民收入经常被用来测量整个国家的生活标准。挪威和美国的排行比较高，相反，非洲国家布隆迪却排在第210位。

全球增长：是指资本主义国家利用合作利益来扩张自己在全球的力量和影响力。

呢？事实上，我们的生活习惯或生存体制好像是在"鼓励"着这种奴隶制。

奴隶制很难根除的一个重要原因就是**全球增长**（globalization）。全球增长是指资本主义国家利用合作利益来扩张自己在全球的力量和影响力。这些国家寻求自己影响力的持续增长，直到自己影响力扩张到极限，无法再扩张为止。全球增长不但为这些国家带来了控制权，而且还带来了大量利润。当然，这种影响力通常以环境为代价，以被剥削国家的人民自由为代价。

## ▶▶▶ 全球视野

# 贫穷国家与世界经济

从 2008 年年底到 2009 年，作为世界经济核心组成部分的美国，成了一个比较热门的话题。自经济大萧条至今，此次是美国面临的最严重的经济衰退，其他国家也同样遭受着这样的损失。衰退对发展中国家的打击最为沉重。发展中国家的经济增长率从 2007 年的 7.7% 下调到 2009 年的 1.2%。无论采取什么方式，这些国家的领导人对于解决这样的世界问题都显示出了无可奈何。因为这些国家一直以来依靠发达国家支援而获得发展，而此时，它们更没有能力在经济方面作出贡献。不过，这些发展中国家的领导人非常快速地提出经济改革的必要性。贫穷国家的代表，孟加拉国外交部部长穆尼（Dipu Moni）说道："改革有利于提高生产率，以便应对这次金融危机。"

草拟计划之后，美国举行了三天的高峰会议来讨论可能的改革措施，以便早日使经济复苏。在这场讨论中，联合国试图去找寻一种办法来援助发展中国家，因为由于经济危机，可能意味着每年将有 20 万名婴儿死于饥饿或疾病。诺贝尔经济学奖获得者约瑟夫·斯蒂格利茨认为，计划在草拟过程中就启动是不当的。整个计划的制订和实施，不但需要各国领导人，还需要发展中国家和世界银行的参与。约瑟夫·斯蒂格利茨指出，应对这场危机，发达国家的力量是有限的。联合国中 20 个重要经济体（国家）占到了世界经济的 80%，但是，约瑟夫·斯蒂格利茨坚持认为，在整个计划的制订过程中，应该吸纳 192 个联合国成员参与进来。

约瑟夫·斯蒂格利茨进一步呼吁，发达国家在援助发展中国家的方式上，应该做出改变。

约瑟夫·斯蒂格利茨还声称，如果想尽快走出次贷危机，发达国家对发展中国家的援助应该是赠予，而不是贷款。中国外交部部长杨洁篪表示，可以指定一个保持汇率稳定的方案。他还说，将采取行动进一步支持其他发展中国家，允许它们"更有效地利用外部资金来获得发展"。

正如约瑟夫·斯蒂格利茨所指出的那样，由于全球化使世界经济以惊人的速度发展，我们必须创造一个全球的金融体系或制度。在努力创造全球金融体系的过程中，我们会面临什么样的议题呢？

**发达国家的贫困率**

| 国家 | 贫困人口（%） | 贫困儿童（%） | 税收和福利转移后的贫困儿童（%） | 老年人贫困（%） |
|---|---|---|---|---|
| 美国 | 17.0 | 26.6 | 21.9 | 24.7 |
| 爱尔兰 | 16.5 | 24.9 | 15.7 | 35.8 |
| 英国 | 12.4 | 25.4 | 15.4 | 20.5 |
| 加拿大 | 11.4 | 22.8 | 14.9 | 5.9 |
| 丹麦 | 9.2 | 11.8 | 2.4 | 6.6 |
| 德国 | 8.3 | 18.2 | 10.2 | 10.1 |
| 法国 | 8.0 | 27.7 | 7.5 | 9.8 |
| 比利时 | 8.0 | 16.7 | 7.7 | 16.4 |
| 澳大利亚 | 7.7 | 17.7 | 10.2 | 13.7 |
| 瑞士 | 7.6 | 7.8 | 6.8 | 18.4 |

资料来源：Data from Lawrence Mishel, Jared Bernstein, and Sylvia Allegretto, *State of Working America 2004/2005* (Ithaca, New York: Cornell University Press, 2005).

尽管美国的人均国民收入排名比较靠前，但是，很大比例的公民还生活得非常贫穷。你如何看待这种情况呢？

## 发达国家与分层

我们已经讨论了不发达国家，那么，具有什么特征的国度才能被看作发达国家呢？发达国家有一些特征，比如受良好教育的人口、拥有大量的工业和私营企业等。美国、德国、日本和英国都被看作发达国家。与生活在不发达国家的个体相比，生活在发达国家的人们具有更多的特权，但是，这并不是说，他们会被优先对待。正如你在上表中看到的那样，即使在发达国家里，仍有比例不小的人口生活在贫穷之中。

美国就是一个很好的例子。它拥有高人均国民收入，但是，很多人依旧生活在贫困之中，巨大的贫富差距依然存在。事实上，相较于其他发达国家来说，美国拥有最高比例的贫穷人口。尽管政府实施一些援助计划，比如福利措施之后，但美国仍旧还有17%的人口生活在贫困线以下。世界上最富有的21个国家中，就单个国家最富有人口的10%与最贫困人口的10%之间的收入差距，美国最大。在20世纪90年代，在美国，10%最富有人口的收入与10%最贫穷人口的收入相比，前者是后者的5.64倍。这表示，如果后者平均每年收入20 000美元，前者就会收入大约112 800美元。至少可以说，这是一个相当大的差距。相反，瑞士的这个比率就非常低，即10%最富有人口的收入是10%最贫穷人口收入的2.59倍。在瑞士，如果穷人平均每年收入为20 000美元，那么，富人平均每年的收入大约为51 800美元。

## 生活质量

一个国家具有什么样的特征才是一个令人向往的地方呢？测量一个国家生活质量的指标是个体的健康和寿命。一个国家拥有低的婴儿死亡率和高的人均寿命率，我们把它看作生活质量高的国度。位于欧洲的安道尔共和国（Andorra），人均寿命最高时达到83.5岁，然而，非洲南部的斯威士兰（Swaziland）人均寿命最低时仅为31.9岁。新加坡拥有最低的婴儿死亡率，即每出生1 000个婴儿中仅有2.3个死亡；相反，非洲的安哥拉（Angola）是这个比率的80倍，即每1 000个出生婴儿中约有184个死亡。如此说来，新加坡就是最好的居住地方，或者说安哥拉是最差的居住地方？这也不尽然。事实上，影响人们生活质量的因素有很多。

正如我们之前讨论的那样，收入是一个比较重要的测量指标。另外一些指标包括电话、电视和报纸的可获得性等。社会学家和经济学家也发明了一些方法，比如负债比率（debt ratio）和国民生产总值（gross national product）。在所有指标的基础上，凯·穆勒（Kai Muller）创造了一个先后次序排列法（ranking system）。运用这个排序法，凯·穆勒指出，挪威是世界上最好的居住地方，而刚果民主共和国（The Democratic Republic of Congo）

根据凯·穆勒的研究，挪威的生活质量最高，而美国连前20名都没进。

是最差的居住地方。

除了日本、新西兰、澳大利亚和加拿大，位列排行榜前 20 位的国家都在西欧，后 20 位的国家都在非洲。你可能会惊讶，美国并不在前 20 位国家之列。

当然，这只是意向主观性研究，结果也存在很大不同，这取决于研究者对这些因素如何进行权重处理。丹尼尔·斯拉特（Daniel Slottje）采用凯·穆勒所使用的数据，运用相似的指标变量，做了一个不同的研究。丹尼尔·斯拉特（Daniel Slottje）发现，美国在最好国家的排行上是第 13 位，而瑞士是第 1 位。不管标准如何，很显然，每个国家都会有不同的生活质量标准，而且一些国家确实比其他一些国家更适合居住。

# 社会问题思考：
# 关于全球化的理论都有哪些？

## 冲突论

### 沃勒斯坦的世界体系理论

当我还在大学读书时，我了解到世界被分为三个部分：第一世界国家、第二世界国家和第三世界国家。第一世界国家主要是由美国和它的盟友组成的，第二世界国家是由苏联和它的盟友组成的，剩下的属于第三世界国家。然而，今天的社会学家们并不采用这种划分方法，其中，存在以下几方面原因：第一，这种划分基于政治、经济和意识形态，尤其是西方国家的种族优越感；第二，苏联已经解体了；第三，有 60% 的成员被归为同类，但

社会问题！

> **新殖民主义**：是指发达国家利用经济力量（比如贷款）来维持对贫穷国家掌控的过程。

对它们存在的差异不能提供精确的描述。

伊曼纽尔·沃勒斯坦（Immanuel Wallerstein）的世界体系理论为替代这个旧理论提供了可能。他认为，世界由于经济力量纽带而被划分。这个体系中的核心国家尽最大努力持续地去开拓它们的市场、降低成本和增加利润。之所以这些国家能够处于体系的核心位置，是因为它们对世界经济的影响举足轻重。

因为这些核心国家长久地寻求扩张，所以它们发现了一些进入边陲国家（periphery countries）的方法。正如我们前边所讨论的那样，在过去，建立殖民地是一种比较流行的做法，但是，就现今的全球环境，它已不再是一种有效的方式。今天，核心国家运用多元合作和贷款的方式进入这些边陲国家。同时，边陲国家通过与核心国家合作，从而获得收益。尼日利亚和伊拉克就是典型的代表。它们拥有丰富的自然资源，比如天然气和石油。

某边陲国家能够创造足够的财富来保持经济的稳定性，同时，它也开始发展自己的工业。如果一个国家能够达到这种水平，它就变成半边陲（semi-periphery）国家——利用自己的资源（原材料）生产出产品卖给核心国家，从而创造出更多的财富。持续的工业优势能够对经济起提升作用，给这些国家一些缩短与核心国家距离的机遇。巴西和韩国就是半边陲国家的典型例子。

在这个体系之外的属于外沿国家。它们通常是不发达国家，而且与这个体系的其他国家互动很少。自然资源的缺乏造成它们吸引外资更加困难。例如，布隆迪、乍得共和国以及撒哈拉沙漠以南的非洲地区。这些国家对世界经济的影响也微乎其微。

## 新殖民主义

对于征服和殖民，美国并不陌生。据我们所知，美国正是从欧洲人定居的一系列殖民地中发展而来。社会学家迈克尔·哈林顿（Michael Harrington）声称，现今世界存在着新的殖民主义，并且，他称其为"**新殖民主义**"（neocolonialism）。新殖民主义是指发达国家利用经济力量（比如贷款）来维持对贫穷国家掌控的过程。贫

**世界体系理论**

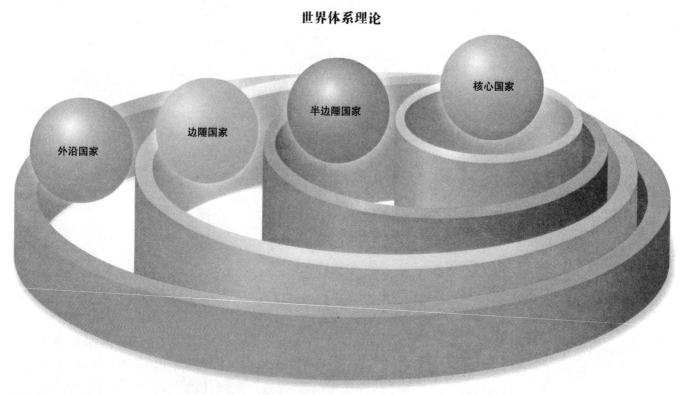

资料来源：Adapted from Wallerstein's The Modern World Systems, 1974.

根据沃勒斯坦的理论，由于经济实力的不同，这个世界被分割成不同的国家或地区。

穷国家对发达国家变得越来越依赖，尤其是对食物、武器和贷款等，以获取发展。这些债务通常数额巨大，超出贫穷国家的偿还能力，因此，它们不得不同意出卖自己的自然资源，以及签订一系列的贸易协定，从而使发达国家受益。

新殖民主义对于发达国家的另外一项功能就是，通过多元合作实现对贫穷国家的掌控。这些合作可以为贫穷国家提供工作机会和收入，然而，发达国家则通过免税或其他特许权来使自己的利益最大化。正如我们较早谈论的那样，贫穷国家里的工厂条件是相当糟糕的。这些工厂不得不采用奴隶制的劳动形式，因为它们要通过利润最大化的形式来缓解发达国家盘剥的压力。

通过外部采购、多元化合作以及合作投资等形式，发达国家实现了对弱小国家的掌控。对于贫穷国家的工人们来说，这些被提供的机会往往是非常稀有的。为了赚钱糊口，他们不得不进行艰苦的、努力的工作。

根据托马斯·弗里德曼（Thomas Friedman）的观点，这样的世界互动方式意味着，世界会向"扁平"趋势不断发展。通过这种"低成本"的国与国的"互动"（剥削），世界将会变成发达国家的世界，因为它们使贫穷国家付出代价，而自己却获得了胜利。在这样的世界体系中，当贫穷国家资源耗竭时，它们将会变得越来越穷、越来越落后。例如，如今遍及整个世界的是，服务部门的工作外包客观要求承接方具有一定的技术：会说英语、懂些财务知识和会用电脑等。按照这样的要求，美国商业外包服务更可能青睐那些具有上述能力且劳动力低廉

的国家或地区。从目前来看，由于互联网通信技术的飞速发展（而且使用便宜），这会进一步推进"世界是扁平的"这种趋势。

## 符号互动论

由于第二次世界大战的教训，欧洲国家决定携起手来一起预防未来的可能的战争。外交会议最终催生了欧盟（European Union）的成立。欧盟从最初的六个国家的日常商贸关系发展到拥有二十多个国家的强大的联合组织。

欧盟国家拥有一个"弱中央政府"（weak central government）来处理欧盟内部国与国之间的争端，它们通用的货币是欧元，官方语言是英语。它们没有军事力量，但是，北大西洋公约组织（North Atlantic Treaty Organization, NATO）拥有部队，这些部队来自于欧盟国家和美国。

如果欧盟成员"绑定"在一起形成一个国家，那么它将是世界上最富有、力量最强大的国家。里德（T.R.Reid）指出，事实上，这些国家更多地把自己看作欧盟组织的成员，而不是"欧盟国"的成员。这样的理解对于全球化来说，又意味着什么呢？或许，答案已经有了定论。在欧盟中，世界上最大的银行和最成功的企业已经诞生。欧盟所作的科学发现比其他国家多。另外，欧盟国家的生活标准是世界上最高的。我们通过下页图可以发现，相较于美国工人来说，欧盟国家的工人们付出最少的劳动时间却换来更多的报酬和假期。

# 找寻解决社会问题的办法：社会是如何应对全球化的？

## 国外援助

我的一些学生就是由国外援助的。其中，最平常不过的一个问题就是："我们国家在还有很多穷人需要帮助的情况下为什么还要拿出为数可观的税收（资金）来资助其他国家呢？"这是一个非常不错的问题，美国确实还有很多贫穷问题需要解决。但是，难道这就意味着我们可以实行孤立政策致使其他贫穷国家"自我喂养"

吗？美国政府估计不会赞同这样的看法。

政府对国外援助的立场是这样的：帮助世界脱贫具有策略优先性和受道德因素的驱使。经济的发展、责任型的政府和个体的自由是紧密联系在一起的。美国必须通过自己的这些策略来不断提升发展计划，比如激励改革、鼓励运作透明和促进人们生活改善。这些"口号"不能仅仅停留在纸面上，而且应该将其付诸实施。

## 每周平均工作时间（小时）

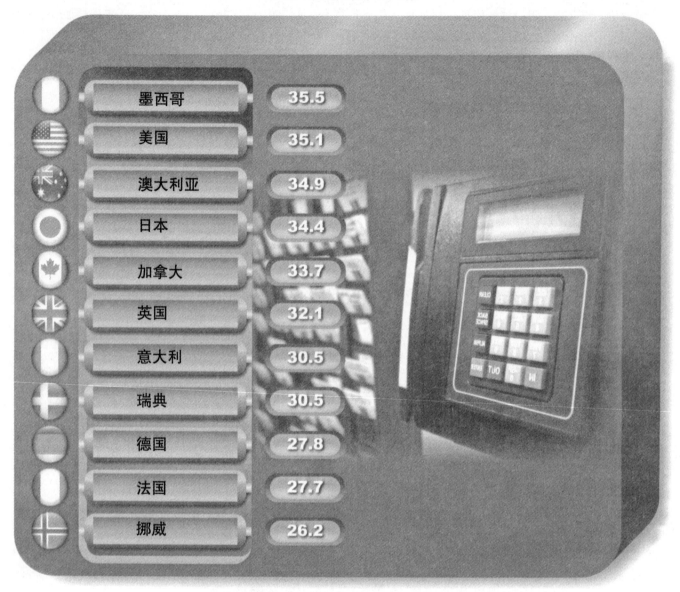

| | |
|---|---|
| 墨西哥 | 35.5 |
| 美国 | 35.1 |
| 澳大利亚 | 34.9 |
| 日本 | 34.4 |
| 加拿大 | 33.7 |
| 英国 | 32.1 |
| 意大利 | 30.5 |
| 瑞典 | 30.5 |
| 德国 | 27.8 |
| 法国 | 27.7 |
| 挪威 | 26.2 |

资料来源：Data from the Organisation for Economic Co-operation and Development (OECD), 2005.

与其他发达国家相比，美国人每周工作更长的时间。这对他们的生活质量有影响吗？

美国对外援助是基于策略利益和安全的考虑，当然，这也是为了促进贫穷地区的社会与经济发展。这种策略对二者都有好处，包括美国和贫穷国家。世界上许多富有国家已经同意拿出自己 0.7% 的国民生产总值作为对外援助。然而，现实中，只有最富有的五个国家兑现了这个承诺。

下表是按照国外援助所占国民生产总值的百分比进行排序的。美国对外援助的总金额最多，然而，在排行榜中却是垫底，这是因为美国的对外援助仅占国民生产总值的 0.16%。这个数字占了它承诺的不到四分之一。也许，相较于官方援助，你会想知道私人援助是什么情况？在同样的这些国家中，美国私人外国援助仍然是数额最大的，不过，在排行榜上却位列第 14 位。澳大利亚的私人外国援助在排行榜上高居第 1 位，占其国民生产总值的 5.3%。因此，我们不禁要问，美国真的是世界上最慷慨的国家吗？如果你按照援助总额来考虑，那么它确实是；如果你按照占国民生产总值的百分比来考虑，则它又不是。你更赞同哪种看法呢？

对外援助总金额与占国民生产总值的比例（2007 年）

| 国家 | 金额（以百万美元为单位） | 占国民生产总值百分比 | 国家 | 金额（以百万美元为单位） | 占国民生产总值百分比 |
|---|---|---|---|---|---|
| 挪威 | 3 728 | 0.95 | 瑞士 | 1 689 | 0.37 |
| 瑞典 | 4 339 | 0.93 | 英国 | 9 849 | 0.36 |
| 卢森堡 | 376 | 0.91 | 澳大利亚 | 2 669 | 0.32 |
| 丹麦 | 2 562 | 0.81 | 加拿大 | 4 080 | 0.29 |
| 荷兰 | 6 224 | 0.81 | 新西兰 | 320 | 0.27 |
| 爱尔兰 | 1 192 | 0.55 | 葡萄牙 | 471 | 0.22 |
| 澳大利亚 | 1 808 | 0.50 | 意大利 | 3 971 | 0.19 |
| 比利时 | 1 953 | 0.43 | 日本 | 7 679 | 0.17 |
| 芬兰 | 981 | 0.39 | 希腊 | 501 | 0.16 |
| 法国 | 9 884 | 0.38 | 美国 | 21 787 | 0.16 |
| 德国 | 12 291 | 0.37 | 欧盟 | 61 540 | 0.39 |
| 西班牙 | 5 140 | 0.37 | 总计 | 103 491 | 0.28 |

GNI=gross national income, the total amount produced by that nation（GDP）plus incomes received from other countries.

资料来源：Created by the author. Data from the Organisation for Economic Co-operation and Development, "Statistical Annex of the 2009 Development Co-operation Report," http://www.oecd.org/document/9/0,3343,en_2649_34447_1893129_1_1_1_1,00.html, Accessed September 3, 2009.

▶▶▶ 赞同还是反对

# 全球化

纵观整个世界，你会发现，人们对于全球化持不同的意见。综合考虑政治、文化和经济因素来说，一些国家从中获益较多，而另一些国家则从中获益较少。全球化将跨越个体价值观的差异，从而带来文化规范的相似性或趋同性。它给公司之间的跨国贸易提供了更多可能。尽管发达国家总是认为大家会从全球经济市场中获益，然而，发展中国家并不总是这样认为。对于这样的国际趋势，双方的争论点是什么呢？

赞同
- 全球化是解决世界经济危机的一种可行方法。
- 全球化允许商贸进行扩张，国际市场允许物品和服务进行跨境流动。
- 全球化创造了全球的生活标准和人类权利，通过在不同种族、民族和文化间鼓励相似性，从而降低了对少数族裔的歧视。
- 通过对发展中国家的管制和工作条件标准的制定，全球化能够终结"血汗工厂"、儿童劳工的历史，以及促进环境友好型技术的发展。

反对
- 全球化给世界经济带来了许多挑战（困难）。
- 全球化造成了发达国家对发展中国家（不发达国家）经济发展的控制。
- 全球化导致移民的增加和疾病的蔓延，这将带来许多冲突。
- 当跨国公司进行劳动力服务外包以及在其他国家建立工厂时，这将导致对贫穷国家资源的掠夺。

链接

## 全球化与人口增长、环境破坏

我们将在第18章中了解到，地球上的人口正在不断增长。这个议题与贫穷国家的"新奴隶制"有关，因为人口的激增带来了劳动力的供过于求。如果没有足够的工作机会，贫穷国家的人们就不能赚钱糊口。相对富裕的国家也与这个议题有关。这些国家的人们努力工作来维持家庭运转，家庭的顺利运转又会带来工业的快速扩张。人口增长也会造成自然资源的紧张，这就加速了核心国家"进入"边陲国家的步伐，以便获得它们所需的资源。因此，全球化的议题将会长久伴随着人口的增长。

在第19章里，你将会了解到环境的相关议题。你可能已经知道，美国制造了大量的废物垃圾。处理这些废物垃圾的一些方法也涉及全球化，比如，美国试图用轮船装运这些垃圾，向世界其他国家"搬运"。

# 从课堂到社会→对博茨瓦纳的医疗援助

塔玛拉（Tamara）是一名学习护士专业的学生，她每年利用暑假（三个月）在博茨瓦纳从事医生助理工作。她不但提供药物管理，而且还协助医生提供健康服务。

"冬天将逝，我知道，科勒（Koeller）医生会跟随教堂志愿者队伍到非洲去。于是，我也报名参加了，当时，我已经做好了思想准备。然而，当我第一次到达这个村庄时，我被眼前的情景所震惊。我人生的大部分都在大城市度过，我已经看惯了那些城市穷困者，尤其是无家可归者；但是，现在眼前所看到的比那些还要糟糕。超过一半以上的村民是HIV感染者，一些村民还患有痢疾和伤寒。由于离城镇比较远，当生病时，他们主要依靠村落的'赤脚医生'。他们经常生病，主要是由于饮用了不干净的河水，尤其是寄生了绦虫的水。我和牧师们要徒步走两英里才能取回干净的水，在给村民看病之前，要用这些水洗手。"

"科勒医生让医院为孩子捐赠了牛痘疫苗。我比较吃惊的是，一些孩子到12岁时还从来没有接种过疫苗，而我在婴儿的时候就已经接种过这些疫苗。我了解到，这里的麻疹就如肝炎一样普遍。"

"我在村庄里遇到的人们，教会了我很多，比如，美国之外，人们的生活到底是什么样子。在一个镇上，科勒医生给我介绍了一个五岁的男孩，名叫库佛（Kufuo），他是从其他援助队转介过来的。他是HIV感染者，由于缺乏医疗照顾，他可能活不到七岁。科勒医生告诉我，他能够活到现在，这已经是一个奇迹。当我看到他与其他孩子一起玩耍时，我的心都要碎了。可以试想一下，如果我们提前几年来到这里，当时他在襁褓之中时，我们也许能够阻止这样的事情发生。在发达国家，对于这个问题的预防，已经有了一些基本的措施。"

"在暑假快要结束时，我做了一个决定——我只要获得护士学位，就打算重回博茨瓦纳，或者去其他需要医疗援助的国家。"

# 理论沉思

许多发达国家与贫穷国家进行经济合作。全球化为贫穷国家带来了工作机会，但是，贫穷国家为此付出的成本是什么呢？

## 功能论

功能论者们认为，分层主要是因为地理条件不同所导致的。从历史上来看，一些地区兴盛，而另一些地区贫穷，多数是因为地理条件的不同。今天，全球化不仅对发达国家有好处，而且也使贫穷国家受益。全球化带来了财富和技术，这有利于帮助欠发达国家获得进步。

## 冲突论

冲突论者们觉得，贫富的权力不平衡造成了分层。国内个体之间和国家之间的分层都是如此。在美国，穷人和富人之间的差距非常大。在世界上，贫穷国家与富有国家之间的差距也依然大。根据沃勒斯坦的世界体系理论，核心国家从边陲国家里"掘取"它们所需。这就会引起国与国之间的竞争和冲突。弗里德曼认为，由于技术发展，世界趋向"扁平"，只有掌握这些必要的技术才能获得生存，那些不掌握技术的国家或地区将会变得越来越落后。一般来讲，基于自身利益的考量，每个国家都想走在世界前列。然而，与其他国家进行互动，外沿国家被看作是"一穷二白"的，因此，它们将会被甩到世界的后端。

全球化如何影响人们的生活？

## 符号互动论

符号互动论者们主要研究语言和符号（或事件）对社会如何产生影响。里德认为，自从欧盟形成以后，欧洲国家的人们对"一体化"公民身份的认同正在逐步增强。欧盟如果将来能够形成诸如美国这样的联邦国家形式，就会是世界上最强大的国家。欧盟的这种形式对其他国家的长期影响是什么呢？

冲突论者们认为，分层是由于贫富国之间的权力不平衡造成的。从长远来看，贫穷国家的机会在哪里？

欧盟改变了其看待欧洲联盟"民族性"的看法。如果他们决定将来整合一个"民族"或"国家"，那么这个世界又会如何变化呢？

# 人口问题

1. 人口增长是社会问题吗？
2. 我们如何对人口进行测量？
3. 人口学家如何看待人口的相关议题呢？

# 根据

联合国当时的评估，2012 年年初，世界人口达到 70 亿，2050 年，这个数字会上升到 90 亿。增长的人口中，大多数来自亚洲和非洲的发展中国家。

联合国人口办公室主任兹罗特尼克（Hania Zlotnik）表示："与 2006 年的评估相比，这已经发生了很大的变化。"

"这个项目还在进行，到 2050 年，世界人口将会达到 91 亿左右。"兹罗特尼克在一次新闻发布会上说道，"这个预测是基于对生育率的假设前提上的，目前的生育率为 2.56，即平均每一位女性生育 2.56 个孩子，但在不久的将来，这个数字可能下降到 2.02。"

兹罗特尼克指出：如果维持目前的生育率，那么

到 2050 年，世界人口将可能达到 105 亿；如果生育率下降的速度超过了预期，比如 1.5，那么到本世纪中期，世界人口将会达到 80 亿。

到 2050 年，人口增长主要集中在人口稠密的国家。据预测，世界增长的人口中，有一半来自于这九个国家，它们分别是印度、巴基斯坦、尼日利亚、埃塞俄比亚、美国、刚果、坦桑尼亚、中国和孟加拉国。

与以上情况形成鲜明对比的是，据联合国推测，在同一时期内，世界上有 45 个国家或地区的人口将会下降 10%，包括日本、意大利和曾属于苏联的一些国家。

根据这项研究，最大规模的移民将会发生在美国。据估计，从 2010 年到 2050 年，每年将会有 110 万人移入美国。

根据联合国人口评估委员会主任格哈德·海利希（Gerhard Heilig）的观点，移民和高出生率将会使美国的人口迅速增多，由 2009 年的 31 470 万增加到 2050 年的 40 390 万。

## 即使像美国一样的发达国家，其人口也还在持续增长。

在我居住的城镇，为了应对不断增长的人口，政府和相关机构不断地新建房屋。当然，在一些国家里，比如美国，人口的增长通常意味着经济的增长，其中，可能会伴随着少许的问题，这些问题通常与住所、水资源和卫生的供给有关。但是，其他国家的情况并非如此。

正如开篇文章所讲的那样，生活在一个拥有90亿人的世界会是什么感受呢？亚洲和非洲的发展中国家会怎样应对未来的人口增长呢？发达国家中人们的生活又会有哪些变化呢？这些仅仅是很小的一部分问题，当我们考虑到人口增长对世界上有限资源和脆弱环境的影响时，估计涉及的问题会更多。

# 主题：人口增长是社会问题吗？

**人口学**：是研究人口组成和规模大小的学科。
**人口变量**：是指一定人口的变化特征。
**生育率**：是指一定人口的出生数量。
**粗出生率**：是指每年每1 000人中的婴儿出生数量。
**分年龄的出生率**：是指每1 000名妇女在特定的年龄阶段生育子女的数量。
**总生育率**：是指每个妇女在育龄期间预期生育孩子的平均数。
**人口零增长**：是一个与生育替代率有关的概念，是人口增减处于平衡状态的指标，即出生数加上迁入数与死亡数加上迁出数相等。同时，人口零增长还意味着生育更替水平和速度是稳定的。
**预期寿命**：是指假若当前的分年龄死亡率保持不变，同一时期出生的人能继续生存的预期平均年数。
**寿命**：是指一个人活着的最长可能年限。

## 人口数量

在读研究生的时候，我最喜欢的课程之一就是人口学。它教会我们一个很简单的真理：所有的社会都受其人口的影响。一个非常睿智的老教授告诉我："人口学就是研究人口的组成和规模的，这个学科里都是数字。"如果一个国家的人口规模比较大，那么这个国家会面临许多问题，比如如何向这么多人口提供生活的必需品。当然，这些国家也会遇到一些机遇，因为更多的人口意味着更多经济增长、更多革新和更多发展的可能性。

瑞士与阿富汗的人口特征有什么不同呢？为了研究人口，人口学家采用**人口变量**（population variables）来说明类似问题。人口变量是指一定人口的变化特征，比如规模、种族成分、出生率和死亡率等。

你可能已经知道，世界人口是分散的。世界上人口最多的国家是中国和印度，它们的人口总数比接下来的其他23国的人口总和还要多。美国是世界上第三大人口国，但是，它的人口仅占世界人口的4.6%。要想知道更多的统计数据，可以参见世界人口分布图。这么大的人口数量如何对这些国家的人们的生活产生影响呢？

正如我们在下页图中看到的那样，世界人口在不断发生变化。在人类一段很长的历史中，人口增长是相当缓慢的，接着，到工业革命时期左右，世界人口急剧增长。随着各国经济社会的发展，人们的预期寿命也开始变长，这主要是由于公共卫生条件和基本必需品供给的改善，比如饮用水和污水处理等。尤其值得注意的是，人类历史上超过11 000年的时间里，世界总人口仅增长到10亿；然而，在接下来的100年里，人口增长了一倍多；在1940年和1982年之间，人口总数又翻了一倍。据推测，到2042年，世界人口总数还要翻一倍，它将达到90亿。人口学家指出，人的寿命也会成倍延长。对于这个问题，我们稍后将详细展开。

## 研究人口的工具

### 生育率

**生育率**（fertility）是指一定人口的出生数量。通常，我们采用**粗出生率**（crude birth rate）来表示。粗出生率是指每年每1 000人中的婴儿出生数量。有许多因素影响生育率，这不仅会涉及人口控制和照顾子女的妇女数量，而且还涉及健康、财富和教育等情况。**分年龄的出生率**（age-specific birth rate）是指每1 000名妇女在特定的年龄阶段生育子女的数量。**总生育率**（total fertility rate）指，每个妇女在育龄期间平均的生育子女数量。**人口零增长**（zero population growth）是一个与生育替代率有关的概念，是人口增减处于平衡状态的指标，即出生数加上迁入数与死亡数加上迁出数相等。同时，人口零增长还意味着生育更替水平和速度是稳定的。以上每一个工具都可以帮助人口学家来预测人口，也能帮助社会及相关部门做到未雨绸缪。例如，如果一个社区的粗出生率正在下降，相关部门就可以提前做出决定，推迟一些新小学的建立时间。

## 预期寿命

你实际能活多长时间呢？没有人会知道。但是，人口学家能计算出你可能活多长时间。**预期寿命**（life expectancy）是指假若当前的分年龄死亡率保持不变，同一时期出生的人能继续生存的预期平均年数。在这里尤其注意的是，这个指标不能与**寿命**（life span）相混淆。寿命是指一个人活着的最长可能年限。当然，人类有能力活过100岁。在过去的一百多年间，世界上许多国家人们的预期寿命显著增加，这很大程度上得益于生活水平的提高，比如饮用水和居所条件供给，以及医疗卫生条件的改善。在19世纪60年代和20世纪90年代之间，人类最长寿命的预期从108岁增加到116岁。

世界上所有的人们都期待着能活过平均寿命65岁。考虑到某些区域的一些影响预期寿命的因素，这个数字还会有所调整。例如，在法国、意大利和西班牙，人们拥有最长的预期寿命，其分别为81岁、80.2岁和80.5岁。相反，对于另外一些国家，诸如津巴布韦和埃塞俄比亚，人们拥有最短的预期寿命，即不到40岁。另外，有48个国家的预期寿命比美国高，美国的预期寿命为78.1岁。

> **死亡率**：是指一定人口中的死亡数量。
> **粗死亡率**：是指每年平均每1 000人中的死亡人数。
> **婴儿死亡率**：是指婴儿出生后不满周岁死亡的人数同出生人数的比率。

但是，当我们仅考虑世界上最大的十个国家时，美国的预期寿命第二，日本第一。预期寿命最低的国家在非洲，这是由一系列的因素造成的，包括饮用水问题、污水问题、疟疾以及大范围存在的HIV感染。HIV感染是造成这些国家低寿命率的重要原因，比如在安哥拉，人们的预期寿命仅为38.2岁。

## 死亡率

**死亡率**（mortality rate）是指一定人口中的死亡数量。社会学家通常用**粗死亡率**（crude death rate）代替死亡率。粗死亡率是指每年平均每1 000人中的死亡人数。在战争年间，疾病和饥荒往往会导致死亡率的上升。其中，研究者比较关注的另一个指标就是**婴儿死亡率**（infant mortality rate）。婴儿死亡率是指婴儿出生后不满周岁死亡的人数同出生人数的比率。

一些国家的人口预期寿命非常低的主要原因在于，环境和医疗条件差所导致的高婴儿死亡率。例如，在安哥拉，婴儿死亡率高达180‰，而瑞士仅为2.75‰。这就意味着，在安哥拉出生的孩子中有18%活不过1岁，相

### 世界人口增长趋势

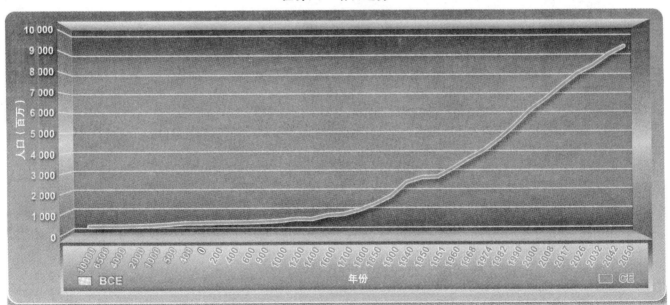

资料来源：International Data Base: U.S. Census Bureau 2009, Accessed November 29, 2009, http://www.census.gov/ipc/www/worldhis.html.

世界人口翻倍增长的时代渐渐过去。你可以试着预测一下：世界人口要翻倍到180亿需要多长时间？

人口金字塔：是表示人口的性别、年龄等分布情况的三角形图表。

反，在瑞士出生的孩子仅有 2.75‰夭折。在发达国家中，美国的婴儿死亡率比较高，为 6.26‰，其排在古巴之后。世界上，超过 40 个国家拥有比较低的婴儿死亡率。它们为什么能够做到呢？事实上，产前保健在降低婴儿死亡率方面扮演着重要的角色。诸如安哥拉这样的国家，医疗卫生系统相当落后，人们很少有机会享受这种服务。同时，诸如瑞士这样的国家，则进行了基本医疗的全面覆盖。至于美国，我们的医疗体制不能保障每一个人享受医疗服务，这也是造成相对较高的婴儿死亡率的部分

原因。

## 人口金字塔

人口金字塔（population pyramid）是表示人口的性别、年龄等分布情况的三角形图表。人口金字塔可以随时跟踪人口的变化情况，这些信息能够帮助研究者发现一个社会的潜在需求。在下页中，我们将向大家展示，20 年前和现今的美国与墨西哥人口的变化，以及预测它们 20 年后的可能趋势。当人们的寿命开始变长且出生率稳定时，人口金字塔的"矩形脉冲"（squaring）就会形成，长方形矩阵的形式开始出现。在美国，这种"矩形脉冲"正在发生。在墨西哥，这种趋势没有美国那么显

### 世界人口分布（前五位国家或地区）

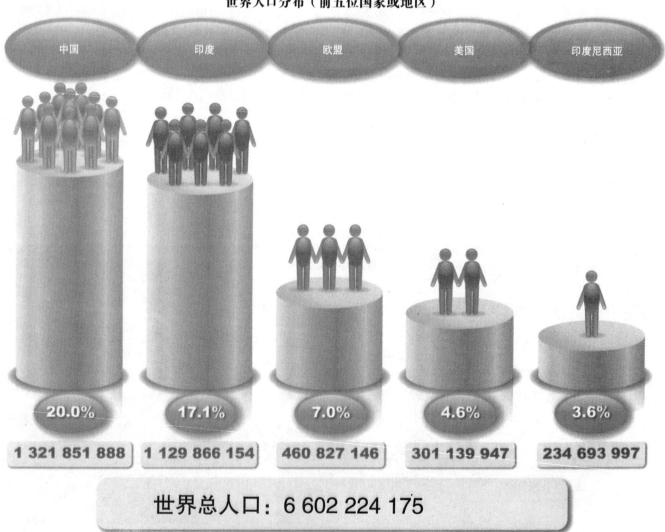

中国 20.0% 1 321 851 888
印度 17.1% 1 129 866 154
欧盟 7.0% 460 827 146
美国 4.6% 301 139 947
印度尼西亚 3.6% 234 693 997

世界总人口：6 602 224 175

资料来源：Central Intelligence Agency, "Population 2007," *The World Factbook*, https://www.cia.gov/cia/publications/factbook/rankorder/2119rank.html, Accessed April 20, 2007.

中国和印度的人口总和比其他23国人口总和还要多。人口众多有哪些好处呢？

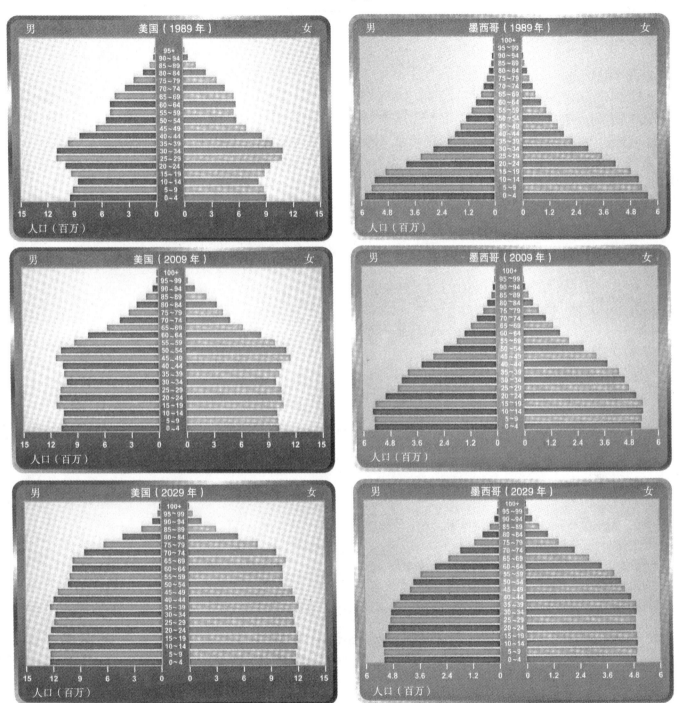

## 人口金字塔

资料来源：U.S. Census Bureau, Population Division, 2007, www.census.gov/ipc/www/idb/index.php.

△ 美国和墨西哥的人口都慢慢地呈现出"矩形脉冲"的趋势，只是速率不一样而已。在这两个国家里，导致它们人口方面不同的
△△ 原因是什么呢？

> **迁移**：是指人们从一个区域到另外一个区域的移动过程。
> **外来移民**：是指人们从外国移入本国。
> **移居外国**：是指人们从本土移到别国。
> **自然增长率**：是指一年内人口自然增长数与年平均总人数之比，通常用千分率表示。人口学家利用这个指标来测量人口的增长或下降。
> **出生匮乏**：主要是指出生率的下降。

著。试想，伴随着美国"矩形脉冲"的出现，可能导致的社会问题有哪些呢？这是否意味着有更多的青少年需要人来看管，更多的老年人需要人来照顾呢？正如我们在第5章中所讨论的那样，要想维持合理的生活标准，工人们需要延长自己的退休年龄。如果美国停止移民，那么这种人口金字塔将会发生什么改变呢？这仅仅是人口学家们在进行人口预测时提出来的话题。

## 迁移

人口学家们认为，人们一直在迁移。现今和过去一样，人口增加和全球互动带了了人口的**迁移**（migration）。迁移是指人们从一个区域到另外一个区域的移动过程。我们在第3章中已经对这个问题讨论得比较详细了，但是，在这里提醒的是，迁移通常与**外来移民**（immigration）和**移居外国**（emigration）有关。**外来移民**是指人们从外国移入本国；而**移居外国**则是指人们从本土移到别国。美国的绝大多数公民都是外来移居民的后代。

在人们考虑是否移居到别的国家时，诸如婴儿死亡率和预期寿命等因素，起到了非常重要的作用。较穷国家或地区的人们往往向比较富裕的国家或地区移民，因为他们希望通过这种方式来改善自己的生活条件。例如，德国人的祖先移居美国，是因为德国缺少工作机会。正如今天的一些墨西哥人一样，他们向美国移居是出于同样的原因。

当然，移民模式会导致一些社会问题，比如我们第3章中所讨论的那些问题。当大批的人群移入一个地方时，本地人可能以歧视和暴力作为回应。例如，在美国，反移民情绪正在高涨。愤怒的群体逐渐出现，他们把目光聚焦在最近的外国移民身上。这些群体通常把新移民们作为"替罪羊"（scapegoat），把新移民看作他们遭受不公和暴力的根源。

## 自然增长率

**自然增长率**（rate of natural increase）是指一年内人口自然增长数与年平均总人数之比，通常用千分率表示。人口学家利用这个指标来测量人口的增长或下降。当自然增长率为正值的时候，表示人口在增长；当其为负数的时候，表示人口在下降。导致人口下降的两个主要因素就是婴儿死亡率和预期寿命。在一些国家里，部分人选择不生育孩子，或者生育较少的孩子（相较于之前），这就会导致**出生匮乏**（birth dearth）。出生匮乏表示出生率的下降。例如，在20世纪90年代早期，日本的总生育率下降到1.46，平均每个妇女生育的孩子不足两个。在一个老龄化的社会里，未来的劳动力短缺是一个比较严重的社会问题。政府往往会制定一些政策来提高生育率，以缓和人口的不均衡。

### 不同地区人口倍增时间掠影

| 地区 | 自然增长率（%） | 倍增时间（年） |
| --- | --- | --- |
| 非洲 | 2.4 | 29.4 |
| 南美洲 | 1.5 | 46.6 |
| 亚洲 | 1.2 | 58.3 |
| 大洋洲 | 1.0 | 70.0 |
| 北美洲 | 0.6 | 116.6 |
| 欧洲 | -0.1 | 不适用 |

资料来源：*World Population Data Sheet*, Population Reference Bureau, 2007, http://www.prb.org/pdf07/07WPDS_Eng.pdf.

相较于其他大陆的国家来说，非洲的人口倍增需要更短的时间。是什么原因导致了这样的人口自然增长率偏差？

## 倍增时间

倍增时间（doubling time）是指人口规模翻一倍所需要的时间。人口倍增时间对将来的人口有着重要的、持续的影响。一个比较短的人口倍增时间意味着可获得资源的有限性。

例如，如果一个国家的人口倍增时间为50年，那么，在这50年期间，这个国家的可利用资源也得倍增，以便满足基本的人口需求。否则，增长的人口将会使自然资源更加紧张。

计算倍增时间的一个简单方法就是"七零"法则（rule of 70）。"七零"法则是一种计算人口倍增时间的方法，即用70除以人口自然增长率。请看第260页的图，我们能看到，南美洲的人口倍增时间是46.6年

> **倍增时间**：是指人口规模翻一倍所需要的时间。
> **"七零"法则**：是一种计算人口倍增时间的方法，即用70除以人口自然增长率。

---

### ▶▶▶ 全球视野

## 中国和独生子女政策

未来，你是否打算拥有一个大的家庭？美国允许你这样做，其他国家却未必。你是否能想象到，生育一个孩子可以得到奖励，而生育超过一个孩子则可能会受到惩罚呢？这就是中国的独生子女政策（one-child policy）。在美国，政府通过税收减免来鼓励人们多生育孩子，而在中国则恰恰相反，政府鼓励人们只生育一个孩子。当他们的第一个孩子出生后，夫妇想再生一个孩子，就可能会面临处罚。

在1979年，中国政府实行了独生子女政策来解决人口快速增长所引发的社会问题。政府希望通过独生子女政策的实施，来预防未来的社会问题，比如资源紧张和就业机会缺少等。如果中国政府不对人口进行有效控制而允许大规模的人口生产，那么社会将会面临饥荒、失业、资源枯竭以及社会冲突等。为了限制人口出生的数量，中国政府提倡出生控制，并且鼓励人们晚婚晚育。

以下是中国政府对此的奖励措施。在中国，在第一个孩子诞生之后，不符合相关政策的夫妇应承诺不会再生更多的孩子。他们如果遵守承诺，就会得到奖励，比如更好的医疗选择、更好的孩子教育以及妇女更长的产假等。他们如果不遵守诺言，就会受到处罚，比如罚款。这只是独生子女政策的例外情况而已。对人口众多的国家来说，这样的政策是相当严格的，尤其是在城市地区。不过，生活在一些人口稀少的农村地区的人们，被允许生育二胎，且不受处罚。

中国的独生子女政策曾遭到过批评，因为它在客观上造成了妇女的堕胎。在中国传统社会，男性比女性拥有更多的权力，男性向更高社会地位进发的能力和机会也比女性多。因此，在独生子女政策实施以后，受社会传统思想的影响，当父母面临只要一个孩子的抉择时，他们往往会倾向于选择男孩。一旦妈妈们知道肚子里怀的是女孩，她们中的有些人就会选择堕胎。这就带来了社会中男女性别比例的失衡，以及与生育率相关的潜在社会问题。试想，在中国的人口中，有这么多的男性人口，大量的单身汉会显现出更多的挑衅性，这可能会引发一些社会问题。

◀◀◀ 中国政府把独生子女政策当作人口控制的手段。

（70/1.5），而大洋洲的人口倍增时间为 70 年（70/1.0）。值得注意的是，人口自然增长率每年变化都很大，因此，基于自然增长率预测的人口倍增时间也不完全准确。事实上，在过去，对倍增时间的估计也没有完全准确过。即便如此，人口学家还是用倍增时间来计算人口的可能增长趋势，以及对人口进行比较分析。请重新看一下这个图，世界许多地区的人口被预测会倍增。这将会对你的生活产生什么影响呢？年轻人和老年人都面临的社会问题是什么呢？

### 人口预测

生育率、预期寿命、死亡率、人口金字塔、移民率以及自然增长率都是人口预测的重要指标。当然，这些指标不能用来预测诸如战争、疾病以及出生率的变化等情况。但是，这并不是说，人口预测一点价值都没有。科学的评估是非常重要的，它能够帮助政策制定者和商贸者为将来做准备。例如，在我的家乡，据预测，未来 20 年人口会增长 14% 左右。于是，近来，城市委员会开始讨论如何制订计划以应对这个问题，比如饮用水供给和污水处理等。尽管人口预测不完全准确，但是，实际人口估计会增长 13%，相关的服务需求也会增长。提前了解人口的潜在需要和将会面临的挑战，有利于社会做好准备，以预防一些社会问题。人口预测可以为满足潜在资源需求做些准备，比如学校、住房和工作，甚至包括应对长的预期寿命的健康医疗设施建设。

## 人口增长或下降的经济学议题

人口增长会对经济产生重要影响。通常，人口增长最快的国家往往伴随着经济环境的恶化。对于贫穷国家来说，它们连满足现有人口的需要都感到吃力，再加上新增的人口，这些国家将在"大人口"基本生活所需的供给方面，面临很大的困难。

然而，事情要一分为二看。经济学家朱利安·西蒙（Julian Simon）发现，人口增长对一个国家的经济起到改善或促进作用，要到一百年或更久之后才能显现。相较于那些人口增长平稳的国家来说，这些国家的经济有更大的提升空间。他的理由或根据是，这些国家的新增人口需要找寻工作以便生存，这些工作会慢慢促进经济的发展。在发达国家，人口增长会带来更多的劳动分工、知识增长和改革创新，从而最终带来人们收入的提高和生活条件的改善。当然，对于发展中国家来说，情况并不总是如此。在有些国家里，人口增长会造成收入减少和公共资源紧张。

# 社会问题思考：
# 我们如何对人口进行测量？

**马尔萨斯理论**：该理论认为，人口会呈几何级数增长，食物则呈算术级数增长，所以，世界人口的增长最终将会超过食物的增长。
**人口转变理论**：是指随着社会经济条件的发展，各种人口现象处于同一相互联系的体系中，呈有规律地阶段性递进、转变的现象。

## 马尔萨斯理论

托马斯·马尔萨斯（Thomas Malthus）是一个英国牧师，其以最早的人口预测而闻名。在 1798 年，他出版了《人口原理随笔》（*An Essay on the Principle of Population*）一书，这本书介绍了他对人口问题的见解。正如**马尔萨斯理论**（Malthusian Theory）所指出的那样，人口的增长呈现几何级数（2、4、8、16……），食物的增长则呈现算术级数（1、2、3、4……），即使生产食物的科技再发达，总会有一天，人口的增长最终超过食物的增长，也就是说，食物短缺现象终将出现。食物短缺可能会引起饥荒、战争和疾病的传播。不过，在任何饥荒、战争和疾病爆发之前，历史上总会有一些积极的应对措施，这些应对措施会使人口数量下降到与食物供给总量相当。可以想象，在马尔萨斯年代，诸如人口控制的措施还没有广泛被应用。今天，马尔萨斯关于人口的思想仍然具有很大的影响力，你将会在第 19 章中看到许多环境协定都是基于马尔萨斯人口理论的，即世界上的资源是有限的，人口的增长最终会超过这些资源的供给。马尔萨斯如果看到今天的世界，那么是否会认为，大家的观点是如此相近呢？一些人认为，现在的饥荒是由于食物短缺、政府腐败和财富分配不平等造成的。你是怎么看待这个问题的呢？

# 人口转变理论

人口转变理论家们不同意马尔萨斯的结论。**人口转变理论**（Demographic Transition Theory）是指随着社会经济条件的发展，各种人口现象处于同一相互联系的体系中，呈有规律地阶段性递进、转变的现象。这个发现是对欧洲北部人口增长趋势的历史资料分析所得；但是，这个结论也遭到了批评。批评家们认为，这个人口转变模型不能适用于欧洲以外的国家。

在第一个阶段，社会并没有经过工业化，也没有高出生率和死亡率。人口的预期寿命比较短，婴儿死亡率比较高。人们需要生育更多的孩子来为社会提供充足的劳动力。由于出生率和死亡率相当，在这一阶段，人口增长比较缓慢。

在第二个阶段，社会进入工业化阶段。新的科技减少了对劳动力的需求，人们搬迁到城市来寻找工作。由于工业化的来临，食物供给增加了，医疗条件改善了，更高质量的生活也随之出现了。生育率仍然维持在高位，而死亡率却降低了。出于这个原因，在这个时期，人口增长最快。

在第三个阶段，到了工业化后期，出生率开始降低，死亡率也降低，预期寿命更长。经济和社会条件的改善影响了人们的生育选择。一些人开始选择组建小型家庭。值得注意的是，在这一阶段，人口仍然是在增长的，不过是以比较小的速率增长而已。

在第四个阶段，社会进入了后工业时代，人类经历了人口规模的下降，而且这种下降比较稳定。在这一阶段，人口出生率和死亡率都非常低。

## 人口转变模型

根据人口转变模型，随着社会向工业化阶段转变，人口增长也会不断地、有弹性地发生着变化。美国在这个模型中所处的位置在哪里？

链接

## 人口与地球

在本书的几乎每一章中，你都会阅读到一些由人口引发的相关问题。我们在第 3 章中讨论了一些由移民引发的问题。在第 5 章中，你了解了人口老龄化给社会带来的影响。在第 13 章中，你看到了人口分布与犯罪率之间的关系。在第 16 章中，我们涉及人口膨胀对城市的影响，以及其带来的挑战，如卫生条件差和资源过度使用等。在第 17 章中，你了解到全球化将会导致超低报酬的工作、血汗工厂以及现代奴隶制。你将会在第 19 章中读到，人口过剩也会给环境造成持续的负面影响。有时候，它对资源的破坏，甚至达到了无法修复的程度。

# 找寻解决社会问题的办法：
# 人口学家如何看待人口的相关议题呢？

## 人口控制

人口增长与出生率及和亡率有关。因为死亡率具有不可控制性，所以，更多的人口控制措施聚焦在了出生率上。正如之前所提到的那样，诸如中国，其主要聚焦在夫妇生育孩子的数量上；相反，美国不存在孩子数量控制的政策，而且还通过税收减免政策来鼓励人们生育。在某种程度上讲，美国采取的鼓励政策，其实是"小家庭来补贴大家庭"（大家庭可以享受税收补贴）。世界上其他国家的情况则并不尽然。

在美国，尽管诸如避孕和堕胎等出生控制的工具和措施存在，但是，政府还是把这些权利和选择留给了个体，即个人可以决定是否生育以及采取什么样的措施。在世界的其他一些国家或地区并不是这样。例如，在墨西哥，政府向所有想要堕胎的市民免费提供公共资助。而在哥伦比亚，人们采用避孕来预防意外怀孕。

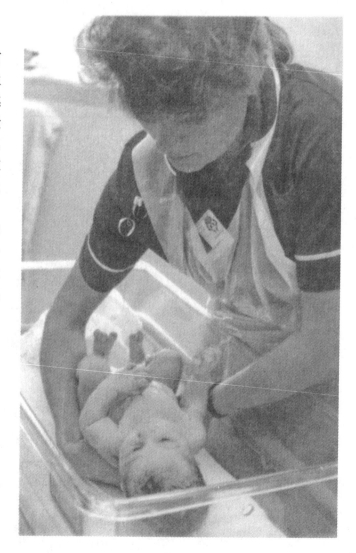

>>> 当人口增长率下降时，世界总人口还在持续增长，据预测，到 2042 年，世界人口将达到 90 亿。

## ▶▶▶ 赞同还是反对

## 人口控制

　　为了解决人口快速增长的问题，一些国家已经采取了一些政策和计划来进行人口控制。最终这些措施是会见效，还是不见效呢？

**赞同**

- 人口控制将会带来更多的成功机会。一些人口过剩的地区只能提供有限的工作和有限的教育机会。
- 人口控制能够使发展中国家的妇女受益，即能够增加她们对资源的获得性，以及向社会上层流动的机会。
- 人口控制对和平的维持非常重要，因为过剩的人口容易引起有关有限资源的冲突。
- 人口过剩将会造成环境紧张，因为它超出了环境的承受能力；如果太多的资源被人们提前利用，那么，他们的后代将会遭受更多的痛苦。

**反对**

- 人口过剩尽管是个社会问题，但是，它会随着"人口转变"而发生变化（自我进化）。
- 国家没有权利去干预夫妇对子女数量和家庭规模的决定。试图去控制个人决定，这是对公民权利的一种破坏。
- 一些政策鼓励了堕胎，或者是遗弃孩子等。
- 认为人口增长具有毁灭性的指控过于夸张，这些指控并没有确凿的证据，目前还没有真正的方法较为精确地证明社会问题是由人口增长导致的。

# 从课堂到社会→清洁水

　　在克莉丝汀（Christine）大学高年级的时候，她参加了美国和平部队（The Peace Corps）。她曾想，拿到了教育学士的文凭之后，可以被指派去教育那些没有上过学的孩子。然而，后来她却去加纳的小城镇玛菲－多芬（Mafi-Dove），充当了净水行动的一名成员。

　　**"起初，我比较失望，因为与'水'工作不像教书或建房子那样令我兴奋。不过，在几天过去之后，我开始意识到这里的清洁水问题是多么严重。村子里没有足够的公共厕所，**于是，许多人去小河边'方便'。当下雨时，这些垃圾就会被带到河水里，污染也就开始了。在玛菲－多芬的水里，人们经常会发现几内亚龙线虫（Guinea Worms）和其他的寄生虫。人们因此深受其害。一看到孩子们身上巨大的疮疤，我就想哭。"**

　　克莉丝汀了解到，另外一组和平部队的成员已经花费了一整年的时间来挖一口潜水井，但是，所挖的坑不够深，不能引来清洁的水。

　　**"在我到那的第二周，我们请来了一个建筑队，他们用巨大的钻子在**地上凿洞。当我们钻到一百英尺深的时候，才发现有足够的清洁水资源。"

　　克莉丝汀把剩下来的几个月时间都花在钻井项目上，比如测试水质、教会村民保护水资源等。

　　**"当我两年的志愿生涯结束之时，这个小村落里已经有了三个新钻井，大部分村民可以从水管中喝到清洁的水，而且他们也学会了在饮用河水之前，把它煮沸。我参加和平部队，最初的目的是教书，结果做了不同的事情，但是，我觉得非常有意义。"**

# 理论沉思

对自然资源的过分开采将会导致灾难。难道是我们的生活方式造成了环境紧张吗？

## 功能论

功能论者们把目光聚焦在不同社会结构的关系上来。人口增长在社会中起什么样的作用呢？从功能主义的视角来看，对孩子的需求使社会人口不断增长并持续下去。人口增长将会带来经济发展，但是也会导致一些社会问题，比如对资源的过度利用。复活节岛（Easter Island）的古代居民栖息地已经消失，原因在于人口增长，人们不得不采伐森林和过度使用资源。我们必须时刻保持谨慎，避免类似的事情再次发生。

## 冲突论

人口增长将会带来对资源的争夺，比如食物、水、燃料以及空间等。尽管新技术的发展能够开发出更多的资源供更多的人口使用，但是，人口增长最终会超过食物增长。谁将会在这场争夺中"胜利"呢？冲突论者们认为，将来的短缺将会把人口分为两部分：那些拥有资源的和那些没有资源的。在整个社会中，占有资源的人们的力量将会增强，其影响水平将会提高；相反，那些不占有资源的人们社会地位将会下降。这种不平等不但会带来权力、影响和社会地位的变化，而且还会导致对资源的掠夺。由自然引发的社会问题已贯穿了人类的整个历史。人口增长所带来的类似社会问题不久将会显现。

## 全球化如何影响人们生活？

## 符号互动论

符号互动论者们想考察：社会本身对人口增长是如何产生影响的？通过对社会文化的考察，他们希望得到对人口增长原因比较好的解释。一个社会中，由于男人和女人的社会角色变化，人们对孩子的总体态度或认知会不同，这就会对人口规模产生影响。符号互动论者们研究人们的态度如何对人口产生影响，这些态度涉及婚姻、避孕措施、妇女受教育程度以及其他文化因素等。例如，在一些国家里，人们推迟结婚年龄，直到能够接受完教育或开始职业生涯，这就会造成人口增长率的下降。节育技术或措施的采用，也会导致相同的趋势，即人口增长率下降。

有限的资源会导致冲突。我们的资源是否能够满足整个人类的需求？

一些男性和女性推迟结婚的年龄，直到他们完成教育之后。这种情况给人口增长带来什么影响呢？

环境问题

1. 我们的环境是否陷入了危险之中？
2. 社会学家是如何看待环境问题的？
3. 我们能够为解决环境问题做些什么呢？

个周四，一个著名的环保组织发出警告：如果政府不能有效遏制生物多样性的急速减少，那么世界一半以上的珊瑚礁物种、三分之一的两栖动物和四分之一的哺乳动物将濒临灭绝。

国际自然保护联盟（International Union for Conservation of Nature, IUCN）为了保护物种、自然栖息地以及其他地理区域等，已开展了一场长达五年的"战斗"，这些物种和区域的濒临灭绝或恶化，通常是由于人类的活动造成的。该组织把五年的保护"战斗"写成了155页的报告，并指出："地球上的生命正在遭受严重威胁。"

国际自然保护联盟制作了世界濒临危险的动物"红榜"。它分析到，政府十年前就承诺采取有效措施遏制全球物种的减少，但是，目前竟有超过44 000个物种濒临灭绝，这就说明了相关保护措施的不利。

该报告名叫《瑞士格兰》（The Gland, Switzerland-based），该报告得出结论，上述目标还没有实现，另外，珊瑚礁物种濒临灭绝就是一个向世人发出警告的例子。该报告还说，与五年前相比，世界上越来越多的两栖动物、哺乳动物和鸟类濒临危险。这主要是因为人类向自然过度掠夺"食物"和不适当的药物使用所造成的。

该报告的高级编辑让·克里斯托夫·维也那（Jean Christophe Vie）说道："生活多样性继续减少，对这一点没有人会有异议，而且世界各地都会发生。"

维也那告诉美联社（The Associated Press）："生物多样性减少的危险是一个非常显著的问题，世界各国领导人应该团结起来与其做'斗争'，即使是在当今经济衰退和金融不稳定的时期。另外，野生动物危机不像市场或次贷危机（不可避免和可以恢复）那样，一旦破坏就不可挽回。"

他呼吁政府去正视和解决这个问题，比如，减少对能源的消耗和过度消费，重新规划城市发展以及重新评估全球对环境造成的影响——在世界某个地方生产物品，到相距万里之遥的其他地方出售。

维也那还说，气候变化将使这个情况变得更糟。

在2002年的联合国生物多样性例会和可持续发展高层论坛上，各国政府承诺，直到2010年，它们都会竭力遏制生物多样性的下降。欧洲各国政府也设定了类似的目标。欧盟新闻发言人芭芭拉·赫尔菲里希（Barbara Helfferich）说："在欧洲，大约50%的物种濒临危险或者比较脆弱，而且栖息地在缩减，因此，有许多事情等着我们去做。事实上，尽管我们已经做了很多事情，但是，对于遏制生活多样性的衰减，这些还不够。"

赫尔菲里希还说，去年的报告显示，欧洲各国政府采取了一系列的保护措施，收效也不错。这些措施包括扩展保护区、缩减过度捕鱼、增加海洋环境保护面积以及政府决策中更多地考虑生态环境等。

从1681年多多鸟（dodo bird）的消失，到1914年最后一支候鸽（passenger pigeon）的死亡，人类的活动已经威胁到了整个地球物种的栖息地。目前，有超过1 200种动物在美国政府的动物濒临物种清单上，这不但包括濒临危险的动物，而且还包括那些受到威胁且濒临灭绝的动物。

清单上的一些动物比较出名，比如加州秃鹰（California condor），然而，有一些并不出名，你可能从来都没有听说过，比如墨西哥长鼻蝠（Mexican long-nosed bat）。如果把有关的植物也纳入进来，那么估计这个清单会更长。例如，有超过700个不同种类且濒临危险的花种。对于人类社会来说，这些威胁意味着什么呢？

事实上，关于环境的破坏程度已经远远超过了人们对动植物损失的关心和保护程度。像地球上的所有生命那样，人类是有机体，这种有机体为了维持自己的生存和发展，而与外围的资源做"斗争"。因此，像其他有机体一样，当外围资源枯竭时，人类就会消失。继水污染之后，又会有什么问题被提出呢？燃料短缺，抑或是清洁空气短缺？

在本章中，我们将讨论环境对社会的影响。一个深受空气污染之苦的芝加哥贫民区儿童和一位生活在尼泊尔乡村的妇女，他们二者之间，谁的健康问题存在更大风险呢？日渐升高的海平面是否给整个人类带来被淹没的潜在危险呢？在资源不够用之前，美国的人口还能持续增长多少呢？这些问题的答案，可能会令你惊讶。

我们将讨论环境政策的一些内在问题。当生态系统向人类提供资源时，人类应该如何维护生态系统呢？当世界工业化不断发展时，我们应该如何做，才能够与随之而来的疾病"战斗"呢？那些生活环境和医疗条件都非常差的穷人们，该如何面对诸多挑战呢？在我们学习环境议题时，这些问题都应当被考虑在内。

## 主题：我们的环境是否陷入了危险之中？

在 20 世纪 70 年代，科学家们已经开始致力于一种社会学新范式——环境社会学。在这个研究领域，研究者主要评估环境如何对社会产生影响，以及社会又如何对环境产生影响。人们生活的不同，是不是因为所处环境不同造成的呢？在生态系统变化过程中，谁受到的影响最大呢？这些变化是否会影响社会阶层的变化呢？

**环境社会学**提出了一些与人们一般的认知或信念不一样的东西。首先，我们将浏览一下这些理论。

>>> 人类活动的深入或工业化的发展，造成河流和湖泊受到污染。于是，我们创造了先进的过滤系统使水再次被利用。北美的安大略湖（Lake Ontario）是公认的污染最严重的大湖，这是一个比较重要的例子。尽管人类可以通过先进技术来处理这些问题，然而难道人类能避免所有因自己的破坏所带来的伤害吗？

# 人类例外主义范式

对于环境保护主义者或其他团体来说，其中最大的一个关键问题就是，大部分人看不到环境破坏产生的直接影响。他们不知道这些，他们的观点就是，人类可以例外，可以免受其害。这种观点被称为**人类例外主义**（human exemptionalism）。人类例外主义认为，人类与地球上的其他物种不一样，因此，环境变化对他们的影响也会不一样（相较于环境对其他物种的影响）。按照这种观点，人类有能力进行革新来适应环境变化，比如通过技术运用和文化适应性等。因为这种能力能够使人类对环境的适应范围扩大，另外，环境因素对人类的影响不同于其对其他有机体的影响那样。人类例外主义者认为，我们将免于受到资源有限性的"限制"。例如，如果沙门氏菌对中东地区的整个粮食作物（如玉米和小麦）进行了破坏，那么这些地区的人们也不会饿死，因为他们可以从世界其他地方进口粮食，或者人们可以吃没有受到沙门氏菌影响的其他粮食和蔬菜。

尽管我们的物种显示出了强大的复原水平，然而难道我们真的能够避免环境破坏带来的伤害吗？也许，人类将会变成那份警示单（动物濒临物种清单）上的最后一个。

# 环境社会学

不像人类例外主义范式那样，环境社会学认为，人类只是全球生态系统中的一员，而且各种物种是相互依赖的关系。尽管人类比其他物种有着更高的"聪明才智"，但是，自然的力量仍然在人类之上。正如杰拉德·戴蒙德（Jared Diamond）在他的《崩溃》（Collapse）

**环境社会学**：是一门研究环境与社会相互影响的学科。
**人类例外主义**：该理论认为，人类与地球上的其他物种不一样，因此，环境变化对他们的影响也会不一样（相较于环境对其他物种的影响）。
**承载能力**：是指在一定的环境中能容纳物种的最大量。
**人口过剩**：是指人口数量超过了环境的承载能力，这会导致太少的资源可供利用。
**人口稀少**：是指人口的数量在环境承载能力之内，这会带来丰富的资源可供利用。

一书中所论述的那样，一些社会形态已经崩溃，比如格陵兰的维京人社会（Vikings, Greenland）、复活节岛上的拉帕努伊人社会（Rapa Nui, Easter Island）以及美洲东南部的阿那萨吉人社会（Anasazi, American Southwest）。因为这些社会的人口过度膨胀，以至于整个生态系统无法承受。

像其他物种一样，人类社会有一定的**承载能力**（carrying capacity）。承载能力是指在一定的环境中能容纳物种的最大量。例如，整个美国的人口不能搬迁到夏威夷，因为那里的环境不能承载这么多人。人类社会若不控制将会超过它的承载能力。当人类超过其承载能力时，就会呈现**人口过剩**。由于资源（特别是水和食物）是有限的，整个人类将会遭受饥荒。相反，当人类被控制在其承载能力之内，可能会出现**人口稀少**。在人口稀少的情况下，资源可能非常充足，物种就会兴盛。

据估计，美国的人口每年以1.1%的速率增长，到2100年，人口可能翻一翻。当我们的人口超过6亿时，我们是否还能够维持目前的生活水准呢？我们也许可以把人口迁徙到边境；但是，即使是这样，我们是否有足够的资源供这么多人生存呢？当我们看到有限的资源（诸如煤和石油）枯竭时，这个关于可持续发展的议题便尤为重要。一些环境保护主义者可能认为，我们已经过

### 世界上污染最严重的城市

| 城市 | 污染种类 | 污染源 |
| --- | --- | --- |
| 临汾，中国 | 煤颗粒 | 汽车和工业排放 |
| 田营，中国 | 铅和其他金属 | 煤炭开采与加工 |
| 苏金达（Sukinda），印度 | 六价铬和其他金属 | 铬铁矿开采与加工 |
| 拉奥罗亚（La Oroya），秘鲁 | 铅、铜、锌和二氧化硫 | 重金属开采与加工 |
| 捷尔任斯克（Dzerzhinsk），俄罗斯 | 化学物质及其有毒物质 | 冷战时期化学武器工厂 |
| 诺里尔斯克（Norilsk），俄罗斯 | 颗粒、二氧化硫、重金属和酚类 | 金属开采和加工 |
| 切尔诺贝利（Chernobyl），乌克兰 | 放射性元素 | 核泄漏 |
| 萨姆给亚特（Sumgayit），阿塞拜疆 | 有机化学物质、石油和重金属 | 石油化学产品和大工业中心 |
| 卡布韦（Kabwe），赞比亚 | 铅和镉 | 铅矿开采和加工 |

资料来源："The World's Most Polluted Places," *Time*. 2007. Retrieved at http://www.time.com/time/specials/2007/0,28757,1661031,00.html.

了"卸载点"（the tipping point），在这个"点"之上，人类原本还有对环境修复的能力。根据这种观点，在美国和整个世界达到承载能力极限之前，在大规模的疾病传播、战争和更严重的社会破坏出现之前，我们几乎无能为力了。土地是有限的，我们最终会把其"耗尽"。在这样的价值观指导下，人们采取措施来提升承载能力的方法，只不过是权宜之计而已。如果没有人口控制，那么对资源的需求最终将会超过整个生态系统的承载能力。

当然，每个事情都有两面性，即消极的和积极的。一些科学家认为，地球仍有足够的空间，即使承载能力有限，要达到这个极限，人类还有很长的时间。尽管特定的人口会影响承载能力，但是，其中一个重要的可用技术就是"人性"，它是一种可以改变和适应的能力。这种观点与人类例外主义大致相同。它们都认为，我们能够在更小的空间里生存。正如开篇的文章中所讨论的那样，整个世界动物王国中的其他成员并没有这种能力。当环境承载能力在某个区域出现问题时，人类可以改变自己的行为并能够学会如何应对困难。例如，当水被污染影响到食物供给、鱼儿死亡时，在整个人类中，仍然有些不同的群体可以适应（存活）。

## 环境正义

你是否喜欢居住在"地狱之城"密歇根州，或者是"失望之城"肯塔基州？居住在这里的人们通常都有一种幽默感，这种幽默感是关于他们城市的"不幸"之名。可惜的是，被称为"癌症谷"的路易斯安那州竟没有被纳

### 人口过剩的秘密

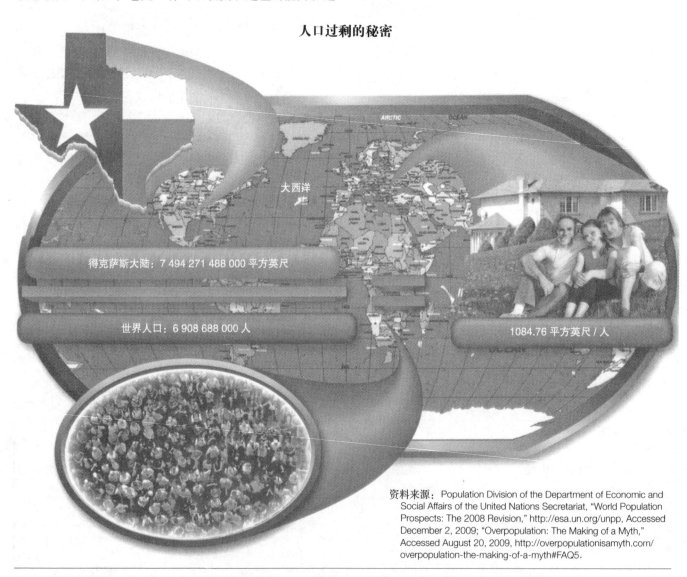

大西洋

得克萨斯大陆：7 494 271 488 000 平方英尺

世界人口：6 908 688 000 人

1084.76 平方英尺／人

资料来源：Population Division of the Department of Economic and Social Affairs of the United Nations Secretariat, "World Population Prospects: The 2008 Revision," http://esa.un.org/unpp, Accessed December 2, 2009; "Overpopulation: The Making of a Myth," Accessed August 20, 2009, http://overpopulationisamyth.com/overpopulation-the-making-of-a-myth#FAQ5.

一些研究者指出，如果把世界整个人口搬迁到类似得克萨斯州大小的地方，每人的居住面积仍有近1 085平方英尺。四口之家有足够的居住空间，甚至还可以拥有一个小院子。即使有足够的空间供人们居住，也并不意味着生态系统有能力供养这些人。

人这个笑话之中。"癌症谷"并不是它的官方名字,其实,它是巴乔鲁日(Baton Rouge)和新奥尔良(New Orleans)之间的100英里的区域。在这里,有176个工厂和精炼厂,它们每年排出的工业垃圾超过80亿磅。"癌症谷"是它比较恰当的绰号。1987年,在美国路易斯安那州圣加布里埃尔(Gabriel)的两个街区里,有15名居民被确诊患有癌症。仅在同一条道路的一英里外,有7名居民也被确诊患有癌症。随后,高浓度氯乙烯致癌物在密西西比河被发现。在这里,这种物质到处都是,是致癌的罪魁祸首。使这个问题更加棘手的是,这个地区的居民多数是低收入者且医疗保险非常有限。正如第2章中你了解的那样,美国贫困社区生活着的多是少数族裔。而"癌症谷"并没有什么不同,生活在这里的大部分居民是非洲裔美国人。

这个例子反映了一个主要的社会问题:一般来讲,环境破坏对穷人的影响程度要大于其对富人的影响程度。因为穷人通常很难及时得到污染的相关信息,或者没有能力搬迁出被污染的社区。因此,他们不得不忍受着毒气排放和水源污染。这通常被看作环境阶层主义或种族主义的表现形式,尤其是在高密度的少数族裔贫困区域。社会学家把这种现象解释为**环境正义**(environmental justice)。环境正义是指环境因素的变化对社会阶层的影响。美国环境保护署(the Environmental Protection Agency,EPA)这样定义环境正义:人类在处理环境保护问题时,各群体、区域、族群、民族国家之间所应享有的权利与承诺的义务的公平对等。环境保护署准备在美国的每个社区都去实施环境正义,但是,要实现这样的目标并不容易。例如,亚特兰大市总共有94个被废弃的、有毒物质的站点,该市有将近83%的非洲裔美国人生活在这个区域内。这是一种疏忽还是种族主义呢?不过,有一件事是非常肯定

> **环境正义:** 是指环境因素的变化对社会阶层的影响。

的,即一些人或机构不再对这些资源进行管理了。

## 生态管理

我经常会问我的学生们:"我们如何能创造一个'干净的世界'呢?"学生们的意见涉及面非常广,从禁止温室气体的排放,到建议人们只吃当地的食物。当我反问他们:"如果人们不排放温室气体,只吃当地生产的食物,你们就不可能在1月份吃到草莓了。"于是,他们中的大部分人都开始改变主意。我们得试着去找到一种方法,去管理好自然资源,以便能够维持生态平衡、满足人们的需要。这对创造一个富有成效且和谐的社会非常重要。让我们来看一下,我们将来要面对的主要环境问题都有哪些。

### 水

水是人类生存的基本元素之一。无论是在天上,还

**农业污染**

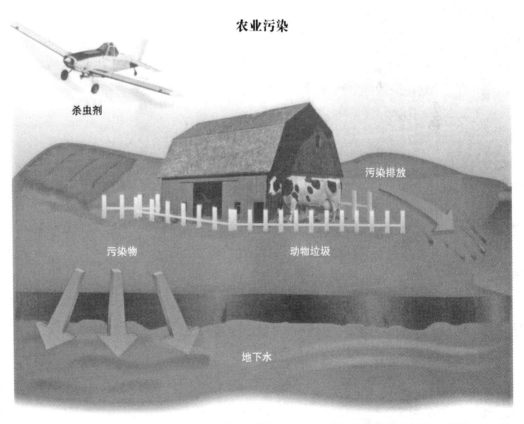

杀虫剂

污染排放

污染物

动物垃圾

地下水

⚠ 并不是所有的污染都来自于工厂或者精炼厂。大量的水污染是由于农业用水造成的。

是在地下，水都是我们最宝贵的资源之一。因此，水污染通常会对人类产生严重的影响。对于大部分美国人来说，喝到清洁的饮用水就如找到一个插头那么容易。环境保护署监管美国的整个水质量。它制定了饮用水标准，并保护着我们的水体免受污染。然而，并不是所有的国家都能够保证有充足干净的水供人们饮用。我还记得，我曾警告过朋友，不要在墨西哥直接饮用水龙头里的水。为什么呢？因为一些发展中国家在向市民供水方面存在着问题，它们缺乏淡水水源（如河流和湖泊），也没有能力钻井挖掘到清洁水层，或者它们的水过滤系统不能有效隔离污染等。水污染是世界卫生组织关心的主要议题之一，因为污水会携带一些病毒、细菌、原生物以及微生物等，这些会造成疾病的感染。在一些发展中国家，这些现象比较普遍。

关于水污染比较严重的一个问题就是水环境非点源污染（nonpoint source pollution），或者是污水排放，尤其是农业用水排放。当下雨、下雪或者过度灌溉时，这些污染就会发生。它们把一些病菌和微生物带到了湖泊、

河流以及渗透到地下水层。这些被带走的东西伴有大量的土壤沉淀物、杀虫剂、肥料或病原菌等。在淡水供应过程中，这些物质不仅能立刻对水产生污染，而且还能通过阻止或抑制植物生长来破坏整个淡水生态系统。你如果饮用了已污染的水，就可能咽下了病原菌；你如果吃了从湖里打捞上来的鱼，就可能吸收了某些毒素。

## 空气

某些种类的污染对社会的影响可能比其他种类的污染对社会的影响更为严重，但是，空气污染就属于前者。我们不能忽视它，因为它一直在我们周围存在。空气污染是由气体、可分解颗粒固体以及液化滴组成的。这些既包括那些被大家所熟知的水银和石棉，也包括那些不为人知的含氯氟烃和制冷剂。空气污染通常会涉及脏乱的城市和工业基地，然而，被世人称为人间天堂的夏威夷也存在着空气污染。它主要是因为火山气体、熏烟以及辐射（据推测是过去军用留下的贫化铀）。

你可能大致意识到，差的空气质量能够使健康问题加剧，尤其是哮喘和其他的呼吸道疾病。某些群体受空气污染的影响要比其他群体更为严重。例如，比较爱动的孩子在受污染空气影响方面存在高风险。孩子们比成年人患有哮喘或其他呼吸道疾病的可能性更大，因为他们喜欢把大部分的时间花在户外，更容易呼吸到被污染的空气。以下是波士顿的一个例子。在一个贫穷的区域罗克斯伯里（Roxbury），44%的家庭中至少有一个人患有哮喘。研究者发现，波士顿74个垃圾处理站中的64%都建在这里。这里还有15个卡车或汽车补给站。我们认为，这里高浓度的柴油排放气体和高比率的哮喘病存在关联。当地居民，包括小学生、法学院大学生以及工作在这里的人们，说服政府更换了使用清洁能源的公共汽车。这些为了环境正义的努力和尝试说明，在这场不公平的"战斗"中，社区力量是多么重要。

当然，环境正义不仅是美国一个国家的议题。污染，尤其是室内空气污染，也会发生在发展中国家的贫穷小村庄里。在尼泊尔，村民们利用火炉或火坑在通风的小屋里烹饪食物，这会造成大量的有害烟雾排放到空气里。根据加利福尼亚大学贝克莱（Berkeley）的研究，一个家庭主妇烹饪三小时所释放出来的气体中包含苯并芘的数

<<< 在中国，北京的空气污染是一个大家非常关心的话题。美国大使馆每天都对其进行报告并通过推特发布结果。

量相当于吸食两包香烟所释放的苯并芘含量。我们明知道这种方法对空气有害，可是却无法阻止它，因为她们只能依靠这种方法来烹饪。

## 气候变化

在讨论人口对环境的影响时，全球气候变化一般都会被拿到"桌面上来"。学生们的观点分歧很大。例如，最近一个学生说道："今年夏天是有历史记录以来温度最低的夏天，全球气候变暖怎么可能会发生呢？"其实，关于这个话题更详细的科学研究肯定是超越我们现在所讨论的文本。不过，我们确实能够肯定的是：气候正在变化，许多关于气候的推测与人类活动有关。

在2008年，美国国家航空航天局（National Aeronautics and Space Administration，NASA）的地表温度探测分析报告指出，从1900年以来，地球表面的平均温度已经上升了大约1.2华氏度。尽管这与人类有关，但也可能是地球自然气候循环的一部分。不过，研究确实已经证实，人类活动与气候变化存在着紧密关联。在最近的世界气候模式中，显著的变化已经发生。南半球的干旱已经持续增加，之前这些地方从来没有经历过这种干旱。与此同时，北半球的总降雨量却在持续增多。全球气候变化已经影响了北极圈的冰雪融化。它会造成海平面上升时，海洋中的盐水体积增加。当海平面上升时，居住在低海拔地区的人们将会面临洪水、风暴潮以及海岸侵蚀等危险。

这些大的变化如何对社会产生影响呢？根据2007年出版的《环境与城市化》（Environment and Urbanization）一书的观点，持续升高的海平面将威胁到6.34亿人的生存。世界大城市中，超过三分之二的城市都位于易受影响的海滨区域，它们仅高于海平线33英尺。如果人们不采取预防措施，那么汹涌的洪水和强烈的风暴将会摧毁这些城市，数以万计的人将无家可归。这好像是好莱坞的灾难电影而不像是真实生活，不过，你可以回忆一下，卡特里娜飓风袭击新奥尔良时的情景，就会明白其中的道理。如果海平面持续上升，那么世界上越来越多的城市将受到类似洪水的摧毁。这样的事件将会加重社会重建的负担。

根据联合国专家组的观点，气候变化也会导致动物和植物面临灭绝的风险。这是一个非常严肃的话题，因为人类主要依靠这些动物和植物生存。气候变化会影响风和天气的变化，给一些地区造成干旱，相反，给另外一些地区带来洪涝。那些原来生产食物的地区将会荒芜，社会为了维持下去，会促使人口发生转变。

不过一些人并不赞同这种观点，从天气的历史变化角度出发，他们认为，气候变化仅仅是自然变化的一部分，如果人类对其能够产生影响，那么，产生的影响又是什么呢？考虑到所谓的"小冰河期"（Little Ice Age）从1300年到1850年，持续了550年，后边紧跟着有一个北半球的气候变暖时代。在冰河期，寒冷的天气导致物种死亡，田地减少，人们居住的地方变成冻土区。这些气候变化明显是在温室气体大量排放之前发生的。今天，我们是否要持这种立

**世界上导致最严重污染的问题排名（有毒污染前十名）**

| 排名 | 来源 | 社会影响 |
|---|---|---|
| 1 | 金属熔化和加工 | 慢性疾病、生育影响和繁殖损害 |
| 2 | 铅酸蓄电池再利用 | 低技术工人在不知风险下进行这项工作 |
| 3 | 地下水污染 | 造成新鲜饮用水减少和可能的健康风险 |
| 4 | 贵金属加工 | 无管理的开采造成工人长期暴露在有毒的化学物质环境中 |
| 5 | 室内空气污染 | 诸如室内烹饪产生的烟雾对健康有影响 |
| 6 | 城市空气质量 | 吸入的颗粒能导致呼吸和血管疾病 |
| 7 | 未处理的地下排水 | 地下水污染饮用水，破坏社区依赖的食物生产生态系统 |
| 8 | 被污染的地表水 | 贫困社区水资源有限，一旦遭遇这种问题，就会造成疾病爆发 |
| 9 | 铀等放射性物质开采 | 对人类，尤其是对小孩造成风险 |
| 10 | 工业开采活动 | 污染地下水 |

资料来源：Daniel Stone and Karsten Moran, "Toxic Top 10," *Newsweek*, http://www.newsweek.com/id/164813.

## 温室效应

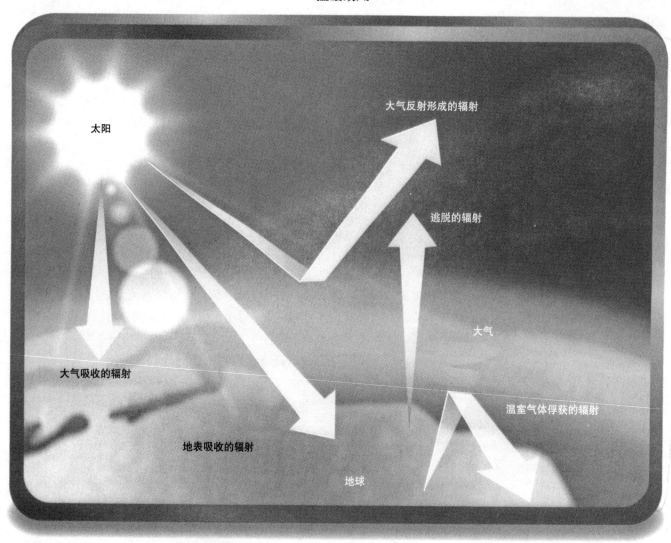

太阳

大气反射形成的辐射

逃脱的辐射

大气

大气吸收的辐射

温室气体俘获的辐射

地表吸收的辐射

地球

温室气体包括二氧化碳、甲烷和氧化亚氮。这些气体在地球大气中存在放射性，从而使整个地球温度升高。

场呢？

　　人类活动造成的气候变化主要指现代温室气体排放的增多。这主要源于人类自身，此外还包括一些污染，这些污染通常来自于工业石化燃料、交通以及以居住为目的的建设。这些污染产生的气体造成了温室效应，这些气体阻碍了地球向外空散热，从而使热量向内聚集，造成地球表面温度升高。当然，很少人能够不用化石燃料。从开车用的汽油到发电用的煤炭，我们社会主要依靠这样的能源才能运转。如果我们突然停止利用这样的能源，那么将会发生什么呢？

　　为了避免人类活动对大气产生的可能损害，在1997年，超过180个国家赞同《京都议定书》（Kyoto

Protocol）。这个议定书的约束条款，由37个国家签署。它的目标是减少温室气体的排放。除了美国和澳大利亚，其他所有的发达国家都同意议定书设定的减排目标，并努力维持环境变化的稳定性，以及降低环境长期受损的可能性。美国拒绝签署，因为它认为，支持温室气体排放引起环境变化的科学论证还不充分。不过，我们认为，反映气候变化的一些现象已经发生，这种事实是不能被否认的。

　　我们能用这些不断发展的技术解决或减少以上问题吗？例如，在一段时期内，我们的总人口和石化燃料的消费需求不断上升，加利福尼亚的空气污染事实上却在下降。这很大程度上是由于限制汽车尾气的排放，以及

## 一个美国垃圾堆的内部结构（循环利用前的垃圾分类）

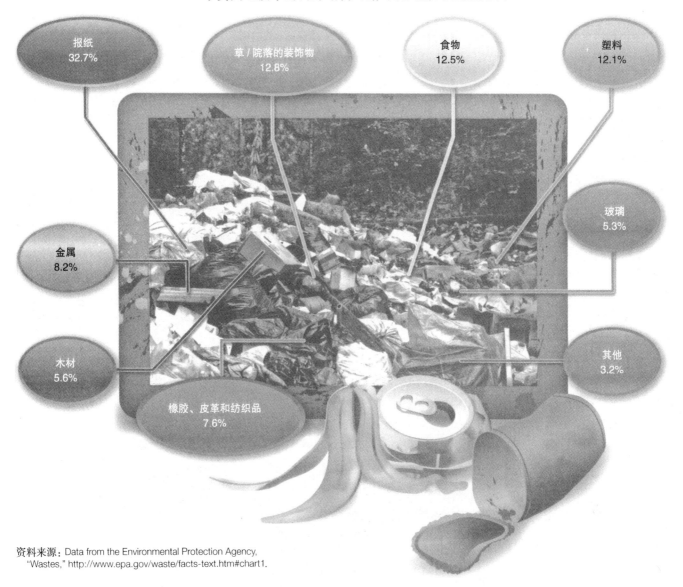

报纸
32.7%

草/院落的装饰物
12.8%

食物
12.5%

塑料
12.1%

玻璃
5.3%

金属
8.2%

其他
3.2%

木材
5.6%

橡胶、皮革和纺织品
7.6%

资料来源：Data from the Environmental Protection Agency, "Wastes," http://www.epa.gov/waste/facts-text.htm#chart1.

如果美国每年所产生的垃圾用垃圾车来装运，而且这些垃圾车排成一队，那么它们可以绕地球六圈，也相当于地球到月球之间距离的一半。这些垃圾中的多少比例会被重复利用或者当作堆肥使用呢？

制定新法律鼓励替代燃料的使用。难道这就表明人类可以免受污染问题的影响吗？我们是否按照以前的生活方式生活呢？对这些问题的回答可能要涉及绿色生活。

### 绿色生活

在高中时，我就写了一个关于太阳能好处的报告。从那时起，我就梦想有一天，提供照明的能源都来自于太阳能和风能。当然，现在我们家并没有安装风车，多数考虑是因为成本问题。不过，新政策已经显示，美国政府对培育绿色生活越来越有兴趣。最近，政府实施了汽车折价退款机制（Car Allowance Rebate System，CARS），对于年久失修的旧汽车实行现金折扣，对于大排量的汽车进行征税，并且政府还鼓励市民使用更加节能的交通工具。节能汽车和旧汽车的车主们，都能从这个机制中受益。混合动力车正在取代大排量的越野车，甚至诸如宝马和雷克萨斯的豪华车制造者也正在努力改进自己的动力系统，使其更加节能。

然而，绿色生活并不像开车那么简单。我们每天都在浪费许多倍的能源，这不仅发生在工作日期间。环境保护署建议，人们应该用节能设备，例如用节能灯泡代替传统的荧光灯泡。一些极端的绿色环保者甚至安装了太阳能电板或者风车。但是，这些减排和循环利用的措施对温室气体的排放影响比较有限。针对整个世界的环境问题，减少能源利用量、增加能源使用时间、尽可能重复利用能源等这些措施是人们解决环境问题最简单、最有效的方式。

## 有害物质和资源利用

对于保护环境，我们最好的办法就是停止对它的污染。想一下，你每天会产生多少垃圾？早上的泡沫聚苯乙烯咖啡杯子，中午的苹果核和三明治袋子，晚上的准备晚餐的食品包装和饭后的食物碎屑，以及胶水、旧汽水罐和塑料袋等。你产生的这些垃圾又是如何对环境产生影响的呢？

环境社会学家创造了一种方法来回答这个问题。这个方法就是 IPAT 方程式。它描述了人口对环境的影响。IPAT= 人口（Population）× 富足（Affluence）× 技术（Technology）。这个方程式展示了人类社会对环境的影响部分或元素。在一个简单的社会里，人类活动对环境的影响很小。例如：在狩猎和采集的社会里，人们以土地为生，通常拥有较小的人口和有限的技术；接着，到了稍微先进的社会，人类对环境的影响就会增加；随后，到了复杂的后工业社会如美国，由于财富、科技和人口的增加，人类对环境的影响就变得非常大。

在美国，每个居民平均每天产生 4.6 磅重的垃圾，相当于每年总量为 25 100 万吨。堆积如山的垃圾不但造成了许多社会问题，而且还可能对全球气候变化产生影响。其中，仅有 33% 的固体垃圾进行了回收。批量的垃圾带来了众多的垃圾小山。最近，旧金山通过一项非常严格的法令。政府给居民发放三种袋子进行分类垃圾的分装，比如可分解物质、可循环材料以及其他垃圾。如果居民不按照要求进行垃圾分类，可处以最高 1 000 美元的罚款。一般情况下，大部分固体垃圾可以被分解。据估计，如果居民分装垃圾执行顺利的话，则可以减少 90% 的废物堆积。某些被分解的物质可以用作田地肥料，这样也可以减少垃圾对水和土壤的污染。

这样做真能解决污染问题吗？通常来讲，一些垃圾分解后可回归大自然系统中得以重新利用，不过，有些垃圾却不能分解，会造成生态环境的污染。一个极端的例子就是世界上最大的船运装载基地，它位于印度西部城市阿兰港（Alang）沿岸。大量缺乏技术的工人把旧的

### 环境危机

你可能还记得印度 2004 年发生的海啸，这场环境灾害造成超过 25 万人丧生。自此，世界各国的领导人们携起手来开始致力于降低环境风险，但是，要做的事情还有很多。其中，关于预防环境灾害很重要的一个措施就是气候变化议题。研究者们认为，大约 90% 的自然灾害与环境有关。比较典型的例子就是 2004 年和 2007 年分别发生在巴西和阿曼的飓风。之前，这些地区从来就没有发生过这么大强度的飓风。

为了减少这些灾难，一个全球的平台创建起来，即灾害风险减少项目。该项目的主要目的是建设一些抗灾能力较强的学校和医院，建立预警系统，减少在灾害易发区的居民数量，当然，该项目也保护和恢复生态平衡。

然而，除了环境灾害的威胁外，还有一种渐进性的灾害威胁，而且大部分时候被忽视，那就是海平面上升。居住在西太平洋小岛图瓦卢国的居民们已经提高了警觉意识。这种警觉意识是关于温室气体排放和海平面上升之间的关系。图瓦卢国位于澳大利亚东海岸，拥有大约 9 000 人。许多居民正在向新西兰和澳大利亚移居，因为海平面正在吞噬整个小岛。在图瓦卢国，最高海拔仅为 15 英尺，而且大部分区域仅为 3 英尺。由于太阳运转周期，太平洋的水会淹没其公路和社区；这种情况每年都会发生几次。即使是岛中心地带的社区也会遭受洪水的危害。随着海平面的每年升高，这个仅有 26 平方公里的小岛变得更加脆弱，更加容易受到洪水的袭击。如果世界上的工业国家们不能加大力度减排，那么海平面将会持续上升，图瓦卢国将不复存在。

石油桶、旧的军用船和货物船等拆散成零碎的铁片，以便出售。这种船只分拆生意为当地带来了可观的经济收入，但是，它也带来了很多污染。由于工作现场缺乏管理，工人们暴露在容易致癌的金属毒素工作环境之中。

一些毒素沿着陆地向海洋泄露，造成大量的鱼等海洋生物死亡。不幸的是，有些人和机构认为，该工业对当地的经济增长非常重要，而人们的健康和环境问题（包括受其影响的其他地方的人们和环境）并没有该工业重要。

# 社会问题思考：
# 社会学家是如何看待环境问题的？

## 环境理论

你如果浏览美国人口普查官方网站，就会看到世界人口时钟（World Population Clock）。你能看到世界人口每秒钟都在增长。人口数量平均每年都会增加一个百分点，这个数字听起来有点可怕。就如人坐电梯时产生被装进口袋的感觉一样，你什么也不能做，只能疑惑是否有足够的空间容纳我们所有人。尽管离人口过剩还有很长一段时间，不过，人们对于承载能力以及生态系统平衡的担心和考虑，还是非常合情合理的。一旦人口过剩的情况发生，人类就可以利用最宝贵的资源，即适应能力。比如，在我们把石油用完后，我们将发展出更多的新能源技术，并能把这些技术运用到生活中来。这就是人类例外主义范式的主要观点，即人类有改变自我行为的能力和增加承载力的方法。我还依稀记得，祖母曾经告诉我，当家里农场通电时，她是多么兴奋。她说道："我们不再需要灯笼了。"如果没有电，则文化又该如何发生变化呢？尽管有些人可以在高温的气候中生活，不过，没有多少人会愿意在冬天居住在没暖气的明尼苏达州。

许多社会，尤其是贫穷的社会，获取一些生存的必需资源是非常困难的。例如，印度的孟买，挣扎着获取330亿立升水来满足整个城市的基本需求，然而在贫民窟里，饮用水相当缺乏。我们对地球过度开采所造成的已不仅仅是影响人们的生活质量，而且还影响人们的实际寿命。正如我们在开篇文章中所讨论的那样，人类对生态系统的污染已经在摧毁整个世界的物种。尽管这些变化并没有影响你的日常生活，但是，物种的灭绝会对整个生态系统产生影响，从而影响可供人类利用的重要资源。

## 冲突论

冲突论者们是从正义的角度来看待环境问题的。正如我们之前讨论的那样，环境正义的议题主要集中在穷人身上。为什么在一个国家的某些地区患癌症或哮喘的几率比较高呢？为什么我们用（拆分）旧的轮船污染印度的海滩，而其他人却漠不关心？冲突论者们给出的答案非常简单：环境问题最能影响那些没有能力与其抗争的穷人们。在你生活的地区，垃圾站经常会位于哪些区域呢？我敢打赌，在富人居住的区域绝看不到这些垃圾站。在上班的路上，我经常开车经过许多垃圾站。我注意到，那附近仅有一些活动住房（拖车式活动住房）和破败的公寓。一般来说，冲突论者们认为，掌握权力的利益阶层造成了环境灾害，而这种行为所带来的负面影响，却没有直接影响富人阶层。

# 找寻社会问题的解决办法：
# 我们能够为解决环境问题做些什么呢？

托马斯·马尔萨斯在他1798年出版的《人口原理随笔》中指出，没有道德限制，人口将以更快的速度增长，它很快就会超过自然的承受能力，这可能会导致战争、饥荒和疾病。当使用资源时，我们是否会自觉地用道德进行约束呢？我们中的许多人也许做过浪费资源的事情，比如淋浴时间过长，步行就可以到的地方还要开车，明明可以用环保袋却用了一次性的塑料袋。也许，道德的自我约束是解决环境问题的重要方法。

# 环境保护署

1970 年 12 月 2 日，尼克松政府组建了环境保护署。环境保护署的目标是建立和执行环境保护标准，研究评估环境污染的影响，资助相关环保组织进行环境污染防治，以及向总统谏言和制定新的环境保护政策。其中，一项影响深远的环境保护政策就是 1970 年的清洁空气法令。该法令授权环境保护署制定全国空气质量标准、新污染源的国家标准以及所有设施排放有害物质标准。尽管 1970 年被人们看作环境保护的"黄金年"（a golden year），不过，过去的环保署人员认为，现代的环保署更加高效、更加有影响力。目前，环保署领导着整个国家的环境科学研究、教育和评估等。环保署不断地努力来完成自己的使命，即向美国居民提供一个清洁、卫生的环境。

## 测量环境影响

正如上文所讲，环保署的使命是通过改善整个环境来提高人们的生活质量。同时，环保署也尽最大努力去推动相关政策的实施，以便在环境危机期来保护美国民众。不过，环保署是如何测量环境影响的呢？另外，它又是如何确定哪项政策的成本低、效益好且可以实行，哪项政策的成本高而被禁止实行的呢？

当决定是否执行新政策或新规定时，政府相关部门会掂量一下政策或规定的执行成本和潜在的救生益处。如果益处大于成本，这项政策或规定就有很大可能被通过。例如，假如阻止倾倒有毒废物的成本为 160 亿美元，而这样可以救活大约 2 200 条生命。政府将会对政策执行成本与挽救的生命价值进行对比，然后做出决定。采用五年前的生命统计价值（value of a statistical life）标准，每条生命的价值为 780 万美元，被挽救的生命总价值会被贴上"超过 160 亿美元"的价值标签。基于这个数字，该项政策就可能获得批准。但是，在 2008 年，环保署重新评估了生命统计价值，即现在每条生命的价值为 690 万美元。

>>> 西奥多·罗斯福总统在建立国家公园体系中起到很重要的作用。他对国家公园（诸如黄石公园）的影响已经远远超越了他的任期。

这样一来，执行该政策的成本就超过了潜在的被挽救的生命总价值。该政策就变得不适用了（可能不被通过）。如你所见，一项简单的评估会对环境政策的实施产生非常大的影响。

"这显然是篡改生命统计价值数据，"空气净化组织全国联合会执行主任威廉·贝克（William Becker）说道，"这些决定表面上是与生命和死亡有关，实质上并非这样。"空气净化组织全国联合会是美国各州区的空气污染管理者。环保署强调，公众不应该把这个生命统计价值看作生命的标签，而应该把其理解为基于统计目的的简单测量工具。这说明，相较于人类生活质量来说，环境影响与政策制定的关联更为紧密。

## 环境运动

仅仅用道德力量来保护社会免受环境污染，这种想法在理论上是非常好的；但为了实行它，社会还需要进一步普及这些观念，比如保护环境是每个公民的道德责任。一般来说，美国直到20世纪才接受环境保护的理念，尽管之前有很多环境保护主义者已经存在。许多作家在他们的作品中还高度评价了这种基于合作的自然之美和力量，比如亨利·大卫·梭罗（Henry David Thoreau）和赫尔曼·麦尔维尔（Herman Melville）。在19世纪之交，当时的总统西奥多·罗斯福（Theodore Roosevelt）致力于让环境保护主义在社会上和政治上更加流行（受欢迎）。为了保护我们国家的自然资源，政府实施了一系列保护计划或法令，比如土壤保护服务（Soil Conservation Service）和皮特曼·罗伯森法令（Pittman-Robertson Act）。皮特曼·罗伯森法令的实施是为了保护鱼类和野生动物。

城市化扩张集中表现在20世纪50年代，从而刺激了环境保护主义者的神经。城市增长使居民暴露在被污染的环境之中，农业灌溉所产生的有毒物质渗透到城市地下水系统，工厂中冒出的浓烟充斥着整个大街，化学物质和杀虫剂引发的危险无处不在……这些危险唤起了公众意识和警觉。在1968年理查德·尼克松（Richard Nixon）和休伯特·汉弗莱（Hubert Humphrey）的总统选举中，环境污染甚至变成了一个比较热门的辩题。

在尼克松赢得选举之后，国会向他提交了一个法案，即国家环境政策法案（the National Environmental Policy act, NEPA）。该法案的制定过程由许多法律专家参与，它也是美国历史上最重要的环境法。该法案的主要目的是：作为一项国家政策，它鼓励人们去创造一种有效且愉悦的和谐，当然，这种和谐是指人类与环境之间。尼克松总统在1970年新年的第一天签署了这项法案。

---

**链接**

### 人口与环境

正如你在之前以及本章中了解到的那样，全球人口还在持续增长。按照马尔萨斯理论的观点，人口增长会对环境产生显著的影响，即更多的人口导致更少的可利用资源。

我们已经超过了自己的承载能力，大城市正在遭受着人口过剩的压力。正如你在第16章中所了解到的那样，城市化导致了许多社会问题，大量人口给城市的承载能力带来许多压力。诸如饮用水和新鲜食物等资源通常会供应不足，垃圾处理的能力也非常有限。根据清洁空气委员会（the Clean Air Council）的报告，纽约每天处理的垃圾可以"填满"整个帝国大厦（Empire State Building）。这些年来，纽约的城市垃圾一直被运到斯塔腾岛的清泉垃圾填埋场（Fresh Kills landfill, Staten Island）。这个垃圾场巨大无比。如果从太空中观看地球，可以看到两个人类制造的建筑，这个垃圾场就是其中之一。

对这么多垃圾的处理不仅是一个城市问题，而且还与全球化有关。在第17章中，你了解了世界各国之间的联系正变得更加紧密。这种趋势会涉及进出口货物、服务外包和制造业，从目前来看甚至包括垃圾的转移。最近，《巴西邮报》（Do Povo）报道，英国每周向巴西运载的垃圾和有害物质重达1 600吨，这些垃圾对巴西的土壤造成了危害。这是一个负面的例子，即全球化不总是能够让各个国家团结起来。

## ▶▶▶ 赞同还是反对

# 全球气候变化的争论

绝大部分的研究者和各国政客认为，全球气候正在发生变化。对于这个问题的争论，支持者和反对者究竟持什么意见呢？

**赞同**

- 成千上万的科学家认为，气候变化正在发生，同时，人类活动还在不断引起这种变化。
- 极地冰川以惊人的速度正在融化，以及海平面不断上升，将造成人类和动物不得不离开其栖息地。
- 温度升高改变着天气模式：一些地区正经历着更多的；与此相反的是，另外一些地区则正经历着干旱。

**反对**

- 这可能是自然本身的力量造成的，只是我们无法理解罢了，或者像一些我们无法控制的事情导致的，比如太阳温度升高。
- 最近的数据支持了这样的观点，即一些地区正经历着更冷的天气，而不是更热。
- 即使是温室气体正在造成全球变暖，人类也有能力应付将来的问题。一些预防全球变暖的方法并不必要，而且它还会分散我们聚焦在目前更严峻议题上的注意力。

# 从课堂到社会→积少成多

玛丽莎（Marissa）是俄勒冈州立大学的一名学生，比较喜欢户外活动。她从来也没有想过环境问题，直到大二那年的春天。

**"我们之前听说过许多关于环境污染和气候变化的问题，但是，我对这些并不在乎，因为它们并不对我的日常生活造成直接影响。如果地球表面温度相较于一百年前升高了一度或两度，难道会与我有关吗？"**

"但是，之后，我看了一个电视节目，它是关于志愿者在中国的珠穆朗玛峰如何清理垃圾的。这个节目说，在这个山上的垃圾多得超过我们的想象，竟然有120吨。所有的这些垃圾都是之前的攀登者丢下的；现在。他们正在招募攀登者，帮忙带走这些垃圾。我也了解到，气候变化已经影响了巨大的绒布冰川（Rongbuk Glacier）。该冰川位于喜马拉雅山北面，因为融化的缘故，该冰川比十年前矮了500英尺。冰川上没有淡水供给，喜马拉雅山的野生动物被迫迁移到其他地方生存。如果我们不减少全球碳的排放，那么这个冰川在未来30年后将会完全消失。"

**"这彻底吸引了我的注意力。作为一个岩石攀登爱好者，当意识到由于气候变化和环境污染，世界上最高峰之一处于危险之中时，我彻底地恐慌了。"**

"我想要为其做点事情，但不知道从哪开始。之后，我看到校园里一个招募志愿者的布告，去胡德山（Mount Hood）处理非法垃圾场中的垃圾。当我把这事告诉朋友们时，他们也表现出很大的兴趣。之前，我们都有爬山的经验，我们中的大部分在冬天会滑雪和滑冰。"

**"我想招募更多的人参与其中，于是，我们在脸谱上组建了一个群，以便唤醒人们为保护环境而努力的意识。通过志愿日滚动新闻，超过50位同学已经注册参加了该活动。"**

"尽管不是珠穆朗玛峰，但清洁胡德山也会让我意识到，它不会占用我过多时间，但也可以做出一些非常有意义的事情。尽管污染和环境变化是非常大的全球议题，但是，从身边小事努力做起，也是解决大问题的好的开始。"

# 理论沉思

石油是我们最珍贵的资源之一。因为这种燃料支撑着世界上重要的工业。你是否会认为我们对这种资源开掘得太多？我们是否应该去寻找另外的能源来替代石油呢？

证据显示，对于少数族裔和低收入者所在的社区来说，环境污染所带来的损害更大。在环境改善计划中，这些群体受益最少。

### 功能论

功能论者们想知道人口增长是如何对我们日常生活产生影响的。很显然，人口再生产对于确保人类物种的延续是必需的。但是，如果人口过剩，就会超过环境的承载能力，地球也不能提供给人类足够的资源。想一想复活节岛的例子。因为乱伐森林引起战争，整个岛上的生态遭到严重破坏，最终导致岛上的同盟国们消失。这个例子告诉我们，对自然资源的过度开掘是不明智的。总有一天，我们会达到一种自然的极限（不可修复）。人类是整个大系统的一部分，人类社会有着它适度的功能，我们在这个大系统中必须找到它的位置。

### 冲突论

空气是一个奇妙的东西。因为它不仅是稀缺资源，而且对于每个人来说都是免费的。不幸的是，并不是所有的空气都是好的。一些人为了生存不得已暴露在不健康的工作环境中，而另外一些人则没有。从冲突论的视角来看，这就意味着，社会并没有把免于有害污染的伤害作为一项人类的基本权利。环保署的报告提供了证据，更多的少数族裔暴露在被污染的环境之中，这些环境中往往充满灰尘、煤烟、硫黄、一氧化碳等。这些污染物来自于危险的垃圾堆。关于这种环境正义的问题，不仅发生在发展中国家，而且在美国的贫困社区里也比较常见。

### 环境理论

人类以某种形式与地球上的每一种有机体发生着联系。尽管人类例外主义始终坚信，人类与地球上的其他生物存在很大不同，但是，事实上，我们却始终依赖着这些生物或资源。如果我们不好好珍惜这些资源，灾难就会发生。我们对石化燃料的过度使用，已经导致全球气候变暖；而全球气候变暖导致恶劣天气的增多和海平面的上升。如何预防这些环境危险？这个问题将成为21世纪人们面临的主要议题。

**你如何看待环境问题**

### 符号互动论

最近，我去了一趟食品超市，我忘记带可重复使用的帆布购物袋。这时突然遇到了一位邻居，她正拿着布袋子购物，她用目光盯着我。我不好意思地说道："我忘记带帆布袋了。"以此表示自己的歉意（用塑料袋）。这仅仅是绿色生活习惯变为潮流的例子。有机布料、混合动力汽车、节能工具等都会在我们今后的生活中变为主流。相较于一个空头口号来说，全球气候变化的新闻刺激着每个人去理解"减排"、"重复利用"和"循环利用"等概念。对于节能减排，在现实生活中，我们需要一些指引说明，以便做得更好。

据说，全球气候变化是由卡特里娜飓风袭击之后引发的。如果这是真的，那么你认为政府应该怎么做才能预防此类灾难的发生呢？

如果纽约每一个人平均少用一个塑料食品袋，那么将会减少500万磅重的废物垃圾，节省25万美元的垃圾处理成本。我们对自己产生的垃圾都做了些什么呢？

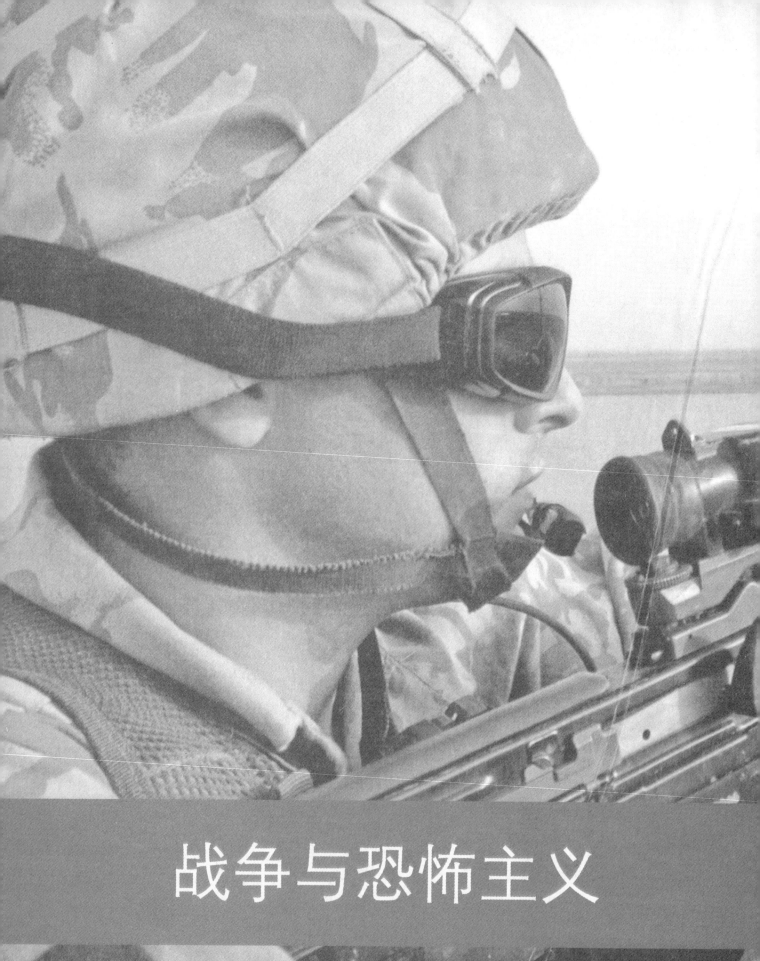

战争与恐怖主义

# 我们

为什么去打仗？这是关乎人类本质的核心问题。战争使人类社会付出昂贵的代价，然而，即便是在 21 世纪，人的智力已经发展到如此程度，我们仍然会发动战争。

普遍的看法认为，作为人类文化的产物，战争是一种相对较新的现象。然而，现在一套全新的理论逐渐出现，它挑战了这种看法。这是第一次，人类学家、考古学家、灵长动物学家、心理学家以及政治学家达成共识。他们认为，战争不仅与人类本身一样古老，而且还在人类进化中发挥了不可或缺的作用。

这套理论有助于解释某些类似战争的行为，比如帮派火拼是如何进化演变的。除此之外，该理论甚至还认为，过去那些骁勇善战的武士所具备的合作技能，已经成为一种现代能力，这种能力使人们可以为了共同的目标而努力。

上个月，一场有关战争进化起源的会议在尤金俄勒冈大学举行，以上这些观点便产生于该会议中。"我们描绘的战争图景（与这些观点）很一致，"英国肯特大学进化心理学家马克·范·伍格特（Mark Van Vugt）说，"战争伴随我们的时间长河，即便没有几十万年，也至少有几万年。"他认为，在人类与黑猩猩共同的祖先那里，战争就已经存在了。"对人类来说，战争是一个巨大的自然选择压力。"他说。事实上，早期人类的一些化石中就有武器存在，这证明了早期战争的确存在。

研究表明，采集和狩猎时代里所有死亡男性人数中，死于战争的要占 10%，甚至更多。"这足够引发人们的注意。"作为波士顿哈佛大学毕博蒂博物馆的考古学家，斯蒂芬·勒布朗（Stephen LeBlanc）这样说道。灵长动物学家早已认识到，在黑猩猩（人类的近亲）群体之间，有组织、致命的暴力行为很常见。然而，无论是黑猩猩还是采集和狩猎者，群体间的暴力行为丝毫不像现代战争那么激烈。相反，它往往使用某种压倒性力量，对敌人进行突袭，所以侵略者受创伤的风险要小得多。这种投机性暴力有利于侵略者削弱敌对群体，扩大自身的控制领域。

兰厄姆说，这种突袭是有可能的，因为，与大部分群居性哺乳动物不同，人类与黑猩猩（chimps）经常脱离主要群体，独自或者组成较小的群体去觅食。倭黑猩猩（bonobos）是人类的另一近亲，它们很少或者根本没有群体间的暴力行为，因为在它们的栖息地中，食物很充足，因此它们没有必要脱离主要群体。

如果说在人类社会中，群体暴力已经存在了很长一段时间，那么人类应该在心理上已经适应了战争生活方式。几名与会者还提出了强有力的证据，认为男性（男性先天体型强壮健硕，更加满足战争的需要）已经产生一种倾向，即在群体内部团结，但是会侵略外部群体。"有一些不可避免的事情出现了，即男性会组成联盟进行侵略，一些人与一些人联合起来，共同侵略另一些人。"作为加利福尼亚州斯坦福大学的政治学家，罗斯·麦克德莫特（Rose McDermott）这样说道。

**我们可能永远不会知道，战争真正的起源是什么，或者说第一场战争是在何时何地发生的。但是，战争的确是人类长久面临的一个社会问题。**

以很多标准来看，美国都被认为是一个年轻的国家。然而，从建国起，美国就已经卷入多次大规模冲突之中。这是一种（国家建立和成长的）模式，但不幸的是，大部分国家都符合这种模式。

虽然在日常生活中，你可能不会注意到战争，但它却引发了很多社会问题，从而影响人们的生活。导致恐怖主义的因素是什么？"911"事件之后，美国作何反应？美国社会是因外部威胁而变得更加团结一致，还是陷入无序、混乱、怀疑所有外国人的状态中？美国的军费开支是如何变化

的？随着时间推移，公众的看法改变了吗？战争引发的社会问题有哪些？这些问题会影响我们未来的生活吗？本章将探讨战争和恐怖主义的本质，以及冲突背后的原因。我们将要讨论，国家是如何应对这些挑战的，以及这些（应对挑战的）方案对社会造成什么影响。阅读本章时，请时刻记着，战争是一个全球性的问题，它的影响遍及全球。

# 主题：国家如何处理冲突？

**战争：是军事集团之间的暴力冲突。**

无论哪天，如果你打开晚间新闻，你都可能看到，冲突正在世界的某个地方上演。你知道美国在伊拉克和阿富汗的战争，也感受到某些国家比如朝鲜和伊朗可能会发动战争的威胁。除此之外，你很有可能听说过许多遍布全球的暴力行为，比如苏丹种族灭绝、游击队（比如南美的"光辉道路"）绑架公民事件等。**战争**是军事集团之间的暴力冲突。根据不同的规模和范围，战争可能导致几十条人命丧失，也可能是数百万，同样，战争也会破坏土地和资源。

## 权力和战争的本质

在我的课堂中，我拥有权力。我可以决定这门课使用什么教材，讲授哪些主题，布置什么作业以及规定何时上交等。在课堂上，虽然学生的确可以自行决定是留下听课还是早退，但毕竟权力较小。你会发现，在生活的任一情况中，每个人都有大小不一的权力，没有任何一个人可以拥有绝对的控制权。这种权力的动态模型也适用于规模较大的情形。从国家的层次上讲，那些有权者能够影响一个国家前进的方向。根据社会学家米尔斯的观点，美国最有权力的人是政治领袖、公司首脑以及军界高层。正如我们之前所了解的那样，米尔斯将这一集团称为权力精英。米尔斯发现，权力精英的成员有权控制信息流动，因此能够凭自己的意愿掌控国家前进的方向。

社会学家多姆霍夫看待社会的方式与米尔斯如出一辙，但是他提出，由白人组成的精英集团控制了美国的大部分权力。在其论述

<<< 美国过去、现在和未来的权力精英都由哪些人组成？

中，他区分了两个截然不同的集团，即企业联盟和劳动联盟。在决定由谁来参加竞选以及白人精英担任哪些岗位上，二者都发挥着重要作用。多姆霍夫认为，在很大程度上，正是这两个联盟之间的互动，决定了国家发展和前进的方向。有些时候，受其影响，国家可能会走向战争。

民主社会认为，权力不应当集中在少数人手中。作为最先认识到权力集中的潜在危险的人之一，美国前总统德怀特·戴维·艾森豪威尔（Dwight D. Eisenhower）警告美国不要受到"军事工业复合体"（Military-industrial Complex）（这个词语最先由艾森豪威尔提出，后来被收入美国词典中）的影响。**军事工业复合体**是为国家提供武器和其他材料的国防工业与武装部队的联合。所以毫无疑问，它对国家政策具有重大影响。

在 1961 年的告别演说中，艾森豪威尔警告道："在政府的各个部门，我们都必须小心防范军事工业复合体带来的不利影响，不管是否已经发现（这种影响）。错位权力恶性增长的可能性目前已经存在，并将继续存在。我们绝不能让这一联合体的势力危害我们的自由和民主进程。对于任何事情，我们都不能认为是理所当然的。只有充满警惕、知识丰富的公民才能促使庞大的工业和国防军事器械与我们和平的方法和目标相契合，从而使国家的安全和自由共同繁荣。"

艾森豪威尔在二战期间是一位将军，他知道，工业在受益于出售武器时，也会受益于战争。因此，他认识到，在制定国家议程时，军队和武器工业中杰出的人员可能会有极大的影响力。

## 战争的起因

虽然全球冲突频繁，然而这些冲突并不一定

> **军事工业复合体**：是为国家提供武器和其他材料的国防工业与武装部队的联合。
> **容易取胜**：当对某方来说，征服对方看起来很容易时，容易取胜就成为战争的一种原因。
> **乐观精神**：当某国对于一场潜在冲突的结果过分看好时，乐观精神就成为战争的一种原因。
> **先发制人**：当一个国家的领导人确信主动出击可以给其带来优势时，先发制人就成为战争的一种原因。

导致战争。可是，我们可以发现几种因素，能够增加战争发生的可能性。冲突集团经常考虑的一个因素是"**容易取胜**"。当对某方来说，征服对方看起来很容易时，一场战争更容易发生。1983 年美国入侵格林纳达就是一个很好的例子。格林纳达是一个小国，军事力量弱小，对于美国来说，打赢这场战争相对容易。

**乐观精神**也发挥了一定的作用。国家如果对于一场潜在冲突的结果过分看好，那么更有可能参与战争。在美国最近的一场战争——美伊战争爆发之前，美国政治家经常声明，美国士兵将受到解放者般的热烈欢迎。只是在战争爆发后，人们才发现，并非所有伊拉克人都是这样想的；相反，他们视美军为一种占领军。

有些情况下，人们认为**先发制人**存在优势。先发制人这个因素能够大大增加战争爆发的可能性。如果一个国家的领导人确信，主动出击可以给其带来优势，他们就很可能抓住这个机会。最近的伊拉克战争就是一个先发制人的例子。为了赢得民众对战争的支持，美国国防官员经常声称，萨达姆·侯赛因（Saddam Hussein）以及伊拉克军队藏有大规模杀伤性武器。所以，在萨达姆能够发动攻击之前，美国有必要对伊拉克主动出击，

艾森豪威尔总统警告国家有被军队控制的危险。

> **威胁：** 是战争的一种原因，它源于迫在眉睫的危险。
> **利益：** 当一个国家相信，通过夺取或者开发其他国家的资源，它有可能获取经济利益时，利益便成为战争的一种原因。

先发制人。

当一个国家的权力结构变化不定的时候，战争的可能性就会增加。特别是当某个国家视另一个国家为威胁，或者有迫在眉睫的危险时，情况更是如此。1961 年"猪湾事件"期间，美军认为古巴的政治结构正在衰落，因此，美国取胜易如反掌。与此同时，美国人也认为，如果不迅速采取行动，古巴就可能会与苏联建立强大而持久的关系。最后，事实证明，这些假定全都是错误的，而且，美国入侵猪湾的行动也是失败的。

哪里有潜在的经济利益，哪里就有潜在的战争。利益可以成为战争的强大动机。当一个国家相信，通过夺取或者开发其他国家的资源，它有可能获取经济利益时，接着就可能发生战争。例如，一些观察家注意到，第一次海湾战争虽然解放了科威特，但也有利于确保美国获取科威特的石油供应。

## 军队与武力的使用

无论在哪个国家，军队都是保护其安全和利益的重要部分。自 1798 到 1993 年，因为某些最终引发或者有可能引发战争的事件，美国动用军队达到 234 次。在下表中，你可以看到美国参与的一些主要冲突，以及这些冲突对人类生活造成的影响。

**涉及美国的战争/冲突**

| 战争/冲突 | 参与人数 | 死亡人数* | 受伤人数 |
|---|---|---|---|
| 革命战争（1775—1783） | n/a | 4 435 | 6 188 |
| 1812 年战争 | 286 730 | 2 260 | 4 505 |
| 墨西哥战争 | 78 718 | 13 283 | 4 152 |
| 内战 | 2 213 363 | 364 511 | 281 881 |
| 西班牙—美国战争 | 306 760 | 2 445 | 1 662 |
| 第一次世界大战 | 4 734 991 | 116 516 | 204 002 |
| 第二次世界大战 | 16 112 566 | 405 399 | 671 846 |
| 朝鲜战争 | 5 720 000 | 36 574 | 102 284 |
| 越南战争 | 8 744 000 | 58 209 | 153 303 |
| 海湾战争 | 2 225 000 | 382 | 467 |
| 全球反恐战争 | 15 000 000** | 5 115 | 34 173 |

*不包括平民。　**截至 2007 年 12 月。

资料来源：By the author; Navy Department Library, "American War and Military Operations Casualties: Lists and Statistics," http://www.history.navy.mil/library/online/american%20war%20casualty.htm; United States Department of Defense, "DoD Casualty Reports," http://www.defenselink.mil/news/casualty.pdf.

### 军费开支

| 国家 | 开支（以十亿美元计） | 世界占比（%） | GDP占比（%） |
|---|---|---|---|
| 美国 | 607.0 | 41.5 | 4.0 |
| 中国 | 84.9* | 5.8* | 2.0* |
| 法国 | 65.7 | 4.5 | 2.3 |
| 英国 | 65.3 | 4.5 | 2.4 |
| 俄罗斯 | 58.6* | 4.0* | 3.5* |
| 德国 | 46.8 | 3.2 | 1.3 |
| 日本 | 46.3 | 3.2 | 0.9 |
| 意大利 | 40.6 | 2.8 | 1.8 |
| 沙特阿拉伯 | 38.2 | 2.6 | 9.3 |
| 印度 | 30.0 | 2.1 | 2.5 |
| 韩国 | 24.2 | 1.7 | 2.7 |
| 巴西 | 23.3 | 1.6 | 1.5 |
| 加拿大 | 19.3 | 1.3 | 1.2 |
| 西班牙 | 19.2 | 1.3 | 1.2 |
| 澳大利亚 | 18.4 | 1.3 | 1.9 |
| 总计 | 1 464 | 100 | 2.4 |

\* 不确定／预估数。

资料来源：*Military expenditure: SIPRI Yearbook 2008: Armaments, Disarmament and International Security* (Oxford University Press: Oxford, 2008), Appendix 5A. www.sipri.org/research/armaments/milex/resultoutput/15majorspenders .

尽管美国军费开支最大，但是，其所占GDP比例并不是最高的。美国与其他那些军费开支所占GDP比例在平均水平之上的国家有哪些共同特征？

## 军费开支

维护军队需要花费大量的金钱，美国的军费开支比其他国家都要多：全球军费开支总数为 1.4 万亿美元，而美国的军费开支就达到 6 070 亿美元。在实际花费上，军费开支位列第二的是中国，其总量大概有 849 亿美元。法国排名第三，其军费开支为 657 亿美元。

上表列出了世界上几个国家的军费开支。可以注意到，虽然美国军费开支最大，但其所占 GDP 比例并不是最大的。排名第一的沙特阿拉伯，其军费开支占 GDP 比例为

9.3%，其次为美国 4.0%，俄罗斯 3.5%。在所列国家中，日本的军费开支所占 GDP 比例最低。

军事领域大量的花费常被归结于军事工业复合体的崛起。从 1999 年到 2008 年，全世界军费开支增加了 45%。我们能更好地利用这些钱吗？

研究表明，军费开支的增加，意味着其他公共服务（例如教育）开支的减少。这种情形能够说得通，例如，你在车上花费越多，在度假上花费的可能就越少。然而，其他研究却发现，当政府在某项领域增加投资时，整个

经济都会从中受益。以二战为例，美国政府在军事上增加投入，给国内创造了更多的就业机会，从而使美国摆脱了经济大萧条。

那么，增加军费开支对经济到底是有利还是有害？研究发现，时机发挥了重要的作用。佛罗里达大学教授埃罗尔·安东尼·亨德森（Errol Anthony Henderson）注意到：和平时期的军费开支会增加社会不平等和失业问题，从而加剧社会贫困；而战争时期的军费开支却有相反的作用。所以，在战争时期，军费开支似乎是有好处的，而在和平时期，国家拨款到其他领域可能会更好。

关于军事机械和材料价格上涨方面，近来有一些担忧。自二战结束以来，这些军备物品价格上涨的速度严重超过了其他物品。而且，那些生产军事物品的企业也发现自身在高速成长。自2001年到2006年，仅美国防弹衣公司一家企业，就增加了2 000%的收入。

几乎所有人都会同意，在国家及其保卫者的安全和保障上花钱是值得的。然而，和平时期的军费开支造成了经济的紧张，公共服务开支的减少，军工产品价格的上涨等。所有这些都使人质疑，过度军费开支的必要性。

## 武器

当想到战争武器时，大部分人脑海中出现的都是一些高性能武器，比如战舰、坦克以及核弹头等。虽然这些武器具有极大的危险，但是，在所有类型的冲突中，使用小型和轻型武器造成的死亡人数才是最多的。在所有现实的武装冲突事件中，都会用到这类武器，而且，

部署核弹头的数量

| 国家 | 总核弹头部署数 |
| --- | --- |
| 俄罗斯 | 4 834 |
| 美国 | 2 702 |
| 法国 | 300* |
| 中国 | 186* |
| 英国 | 160* |
| 以色列 | 80* |
| 印度 | 60~70* |
| 巴基斯坦 | 60* |
| 朝鲜 | 未知 |

\* 不确定／预估数。

资料来源：Shannon N. Kile, Vitaly Fedchenko and Hans M. Kristensen, 'World Nuclear Forces', *SIPRI Yearbook 2009* (Oxford University Press: Oxford, 2009), pp. 345–379. www.sipri.org/research/armaments/nbc/nuclear.

△ 正如上表显示的，如今在全世界部署的核弹头总数已经超过8 000枚。然而，这个数字却并不包括数千枚目前被储备的现役核弹头，也不包括数百枚原封未动、可被部署的非现役核弹头。

它也会将目标对准平民，从而帮助歹徒实施某些暴行，比如强奸和武力驱逐等。

虽然大规模杀伤性武器的使用频率不及小型和轻型武器，但由于大规模杀伤性武器能够造成大规模的伤害，它们仍然是战争主要的危险来源。大规模杀伤性武器包括核武器、化学武器和生物武器等。

**核武器**是一种装置，它利用原子能来制造大规模的爆炸。二战期间，美国投在日本广岛和长崎的炸弹就是核武器。在目睹核武器造成的破坏之后，很多人开始希望，人们永远不要再次使用这类武器。众所周知，截至2009年1月，9个国家持有8 000多枚核弹头。许多人担心，核材料有可能落某些国家手中，这些国家将会因某些独断的原因而使用核材料。在本章后面，我们将会谈到为了控制核武器数量、限制核武器获得，人们所付出的努力。

**生物武器**利用某些有机物，比如细菌，来制造伤害。炭疽杆菌是一种能引发炭疽热的细菌，也是最致命的菌类之一。使用生物武器进行攻击很难被预测、发现和阻止，所以这是最让人恐惧的恐怖主义战术之一。

**化学武器**是合成的物质材料。凝固汽油弹就是化学武器的一个例子，它是一种凝胶状的酸性物质，在越战期间使用频繁。由于能够在一个广阔的区域内，造成巨大的伤害，所有化学武器都被认为是大规模杀伤性武器。

# 恐怖主义的本质

2001年9月11日，我们大部分人都经历了恐怖主义造成的伤害。如你所知，那天发生的事足以改变国家的政策，并引发战争。比恐怖主义活动造成死亡和破坏更糟糕的是，恐怖主义能够影响社会正常运行，从而成为一个严重的社会问题。在全球许多国家中，我们将有可能目睹到，一小群人能够给社会带来大范围的恐惧，并在短短几小时内，改变一个国家的前进方向。

> **核武器**：是一种装置，它利用原子能来制造大规模的爆炸。
> **生物武器**：是由某些有机物，比如细菌组成的，以此来造成伤害。
> **化学武器**：是由合成材料组成的，以此来造成伤害。
> **恐怖主义**：是有预谋的、具备政治动机的暴力活动，它由某些次国家团体或者秘密特工发动，暴行目标是平民。

## 什么是恐怖主义

并非所有恐怖组织都是相同的，因此，恐怖主义本身很难界定，而研究恐怖主义则更加复杂。社会学家奥斯汀·特克（Austin Turk）认为，恐怖主义是社会建构的产物。某些事件发生之后，它们被认定为恐怖活动。而且，之所以被这样归类，是因为人们就是以这种方式看待这些事件的。特克认为，恐怖主义是由某种信仰所驱使的，是一种具备威胁性的，通常是非法的、非传统的暴力形式。因此，恐怖主义经常是个政治术语。你可以在美国中央情报局对恐怖主义的定义中，发现对其政治性的强调："**恐怖主义**是有预谋的、具备政治动机的暴力活动，它由某些次国家团体（Sub-national Groups）或者秘密特工发动，暴行目标是平民。"同战争一样，恐怖主义包含（一些人）对另一些人施加权力的欲望。

## 恐怖组织的特征

特克指出，被美国政府贴上"恐怖分子"标签的组织，往往是那些反对美国国家政策的组织。世界上其他组织（对美国国家政策）可能持有类似的态度，然而，由于它们行事与美国保持一致，所以不被认定为恐怖分子。

虽然没有两个组织是完全相同的，但恐怖活动和恐怖组织也有一些共同的特征。

- 恐怖活动涉及精心的预谋、计算和规划。就像"911"事件一样，恐怖分子为了实施一次恐怖活动，要花费数年的时间来精心谋划。
- 恐怖主义既涉及政府，也涉及平民。许多恐怖组织活动的重点在于，通过伤害平民来迫使政府满足它

| 恐怖主义种类 | 动机/目标 | 愿意谈判? | 生存的期望 |
|---|---|---|---|
| "疯狂" | 清除做坏者 | 可能，但是只有在谈判者能够理解其动机并提供选择的情况下会发生 | 强烈，但并不是基于现实的 |
| "犯罪" | 个人获利 | 通常要求利润回报或安全通道 | 强烈 |
| "十字军战士" | "更高尚的原因" | 很少，因为这样做是对"更高尚的原因"的背叛 | 很少，因为死亡本身就提供了奖赏 |

资料来源：Crusaders, Criminals, Crazies: Terror and Terrorism in our Time: By Frederick J. Hacker. New York: W. W. Norton. 1976. p. 355.

们的要求。恐怖活动的目标并不总是杀戮，而是冲击社会，并迫使政治组织作出回应。

- 恐怖分子往往利用心理威胁与恐惧。恐怖组织具有不可预测性和激进性，对此，平民和军队都深感恐惧。人们生活在一个经常被自杀式炸弹袭击的社会，不知道向谁求助，也不知道何处躲藏。所有人都是敌人，而且，所有公共场所都具有潜在的危险。

- 恐怖分子将注意力集中在特定的目标上。恐怖活动的目标是，给人身、财产，或者基础设施（比如桥梁或者公共设施）造成损害。

- 威胁是恐怖主义的关键因素。恐怖组织经常制造威胁，而不考虑是否会真正威胁到目标。这种不可预测性增加了公众的恐惧，也使其产生迫在眉睫的危险感。

- 恐怖组织有自身的诉求，并希望能推进这项诉求的发展。它们经常与某个政治运动相结合，试图获得权力或者组织合法性。

与这些共同特征一样，一定的目标也常常与恐怖活动联系起来。恐怖分子一般认为，他们的行为代表着某种道德或正义事业。他们可能强烈地感受到"他们会为自身的信念而死"。恐怖组织有时候觉得，为了促使社会发生某些改变，其行为是有必要的。例如，当提摩西·麦克维（Timothy McVeigh）炸掉位于俄克拉何马市的联邦大厦时，他觉得杀死 168 个人是正当合理的，因为他认为攻击联邦政府是"正义事业"。与很多恐怖分子一样，他也希望自己的行为能够给别人带来兴奋和激情。

**恐怖活动**

| 种类 | 发布命令者 | 目标 | 策略 |
| --- | --- | --- | --- |
| 大规模恐怖 | 政治领导 | 一般人口 | 有组织或无组织的高压政治和暴力 |
| 暗杀 | 个体或群体 | 首府 | 可选择性暴力 |
| 随机恐怖 | 个体或群体 | 任何人 | 在咖啡吧、市场和商贸大楼等地方放置炸弹 |
| 聚焦的随机恐怖 | 个体或群体 | 反对派成员 | 在特殊地方放置炸弹 |
| 策略恐怖 | 革命运动 | 政府 | 政治目标 |

资料来源：Cindy C. Combs. (2003). *Terrorism in the Twenty-First Century, 3rd Edition*. Upper Saddle River, NJ: Prentice Hall.

虽然恐怖组织有很多相同的特点，然而，正如上表详细列出的那样，它们有不同的动机和目的。

# 儿童士兵

当你联想军队时，你很有可能想到那些参与战争的成年男性。我们很容易看到一些新闻片段，描绘一大批身穿统一制服的男性，与其战友一道，随同坦克、战斗机或者其他军械装置，迈着统一的步伐快步前进。在冲突期间，也有很多新闻片段描写儿童在战争的边缘遭受着痛苦。大部分文章描写的是，战争是如何破坏家庭并留下很多孤儿的。然而，儿童遭受战争的影响还存在另外一种方式，即亲自参与战争。

许多人认为，儿童参与战争的现象并不常见，只不过分布在某些国家而已。而事实是，儿童士兵几乎存在于世界的每一个角落，包括中东地区、亚洲、非洲、拉丁美洲以及部分欧洲地区。征兵人员一般以 14 岁到 18 岁的儿童为征兵目标，把他们编入民兵组织，通过这种方式，他们使儿童丧失了纯真的天性，剥夺了儿童剩下的童年生活。有些人甚至认为，即便是在美国这种地方，虽然不允许 18 岁以下的人参军，但真正的招兵对象往往还有很多未成年人，他们远未达到参军的法定年龄。

虽然大部分儿童士兵并不直接与政府相连或者相关，他们经常被有政治诉求的武装集团用来加强自身军事力量。而且，为了扩充军队，这些集团并不将招兵范围局限在年轻男性上。对这些军事集团来说，男女士兵都能发挥很多作用。除了真正参与战争之外，他们还能充当侦察兵、间谍、诱饵、炊事员、体力劳动者等。而且，特别是年轻的女孩，还能作为士兵发泄性欲的对象。

关于东方和西方对成年的解释存在一些差异，而且，在讨论儿童士兵问题时，将西方标准用在非西方文化中是否恰当也值得讨论。密歇根 14 岁的男孩是否与乌干达 14 岁的男孩一样成熟？虽然有这些争议，但是大部分人同意，儿童士兵确实在被迫目睹，甚至亲自参与暴力行为，而这是任何年龄段的人都不应当经历的。

为了减少世界各地的儿童士兵，国际刑事法庭已经决定，任何人招募不满 15 岁的士兵，都将被起诉。而大部分招募儿童士兵的组织，为了成为合法实体，它们会寻求国际承认。（这项决定）希望被国际刑事法庭谴责的威胁足以阻止它们犯下此罪。2009 年，国际刑事法庭第一次审判此种罪犯。因为战争需要，刚果民主共和国的托马斯·卢班加·迪伊洛（Thomas Lubanga Dyilo）招募了数千名儿童士兵，从而被指控犯有战争罪。目前，审判还没有得出最终结论，但是卢班加如果被定罪，将面临终身监禁。[1]

> ◂◂◂ "当他们来到我的村庄时，他们问我哥哥是否愿意参加民兵组织。当时他才17岁，他拒绝了 他们朝我哥哥头部开了枪，把他杀死了。然后他们问我同样的问题。我能怎么做？我还不想死。"
> ——顿干撒（Ndungutsa），以前是一名儿童士兵，被军队带走的时候年仅13岁

对那些认为自己没有多少权力的人来说，恐怖主义也能给他们带来一种权利感。通过参与大规模的行动，他们感受到自身存在的重要性，也找到了人生的使命。这种权力和使命为某些人提供一种力量感，使他们具有群体凝聚力。否则，他们可能感到自己无能为力，或者无足轻重。

恐怖组织一般规模较小，其成员数量通常不到 100 人。过去的情况通常是这样的，大部分恐怖组织是由一些紧密的小团体组成，这些小团体成员往往志同道合。但是如今，某些恐怖组织规模变大了，而且在很多国家都有分支。有时，这些团体就转变成一种无领导抵抗（leaderless resistance）。这种结构转变最可能的原因是，

---

[1] 卢班加于2012年被判处14年有期徒刑。——译者注

科技的发展使团体之间的沟通更加便利。

恐怖组织的成员通常有相同的种族和政治背景。在某些情况下，恐怖组织由这样一些人组成，他们之间关系亲密，比如互为朋友或者亲属。而且，大部分成员在不同的地点制造恐怖活动。由于这些因素，渗透恐怖组织的任务异常艰难。另外，不法商家、外国政治团体、财产犯罪或者毒品犯罪分子经常为恐怖组织提供资金援助。

## 谁是美国国内恐怖分子？

国内恐怖主义也是一个社会问题。虽然来自国外的恐怖分子获得最多的新闻头条，最为吸引眼球，但本土恐怖分子也在继续发展壮大。在美国，大部分恐怖组织由右翼、保守团体发展而来。例如，人们早已知道，反堕胎的极端主义者团体，将实施堕胎的医生姓名添加到他们的暗杀黑名单中。虽然国内恐怖组织规模已经变小，但国内恐怖主义事件的数量却增加了。这是因为，与其他地方相同，美国国内恐怖主义已经成为一种分散的无领导抵抗。当组织规模很小的时候，他们很难被识别和阻止。

# 社会问题思考：
# 关于冲突的理论有哪些？

## 功能论

功能论者把社会看成是由团结联系起来的整体。因为战争有着必要的意义，即保卫国家，同时有利于维持国民团结感，所以我们可以认为战争是发挥着某些功能的。我的大部分学生都认为，1776 年美国独立战争是发挥了功能的。毕竟，凭借暴力这种合理的方式，一个集体能够推翻外界的压迫。当人们面临共同的威胁时，他们更有可能团结起来。例如，在 9 月 11 日恐怖分子袭击世界贸易中心大楼后，出于保家卫国的愿望，我的很多学生参军了。少数族裔和宗教少数派团结起来，构建他们自己的社会，也显示了同样类型的团结。

从功能的角度出发，战争还能提供经济收益。正如前文所说，战争期间的军费开支有利于国家经济发展，政府资金的投入能够推进萧条经济的崛起。战争创造了很多新兴岗位，它们能制造战争所需武器，研发战争相关技术，从而有助于社会和经济的发展。

## 冲突论

战争和恐怖主义都是冲突的结果。一些冲突论者注意到，美国等富裕国家利用其军事力量维持对其他国家的统治。发动战争并不是为了实现某些理想，比如和平和民主，虽然政治家和国家领导者一直这样主张。相反，发动战争是为了在世界体系中维持权力。对冲突论者而言，任何冲突唯一真实的目的是维持统治。对他们来说，战争只不过是一个大规模的、致命的山丘之王的游戏。

冲突论者经常询问，谁会从战争中受益。米尔斯和多姆霍夫认为，军事工业复合体会对政府进行强有力的游说，从而左右国家大部分的决定。公司首席执政官不会参与战争，也不会在其中死去；来自下层工人阶级的人才会如此。同时，谁从武器、弹药供应，以及其他战时必需品的使用中受益？那些生产这些战争必需品的企业能够从长期战争中获益良多。正像艾森豪威尔警告的那样，军事工业复合体能够影响国家政策，使其符合自身利益。冲突论者指出，这会危及国家所有人的自由，因为利益统治了理想。

与此同时，研究表明，恐怖主义很少产生于贫穷和剥夺。事实上，恐怖分子一般属于人口中的富有阶层，他们来自世界上富裕的地区。尤其是自杀式袭击者，他们通常来自社会上的优势阶层，出身名门世家，有强烈的宗教信念。因此，与战争不同，恐怖主义一般追求某种政治的或者意识形态的目标，而不是为了提高个人的生活水平。

## 符号互动论

符号互动论者看待冲突的方式有些不同。例如，他们询问恐怖主义的含义是什么。为了发表某种政治声明而劫持一艘商船（就像发生在 2001 年 9 月 11 日的事件一样）算是恐怖主义活动吗？如果是的话，那么波士顿倾茶事件呢？那件事也可以被归类为恐怖主义。

我经常问我的学生，做一名革命者与做一个恐怖分子之间是否有不同。这个问题经常会招致困惑和愤怒的回应。事实上，恐怖分子经常宣称自己是解放者。作为美国历史上最恶劣的国内恐怖分子之一，提摩西·麦克维就认为自己是个革命者。然而，革命者和恐怖分子之间存在着细微的差异。革命者行动的出发点是推翻专制政权，而恐怖分子的目标通常不是很清楚。我们很难精确地界定二者的差异。恐怖主义存在于旁观者的眼里吗？中东的恐怖分子通常认为，他们的恐怖行动建立在某种宗教信仰或者对不受西方影响的自由的追求之上，因此恐怖行动是正义的。用宗教为暴力行为做辩护看上去可能很奇怪，但是，世界上所有主要的宗教（基督教、犹太教、印度教、伊斯兰教，甚至佛教）都允许通过暴力回击对其信仰的攻击。

在一个国家可以顺利参与一场战争之前，获得公众支持常常是很有必要的。符号互动论者调查公众对冲突的反应。例如，当年美国总统小布什及他的政府主张对伊拉克发动战争时，为了给战争做辩护，他们提出，伊拉克藏有大规模杀伤性武器，并对美国有迫在眉睫的威胁，虽然并没有证据表明能发现这些武器。另外，这场战争也与恐怖主义有关，从而能够利用某些人对恐怖主义的强烈不满，将他们团结到这场战争中来。

# 找寻社会问题的解决方法：我们如何控制冲突？

对很多国家来说，战争的威胁一直存在。仅在 2007 年，就有 14 起主要的武装冲突，以及 61 次部署军队的"维和"行动。在此之上，全世界的武器生产量也一直在增长。人们使用一些手段来遏制战争威胁，其中包括外交和军备控制措施。

## 核军备控制

自核武器被发明以来，它就被视为人类和世界的威胁。据估计，仅美国就有约 5 400 枚核弹头。由于核武器储备正在老化，而仍未使用，这就产生了一个问题，即我们应该如何处理这些核武器储备。

1968 年签订的《不扩散核武器条约》，试图防止更多核武器的制造和扩散。该条约的最终目标是完全清除核弹头。签订该条约的国家分为两类：有核武器的国家和没有核武器的国家。那些已经发展出核武器的国家同意不会将核武器扩散到其他国家，并且，随着时间推移，它们将逐渐减少武器库存，直到完全清除核武器。那些没有核武器的国家同意，不追求核武器的发展。除了印度、巴基斯坦和以色列，联合国所有成员国均签署了《不扩散核武器条约》，从而使其成为世界上最广为接受的武器协定。

另一个类似的协定是《全面禁止核试验条约》，它禁止任何核爆炸，而不管出于何种目的。虽然该协定的接受范围不如《不扩散核武器条约》，但在全球 197 个国家

> **确保相互摧毁**：战争一方一旦使用核武器，将引发敌方使用核武器，最终使双方都遭受毁灭性打击。
> **威慑策略**：旨在限制核武器的扩散和使用。

中，仍然有 167 个国家签署了该条约。

这些条约发挥作用了吗？这很难确定。目前很少有核武器战争的发生，还可以归功于"确保相互摧毁"的策略。**确保相互摧毁**意味着，战争一方一旦使用核武器，将引发敌方使用核武器，最终使双方都遭受毁灭性打击。只要没有哪个国家先扣动扳机，其他国家也不会这样做。这种**威慑策略**旨在限制核武器的扩散和使用，并使我们的地球安全和平，远离成为另一个广岛的恐惧。

## 与国际恐怖主义斗争

为了与恐怖主义做斗争，全世界许多组织联合起来共同解决一些潜在的问题，如歧视、人权破坏、族群排斥和法律缺位等。这些组织倡导和平的解决方式，通过谈判、斡旋等方式来解决冲突或争端。通过化解这些导致恐怖主义的潜在问题，将有很大可能降低人们诉诸暴力来解决他们需求的风险。

美国也采取了大量措施来阻止恐怖主义活动，并且想办法确保恐怖主义者不能获得武器来从事暴力活动。在这场反恐怖主义的战争中，在友好和互相理解的基础上，美国也与其他国家联合，共同对恐怖主义组织进行检举和打击。

## 战争、全球化和人口增长

正如你在第17章中所了解到的那样，全球化对每个国家的影响方式不同，有些国家从中会受益更多。在第18章中，我们讨论了人口增长对自然资源的影响。正经历着资源枯竭的国家可能通过战争来解决这一问题，因为冲突能让其在经济上受益。富裕国家拥有强大的军事力量，因此，它们能够很好地保护自己的资源。当这些国家的资源开始衰竭时，它们就可能凭借强大的军事力量，向贫穷国家掠夺资源。

### ▶▶▶ 赞同还是反对

# 利用军事力量来打击恐怖主义

恐怖主义使许多国家遭殃。与恐怖主义做斗争的策略不仅包括事先解决好诸如歧视、人权、排斥等问题，还包括经济制裁和刑事诉讼。有人认为，军事力量或制裁是解决这个全球威胁的最有效方法。国家的军事力量是否能够在反恐战争中赢得胜利？

**赞同**

- 军事力量能够破坏恐怖组织的武器，摧毁它们的基地，削弱它们的袭击能力。如果我们能够消灭敌人，这也就意味着消灭了敌人对我们构成的威胁。
- 通过把战争转移到恐怖主义者基地，我们可以防止或阻止恐怖主义对我们国家的袭击。当恐怖组织深陷"麻烦"时，它们很难对我们进行更多的袭击。
- 被征服的人们并不总会反对他的征服者。例如，在第二次世界大战期间，日本是我们的敌人。在1945年年底，日本遭受了历史上最沉重的袭击，即原子弹轰炸了其广岛和长崎。自此，日本变为美国坚强的盟友，这种关系一直延续到今天。
- 诸如经济制裁和刑事诉讼等方法，并不能对恐怖主义产生像军事力量制裁那样的效果。例如，已被严重制裁的人群不可能再受到更多制裁的影响。同样，刑事诉讼对一些恐怖主义者不能产生威慑作用。相反，这些制裁会刺激或激励未来的恐怖主义活动。

**反对**

- 解决造成恐怖主义的原因比试图消灭恐怖主义者更加有效。如果导致恐怖主义活动的原因能够被合理地化解，恐怖主义者停止活动的可能性就会很大。如果这些原因不被解决，那么更多的恐怖主义活动将会发生，无论期间会有多少人死伤。
- 像战争一样，反恐斗争的结果并不能确定。军事力量制裁有不可预见性，而且对平民会造成伤害。在这种情况下，军事干预会造成更多的创伤，相较于它所带来的好处来说。军事打击甚至会引来恐怖主义招募更多的恐怖主义者。那些在反恐斗争中丧生的平民家属们，会憎恨军队，加入恐怖组织，拿起武器对抗军事制裁。
- 刑事诉讼能够使一个国家建立在高道德标准的基础上。同时，它也能为制止恐怖主义活动而形成一种框架，使其他一些潜在的恐怖主义者重新考虑是否加入到恐怖活动中去。
- 相较于军事制裁，经济制裁在反恐斗争中更加有效。经济制裁能够给恐怖组织或地区的领导者带来压力，从而使其停止恐怖活动。为了存活，领导者们会想办法停止恐怖活动。同样，该地区或国家的其他成员会谴责，恐怖活动使经济变得萧条或不景气。这些人会阻止其他人参与到恐怖主义相关的活动中去。

# 从课堂到社会→国内恐怖主义发生地的志愿者

当爆炸发生的时候，詹姆斯（James）还非常小，然而，他仍旧清晰地记得当天新闻报道中的爆炸情况。尽管他与这场灾难中的受害者素不相识，但是，这场灾难却一直影响他的生活。因为这场灾难就发生在他的家乡，俄克拉何马市（Oklahoma City）。

1995 年 4 月 19 日，一辆装满炸药的卡车炸毁了俄克拉何马市的联邦大楼。爆炸造成 168 人丧生，数百人受伤，许多居民的生活受到影响。之后，俄克拉何马市国家纪念馆在原来的废墟上进行重建，目的是提醒人们教育后代，铭记这个教训。今天的参观者能够看到，纪念馆是为了纪念在这场灾难中丧生的人们，让他们了解这场灾难事件及其对人们造成的伤害。

当詹姆斯大学二年级的时候，他决定在纪念馆里做一名志愿者，并把这当作了解和学习这场灾难事件的一个机会。"我想，这场袭击给这里的许多人留下了很大的心理创伤。在某种程度上，志愿活动是对我小时候目击这场灾难的心灵慰藉。我真的不理解，他们会采取这样的暴力和破坏行为。我也不认为，许多人会这样做。"

对于经历了俄克拉何马市爆炸的普通美国市民，他们和詹姆斯具有相同感受。

"当我很小的时候，我真的没有想过这种事情（国内恐怖主义事件）会发生在自己身边。尽管在电视新闻中看到世界各地发生着汽车爆炸、人体炸弹等恐怖主义活动，但是，我从来没有想过这些事情有朝一日会发生在美国。直到'9·11'恐怖主义袭击，我才真正意识到这个问题。"

这个灾难事件给詹姆斯留下最大的印象就是，人们是如何应对这场灾难的。"来自全国各地的人们都伸出了援助之手，尽管他们与事件中的人并不认识。时至今日，仍有许多人从全国各地寄来捐赠物，并且告诉我们，他们被这座纪念馆深深打动。"

对于詹姆斯来说，在纪念馆里做志愿者同样是被这件事情所打动。整个暑假，他在纪念馆里做向导，带领游客参观。他有机会与那些受到这场灾难直接影响的人们进行互动，以及与那些想了解更多这场灾难事件的人们进行交流。"我认为，人们从负面的事件中学习到正面的、积极的力量，是非常棒的事情。这也是纪念馆存在的意义所在。现在，人们更了解这个灾难事件及其所造成的伤害，这不仅包括那些已逝者，而且还包括仍旧活在痛苦记忆中的幸存者。我认为，相较于过去，这会使我们整个城市更加团结。"

<<< 俄克拉何马市国家纪念馆是对联邦大楼1995年4月19日被炸的纪念。

# 理论沉思

战争可以促进就业，增加生产。那么，战争造成的经济收益能否超出其导致的不良后果？

## 功能论

功能论者认为，战争非但不是一种社会疾病，它实际上还发挥着某种功能，这种功能对社会既是必要的，又是有利的。功能论者将战争视为维持社会团结的一种方式。通过团结一致抗击共同的敌人，社会能够保持完整和统一。战争是一种方式，在其中，人们发现彼此之间相互需要，并认为团结一致才符合他们的最大利益。功能论者还相信，战争促使政府将资金投入到经济中，创造和平时期不存在的就业机会，从而有利于国家发展。战争需要武器、供给以及其他技术，因此，许多新兴市场将得到开发或者拓展。

## 冲突论

冲突论者认为，战争只不过是某国在其他国家保持或者建立统治的一种方式。不管官方的开战理由是什么，冲突论者认为，所有战争本质上都根源于对统治权的追求。冲突论者还认为，由于战争对某些企业有利，这些企业很可能试图以某种方式影响国家政策，促使战争发生。最终结局是，军事工业复合体的规模、实力和影响全面增加。艾森豪威尔总统曾预言到这种场景，即军事工业复合体影响力的增加使未来冲突的可能性大大上升。

战争为什么存在？

## 符号互动论

符号互动论者看到的是战争的深层含义。人们为什么要打仗？是为了支持某种理想吗？是出于恐惧吗？是出于必要吗？符号互动论者所考虑的是这种类型的问题。符号互动论者声称，为了使战争发生，社会必须相信战争的理由。因此，在参与战争之前，国家领导人必须确保公众舆论是支持战争的。如果公众不支持，那么战争不可能走向成功，而且还将对国家及其领导人的未来产生负面影响。回想一下伊拉克战争和越南战争。由于公众对这些战争支持的减弱，对发动这些战争的总统的支持也相应减弱。除此之外，对美国在全世界面前的形象也造成了负面影响。

战争造成统治。战争仅仅是儿童游乐园游戏的成人版本吗？

当涉及战争时，争取公众支持非常重要。为什么公众支持会下降呢？

图书在版编目(CIP)数据

社会问题！：关注身边的 了解当下的/(美)卡尔著；刘仲翔，吴军译.—北京：中国人民大学出版社，2013.12
（明德书系·THINK）
书名原文：Social problems
ISBN 978-7-300-18462-3

Ⅰ.①社… Ⅱ.①卡… ②刘… ③吴… Ⅲ.①社会问题 Ⅳ.①C913

中国版本图书馆CIP数据核字(2013)第304849号

明德书系 · THINK
社会问题！
关注身边的 了解当下的
[美]约翰·D·卡尔（John D. Carl） 著
刘仲翔 吴 军 译
Shehui Wenti!

| | | | | |
|---|---|---|---|---|
| **出版发行** | 中国人民大学出版社 | | | |
| **社 址** | 北京中关村大街31号 | | **邮政编码** | 100080 |
| **电 话** | 010-62511242（总编室） | | 010-62511398（质管部） | |
| | 010-82501766（邮购部） | | 010-62514148（门市部） | |
| | 010-62515195（发行公司） | | 010-62515275（盗版举报） | |
| **网 址** | http:www.crup.com.cn | | | |
| | http:www.ttrnet.com（人大教研网） | | | |
| **经 销** | 新华书店 | | | |
| **印 刷** | 北京中印联印务有限公司 | | | |
| **规 格** | 215mm×275mm 16开本 | | **版 次** | 2014年1月第1版 |
| **印 张** | 20插页2 | | **印 次** | 2014年1月第1次印刷 |
| **字 数** | 575 000 | | **定 价** | 68.00元 |